KB273458

최고의 브랜드 네임은 어떻게 만들어지는가

최고의 브랜드 네임은 어떻게 만들어지는가

초판 1쇄 발행 • 2006년 7월 5일

지은이 • 스티브 리브킨 · 프레이저 서더랜드
옮긴이 • 토탈브랜딩코리아
펴낸이 • 김건수

펴낸곳 • 김앤김북스
출판등록 • 2001년 2월 9일(제12-302호)
서울시 중구 수하동 40-2번지 우석빌딩 903호
전화 (02) 773-5133 | 팩스 (02) 773-5134
E-mail : knk@knkbooks.com

ISBN 89-89566-20-7   03320

• 값은 뒤표지에 있습니다.
• 잘못된 책은 바꿔 드립니다.

최고의 브랜드 네임은 어떻게 만들어지는가

스티브 리브킨·프레이저 서더랜드 지음
토탈브랜딩코리아 옮김

| 차례 |

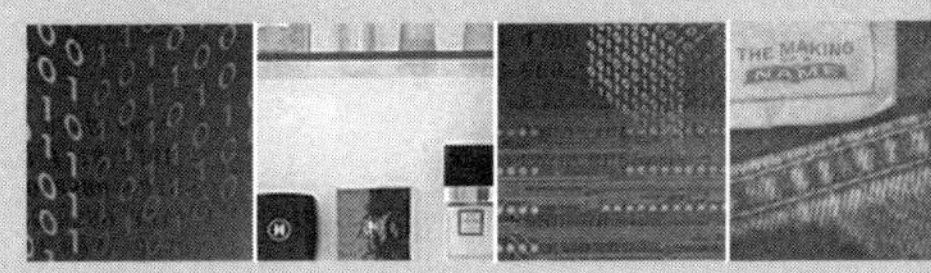

제3부
브랜드 네이머

반갑습니다!

우리의 책이 토탈브랜딩코리아와의 업무제휴를 통해 한국의 독자들과 만날 수 있게 되어 매우 기쁩니다.

우리가 네이밍에 이렇게 열정을 가지는 이유는 무엇일까요? 그것은 네이밍이 모든 기업 활동에서 가장 보편적인 일이기 때문입니다. 새로 나온 회사든, 혹은 제품이나 서비스이든, 우리는 그것을 부를 이름이 필요합니다.

"운명은 스미스Smith라는 이름으로 자신을 숨기려 했다."라고 한 유명한 미국 법학자는 썼습니다. 그러나 모든 기업들이 피해야 할 것이 바로 이것입니다. 재미없고 별 볼 일 없는 이름으로 인해 회사가 묻혀져서는 안 되겠지요. 당신이 지금 손에 들고 있는 이 책은 기억에 남을 만한 새 이름을 만드는 법과 그 과정에서 피해야 할 함정에 대한 지침을 제공할 것입니다.

독자 중에는 "한국에서의 브랜드 네이밍 상황은 다르지 않을까?"

하고 의구심을 가질 분도 계실 것입니다. 그러나 제가 살펴본 결과는 "전혀 그렇지 않다"입니다.

일단 로컬 브랜드는 세계적 브랜드가 될 수 있습니다. 삼성은 과일 및 건어물을 수출하는 조그만 상회로 시작했습니다. 그러나 오늘날 그 회사는 〈비즈니스 위크〉 지에서 선정하는 세계에서 가장 강력한 브랜드 중 하나가 되었습니다. 저는 제 네이밍 워크숍에 참석하는 사람들에게 삼성이 한국어로 "세 개의 별"을 뜻하고 3이 행운의 숫자라고 설명하는 것을 좋아합니다. 그러나 삼성이 최고의 브랜드 네임이 된 데에는 행운 이상의 것이 있었습니다.

또 글로벌 브랜드는 세계 각 지역에 확실한 거점을 마련하고 있습니다. 매리어트 호텔Marriott Hotel이라는 브랜드 네임은 세계 어느 곳에나 통용되고 있습니다. 한국에서 "부산 매리어트 호텔"을 발견하는 것은 독일에서 "뮌헨 매리어트 호텔"을 발견하는 것과 마찬가지로 쉬운 일입니다.

더욱이 당당한 로컬 브랜드는 글로벌 브랜드를 기꺼이 받아들입니다. 롯데 백화점 선반 위에 진열된 일련의 수많은 외국 상품들을 보십시오.

그리고 기술 브랜드는 모든 경계를 넘을 수 있습니다. 경기도 분당의 인티그런트 테크놀러지Integrant Technologies와 에이로직스Alogics는 재치 있고 많은 의미를 함축한 이름들로서 세계 어디서든 세련된 바이어들에게 어필할 수 있는 이름들입니다.

또한 어떤 회사든지 "보편적인" 브랜드 네임을 만들어낼 수 있습니다. 한국의 선두적인 화장품 기업인 태평양의 프랑스 지사는 "롤리타 렘피카"Lolita Lempicka라는 브랜드를 출시하여 프랑스에서 시장 점유율 3위에 도달했습니다. 그리고 한국의 피죤은 "보줄"Beau Jules

이라는 성공적인 유아전용 화장품 브랜드를 만들어냈습니다.

마지막으로 기업간의 협력과 합작 활동은 흔히 이루어집니다. 몇 해 전, 웰치Welch 과일 주스는 농심이 웰치의 브랜드 제품들을 한국 에서 제조하고 마케팅하며 판매하는 것에 동의하는 계약을 맺었습 니다.

이 책은 수십 년 동안 새로운 이름을 지으려는 회사들을 도와주고 인도하며 컨설팅한 결과입니다. 이 책이 독자 여러분의 확실한 네이 밍 개발 가이드가 되길 바랍니다. 〈라이브러리 저널〉Library Journal의 평가처럼, "브랜드 네임과 네이밍에 관한 권위 있고 매혹적인" 이 책은 기업가와 네임 개발자, 마케팅 담당자, 그리고 네이밍에 관심 을 가진 모든 분들에게 유용한 책이 될 것입니다.

여러분의 네이밍 노력에 항상 성공이 있기를 기원합니다.

스티브 리브킨
미국 뉴저지 글렌 록에서

얼마 전 나는 컴퓨터 안에 사는 마케팅의 요정 지니에 관한 『지니의 지혜』A Genie's Wisdom라는 책을 쓴 적이 있다. 이 책은 지니에게 마케팅 지도를 받는 한 대표이사의 이야기를 다룬다. 네이밍(naming)이라는 주제에 뛰어들기 전에 먼저 지니와 그의 대표이사 학생이 브랜딩과 브랜드 네임에 대해 논의하는 장면을 감상해보는 것도 유익할 것이다.

브랜딩에 대해 질문하자 지니는 미소를 지으며 말했다. "내가 마지막으로 살펴보았을 때 브랜드와 브랜딩에 관련된 주제를 다루는 책이 2,000권이 넘었다. 제품이나 회사명 또는 로고에 불과하던 것이 이제는 제품의 이름과는 구별되는 고유의 정체성과 특성을 지닌 신화적인 존재가 되어 있었다. 처음부터 시작해보자. 일찍이 월터 랜도Walter Landor가 말했듯이, "제품은 공장에서 창조되지만 브랜드는 마음 속에서 창조되는 것이다."

B. J.가 끼어들었다. "나도 항상 그렇게 생각해왔다. 브랜드 네임이란 마음속에 있는 단어에 불과하다. 그냥 대문자로 쓴 단어 말이다."

지니가 계속 말을 이었다. "그것도 한 부분이다. 사실 브랜드 네임은 타이드^{Tide}처럼 한 단어이거나 로치 모텔$^{Roach\ Motel}$처럼 하나의 구(句), 심지어 토이저러스$^{Toys\ ß\ Us}$처럼 하나의 완전한 문장일 수도 있다. 하지만 미국 정부에 등록된 브랜드 네임이나 트레이드마크만 해도 200만 개가 넘는다. 성공하려면 좋은 이름을 가지는 것이 큰 도움이 된다."

지니는 계속 이야기를 해나갔다. "브랜드란 마음 속에서 창조되는 것이기 때문에 당신이 내릴 수 있는 가장 중요한 마케팅 결정은 제품의 이름을 무엇으로 짓느냐이다. 이름은 사람들이 브랜드를 저장하는 작은 의식의 사다리(mental ladder)에 거는 갈고리와 같다. 기억하기 쉬운 좋은 이름은 달리기에서 도움닫기를 한 것과 같다. 하지만 나쁜 이름은 커다란 문제가 될 수 있다."

B. J.가 끼어들었다. "나쁜 이름의 예들에는 어떤 것들이 있는가?"

지니가 대답했다. "사람들이 저지르는 가장 큰 실수는 USG나 SLM, 또는 SPX처럼 이니셜을 사용하는 것이다. 나를 빤히 쳐다보는 당신의 시선을 보니 이 이름들이 전혀 당신의 머릿속에 들어오지 않았다는 것을 알 수 있다."

B. J.가 물었다. "그것들은 얼마나 큰 회사들인가?"

지니가 대답했다. "그들은 〈포춘〉^{Fortune} 지가 선정한 500대 기업들이다. 하지만 이니셜로만 된 이름들은 전혀 이름이라고 할 수 없다. 그것은 망각으로 가는 편도행 티켓일 뿐이다. 회사가 좋은 이름을 나쁜 이름으로 바꾸는 경우에도 문제가 발생한다. 영국 체신청U. K. Postal Service은 우편서비스와 아무런 관련 없는 콘시니아Consignia라는 이름으로 개명한 적이 있다. 이 이름이 언론에서 수많은 농담과 조롱의 대상이 된 후, 회사는 15개월 만에 로열 메일 그룹Royal Mail Group이라는 더 예전의 훌륭한 이름으로 돌아갔다."

B. J.가 물었다. "좋은 브랜드 네임이란 어떤 것인가?"

지니가 대답했다. "최고의 브랜드 네임은 제품의 특장점과 직접적으로 연결되는 것들이다. 예를 들어 오래가는 배터리를 나타내는 다이하드DieHard나 창문 세척액인 윈덱스Windex, 또는 인텐시브 캐어Intensive Care라는 스킨로션 등이 그러하다."

"또 다른 좋은 방법은 커레스Caress 샤워 비누나 뉴트라스위트NutraSweet 감미료처럼 좋은 발음이 나는 이름을 사용하는 것이다. 마음은 다양한 방식으로 청각의 영향을 받기 때문에 우넘UNUM이나 애질런트Agilent, 질로그Zylog처럼 발음이 이상한 이름을 피하고, 휴마나Humana나 아큐라Acura처럼 발음이 좋은 이름들을 써야 한다."

이제 여러분은 브랜드 네임의 중요성에 대한 지니의 지혜를 얻었으니, 이 책을 계속 읽어 나가기만 하면 된다. 브랜드 네임을 사랑하거나 필요로 하는 누구든지 이 책을 사랑하게 될 것이다. 그리고 이 책을 다 읽고 나면 브랜드와 네이밍에 관해 알아야 할 것들을 모두 알게 될 것이다. 그리고 여러분이 훌륭한 브랜드를 짓게 된다면 지니는 무척 자랑스러워할 것이다.

잭 트라우트
코네티컷 올드 그리니치에서

마케팅 분야에 있어 가장 영향력 있는 권위자 중 한 명인 잭 트라우트는 13개국에 지사를 둔 마케팅 회사, 트라우트 & 파트너스Trout & Partners 사의 대표를 맡고 있다. 그는 마케팅 전략에 관해 10 여 권의 저서를 집필했다.

이름의 특성

이름이란 뭘까? 우리가 장미라 부르는 것은 다른 어떤 이름으로
불린다 해도 똑같이 달콤한 향기가 날 것을.

– 셰익스피어, 『로미오와 줄리엣』 2막 1장

로미오 리브랜딩

셰익스피어는 틀렸다. 다른 어떤 이름으로 불려지는 장미는 똑같이
달콤한 향기가 나지 않을 것이다. 우리가 장미의 향기를 맡을 때, 우
리에게 도달하는 것은 그 향기만이 아니라 장미라는 조그만 단어에
서 나오는 함의들의 집합이다. 인간과 비슷한 후각을 지니고, 이제
막 지구에 도착한 외계인은 장미의 이름을 알지 못하더라도 그 향기
에 깊은 감명을 받을 수 있다. 하지만 그들도 곧 그 식물의 이름을
찾아내야 할 것이다. 만약 E. T.가 영어를 공용어로 선택하고 영어
의 함의에 주의를 기울인다면, 그 꽃을 "앉은 부채"(skunk cabb-
age)*라 부르지는 않을 것이다.

* 산지의 응달에서 자라는 길이 3~40센티미터의 천남성과의 여러해살이 풀. 잎에서 불
  쾌한 냄새가 난다. — 옮긴이

셰익스피어는 또한 옳기도 하다. 장미(rose)는 (스페인어와 이탈리아어에서 부르듯이) rosa나 (스웨덴어의) ros, (이디시어의) royz라 불린다 하더라도, 정말로 똑같이 달콤한 향기가 났을 것이다. 하지만 이것은 그 단어들이 영어에서와 동일한 의미 및 연상 작용을 동반할 때에만 그러하다. 그러나 줄리엣은 영어를 쓰고 있었다. (그녀가 이탈리아인이라는 점을 생각해보면 이것은 좀 이상한 일이다.) 하지만 다음의 그녀의 말에는 어떤 언어에도 적용되는 일리가 있다. 그녀는 공동체 내에서 언어가 작동하는 방식에 대해 보여준다. (참고로, 로미오는 몬터규^{Montague} 가문이고 줄리엣은 캐풀렛^{Capulet} 가문인데, 두 가문은 서로를 증오한다.)

내 적은 단지 당신의 이름일 뿐이에요.
당신이 몬터규가 아니더라도 사람은 마찬가지일 텐데.
몬터규가 뭐죠? 손도 아니고 발도,
팔도, 얼굴도 아닌데 … 사람에게 속한
다른 어떤 신체 부위도 아닌데. 오, 제발 다른 이름을 가져줘요.

만약 줄리엣이 단지 사랑에 빠진 여인이 아니라 언어학자였다면, 그녀는 이름이 다른 모든 단어와 마찬가지로 사물이나 사람을 지시하는 임의적 기호에 불과한 것이라고 말할 것이다. 기존 단어와 다른 식으로 배열한 글자도 똑같은 기능을 수행했을 것이다. 하지만 줄리엣은 추상적인 얘기가 아니라 로미오에 대해 말하고 있는 것이다. "로미오"는 임의적인 기호일 수 있지만, 살과 뼈를 가진 그 인물은 또한 몬터규 사람이기도 하다.

…로미오는, 이름이 로미오가 아니더라도
이름과는 상관없이 사랑스런 완벽함을
간직할 거야. 로미오, 그대의 이름을 버려요.
그리고 당신의 일부가 아닌 그 이름 대신
내 모든 것을 받으세요.

그녀의 창가 밑 정원에서 똑같이 사랑에 빠진 로미오가 대답한다.

당신의 말을 받아들이겠소.
날 사랑이라고만 불러주오, 그러면 나는 새로운 이름을 얻으리니.
이제부터 나는 절대 로미오가 아니오.

자신을 개명하려는 로미오의 의도는 실패할 것이다. 그렇지 않다
면 로미오와 줄리엣은 비극이 아닐 것이기 때문이다. 둘의 사랑은
끝날 운명이었다. 왜냐하면 그들은 자신들의 이름과, 그 이름이 자
신들의 고향 베로나에서 의미하는 제약의 그물을 벗어날 수 없기 때
문이다.

로미오와 줄리엣은 우리에게 이름의 작동 방식에 대해 많은 것을
가르쳐준다. 하지만 이름의 작동 방식에는 이야기해야 할 더 많은
것들이 있다. 이름은 종종 개인이나 지역의 명칭과 겹쳐지기도 하는
데, 모든 이름에는 공통된 특징과 기능들이 있다.

첫째, 이름은 사물이나 인물을 식별(identify)하게 해 준다. 만약
우리 모두가 같은 이름을 지닌다면 엄청난 혼란이 발생할 것이다.
이 책의 공동 저자인 프레이저 서더랜드가 노바스코샤에 있는 농업
협동조합 근처의 한 농장을 방문했을 때의 일이다. 조합에서 일하는

두 직원은 출신도 다르고, 생김새도 다르며, 성격도 달랐지만, 우연히 잭 베일리Jack Bailey라는 이름을 공유하고 있었다. 우연히 별 관련 없는 이 두 명의 인물들이 이야기의 화제가 되었는데 둘을 구분하기가 어려웠다. 다행히도 한 사람은 사무실에서 일하고 있었고 다른 한 사람은 닭고기 가공 공장에서 근무하고 있었다. 그들의 별명은 곧 "사무실 잭"과 "닭고기 잭"이 되었다. 비하하려는 뜻은 전혀 없었다. 단지 그들을 구분하기 위한 방편이었다. 이름은 사물과 사람을 식별하도록 도와준다. 만약 줄리엣이 "오, 라페오 라페오, 왜 당신은 라페오란 말인가요?"라고 절규하는 소리를 로미오가 들었다면, 그는 굿이어Goodyear 타이어를 달라고 외쳤건만 결국 굿리치Goodrich 타이어를 얻은 오늘날의 자동차 주인만큼이나 당혹스러웠을 것이다.

둘째, 이름은 외연(denote) 혹은 지시의 기능을 갖는다. 즉 의미를 전달한다. 의미(meaning)는 많은 층위를 가질 수 있고, 한 단어의 주된 정의는 많은 이차적 혹은 파생적 의미(sense)*를 지닐 수 있다. 사실상 단어는 같은 단어-형식을 공유하지만 다른 의미, 심지어 모순적인 의미를 가지는 동음이의어일 수도 있다. 사전에서는 보통 동음이의어를 분리하여 수록한다. 많은 정의들은 서술에 해당한다. 만약 누군가가 뉴저지의 글렌 록Glen Rock이라는 숲이 우거진 어느 교외 마을로 이사했을 때, 그곳에 계곡(glen)과 큰 바위(rock)가 있을 것이라 짐작하는 것은 합당한 일이다.

---

* meaning은 말, 행위, 기호, 그림 등에 의해 표현되어 사람이 이해할 수 있도록 의도된 것으로서 「뜻」을 나타내는 가장 일반적인 말이다. ex) the meaning of a word 단어의 뜻. 반면 sense는 특히 어떤 어구가 지닌 특별한 뜻이다. ex) The word is frequently used in this sense. 그 단어는 이 뜻으로 자주 쓰인다. — 옮긴이

셋째, 이름은 내포(connote) 혹은 함의의 기능을 갖는다. 그것은 문자적 의미를 넘어서는 특성들을 암시하거나 내포한다. 간략한 예로, 아우슈비츠와 히틀러는 각각 폴란드의 한 도시와 어느 독일 정치가를 지시(denote)할 뿐 아니라 2차 세계대전의 가장 큰 수용소와 그것을 만들게 한 정치 지도자를 내포(connote)한다. 이 이름들은 또한 개별적으로 또는 함께 유럽에서 유태인 인종을 말살시키려는 시도를 함의한다. 물론 이것들은 무척이나 부정적인 함의들이다. 반면 브랜드 네임의 창조자들은 매우 긍정적인 함의를 얻기 위해 노력한다.

단어의 풍경(wordscape)은 브랜드 네임으로 넘쳐난다. 어떤 브랜드 네임들은 언어학적으로 매우 풍요로운 존재가 되는데 왜냐하면 그것들은 식별, 외연, 내포의 기능을 결합시키기 때문이다. 브랜드 네임은 우리가 그것들을 어떻게 보고 듣는지 뿐만 아니라 그것들이 몸담고 있는 문화적 맥락에 매우 많이 의존한다. 크래커 잭^{Cracker Jack}이라는 한 팝콘 캔디의 상표를 예로 들어보자. 크래커 잭은 한 제품의 정체를 식별해주고 그것을 파피콕^{Poppycock}이라는 사탕 과자로부터 구별해준다. 그리고 대문자와 띄어쓰기만 제외하면, "훌륭한"이나 "일류"라는 말과 같은 뜻을 가진 일상어 "크래커잭"(crackerjack)과 똑같은 철자를 지님으로 인해서 이러한 속성들을 지시한다. 하지만 그것은 또 함축적인 의미를 지니기도 한다. 이 복합어는 "크래커"(cracker)와 "잭"(jack)의 합보다 더 많은 무게의 의미를 지닌 숙어가 되기도 하지만, 각각의 부분이 가지는 함의들로부터 혜택을 입기도 한다. 이 단어의 발음에는 마치 우리가 뭔가 바삭거리는 팝콘을 씹게 될 것을 암시하는 기분 좋은 바삭거림이 있다. "크래커 잭"은 " 크래커잭 1루수"나 "크래커잭 목수"에서처럼 종종 능력에 적용되기도 하므로 사람들의 마음속에 이런 특성들을 불러일으킬 수도 있다. 그것은 의인화되기도 한다. 크래커 잭은 일류의 이름인 것이다.

문화의 트레이드마크

작가와 기자들은 인물과 그 인물의 라이프스타일을 전달할 손쉬운 방편으로 브랜드 네임을 자주 사용해 왔다. 소설가 싱클레어 루이스Sinclair Lewis도 배빗Babbitt이라는 브랜드를 소설 제목으로 사용했는데, 아마도 가정용 세척제 업체인 비티 배빗B. T. Babbitt Co. 사에서 그 이름을 얻어왔을 것이다. 그 단어는 작은 촌락의 실업가나 순응주의자를 뜻하는 낱말로 사전에 수록되기도 한다. 소설에서의 브랜드 네임 사용은 20세기 후반기로 들어서면서, 특히 1970년대 이후로 가속화되었다. 코카콜라는 캐딜락과 포드, 뷰익, 시보레, 리바이스 등과 함께 소설에 자주 등장하였다. 헬렌 필딩Helen Fielding의 소설 『브리짓 존스의 일기』를 필두로 시작된 일명 영계문학(Chick lit)이라는 하위 소설 장르는 룸메이트와 아파트를 함께 쓰고, 열심히 회사 일을 하며, 남자들을 만나고 다니고, 브랜드 네임으로 도배한 20대 도시 여성에 대해 다룬다. 인터넷에서는 빌보드 핫 100 싱글 차트에 올라온 곡들에 등장하는 브랜드 네임을 바탕으로 루시안 제임스Lucian James가 작성한 아메리칸 브랜드스탠드American Brandstand에서 브랜드 네임의 순위를 긴박하게 따라가 볼 수도 있다. 2003년 9월 현재, 메르세데스가 1위를 차지했고, 페이레스 슈 소스Payless Shoe Source도 10위권 안에 진입했다.

손목에 타이맥스Timex를 차는지, 아니면 까르띠에Cartier를 차는지,

또는 발에 퓨마^{Puma}를 신는지, 아니면 록포트^{Rockport}를 신는지는 그 사람에 대해 뭔가를 말해준다. 〈007 위기일발〉에서 스파이 활동을 벌이는 제임스 본드는 뉴 옥스퍼드 스트리트에서 아메리칸 케멕스^{American Chemex}로 끓이고 민톤^{Minton} 도자기 컵에 담긴 드브리^{De Bry} 커피와 노르웨이 포트넘^{Fortnum}의 헤더꽃 꿀을 바른 토스트, 그리고 훈제달걀 하나로 아침을 먹으며 〈타임스〉 지를 손에 쥐고 있다. 터키로 여행할 때 그는 디플로메이트^{Diplomate} 담배를 피우고, 카박클리데레^{Kavaklidere} 포도주를 마신다. 고향으로 돌아와서 그는 "커다란 6자 모양의 엔진과 13 대 40의 후면 차축 비율을 지닌 R자 모양의" 컨티넨털 벤틀리^{Continental Bentley}를 몬다. 심지어 이안 플레밍^{Ian Fleming}(007 시리즈의 작가 — 옮긴이)의 악당들조차 고급 취향을 가졌다. 노 박사의 욕실에는 렌서릭^{Lentheric} 애프터쉐이브 로션과 플로리스 라임^{Floris Lime} 남성용 샤워 에센스, 겔랑^{Guerlain}의 여성용 목욕소금들이 자랑스럽게 놓여있다. 비누는 겔랑의 사포체티, 플뢰르 데잘프스^{Sapoceti, Fleurs des Alpes}이다.

제임스 본드의 상품들이 최고에 대한 추구를 나타낸다면, 브렛 이스턴 엘리스^{Bret Easton Ellis}의 〈아메리칸 사이코〉는 화려한 과잉을 나열한다. 정신병자이자 가끔씩 식인종적 행태를 보이며, 엄청나게 부자인 주인공 패트릭 베이트먼은 그의 쇼핑 리스트에 무엇이 포함되어 있는지 분명히 알려준다.

나는 다고스티노^{D'Agostino's}에서 식료품을 사기 위해 옷을 갈아입는데, 아르마니^{Armani} 청바지와 흰 폴로^{Polo} 셔츠, 아르마니 스포츠 코트에 넥타이는 하지 않으며 머리는 톰슨^{Thompson} 무스로 뒤로 넘긴다. 부슬비가 내리고 있으므로 마놀로 블라닉^{Manolo Blahnik}의 검은 방수 부츠를 신고(3천2백 달러) 루이 비통Louis Vuitton의 검은 에피 Epi 가죽 보조 케이스에 칼 세 개와 권총 두 개를 담고 간다. 날씨도 싸늘하고, 내 매니큐어를 망치고 싶지 않기 때문에 나는 아르마니 사슴가죽 장갑을 낀다. 마지막으로 4천 달러 하는 지안프랑코 페레 Gianfranco Ferre의 벨트가 달린 검은 가죽 트렌치코트를 입는다. 다고 스티노까지는 조금만 걸으면 되는 거리지만, 어쨌든 본 조비의 "Wanted Dead or Alive"의 긴 버전이 담긴 CD 워크맨Walkman을 낀다. 현관 근처 서랍장 속에 새로 설치한 우산 진열대에서 세일한 가격이 3백 달러인 버그도르프 굿맨Bergdorf Goodman의 손잡이가 나무로 된 에트로Etro 페이즐리 우산을 끄집어내고 나서 나는 밖으로 나간다.

그는 물론 그렇게 하였다. 오늘날에는 광고와 신문 편집기사의 경계가 종종 흐려진다. 특히 뉴스 기사의 형식과 비슷하도록 레이 아웃된 광고인 "애드버토리얼"(advertorial) 형식에서 더욱 그러한데, 조심성 있는 신문들은 독자들의 오해를 막기 위해 광고임을 분명히 명시하기도 한다. 인포테인먼트(Infotainment)는 뉴스와 엔터테인먼트를 혼합하고, 애드보커시 애드(advocacy ad)는 논평과 광고를 혼합하며, PPL(간접광고)은 영화에서 흔히 일어난다. 영국 소설가 페이 웰던Fay Weldon은 "상업 소설"(commercial fiction)이라는 용어에 새로운 의미를 부여했는데, 보석 메이커인 불가리Bulgari 사는 웰던에게 자사의 브랜드 네임을 소설에 사용하도록 하기 위해 돈을 지불했다. 그 소설의 이름은 — 달리 무엇이겠는가? —『불가리 커넥션』The Bulgari Connection이다.

저널리즘에서는 뉴스 및 특집기사와 광고 사이의 구분이 종종 희미해진다. 신문이나 잡지는 기사형 광고를 싣거나 제품 및 서비스에 관한 설문조사를 실시한다. 그러나 그들의 스타일 가이드(style guide)는 일반적으로 브랜드 네임의 언급을 기피하는데, 그것은 무료 광고를 제공하거나 한 광고주를 다른 광고주보다 선호하는 것을 꺼리기 때문이다. 그래서 스타일 가이드들은 특정 이름 대신 일반명 (generic term)을 사용한다. 크리스코Crisco는 "쇼트닝"이 되고, 사이클론Cyclone은 "철조망 울타리"가 되며, 딕시Dixie 컵은 "종이컵", 자키Jockey 반바지는 "남성용 반바지", 마일라Mylar는 "폴리에스테르 필름", 타바스코Tabasco는 "핫 페퍼 소스", 위드 이터Weed Eater는 "잔디깎이"가 된다. 이따금씩 이러한 바꿔 말하기는 실제로 브랜드 네임에게 득이 될 수도 있다. 한 가이드는 경고한다. "여기 한 스포츠팬이 커피가 들어있는 서모스Thermos(보온병, vacuum bottle)를 들고 있다. 만약 그가 누군가를 그것으로 때리려 한다면, 병을 진공병으로 만들어야 할 것이다."

브랜드 네임은 오랜 세월을 견디는 문화적 이정표이다. 발명가 에드윈 퍼킨스Edwin Perkins는 1927년, 프루트 스맥Fruit Smack이라는 이름의 음료수 시럽을 젤로Jell-O의 예를 따라 가루 형태로 바꾸고 이름을 쿨에이드Kool-Ade로 지었다가 후에 다시 쿨에이드Kool-Aid로 변경하였다. 쿨에이드Kool-Aid는 약간의 문화적 폭력을 겪는다. 그 이름은 켄 케시Ken Kesey와 그의 즐거운 장난꾼들이 환각제LSD로 쿨에이드를 망쳐놓는 과정을 담은 톰 울프Tom Wolfe의 1968년 소설 『전기 쿨에이드 산 테스트』The Electric Kool-Aid Acid Test에 등장한다. 그리고 1978년에 그 이름은 짐 존스Jim Jones 목사의 마지막 정착지인 가이아나 공화국의 존스타운에서 일어난 그의 인민사원People's Temple 신도들의 집단 자살 및 살인 사건과 연관된다. 이곳에서 주민들은 청산칼리가 가미된

포도향의 음료수를 스스로 마셨거나 혹은 마시도록 강요받았다. 그 독약이 쿨에이드의 경쟁 브랜드인 플레이버에이드Flavor Aid와 혼합되었다는 사실은 이 소란 속에서 실종되었다.

다른 브랜드 네임들은 비록 그 역사가 잘못 알려진 경우도 있지만 좀 더 긍정적인 연상작용을 일으킨다. 캘리포니아의 거대 포도주 양조업자인 갈로 와이너리Gallo Winery는 프리미엄 포도주와 함께 수많은 싸구려 포도주도 생산한다. 10년 전 뉴욕에 위치한 — 한 끼 저녁 식사 값이 저개발국의 국내 총생산량과 거의 맞먹는 — 포 시즌Four Seasons 호텔은 갈로 카베르네 소비뇽 적포도주를 자신의 와인 리스트에 추가시켰다. 그것을 마신 사람은 거의 없었다. 갈로 포도주를 따르려면 병마개를 비틀어서 열어야 한다는 생각 때문에 이런 저조한 결과가 나왔을 것이다. 그리고 아마 이것 때문에 세계 최대의 유통업자인 월마트Wal-Mart도 갈로의 상품을 공급받으면서, 거기에 자사 상표인 알코트 리지 포도원Alcott Ridge Vineyards을 붙였던 것 같다. 브랜드 속물들에게 굴복하는 이러한 현상은 〈뉴욕타임스〉와 〈배니티 페어〉Vanity Fair가 유명 요리사나 유명한 사람이면 누구든지 간에 그들을 대상으로 정기적으로 실시하는 그들이 선호하는 브랜드 네임 설문조사를 통해 부추겨진다.

브랜딩은 중요한 단어가 되었다. 여왕을 대표하여 2002년 말 캐나다 뉴브런즈윅 색빌Sackville을 방문하던 아드리엔 클락슨Adrienne Clarkson 총독은 〈색빌 트리뷴 포스트〉Sackville Tribune-Post 지에 이렇게 말했다. "색빌은 이 정도 크기의 다른 마을들에게는 없는 뭔가 특별한 것이 있다. 색빌은 좋은 브랜드 네임이다." 이에 대해 색빌의 광고 회사인 SGCI 커뮤니케이션즈SGCI Communications에서 크리에이티브 디렉터로 일하고 있는 그레이엄 와트Graham Watt는 이렇게 반발했다. 색빌은 "브랜드가 아니다. 그것은 사람들이 살고 있고 새들의 노래와 교회종이 울리는 마을이다."

브랜드 네임은 어떤 경우에나 장소와 계급, 연령, 성별을 환기시킨다. 수많은 레크리에이션 관련 유행과 히트 상품 중에서 훌라후프Hula-Hoop와 프리스비Frisbee, 애완용 돌인 펫 락Pet Rock, 그리고 캐비지 패치 인형Cabbage Patch Doll 등이 미국의 여러 장소와 시대를 표시하는 것과 마찬가지로, 오발틴Ovaltine과 호비스Hovis, 젠틀멘스 렐리시Gentlemen's Relish는 영국 소비자들에게 많은 것을 시사한다. 오거스트와 프레드릭 듀센버그 형제에 의해 만들어진 듀센버그Duesenberg 자동차는 스터츠 베어캣Stutz Bearcat과 함께 1920년대의 클래식 자동차가 되었다. 두 세대가 지난 뒤, 록그룹들은 자동차 이름으로 자신들의 이름을 도배한다. 리비에라Rivieras, 피에스타Fiestas, 임팔라Impalas, 팰컨Falcons, 캐딜락Cadillacs, 플리트우드 맥Fleetwood Mac, 부커 티Booker T, 그리고 엠지MG's 등을 보라. 1971년 "아메리칸 파이"American Pie에서 가수 돈 맥클린Don MacLean은 부둣가로 쉐비Chevy를 몰고 갔다.

(같은 요리에서는 아니지만 캠벨Campbell 치킨 누들 수프와 버너Vernor 진저에일을 사용하는) 제인과 마이클 스턴Jane and Michael Stern의 매력적인 요리책 『영양식사』Square Meals에 보면 1920~30년대 숙녀 전용 찻집들이 마더 스투퍼Mother Stouffer나 패트리샤 머피Patricia Murphy와 같은 여사장들의 이름을 사용했다는 것을 알 수 있다. 그것은 또 허시Hershey 초콜릿 바가 걸스카우트 캠프파이어의 최고 별미인 섬모어스s'mores의 핵심 재료였다는 점을 언급한다. 이 상표들은 필스버리Pillsbury와 앤트 저마이머aunt Jemima, 베티 크로커Betty Crocker, 미닛 타피오카Minute Tapioca, 젤로Jell-O와 함께 미국인 입맛의 기억에 자신들의 이름을 새겨놓았다.

군중 속의 이름

토론토, 어느 많은 눈이 내리던 아침, 이 책의 공동저자인 프레이저 서더랜드는 현관문에서 신문을 빼내고 있었다. 사려 깊게도 신문은 타이레놀Tylenol 광고로 장식된 투명 비닐 봉투 안에 넣어져 있었다.

광고는 어디에나 존재한다. 라디오에서 광고는 크게 떠들고 불쑥불쑥 튀어나오며 노래로 불려진다. 영화와 비디오의 크고 작은 스크린에서는 서두를 장식하고, 뮤직 비디오는 전적으로 광고로 이루어져 있다. 자동차 추격 장면이 나오는 영화를 보다 보면, 카메라가 잠시 펩시콜라Pepsi-Cola 라벨 위에 머무르거나 주인공이 아우디Audi를 몰고 있다는 것을 확실히 알려주는 장면이 나오는데 이것은 어쩌다가 일어나는 일이 우연이 아니다. 광고는 고속도로를 따라 끊임없이 나타나고 엘리베이터 안에서는 우리의 시선을 되받아친다. 광고는 컴퓨터 모니터에서 팝업, 배너, 하이퍼링크 등으로 튀어나오고, 슈퍼마켓과 대규모 백화점, 이어폰 등을 도배한다. 광고는 천천히 올라가는 에스컬레이터 계단 위로 모습을 드러내기도 하고, 지하철 플랫폼 위에서 디지털로 반짝이기도 하며, 돌진하는 기차와 덜거덕거리는 버스의 벽면을 장식하기도 한다. 신문과 잡지는 광고로 넘쳐난다. TV에서 광고는 채널 전체를 채우기도 하고 시트콤이나 일일 드라마 중간 중간에 끼어들어 오기도 하는데, 방송 프로그램들보다 더 미적인 만족감을 주는 경우도 많다. 사람들은 광고를 티셔츠나 스웨터로 입기도 한다. 야구에서 타자가 공을 치면, 광고는 그 공의 배경을 이루고, 저 하늘 위에서는 소형 비행선이 광고를 커다란 글씨로 공중에 띄우며, 제트기는 광고를 비행기운으로 쓴다.

마셜 맥루한Marshall McLuhan의 유명한 이론처럼, 미디어는 메시지이다. 공중파에서 브랜드 네임이 발음될 때에는 사운드 이펙트나 노래, 후렴, 악센트가 첨가된다. TV에서 브랜드 네임은 마치 도장처럼 화면에 쾅 찍히기도 하고, 인쇄매체에서는 바디 카피(body copy)와 일러스트레이션을 통해 등장하기도 한다. 반복은 불가피하고 필수 불가결하지만 가끔은 자기취소적(self-canceling)이기도 하다. 옴니콤 그룹Omnicom Group의 한 고위간부는 〈월스트리트 저널〉지에서 "소비자들은 마치 바퀴벌레와 같다. 그들에게 스프레이를 뿌리다 보면 얼마 후에는 면역이 생긴다"고 말한 적이 있다. 가청성(audibility)와 가시성(visibility)은 다양한 형태로 구현된다. 1989년 한 할리우드 스타가 조지아 주의 브라셀턴Braselton이라는 마을(인구 500명)을 산 적이 있는데, 그곳을 킴 베이싱어라고 개명하지는 않았다. 그러나 닥터 맥길리커디 슈냅스Dr. McGillicuddy's Schnapps라는 민트 및 멘솔향 술을 만들어내는 제조업자들은 노스다코타 주의 그랜드빌Grandville이라는 도시 이름을 4년 간 맥길리커디 시McGillicuddy City로 바꿔 부르는 조건으로 10만 달러를 지불했다. 이 거래로 맥길리커디 — 혹은 그랜드빌— 시는 새 커뮤니티 센터를 얻게 되었고, 맥길리커디는 좋은 홍보 효과를 얻어냈다. 펜실베이니아의 데리 타운십Derry Township이라는 마을은 미 체신청에 허시Hershey라는 이름으로 알려져 있다. 1903년부터 밀튼 허시Milton S. Hershey가 자신의 초창기 초콜릿 공장을 이곳에 짓기 시작한 이래로, 매년 그 마을 주민들은 허시 극장Hershey Theater이나 호텔 허시Hotel Hershey와 같은 명소를 찾아오는 수많은 사람들을 맞이해 주었다. 2003년 약 360명의 인구를 지닌 오레곤의 해프웨이Halfway 시위원회는 마을로 들어오는 고속도로 입구에 "미국 최초의 닷컴 도시, 해프닷컴Half.com — 또는 해프웨이 시에 오신 것을 환영합니다"라는 문구를 세우는 것에 찬성하는 투표를 했다. 이를 위해 온라인에서 주로 중고책이나 CD를 판매하는 펜실베이니아의 www.half.com이라는 회사는 (이제는 eBay의 일부가 되었는데) 해프웨이 시에 7만5천 달러를 지불하고 지역 초등학교에 22개의 컴퓨터를 기증했다.

브랜드 네임의 만연성(pervasiveness)을 드러내는 최고의 사례는 아마도 던롭Dunlop이라는 이름을 지닌 몇 명의 캐나다인들일 것이다. 2002년 3월, 그들은 던롭 타이어의 캐나다 판매회사인 굿이어 캐나다Goodyear Canada로부터 2만5천 달러를 받아 나눠 갖는다. 그들은 어떻게 해서 이 돈을 벌 수 있었을까? 단지 자신들의 법적 이름에 타이어라는 말을 덧붙였을 뿐이다. 위니펙의 제이슨 던롭 타이어Jason Dunlop-Tire, 캘거리의 트레이시 던롭 타이어Traci Dunlop-Tire, 미시소가의 빌 던롭 타이어Bill Dunlop-Tire 등은 새로 태어난 아기의 네이밍 권리를 경매에 붙이려던 뉴욕의 한 커플보다 행복한 결과를 얻었다. 그 경매는 50만 달러부터 시작했는데, 아무도 사지 않았던 것이다. 2002년 8월, 한 덴마크 회사는 부모들에게 후원 기업의 광고로 장식된 무료 유모차를 제공하였다. 그와 비슷한 시기에 어클레임 엔터테인먼트Acclaim Entertainment는 주인공이 파충류 악당들과 싸우는 그 회사의 새 비디오 게임을 따라 아기의 이름을 짓는 첫 번째 가족에게 만 달러의 미 저축 채권을 제공하겠다고 제안했다. 단, 아기는 게임 출시일과 같은 날에 태어나야 했다. 신생아에게는 안 된 일이지만, 그 게임의 이름은 터록Turok으로 지어졌다.

아기에게 특이한 이름을 지어주려는 커플들은 브랜드 네임 문화에 저항하기도 하고 또 그 문화를 끌어안기도 한다. 아기 이름에 대한 저서를 집필해 온 팸 새트란Pam Satran은 〈세인트 캐서린스 스탠더드〉St. Catharines Standard 지에서 "갭Gap, 월마트, 엠티비MTV가 지배하는 이 시대에는 익명성 혹은 획일성이라는 것이 만연해 있다. 이름은 뭔가 특징을 만들어주는 한 방법이 된다"고 말했다. 이것은 미도Meadow나 퀘스트Quest라는 이름을 가진 아이의 경우에는 맞는 얘기일 수 있지만, 아기의 이름을 렉서스Lexxus라고 지은 온타리오 세인트 캐서린 지방의 랜스 벨Lance Bell과 조앤 맥닐Joanne MacNeil의 경우에는 어떠한가? 맥닐은 이렇게 말한다. "나는 알렉사Alexa나 알렉시스Alexis라는 이름을 좋아했다. 하지만 내 아기의 이름을 알렉스Alex라 부르고 싶진 않았다. 그런데 어느 날 우연히 맥도널드에 갔다가 어떤 사람의 차 이름이 렉서스(Lexus)라는 것을 알게 되었다. 나는 그때 생각했다. '바로 이거야. 아이의 이름을 이것으로 하자.' 우리는 X자를 하나 더 넣어서 자동차 이름과 구별지었다. 앞으로 크면서 내 딸은 자기 이름이 어디서 왔는지 궁금해할 것이다. 그럴 때 우리는 맥도널드 드라이브 스루(drive-thru)에서 나왔다고 말해야 할 것이다."

이 온타리오 커플에게는 선례가 있다. 학자이자 교육가인 마리오 페이Mario Pei에 따르면 1920년대 브라질 아마존 지역의 어떤 부족들은 프리지데어Frigidaire 냉장고에 홀딱 반한 나머지 딸 자식의 이름을 그것을 따라 짓는 경우가 많았다고 한다. 니아살랜드Nyasaland ─ 지금의 말라위Malawi ─ 의 한 부족은 그들이 우연히 발견한 한 인쇄업자 카탈로그에서 이름을 고르기도 했다. 한 추장은 자신의 이름을 옥스퍼드 유니버시티 프레스Oxford University Press라고 지었다. 미국에서도 한 때 더즈Duz라는 얇은 소형 비누가 유행한 적이 있었다. 마리오 페이에 따르면 "철자 경연대회에서 does라는 아주 간단한 단어가 나왔는데 많은 참가자들이 d-u-z라고 철자를 댔다"고 한다.

브랜드 네임은 우리가 사용하거나 착용하는 모든 것을 표시한다. 보통 슈퍼마켓은 대략 4만5천 가지의 품목을 다루는데, 그 중 대부분이 브랜드 네임을 가지고 있다. 10년 전만 해도 약 1만2천~1만5천 개 정도의 제품들만이 브랜드 네임을 가지고 있었을 뿐이다. 미국 회사명은 1천4백만 개가 넘는다. 2000년에만 70만 개 이상의 신설 회사들이 법인으로 등록하였다. 200명 이상의 직원을 지닌 600개 미국 기업을 대상으로 실시된 2002년 리브킨 & 어소시에이츠 Rivkin & Associates 사의 조사에 따르면, 지난 2년 동안 이 회사들 중 85퍼센트가 회사나 제품 또는 서비스의 이름을 새로 지었다고 한다. 소비자들에게는 더욱 더 선택권이 넓어졌다. 『차별화가 아니면 죽음을 달라』Differentiate or Die라는 책에서 잭 트라우트와 스티브 리브킨은 달라스 연방준비은행의 1998년 연간 보고서를 인용하면서 20년의 기간 동안 제품 종류가 얼마나 급증하였는지 보여준다.

네이밍의 산술학은 가공할 만하다. 미국에 이미 등록되어 있는 상표만 해도 활동 중이거나 보류 중, 혹은 비활동 중인 것을 모두 합쳐 보면 적어도 3백40만 개가 넘는다. 미국 경제의 약 70퍼센트가 신제

제품 종류	1970년대	1990년대
자동차 모델류	140	260
유제품류	4	19
콘택트 렌즈류	1	36
프리토 레이Frito-Lay와 같은 과자칩류	10	78
휴스톤 TV 채널	5	185
운동화 스타일	5	285
컴퓨터 모델	0	400
소프트웨어 제목	0	250,000
웹 사이트	0	4,757,894

품 개발을 통해 창출된다고 추정되는데, 그 제품들에는 모두 이름이 있어야 한다. 그리고 여기에 공식적으로 등록되진 않았지만 사용되고 있는 다른 수백만 개의 이름을 추가해보라.

브랜드 네임을 포함하여 지적 재산권은 미국 경제에 약 4천억 달러 이상을 기여하는 제1의 수출품이다. 광고 홍수와 소용돌이 속에서 마케터들은 시청자와 청취자들이 단 하나의 메시지를 제외한 다른 것들은 모두 흘려버리도록 만들어야 한다. 가장 중요한 것은 바로 기업인들도 잘 알고 있듯이 브랜드 네임이다. 퀘이커 오츠^{Quaker Oats}의 전(前) 사장인 존 스튜어트^{John Stuart}는 이렇게 말한 바 있다. "만약 이 회사를 쪼개야 한다면, 나는 기꺼이 브랜드와 트레이트마크, 그리고 영업권(goodwill)을 가져가겠다. 당신들은 이 회사의 모든 벽돌과 건물들을 가져가라. 그래도 내가 당신들보다 더 잘 할 것이다."

제대로 된 이름을 갖추기란 쉬운 일이 아니다. 부동산 마케팅 회사 선샤인 그룹^{The Sunshine Group}의 대표, 루이즈 선샤인^{Louise M. Sunshine}은 이렇게 말한다. "건물의 이름을 짓는 일은 건물을 짓는 일 외에 가장 어려운 일 중 하나이다. 이름은 가치를 만들어내고 프로젝트를 식별해주며 지도 위에 올라간다." 제대로 된 이름은 중요한 차이를 만들어낼 수 있다. 이것은 특히 회사의 가장 성공적인 브랜드의 경우 더욱 그러한데, 80 대 20 법칙이 여기에도 적용된다. 즉 대부분의 회사는 적어도 그들 이윤의 80퍼센트를 그들이 다루는 총 브랜드의 20퍼센트 미만에서 만들어내는 반면 다른 브랜드에서는 손해를 보거나 본전만을 기록할 뿐이다. 로지테크^{Logitech}의 신제품 스캐너 2000^{Scanner 2000}은 실망스러운 판매실적을 거둔 후 스캔맨^{ScanMan}으로 이름을 변경했는데, 18개월 만에 추가의 광고비 지출 없이 판매실적이 두 배 이상 뛰어올랐다. 토로^{Toro} 사는 자사의 소형 제설기 이름을 스노 펍^{Snow Pup}으로 지었는데 판매실적이 부진하였다. 이후 회사는 같은 제품의 이름을 스노 마스터^{Snow Master}로 변경하였고, 곧 히트 상품이 되었다. 신생회사를 상장할 경우에도 제대로 된 이름 하나가 어떤 경우에는 그 회사의 주식 가격을 상승시킬 수도 있다. 마이클 쿠퍼^{Michael Cooper}의 연구팀은 1994년 4월부터 2001년 7월까지 296개의 주식 뮤추얼 펀드를 연구했는데 이름에 Value나 Growth, Small, Large 등의 단어를 추가하거나 삭제함으로써 이름을 바꾼 적이 있는 펀드들이 투자 방식이나 투자성공률, 홍보비용에 관계없이 모두 조사 기간 말에 이르러 평균 약 22퍼센트의 자산 증가를 이뤄냈다는 사실을 발견했다. (이전에 인타시스 코퍼레이션^{Intasys Corp.}이라는 이름으로 인터넷 검색 업계에서 온라인 디렉트 마케팅 서비스를 제공하던) 마마닷컴^{Mamma.com Inc.} 사는 2004년 1월에 이름을 변경하였는데 2개월 만에 주식 가격이 두 배 이상 증가했다.

『상표의 기원』^{Trade Name Origins}이라는 책에서 에이드리언 룸^{Adrian Room}이 인용한 1975년의 한 연구결과에 따르면, 영국 주부들은 그들이 구매한 물품의 절반 가까이를 브랜드 네임으로 인식한다고 한다. 제품의 포장 색상으로 인식하는 주부는 25퍼센트 미만이었고 디자인이나 모양으로 인식하는 주부는 단지 6퍼센트에 그쳤다. 산요^{Sanyo}라는 라벨을 RCA의 가전제품에 붙였을 때, 그 제품은 이전보다 훨씬 더 우수하다고 판단되었다. 또 오렌지가 선키스트^{Sunkist}라는 스티커를 달고 있을 경우 소비자의 60퍼센트가 아무 브랜드도 표시되어 있지 않은 오렌지를 지나치고 그 오렌지를 선택했다. 이것이 RCA보다는 산요에서 셀린느 디온의 노래를 더 잘 들을 수 있다거나, 선키스트 오렌지가 무명의 플로리다산 오렌지보다 더 달거나 과즙이 많기 때문에 일어난 일일까? 꼭 그렇지만은 않다. 소비자들은 이름에 신뢰를 가졌던 것이다.

기업도 자신의 이름에 신뢰를 가져야 하는데 거기에는 계량화 할 수 있는 이유도 있다. 즉, 이름은 한 회사의 평판을 형성하고 그러므로써 대차대조표에서도 인정된 항목인 "영업권"의 일부를 이루는 것이다. 대규모 다국적 기업들에게 브랜드 네임의 영업권 가치는 수백억 달러에 이르기도 한다.

상업의 마크

아주 먼 옛날 걸음마 시절부터 인류는 점유자나 제작자 또는 소유자라는 표시를 통해 영토나 소유에 대한 권리를 주장할 필요성을 느껴왔다. 프랑스 남부의 라스코 동굴 벽에는 기원전 약 5천 년 전으로 추정되는 들소 이미지에 어떤 마크가 새겨져 있는데 이는 소유권을 지시하고 있는 것인지도 모른다. 고대 이집트나 그리스, 로마, 중국인들은 벽돌과 도기류에 봉인과 날인 또는 마크를 새겨 넣었다. 13세기 이후부터 상인과 길드 멤버들은 상징적인 휘장을 그들의 사업장이나 제조소 바깥에 세워두었다. 이 중 어떤 것들은 현재까지도 전해져 오는데 이발소의 줄무늬 기둥이나 전당포의 세 개의 공 모양 표시가 그런 것들이다.

재산권 표시를 그 일부로 하는 상업은 지적인 선구자가 없었다면 출현할 수 없었을 것이다. 중세에 아랍인들은 힌두교인으로부터 아이디어를 얻어와 십진법에 "0"의 개념을 도입하였는데, 이렇게 함으로써 큰 숫자를 계산하는 것이 가능해졌다. 이탈리아인들이 발명한 복식 회계는 기업의 재정 상태와 운영 결과를 기록하고 이해하도록 해주었다. 인쇄기술의 발명은 여기에 새로운 영역을 추가하였는데 전단지 인쇄물과 이후 정기간행물에서의 광고 등이 그것이다. 18~19세기의 산업혁명과 운송 혁명은 단지 대량생산뿐 아니라 그 상품들을 팔기 위한 끝없는 시장 추구까지 초래하였다. 구두 수선공이 자신의 가게 위에 다른 구두공의 최후를 담은 그림을 걸고 명복을 빌던 시대는 사라졌고, 시골 장터나 도시 벼룩시장에서 판매자와 구매자가 하나하나 옥신각신 입씨름할 수 있는 시대도 지나갔다.

전신과 전화 등의 발명은 커뮤니케이션을 더욱 신속하게 만들었다. 비록 고대 로마와 폼페이 시대에도 옥외 광고가 있긴 했지만 이제 막 시작된 광고 산업과 함께 브랜드 네임의 시대가 도래했다. 신 『옥스퍼드 아메리칸 사전』에 따르면, 브랜드(brand)는 게르만어로부터 유래하였는데 "불에 달구다"(burning)라는 의미의 고대 영어에서 나왔다고 한다. "달궈진 철로 영원히 표시하다"라는 동사적 의미는 중세 후기 영어에서 유래하였는데 17세기에 이는 "브랜딩(낙인)을 통한 소유권 표시"라는 명사적 의미를 탄생시켰고, 마침내 19세기 초에 이르면 특정한 회사가 특정한 이름 하에 만들어낸 제품이라는 현대적 의미를 갖게 된다.

브랜드는 곧 소중한 지적 재산권이 된다. 1791년, 범포(sailcloth)의 마크를 두고 논쟁이 벌어지자 토머스 제퍼슨^{Thomas Jefferson}은 트레이드마크에 관한 법률을 채택할 것을 촉구하였다. 1857년 위대한 프랑스 초상화 사진가인 나다르^{Gaspard Felix Nadar}(본명은 펠릭스 투르나숑^{Tournachon}이다)는 동생과의 법정 싸움에서 승리하여 나다르^{Nadar}를 제조마크로 사용할 독점사용권을 얻어냈다. 이것은 아마도 예술상의 필명이 법정에서 싸울 만큼 가치가 있다고 여겨진 최초의 경우일 것이다. 고유의 스타일을 의미하는 브랜드 네임으로서 나다르는 캘빈 클라인Calvin Klein이나 타미 힐피거Tommy Hilfiger와 같은 패션 브랜드 네임의 선구자가 되었다.

19세기 후반기에는 북미 전역을 아우르는 운송 및 배급, 그리고 커뮤니케이션 망이 발달했다. 철도(railroad, 영국과 캐나다에서는 railways라 부른다)는 전원 국가였던 영국을 변화시켰다. 미국에서는 (제시 제임스Jesse James와 그와 비슷한 부류들에 의한 약탈에도 불구하고) 새롭게 연결된 서부지방 마을들에 법과 명령이 전달되었고, 서부해안이 도달가능한 거리가 되었다. 동부해안에서의 말썽 많던 초기 시절부터 아치슨Atchison, 토피카Topeka, 산타페Santa Fe, 노던Northern과 서던Southern, 센트럴 퍼시픽Central Pacific, 그리고 그레이트 노던Great Northern 등과 같은 이름의 대형 철도회사들은 주식시장 붕괴와 재정 패닉 상태를 부추겼다. 캐나다에서는 대륙을 횡단하는 철도를 통해 이쪽 해안에서 저쪽 해안까지 한 나라가 되었다.

과거에는 운송 수단이 바로 커뮤니케이션이었다. 1858년이 되면 오버랜드 메일 컴퍼니Overland Mail Company가 대평원을 건너 저 멀리 샌프란시스코까지 역마차 운행을 시작하게 된다. 이와 경쟁하기 위해 세워진 포니 익스프레스Pony Express는 2년도 채 존속하지 못했지만, 그 이름은 빠르고 신속한 우편 서비스의 대명사가 되었다. 1850년에 오버랜드 메일 컴퍼니는 아메리칸 익스프레스American Express와 웰스, 파고 & 코퍼레이션Wells, Fargo & Co.을 세운 헨리 웰스Henry Wells에게 매각된다. 비록 이 회사들의 배달 방식은 전 대륙에 걸친 철도 및 전신의 도래와 함께 사라졌지만 그들의 이름은 계속해서 남아있다.

이런 연결망은 전국적인 광고를 가능하게 했다. 철도와 증기선 회사들은 호화로움과 편안함을 자랑하며 자신들의 운행일정과 요금표를 발행했다. 광고는 단순히 마케팅 수단이 아니라 신제품들에 대한 소식들을 발표하는 통로였다. 마차는 자동차로, 우편은 전신과 전화로, 기름 등불은 가스 등불로, 그리고 더 이후에는 전깃불로 바뀌는 등 제품 종류가 계속해서 다른 것에 의해 대체되면서 더 많은 소식들을 기대하게 만들었다. 이 소식들은 대부분 희소식인 듯 보였다.

종자 회사와 출판 및 팜플렛 인쇄업자와 같은 일부 회사들은 주로 카탈로그라는 직접광고를 통해 도매업자와 소매업자들을 건너뛰고 소비자들에게 직접 도달했다. 의사와 믿을 만한 약사들이 귀했기 때문에 정착민과 농부들은 스스로 자신의 의사와 치과의사가 되어야 했다. 특허 의약품 회사들은 신문과 잡지 광고를 지배하며 대부분이 농촌지역이던 미국 전역에 어필하여 큰 수익을 올렸다. 통신판매 회사들이 출현했고 오늘날에도 계속해서 다이렉트 메일 카탈로그와 전단지들이 우리에게 쇄도한다.

아이보리Ivory, 페어스Pears, 콜게이트Colgate처럼 여전히 유명한 가정 용품 브랜드를 포함한 비누 제조업자들은 브랜드가 새겨진 팩키지 상품으로 앞서나갔다. 곧 이 대열에 로열Royal 베이킹 파우더, 퀘이커Quaker 오트밀, 베이커Baker 초콜릿, 하이어스Hires 루트 비어(root beer), 워터맨Waterman 펜 등이 동참했다. 20세기에 들어서자 곧 미국인들은 보나미Bon Ami와 리글리Wrigley, 코카콜라Coca-Cola 등과 친숙하게 되었다. 그 때까지만 해도 밀가루나 못과 같은 일상용품들은 소규모 가게에서 한 상자나 한 통 단위로 판매되고 있었다. 이제 카탈로그 쇼핑과 함께 백화점이 등장하였다. 점원이 소비자에게 물건을 가져다주는 대신, 소비자들이 물건들을 계산대로 가지고 갔다. 특가품을 찾아다니는 사냥꾼들은 폭넓은 선택의 황야에서 복도를 어슬렁거리고 다녔다.

운송수단에서 가장 획기적인 혁명은 물론 자동차였다. 내연기관

— 초기의 자동차들은 증기나 전기에 의해 전원을 공급받았다 — 이 20세기 전반기를 지배했다. 자동차들은 가스나 석유산업을 창조해냈다. 자동차는 가족 휴가의 모습을 바꾸었고 허츠Hertz나 홀리데이 인Holiday Inn 등의 이름과 함께 리조트 산업을 낳았다. 그것은 패스트 푸드점(맥도널드, 켄터키 프라이드치킨 등)은 말할 것도 없고 슈퍼마켓이나 백화점이 자리를 잡은 대형 쇼핑 거리로 사람들을 이끌었다. 자동차는 젊은이들의 라이프스타일과 모터스포츠, 그리고 교외 생활의 핵심이 되었다. 자동차는 유럽에서 부자들을 위한 성인 장난감으로 처음 발달하였다. 그러나 1907년 이후로 헨리 포드와 그의 모델 티Model T는 자동차를 표준적인 ("그것이 검은색인 한 어떤 색이든 가질 수 있습니다") 소비 품목으로 만들었다. 알프레드 슬로앤Alfred P. Sloan이 포드의 최대 라이벌인 제너럴 모터스의 대표가 되었을 때, 그는 대량생산을 반대하지 않았다. 그러나 1924년 그는 대대적인 마케팅 전환을 감행했는데, 즉 각각의 자동차 모델은 고유한 특성을 지닌 각각의 집단에게 어필해야 한다고 결정했다. 그리하여 각각의 새 모델에는 새 이름이 생겨났다.

우주여행은 우리가 지구가 아닌 다른 곳에서도 살 수 있다는 생각과 함께, 이 우주상에 우리만 있는 것이 아닐지도 모른다는 생각을 가능하게 만들었다. 원자력 시대에 들어서면서 영화, 라디오, TV, 그리고 인터넷 등 더 많은 커뮤니케이션 혁명들이 도래했다. 전세계를 아우르는 컴퓨터 네트워크와 개인용 컴퓨터의 시작은 데이터베이스와 스프레드시트 소프트웨어와 함께 이루어졌다. 판매량 예측이 합리화되었고 고객은 추적 가능한 대상이 되었다. 암시장에서 일어나는 명품 모조품과 위조품, 그리고 소프트웨어, 음반, 비디오 등의 특허권 및 저작권 위반 행위, 해적질, 불법 복제 등의 산업은 전 세계적으로 수십억에서 심지어 수조 달러의 가치에 이른다. 모방이야말로 가장 진실된 형태의 아첨이라면, 이것은 그 진실성이 약간 도를 넘어서는 듯하다. 모방은 또한 브랜드 네임의 힘에 대한 존경의 표시이기도 하다.

브랜드 네임이 약 2백년간 숨가쁘게 진행된 기나긴 발명의 역사를 담아냄에 따라 브랜드 네임에도 독자적인 스타일들이 출현했다. 처음에 이름들은 보통 세 가지 의무를 반영했다. 즉, 창립자의 소중한 이름을 나타내거나, 회사의 위치를 지칭하거나, 단순히 제품 및 서비스를 설명하는 것이 그것이었다. 엘리팔렛 레밍턴^{Eliphalet Remington}과 살로몬^{Salomon} 형제의 동명의 회사들은 첫 번째 경우의 예들이다. 지역적 자긍심을 나타내는 예들로는 베들레헴 철강회사^{Bethlehem Steel}와 코닝 유리회사^{Corning Glass Works}가 있다. 1892년에 설립된 제너럴 일렉트릭^{General Electric}은 가전제품의 대명사가 되었다. 신용이나 내구성을 함의하던 이 브랜드 네임들은 이제 "오래된 신앙"이 되어버렸다. 이 중 일부 기업들은 처음의 사업 범위를 훨씬 넘어서면서, 좀 더 번지르르한 이름을 가진 다른 회사들보다 더 오래 살아남기도 하였다.

기업은 독점 상태를 추구하지만 자본주의가 잘 돌아갈 때에는 절대 이 상태에 도달할 수 없다. 20세기 이후, 수많은 자동차 회사가 모터(Motor)나 모터스(Motors)를 자사의 창립자 이름 뒤에 붙였는데, 그 중 많은 회사가 제너럴 모터스에게 흡수되었다. 농기계 제조업체인 인터내셔널 하비스터^{International Harvester}의 이름은 해외 무역이 증가함에 따라 이제 더 이상 회사들이 그들의 시장이 한 섬이나 대륙에 국한되지 않는다는 것을 인식하고 있음을 분명하게 보여준다. 이 이름들이 문자 그대로 보편성을 향해 있다고 한다면, 한편 그레이하운드 버스 라인Greyhound Bus Lines과 같은 이름들은 상징을 이용하기 시작했다고 할 수 있다.

마치 아메바처럼 기업들은 끊임없이 분열하고 합병한다. 1960년대 초부터 합병을 통해 거대 기업들이 생겨나기 시작했는데 이들은 자본주의의 위안을 다양화와 성장이 만들어내는 "시너지" 효과에서 찾았다. 시너지란 구성요소들의 협동과 상호작용을 통해 전체가 그 부분들의 합보다 더 큰 것이 될 수 있다는 개념이다. 20년 간, 인터내셔널 텔레폰 & 텔레그래프International Telephone & Telegraph는 자동차 렌털, 제빵, 호텔, 은행, 보험업 등에 뛰어들더니 이후 ITT라는 이름의 거대한 우산 밑에 이 모든 회사들을 아우렀다. 재무 분야에서도 비슷한 경계 허물기가 일어났다. 시티뱅크Citibank가 시티콥Citicorp이 되더니 그 다음엔 시티그룹Citigroup이 되었다. 최근 1990년대에 들어와서 시너지주의의 개념은 아메리칸 온라인American Online / 타임 워너Time Warner / 비벤디 유니버셜Vivendi Universal의 합병에서처럼 전혀 다른 미디어 회사들의 "컨버전스"(융합)에서 그 새로운 이름을 찾아내고 있다.

이 어지러운 합병의 반대편 극단에는 수 많은 하드웨어 및 소프트웨어 제품들과 이를 제조하는 회사의 이름 등, 최첨단 산업에 의해 생겨난 이름들이 있다. 컴퓨터 업계의 거인인 인터내셔널 비즈니스 머신International Business Machines 사는 타자기와 계산기를 컴퓨터로 대체하면서 IBM 사가 되었다. 마이크로 소프트Micro-Soft는 "소형컴퓨터"(microcomputer)와 "소프트웨어"(software)를 결합시킨 후, 하이픈을 없애고 s를 대문자화 했다. 인텔Intel이라는 이름은 "통합 전자회사"(integrated electronics)를 암시할 뿐만 아니라 자사 반도체 칩의 "지적 능력"(intelligence)도 암시한다.

이 회사들이 판매하는 하드웨어와 소프트웨어 이름들은 금방 고물이 되어버리는 이들 상품 명들의 그 빠른 대체 속도는 말할 것도 없고 대문자나 소문자로 된 글자들과 설명하기 어려운 숫자들이 혼합되어 만들어진다. 가령 버전 1, 1a, 2, 2b, 3 등을 보라. 인터넷의 신속한 성장도 상황을 더 복잡하게 만들었다. 갑자기 회사들은, 특히 e-커머스라는 신세계에 관련된 회사들은 인터넷 공간에서 자신을 재창조해야만 했다. 1999년까지, 약 810만 개의 도메인 이름들이 등록되었다. 무언가 손을 써야 했고 실제로 사람들은 조치를 취하기 시작했다. 그 중 한 가지는 이미 다른 사람이 훌륭한 새 이름을 차지하지 않았는지 확인하는 것이었다. 다른 한 가지는, 참신함을 명료함(intelligibility) 및 기억성(memorability)과 결합시키는 것이었다. 기업, 제품, 서비스에 이름을 붙이는 일이 기업의 내부직원과 엔지니어로부터 전문 네이머(namer)*에게로 이동했다. 그들은 프루토피아Fruitopia, 아마존닷컴www.Amazon.com, 프로작 Prozac, 비아그라Viagra 등의 이름을 내놓았다.

좋은 이름은, 심지어 일부라도 좋은 이름은 대가를 치러야 얻을 수 있다. 유에스 에어웨이스US Airways에서 웨이스-ways라는 접미사를 만들어내는 데 그 항공사는 7만 달러를 지불해야 했다. 또 한 네이밍 회사는 두 개의 알파벳 글자에 대한 비용으로 7만5천 달러를 청구했다. 인피니티Infiniti 사의 모델 J30과 Q451에서 J와 Q가 그것이다. 온라인 잡지 〈살롱〉Salon의 광고 이사인 루스 샬릿Ruth Shalit은 이

* namer는 기업이나 브랜드 네임을 짓거나 그와 관련된 일을 하는 사람으로, 국내에서는 네이머, 네이미스트, 네이밍 컨설턴트, 네이밍 전문가 등으로 불려지고 있다. ― 옮긴이

사업을 "기업들의 빅-리그 네이밍 시합이자, 서로 결투하는 형태소들의 핀천적인(Pynchonesque)* 지옥이며, 전면적인 언어적 사보타지"라고 불렀다.

이름의 낚시꾼

제품이나 서비스, 기업의 이름을 개발하는 사람들은 대어를 낚을 기대를 품고 깊고도 넓은 언어의 호수 속에 낚싯대를 던진다. 언어학은 언어에 대한 학문이다. 언어학자들에게 브랜드 네임은 좋지도 나쁘지도 않은 단지 또 하나의 중립적인 연구 대상일 뿐이다. 그러나 학자인 경우가 거의 없는 마케터들에게 그것은 가치 포함적인 존재로서, 그 선악을 결정하는 것은 실용성과 기능성, 즉 그 이름이 제품이나 서비스를 팔리게 하는가의 여부이다. 언어학자들은 지식을 구축하는 것이고 네이머들은 그것을 응용하는 것이다. 네이머들은 어떤 언어 영역도 미지의 세계로 남겨두지 않는다. 모든 것이 직간접적으로 관련되기 때문이다.

브랜드 네이밍은 고유명사의 역사와 형태를 연구하는 고유명사학(onomastics)의 한 응용 분야이다. 앞으로 이 책에서 사용할 몇 가지 용어들을 살펴보도록 하자. 우리가 가장 중요하게 구분해야 할 것은 제품이나 서비스의 이름을 뜻하는 브랜드 네임과 그것들을 제공하는 회사의 이름인 트레이드 네임이다. 브랜드 네임은 질레트^{Gillette}나

---

* 토머스 핀천^{Thomas Pinchon}은 1937년 미국 뉴욕 롱아일랜드 글랜코브에서 출생한 단편소설 작가로서 포스트모더니즘 문학을 대표하는 주요 소설가이다. 현대사회의 혼란 속에 존재하는 인간의 소외를 그린 냉소적인 유머와 환상을 결합한 작품을 쓴 것으로 유명하다. 그의 작품은 접근하기 어려운 것으로 정평이 나있다. — 옮긴이

디케이엔와이^{DKNY} 등 핵심 등록명과 그 뒤에 따라오는 "면도기"나 "청바지" 등 일반 설명어로 이루어져 있다. 버라이즌^{Verizon}이나 비에이치피 빌턴^{BHP Billiton}, 엑손 모빌^{Exxon Mobil} 등의 트레이드 네임은 "Communications" 같은 설명어나 "Ltd.", "Corp." 등의 법률 용어가 뒤따라오곤 한다.

이 두 종류의 이름을 모두 논의하면서 우리는 소리의 생산, 서술, 묘사에 관한 학문인 음성학(Phonetics)을 살펴볼 것이다. 음성학의 단짝인 음운론(Phonology)은 소리의 패턴을 살펴보는 학문이다. 우리는 단어를 각 음절(syllable)로 쪼갤 것이다. 음소(phoneme)는 의미를 인식하게 해주는 최소 음성 단위를 뜻하고, 형태소(morpheme)는 더 이상 쪼갤 수 없는 최소의 문자적 의미 단위이다. 형태론(Morphology) 자체는 단어의 구조와 형태, 즉 어떻게 단어가 다른 단어로부터 유래했고, 복합어를 이루며, 문법적으로 변화하는지에 대한 학문이다. 의미론(Semantic)은 의미에 대한 연구이고 화용론(Usage)은 어떻게 언어가 사회적 배경 속에서 작동하고 청자에게 영향을 미치는지와 어떻게 언어와 담화(speech)가 문화에 의해 형성되는지 등 좀 더 거시적인 연구 분야를 다룬다. 어원학(Etymology, 혹자는 그 유사성을 주장할 수도 있지만, 이것을 곤충을 연구하는 곤충학(entomology)과 혼동하지 말 것)은 어떻게 단어의 형태와 의미가 처음 만들어지고 진화해 왔는지에 대한 연구이다.

네이머들에게 있어 특정 분야의 연구는 다른 분야보다 더 중요하다. 그들에게는 소리 및 의미와 관계된 모든 것들이 일차적 관심사이다. 그러나 대부분의 브랜드 네임이 하나의 단어나 복합어로 되어 있기 때문에, 문법의 순서에 맞게 단어들을 배열하는 통사(syntax)보다는 한 언어가 가지는 모든 단어들의 집합인 어휘(vocabulary)가 더 중요해진다. 하지만 한 개별 단어는 그 아래 숨어 있는 훨씬 더 큰 구와 숙어, 문장 덩어리가 합쳐진 빙산의 일각에 불과할 수 있다. 사실 이따금씩 이름은 소형의 문장으로 이루어져 있고 (토이저러스 Toys "я" Us처럼), 우리가 웹사이트를 불러내기 위해 치는 URL들은 www.makemyday.com처럼 통사적 단위를 구성하고 있을 수도 있다. 단어의 기원과 그 현대적 의미가 현저하게 차이나는 경우도 많지만 네이머들에게 단어의 어원에 대한 지식은 그 단어의 현재적 지위에 대한 지식을 제고시킬 수 있다. 외국어에 대한 지식이 해가 될 리도 없다.

이렇게 네이머들이 언어의 급류 속으로 미끼를 던지기도 하지만, 그들은 또한 그들이 낚시하는 언어의 호수에 자신의 송어를 내보낸다. 그래서 가끔 얼룩홍합이 의도치 않게 나타나 송어와 뒤섞인다. 속어(slang)의 경우가 그러하다. 속어는 언어가 조롱의 대상이 될 때 생겨난다. 바삭거리는 초콜릿 덮개 속에 하얀 크림이 들어있는 오레오Oreo 과자 제조업자는 오레오가 피부색은 검지만 백인들의 방식에 순응하는 아프리카계-미국인을 가리키는 조롱어가 되었을 때 분명 불쾌했을 것이다. (그것은 조그만 둔덕이나 언덕을 뜻하는 그리스 어원으로부터 아주 먼 길을 떠나온 셈이다.) 맥도널드McDonald's의 홍보 직원들도 낮은 보수의 임시직을 뜻하는 단어로 맥잡(McJob)이라는 단어가 출현하는 것을 목격했지만 그들이 할 수 있는 일이라고는 거의 아무것도 없었다. 일리노이 주립대학에서 영문학과 언어학을 가르치는 데니스 바론Dennis Baron 교수는 『고등 교육 연대기』Chronicle of Higher Educa-tion에서 쓰길, 『메리엄-웹스터 대학사전』의 11쇄 판본에서 맥잡(McJob)을 "낮은 숙련도를 요하고 진급의 기회가 거의 없는 저임금직"이라고 정의한 데 대해 — 이러한 정의는 『아메리칸 헤리티지

사전』이나 『옥스퍼드 영어사전』에서도 거의 비슷했는데 ― 맥도널드의 대표이사인 짐 캔탈루포Jim Cantalupo가 분노했다고 보고한다. 캔탈루포는 이것을 미국 레스토랑 직원들의 "뺨을 때리는 행위"라고 부르면서 이 용어의 사용을 중단할 것을 요청했다. 『메리엄-웹스터 사전』은 이 단어가 적어도 17년 동안 상용되었다며, 그들의 단어 정의를 고수하겠다고 발표했다.

바론은 또 20세기 초에 다른 음료수들이 이름에 "콜라"(cola)라는 단어를 넣어 마케팅하는 것을 금지하기 위해 코카콜라가 낸 소송에서, 그 회사가 지금은 모두 사라진 회사들인 체로-콜라Chero-Cola, 클리오-콜라Clio-Cola, 엘-콜라El-Cola에게는 승소하였지만 체리-콜라Cherry-Cola, 딕시-콜라Dixie-Cola, 코크Koke에게는 패소한 일에 대해 적고 있다. 코카콜라는 또한 세븐업7 Up이 스스로를 "언콜라"(the Uncola)라고 부르는 것을 막지 못하기도 했다. 또한 코카콜라 사는 코크(coke)와 코콜라(co'cola)가 미국 남부에서 모든 소프트드링크를 뜻하는 일반 용어가 되는 것도 막지 못했다.

또 다른 소프트드링크 회사인 목시Moxie는 자신의 이름에 대하여 경쟁사 녹시Noxie를 상대로 낸 소송에서 승소하였지만, 목시(moxie)라는 단어가 용기, 배짱, 정력 등을 뜻하는 일상어가 되는 것을 그냥 지켜볼 수밖에 없었다. 바론에 의하면, 맥도널드는 끊임없이 자신의 트레이드마크를 보호하기 위해 싸우는 과정에서 맥잡(McJob)뿐 아니라 맥페이퍼(McPaper)라는 단어가 적어도 1982년부터 〈유에스에이 투데이〉지를 뜻하는 단어가 되었고, 맥도널드를 포함하여 McDonalize, McDoctors, McTherapy, McWorld, Mc Mansion에 이르기까지 이들이 『옥스퍼드 영어사전』에서 "특히 효율적이고 표준화된 양식으로 운영되는 점에서 맥도널드 체인과 일정 면에서 비숫한 어떤 서비스나 단체"로 정의되었다는 것을 목도할 수밖에 없었다고 한다. 바론은 여기에 한 마디 더 덧붙인다. "만약 사전 편찬자가 개인이나 압력단체들에게 단어의 정의를 내리도록 허용한다면, 우리의 언어는 맥도널드식 단어들(McWords)로 축소해 버릴 것이다. 즉, 칼로리는 높고 의미는 적으며 숙련도는 거의 필요로 하지 않는 매력 없는 영어로 말이다. 요약하자면 그것은 영어의 막다른 골목이 될 것이다."

브랜드 네임은 또 다른 중요한 방식으로 언어를 표시한다. 그것은 슬로건이나 표어, 혹은 후렴구가 된다. "Coke Is It"(코카콜라 그것뿐)이나 "펩시 세대", 잡종을 뜻하는 "하인즈57"Heinz 57이라는 용어를 탄생시킨 하인즈H. J. Heinz의 "57버라이어티"57 Varieties 등이 그런 예들이다. 레이놀드R. J. Reynold의 프린스 앨버트Prince Albert 담배는 다음의 진부한 농담을 탄생시키기도 했다.

"캔 속에 프린스 앨버트 있어?"

"응."

"그 사람 꺼내봐."

"하루에 기네스Guinness 한 병은 건강에 좋습니다," 오시코시 오버롤Oshkosh Overall Co. 사가 내놓은 "오시코시 비고시"Oshkosh b'gosh, "셰퍼Schaefer는 당신이 한 병 이상 마실 때 마셔야 하는 맥주입니다," 그리고 레이놀드의 "윈스턴Winston은 담배가 갖춰야 할 좋은 맛을 지녔습니다" 등은 우리의 입에 오르내렸고 아직도 오르내린다. 유명 브랜드는 일상적으로 속어로 전환된다. 소프트드링크인 오렌지 크러시Orange Crush는 베트남 전에 사용된 고엽제가 되었다가 덴버 브롱코스Denver Broncos 미식축구팀의 디펜스를 가리키는 별명이 되었고, 이후 노래를 거쳐 오렌지 크러시는 들어있지 않지만 보드카와 트리플 섹,

오렌지 주스, 세븐업을 섞은 혼합음료를 뜻하게 되었다.

어느 정도가 "일상적으로" 사용되는 것을 뜻하는지는 국가마다 다르고 영국에서는 트레이드마크인 것이 꼭 미국에서는 그렇지 않을 수도 있지만, 일상적으로 쓰이는 단어들도 처음에는 브랜드 네임으로부터 시작된 경우가 많다. 브랜드 네임이 일반어로 전환되는 과정은 세계적인 현상이었고 지금도 그러하다. 부용 육수 농축액(bouillon cubes)을 뜻하는 영국의 보브릴(bovril)은 보브릴Bovril로부터 유래하였다. 1940년대 말 이탈리아에서는 의치(義齒)를 뜻하는 말로 글라브로돈트(glabrodont)라는 용어를 사용했고, 그리스에서는 아마 전쟁시의 궁핍 때문인지 나일론nylon이 스타킹에서 탐낼 만한 모든 것으로 바뀌었다. 수많은 일상 용품을 가리키는 단어들 — 셀로판(cellophane), 메이슨 자(mason jar, 돌 항아리), 서모스(thermos, 보온병), 에스컬레이터(escalator) — 도 트레이드마크로부터 시작되었다. 다른 예로 다음과 같은 것들이 있다.

angledozer	kerosene	orangeade
celluloid	klaxon	percolator
cornflakes	lanolin	phonograph
dictaphone	launderette	pogo stick
gramophone	linoleum	shredded wheat
granola	milk of magnesia	yo-yo
heroin	mimeograph	zipper

단기적인 관점에서 보았을 때 이름이 상용어가 되는 것을 지켜보는 것은 마케터에게는 달콤한 꿈이자 브랜드 인지도 면에서 최고의

경지를 뜻하는 것이 된다. 그러나 그것은 또한 트레이드마크를 소유한 모든 회사들에게 악몽이기도 하다. 올바른 철자를 쓰고 구두점을 찍고, 대문자화한 브랜드 네임을 통해 영업권 창출에 막대한 자본을 투자한 트레이드마크 소유회사들은 그 이름들이 여느 보통 명사들처럼 막 굴러다니는 것을 보게 되는 것이다.

영국에서는 바이로^{Biro} — 이 펜은 헝가리 출신 발명가 라즐로 비로^{Laszlo Biro}를 따라 붙여진 이름이다 — 가 여느 볼펜을 뜻하는 용어로 사용되곤 했다. 건식 전자 사진 복사 과정(dry photographic process)을 뜻하는 "제로그라피"(xerography)에서 이름을 따온 제록스^{Xerox}는 두 개의 경력을 가지고 있는데, 하나는 종종 대문자로 쓰여 회사의 트레이드마크를 지시하는 것이고, 다른 하나는 소문자로 쓰여 동사로 사용되는 것이다. 이것은 흔히 일어나는 일이지만 법적으로는 비합법적이다.

제록스에게는 동료들이 있다. 사람들은 웹사이트를 검색하기 위해 야후^{Yahoo} 또는 구글하고^{Google}, 소포를 페덱스하며^{FedEx}, 거리 보도를 롤러블레이드하고^{Rollerblade}, 그들의 하수구를 로토-루터(북미 최대의 배관공사 회사 — 옮긴이)하며^{Roto-Rooter}, 창문을 윈덱스한다^{Windex}. "나를 마운틴 듀 해줘"^{Mountain Dew}는 아이들이 파티에서 흔히 사용하는 말이다. 그들은 단지 이전부터 행해지던 것, 즉 친숙한 브랜드 네임으로부터 동사를 만들어내고 있을 뿐이다. 사이모나이즈(simonize)라는 동사는 사이모나이즈^{Simonize}(세척용 왁스)로부터, 스패클(spackle)은 스패클^{Spackle}(접합시멘트)로부터 유래한다.

어떤 브랜드 네임은 사용자들이 자연스럽게 대문자로 사용함으로써 트레이드마크의 지위가 탄탄해지기도 한다. 단순히 일상어처럼 보이는 다음의 대문자 단어들은 사실 트레이드마크들이다.

Blue Book	Jaws of Life	Scholastic Aptitude Test
College Boards	Ouija board	Smithfield ham
Dow Jones Average	Planned Parenthood	Social Register
Dvorak keyboard	Rubik's Cube	Ugli fruit

대문자화는 알코올류(쿠앵트로Cointreau, 드람뷔Drambuie, 듀보네Dubonnet, 갈리아노Galliano, 그랑마니에Grand Marnier)와 치즈(벨 파에제Bel Paese, 리에더크란츠Liederkranz) 등에도 적용되는 경향이 있다. 칵테일(사제락Sazerac)과 보드게임(스크래블Scrabble, 트리비얼 퍼숫Trivial Pursuit)도 마찬가지이다. 분트Bundt라는 브랜드의 케이크 주형에서 유래한 분트 케이크도 아무런 문제없이 사용되고 있다. 데메롤Demerol, 리브리엄Librium, 발륨Valium 등 자주 처방되는 의약품들은 용도는 다양하더라도 모두 대문자화 경향을 보인다. 그러나 벤제드린Benzedrine, 덱세드린Dexedrine, 세코날Seconal 등은 종종 소문자 형태로 쓰이기도 한다.

트레이드마크 소유자들이 보기에는 잘 알려진 다른 많은 브랜드 네임들도 선천적으로 취약하고, 미디어에 의해 소문자로 쓰이기 쉬우며, 일반명의 지위로 전락할 가능성을 충분히 가지고 있다. 다음 브랜드들은 종종 소문자나 다른 것과 혼합된 형태로 쓰이고 있어 트레이드마크로서의 지위에 잠재적 위기를 겪고 있는 것들이다.

Advil	Hide-A-Bed	Plexiglas
Astroturf	Hovercraft	Popsicle
Autoharp	Identikit	Post-it
Baggie	Jacuzzi	Q-Tip
Bake-Off	Jeep	Realtor

Band-Aid	Jell-O	Rollerblade
Beer Nuts	Jockey	Rolodex
Breathalyzer	Kewpie	Scotch Tape
Caplet	Kodak	Sheetrock
Carborundum	Laundromat	Silly Putty
ChapStick	Loafers	Spandex
Chiclets	Lucite	StairMaster
Coke	Mace	Styrofoam
Cuisinart	Masonite	Tarmac
Dacron	Mercurochrome	Technicolor
DayGlo	Metal Lumber	Teflon
Dinky Toys	Muzak	TelePrompTer
Dodgem	Pablum	Vaseline
Dumpster	Pan-Cake makeup	Velcro
Dry Ice	Photostat	Waterpik
Flip-Top	Ping-Pong	Windbreaker
Formica	Plastic Wood	Xerox
Frigidaire	Play-Doh	Ziploc
Frisbee		

　사전 제작자들이 법적 파문 뿐 아니라 자신의 소임과의 상충 때문에 트레이드마크를 곤란해 하는 것은 당연한 일이다. 그들도 트레이드마크 소유권을 존중하고 싶지만 그들의 임무는 단어와 그 사용법을 가능한 한 정확하게 기록하는 것이다. 『콘사이스 옥스퍼드 사전』을 비롯한 일부 사전들은 현재의 11쇄 판본에서 인물과 장소, 브랜

드제품 등 모든 고유명사를 금지함으로써 문제를 피해갔다. 사전 제작자들은 고유 명사가 "비-사전적"(nonlexical)이거나 "백과사전적"(encyclopedic)이라고 주장하기도 한다. (거칠게 말하자면, 백과사전은 사물에 대한 것이고 사전은 단어에 대한 것이다.) 그들은 또한 묻는다. 사전의 어휘 목록에 고유명사를 추가하기 시작하면, 도대체 어디서 끝을 내야 하는가? 발륨(Valium)이라는 단어는 수록하면서 아쿠아-렁(Aqua-Lung)은 수록하지 않는 것은 그 단어의 사용 빈도수를 양적으로 측정하는 문제이기보다는 그 사회적 영향력을 질적으로 판단하는 과정과 연관되어 있다. 좀더 거시적인 문제로는 사전이 단순히 단어를 서술할 뿐 아니라 어떻게 사용되어야 하는지도 규정할 것인가의 문제가 있다.

그러나 일반적으로 고유명사와 특히 브랜드 네임은 분명 단어들이고, 그것들이 전반적인 단어 목록에 정당하게 포함되지 말아야한다는 원칙이나 이유도 없다. 더구나 사전의 사용자들은 그것들을 원하고 있다. 그래서 『콜린스』^{Collins}와 『챔버스』^{Chambers}, 그리고 (미국을 비롯한 여러 나라에서 다양한 판본으로 판매되고 있는) 『엔카르타 월드 영어사전』^{Encarta World English Dictionary}과 같은 여러 영국 사전들과 심지어 『신 옥스퍼드 아메리칸 사전』을 비롯한 옥스퍼드 사전에도 그것들이 포함되어 있는 것이다. 미국에서 그것들은 『웹스터 뉴월드』와 베스트셀러인 『메리엄-웹스터 대학 사전』과 같은 대학용 사전에서도 등장한다. 이전의 『랜덤 하우스 대사전』에서는 A & E Television (예술 및 엔터테인먼트 케이블 TV 채널)에서부터 조비락스^{Zovirax}(헤르페스 치료제)에 이르기까지 거의 6백여 개의 브랜드 네임을 수록했다. 일반적으로 사전들은 후버(hoover, 전기청소기로 청소하다라는 뜻의 동사)와 후버(Hoover, 전기청소기의 트레이드마크를 뜻하는 명사)의 경우처럼 (대문자화된) 트레이드마크와 (소문자화된) 일반명 형태를 모두 포함시킴으로써 법적 요구와 사전편찬 요구 사이의 타협점을 찾아낸다. 사용자들을 더욱 혼동시키는 것은, 매그넘(magnum)과 카로우젤(carousel)과 같은 일부 주요 수록 어휘들이 가지는 여러 의미 중에 트레이드마크(Magnum과 Carousel)는 단지 일부일 뿐이라는 것이다.

『메리엄-웹스터』Merriam-Webster도 이름과 관련하여 트레이드마크의 문제를 겪어왔다. 아이러니하게도 위대한 미국 사전편찬자 노아 웹스터Noah Webster의 이름에서 유래한 웹스터Webste's라는 이름은 이제 더 이상 트레이드마크가 아니다. 메리엄 형제가 웹스터의 유언 집행인으로부터 획득한 노아 웹스터의 1841년 판본 『아메리칸 사전』American Dictionary에 대한 저작권이 1889년에 말소되었기 때문이다. 1904년이 되면 최소한 10여 개의 회사들이 그 이름을 사용한다. 1949년에 미연방거래위원회는 그 이름을 공공 재산으로 지정한다. 이후 『메리엄-웹스터』는 월계관의 자리에 놓인 노아 웹스터의 이니셜과 그들의 이름으로 구성된 지금의 출판사 이름의 홍보에 매진해야만 했다. 『로제의 시소러스』Roget's Thesaurus가 일반명이듯, 웹스터도 일반 사전을 뜻하게 되었다. 돈과 시간만 있으면 누구나 웹스터라는 이름의 사전을 편찬할 수 있게 된 것이다.

책의 구성

우리는 브랜드 네임이 어떻게 상업 및 문화와 연결되는지 전체적으로 살펴보았다. 이제 서론 부분에서 더 남아 있는 얘기는 우리가 사용할 관례들을 설명하고 브랜드 네임의 과거와 현재, 미래를 살펴보면서 당신에게 제공할 수 있는 것이 무엇인지를 개괄하는 것이다.

이 책에서는 적절한 법적 문구인 "상표등록의 지위를 지니는" 대신에 그 약칭으로 "상표등록된"(trademarked)을 사용하였다. 그리고 특정 제품이나 서비스가 언급되었을 때 칭찬하거나 비하하고자 하는 뜻은 전혀 없음을 밝혀둔다. 가령 필자는 특정 종류의 레크리에이션용 차량이 소음이 많고 위험하며 낭비적이고 파괴적이라고 생각하거나 담배는 건강에 해롭다고 생각할 수도 있지만, 이 책에서의 주요 관심사는 스키–두^{Ski-Doo}나 제트–스키^{Jet-Ski}, 카멜^{Camel}이라는 그들의 이름이다.

우리는 각 장의 순서를 다음과 같이 정했다.

제1부 브랜드 네임에서는 브랜드 네임의 주요 유형을 이니셜형, 서술형, 암시형, 조어형으로 분류한다. 우리는 이들의 특징을 일괄하고 계보를 추적할 것이다.

제2부 브랜드 네이밍에서는 어떻게 브랜드 네임이 형성되는지 그 세부사항들을 깊이 탐구해 들어간다. 우리는 아이디어 짜내기(idea-spinning)와 브레인스토밍의 기술을 살펴보겠다. 또 빛나는 브랜드 네임들의 특징을 수많은 시사적인 예들과 함께 조명해보겠다. 그런 후 우리는 실수와 함정으로 가득 찬 네이밍의 어두운 면을 살펴볼 것이다. 그리고 이름의 구성을 살펴보기 위해 언어학적 도구들을 끌어와 어떻게 낱말의 단위들이 혼합되고 조화를 이루는지 해명하겠다. 또 먼지로 덮인 고전 수사학의 서류가방을 열고 어떻게 그 낡은 비유들과 수사들이 최신의 기능을 할 수 있는지 선보이겠다. 그리고 우리는 의미에서 음성으로 이동하여 브랜드를 구성하는 음절들의 음성학적 효과를 살펴보겠다. 이후에는 단어의 형태를 넘어 심리학과 신화학을 다룰 것이며, 어떻게 이것들이 보상(reward)과 혜택

(benefit)들을 부호화할 수 있는지 살펴볼 것이다. 우리는 브랜드 네임이 세계 시장을 어떻게 그리고 어느 곳에서 잠식하고 있고, 중국어로 말하지 말아야 할 것은 무엇인지 살펴보겠다.

제3부 브랜드 네이머에서는 하나의 사업으로서의 브랜드 네이밍, 특히 이 일을 업으로 삼는 사람들을 다룰 것이다. 우리는 그들이 어떻게 의뢰인들을 상대하고 있고, 네이밍 프로젝트에 관여하는 단계들은 무엇이며, 회사가 이름을 얻을 수 있는 다른 방법은 없는지 살펴볼 것이다. 우리는 트레이드마크가 어떻게 등록되며 그것을 보호하는 일에 얼마나 자주 법적 분쟁 과정이 포함되는지 설명하겠다. 그리고 사이버스페이스로 뛰어들어 인터넷 이름들의 신세계에 대해 생각해보겠다. 우리는 어떻게 이름들이 판매되고, 그 이름들이 소비자와 고객과 만난 후 어떻게 변화하는지 서술하겠다.

후기에서는 우리가 다뤘던 내용들을 검토하며 이것이 미래의 모습에 대해 무엇을 말해주는지 살펴보겠다. 참고자료와 문헌 부분에서는 독자들에게 우리가 모든 것을 가짜로 만들어내는 것이 아니라는 것을 확인시키고, 브랜드 네임이나 네이밍, 네이머들에 관심 있는 사람들을 위해 참고문헌과 자료를 제공할 것이다.

종결부: 버긴스와 올드 버턴이 최고다

케네스 그레이엄Kenneth Grahame의 훌륭한 아동소설 『버드나무의 바람』The Wind in the Willows에서 랫(Rat, 쥐)과 몰(Mole, 두더지)은 행복한 외출을 마치고 시골 마을을 지나 집으로 향한다. 어느 마을을 통과하면서 그들은 그들의 갈 길이 춥고 멀다는 것을 명심하면서도 창문을 통해 따뜻한 집안 풍경을 들여다본다. 집으로 돌아가기에 열중하던 랫이 약간 더 앞서서 가고 있는데, 갑자기 몰은 강가에서 랫과 살기 위해 남겨두고 온 자신의 땅 속 집 생각이 난다. 옛집이 너무나 보고 싶어서 몰은 울음을 터뜨린다. 랫은 좋은 친구답게 몰이 집을 찾는 것을 도와주기로 결심한다. 몰은 자신의 코를 이용해 땅굴 속으로 파고 들어간다. 긴 동굴을 통과한 후 그들은 "몰 엔드"(Mole End)를 찾아낸다.

그러나 일단 안으로 들어가자, 몰은 또다시 울음을 터뜨린다. 그는 자신의 차갑고 비좁은 집이 부끄러웠고 대접할 것도 별로 없는 것이 창피했다. 그러나 랫은 저 멀리 구석에서 그루터기들을 모아와 활기차게 불을 지핀다. 그런데 앞마당에서 찍찍대는 소리가 난다. 들쥐들이 찾아와 반원을 이루며 크리스마스 캐럴을 부르는 것이었다. 몰은 그들에게 대접할 것이 아무 것도 없는 걸 한탄하며 또 한번 우울함에 빠진다. 랫이 나서서 자신과 비슷하게 생긴 들쥐에게 지시를 내린다. 하지만 "작은 소리로 말해서 몰은 'Fresh, Mind!' 라는 말 밖에 듣지 못했다. 1파운드면 될 것이다. 버긴스^{Buggin's}를 구해 와라. 다른 것은 절대 안 된다."

랫이 말한 쇼핑 리스트를 들고 들쥐는 서둘러 떠난다. 다른 쥐들은 편안하게 자리를 잡는다. 그동안 랫은 집 안에 있던 어떤 맥주병의 라벨을 살펴본다. "올드 버턴^{Old Burton}이군." 그가 만족스럽게 말했다. "몰이 제법인걸!"

랫이 가게로 보낸 들쥐는 좋은 물건들로 가득한 바구니를 들고 돌아와서는 훈훈한 탁자 위에 쏟아내는데 거기에는 분명 올드 버턴^{Old Burton}과 어울릴 향긋한 버긴스^{Buggin's}가 포함되어 있을 것이다. 심지어 몰(두더지)과 랫(쥐)에게도 브랜드 네임은 중요한 것이다.

제1부

브랜드 네임

그 때가 되면 우리의 이름은,
집에서 평소 쓰이는 말처럼 익숙해져서, 국왕 해리,
베드포드와 엑서터, 워리크와 탈버트, 솔즈버리와 글로체스터는
그들이 넘치는 잔을 비울 때마다 생생하게 기억될 것이다.

— 셰익스피어, 『헨리 5세』, 4막 3장 51절

아이 참, 그분 이름이 뭐더라?

— 셰익스피어, 『윈저의 즐거운 아낙네들』, 3막 2장 20절

1

브랜드 네임의 유형

서로 다른 항목들을 깔끔한 카테고리로 분류하는 것은 삶의 작은 기쁨 중 하나다. 목록으로 만드는 일은 미학적인 만족을 주는 일로서, 전문 네이머들도 그러한 자기충족적인 매력에 면역된 것은 아니다. 게다가 카테고리로 분류된 목록을 만드는 것은 공허하거나 심지어 순전히 유희적인 작업이기만 한 것도 아니다. 이름의 가족(family)을 가려내는 일은 그것을 이해하는 중요한 방법이 되는 것이다. 가령 웹사이트의 이름은 단순하고 서술적일 수도 있고 (eToys), 겉보기에는 별로 관련이 없어 보이지만 무언가를 연상시키는 이름일 수도 있으며 (Amazon), 합성어(eBay)처럼 보일 수도 있다.

브랜드 네임을 포함하여 모든 이름은 사람이나 사물에 대한 고유한 지시 관계(reference)를 담아낸다. 그러나 이름에는 또한 소속된 가족이 있다. 우리가 이 책에서 사용할 친족kinship 용어들은 네이밍 업계에서 흔히 사용되는 것들로서 다음 단락에서 본격적으로 설명하도록 하겠다. 그런데 한 가지 예외가 있다. 우리는 암시적 네임을 뜻하는 Suggestive Name을 Allusive Name 으로 바꿨다. 네이머들은 suggestive를 "다른 생각을 암시하는 경향 이 있음"의 의미로 사용하지만, 그 용어는 모호할 수 있다. 우리는 그러한 이름들이 본질적으로 외설적이라고 말하고 싶지는 않지만 그런 경우도 간혹 발생하곤 한다. 한편 서술적(Descriptive)이라는 용어는 정확성이 부족하지만 그대로 사용하기로 했다. 그런데 델 컴 퓨터^{Dell Computers}의 Dell이 회사의 창시자인 마이클 델^{Michael Dell}을 서 술하는 방식은 수퍼리어 클리너^{Superior Cleaners}가 드라이클리닝 약품 을 노골적으로 추켜세우는 서술 방식과 같다고 말할 수 있는가? 원 인이나 원천(source), 또는 기원을 연결시키려 한다는 점에서 귀속 적(ascriptive)이라는 용어가 더 적절할 수 있겠지만, 우리는 업계의 용법을 따라 특별히 어떤 특성이나 속성을 서술하는 이름들과 사람 이나 장소로부터 유래한 이름들을 하나로 묶었다.

다른 경우의 용어들은 보다 직설적이다. 이니셜형 브랜드 네임 (Initialized Names)은 대문자로 된 이니셜들로 이루어진 이름이다. 서술적 브랜드 네임(Descriptive Names)은 그와 연관된 사람이나 장 소를 지시하거나 특성이나 원료, 목적, 기능, 외양들을 서술한다. 암 시적 브랜드 네임(Allusive names)은 제품이나 서비스, 회사 또는 그 주요 장점을 암시한다는 점에서 서술적 네임과 구별된다. 그것은 뇌 에서 직유나 은유, 문화적 지시(cultural references)가 움직이는 방식 처럼 함의(connotation)와 암시(allusion)를 통해서 작동한다. 자의적 브랜드 네임(Arbitrary Names)은 그 지시체와 아무런 관련이 없는 듯 보이는 브랜드이고, 조어적 브랜드 네임(Coined Names)은 전적으로 만들어낸 것이다.

브랜드 네임의 가족을 논함에 있어, 우리는 우리의 자기억제력 (self-restraint)의 한계에도 불구하고 최대한 과학적 정신에 입각하여 중립을 지키도록 노력할 것이다. 그런 다음 각 가족에 속하는 좋은 친족들과 나쁜 친족들, 그 천국과 지옥을 살펴보겠다. 어느 가족이나 마찬가지로 모든 유형은 자기만의 개성을 가지고 있다. 물론 모든 이름이 유형으로 완벽하게 분리 가능한 것은 아니다. 종종 그것들은 족외 결혼을 하고, 이것은 어떤 방식으로든 혼혈과 잡종을 만들어낸다. 조어적 브랜드 네임은 서술적 네임이나 암시적, 자의적 네임처럼 보일 수도 있다. 암시적 네임은 서술적 네임처럼 실제 단어(actual words)를 사용하는데 이따금씩 이 단어들은 〈뉴스위크〉 Newsweek라는 이름처럼 신조 복합어를 형성하기도 한다. 사실, 과거와 현재에 쓰이는 많은 유명 잡지의 제목들은 라이프Life, 룩Look, 타임Time, 포춘Fortune, 피플People처럼 문자적(literal)이면서 동시에 환기적(evocative)인 경우가 많다. 서술적 네임과 암시적 네임 사이의 경계는 뉴멕시코 주 라스 크루체스에 있는 마운틴뷰 지역 메디컬 센터 Mountain View Regional Medical Center의 프로그램명인 레드 핫 마마스Red Hot Mamas에서는 거의 사라진다. 레드 핫 마마스는 폐경기 관리에 대한 여성 교육 프로그램이다.

이종 교배(Hybridization)는 이니셜형 네임의 경우에 특히 더 사실이다. 영어에는 아마 약 50만 개의 줄임말 또는 두문자어(acronym) 단어들이 있는데, 이중 일부는 컴퓨터 산업에 의해 탄생되고 있다. 이메일 메시지나 채팅 방에는 WYSIWYG(What You See Is What You Get), RTFM(Read The Fucking Manual), IMHO(In My Humble Opinion) 등의 이름들이 있다. 컴퓨터와 관련되지 않은 두문자어로는 SWAK(Sealed With A Kiss)와 TGIF(Thank God It's Friday) 등이

있다.

단축형 단어의 기원은 고대 이집트로 거슬러 올라가는데, 상형문자 중 일부는 전체 단어의 이니셜 음성만 나타내기도 했다. 길고 어려운 이름들을 단축형으로 만드는 것은 인간의 자연스런 경향이다. 바로 이 경향에서 무수한 별명들과 애완동물 이름, 애칭들은 말할 것도 없고 각종 Bill과 Beth, Barb 등이 생긴 것이다. A. B.는 어쨌든 에이브러햄 버너드^Abraham Bernard 보다, 브라^bra는 브래지어^brassiere 보다 훨씬 말하고 기억하기 쉬운 것이다. 아래에 다른 줄임말들의 목록을 (짧게) 모아보았다.

ampere - amp	kilogram - kilo
bicycle - bike, cycle	luncheon - lunch
discotheque - disco	master of ceremonies - emcee
disk jockey - deejay	psychopath - psycho
flat iron iron	quadrangle - quad
frankfurter - frank	soda pop - soda, pop
gymnasium - gym	television - TV
hamburger - burger	very important person - V.I.P.
high fidelity - hi-fi	zipper - zip

영국에서 가장 짧은 술집 이름인 Q의 경우처럼 축약이 너무 과하게 적용될 수 있음은 물론이다. Q의 간결성은 영국의 가장 긴 술집 이름이자 역시 스테일리브리지 지역에 있는 The Old Thirteenth Cheshire Astley Volunteer Rifleman Corps Inn에 더 유익하게 적용될 수 있었을 것이다.

이니셜형 네임들은 (Bay Area Rapid Transit
의 BART에서처럼) 단어의 이니셜이나 글자 그 
룹으로 이루어진 두문자어(acronyms)이거나
(이 경우 BART는 하나의 단어처럼 발음된다 — 옮긴이), ABC, BBC,
NBC에서처럼("에이 비 씨", "비 비 씨", "엔 비 씨") 각각의 문자들의
연쇄처럼 발음되는 단어인 이니셜리즘(initialism)에 속한다. 후자는
좀 더 느슨한 의미에서의 줄임말이다. 다른 예들로는 IBM
(International Business Machinery)이나 독일의 BMW(Bayerische
Motoren Werke)가 있다. 이러한 축약형은 특히 은행 분야에서 점점
인기를 얻어가고 있다. 2001년 Royal Bank of Canada(캐나다 로열
뱅크)는 RBC가 되었고, HSBC의 이전 이름은 Hongkong and
Shanghai Banking Corp(홍콩 상하이 뱅킹 코퍼레이션)였다. 두문자
어와 이니셜리즘은 모두 단어처럼 기능하고 pro-나 -ish 등의 접사
를 가지기도 한다.

S.O.S. Soap Pad(세제겸용 주방용 수세미 — 옮긴이)의 이름은 그
수세미의 발명가인 에드윈 콕스^{Edwin Cox}의 부인으로부터 나왔다고
한다. 콕스 부인은 "사람 살려"(Save Our Souls)를 뜻한다고 여겨지
는 이 유명한 도움 요청 부호가 "냄비 살려"(Save Our Saucepans)를
뜻할 수도 있다고 여겼다. (원래 S.O.S는 모르스 부호에서 가장 전달하
고 인식하기 쉬운 단순한 글자들의 조합으로써 생명을 구하거나 잃는 것과
는 아무 관련이 없었다.)

문자-단어(letter-word)는 NATO(North Atlantic Treaty Organiza-
tion, 북대서양조약기구)처럼 문자적 두문자어(letter acronym)이거나
Asda(Associated Dairies, 유가공업자 연합)처럼 음절적 두문자어
(syllabic acronym), 혹은 하워드 존슨^{Howard Johnson}호텔 체인의 줄임

말인 Hojo처럼 혼합형(hybrid) 구조로 나뉠 수 있다. 음절적 두문자어는 브런치(brunch)처럼 단어 혼합과 밀접한 관련이 있는데, Amoco(American Oil Company)나 Con Ed(Consolidated Edison)에서처럼 회사명에도 자주 등장한다. 단어의 역사에서, 음절적 두문자어는 비교적 현대에 등장하였다. 최초의 음절적 두문자어였을지도 모르는 나비스코Nabisco는 1898년 창립된 National Biscuit Company의 줄임말로서 1901년에 상표 등록되었다.

이니셜은 공간이나 노력, 비용을 절감하기 때문에 많은 이들이 이니셜을 사용하려 한다. 시간과 비용 절감은 왜 National Cash Register가 NCR이 되었고, AT&T가 American Telephone and Telegraph라는 이름을 그만두었으며, Silicon Graphics가 이제 SGI로 통하게 되었는지를 설명해준다. 1970년대와 1980년대 초기에 기업들은 단어들을 조합해 기술적 혹은 과학적으로 보이는 이름들을 만들어냈는데 Integrated Electronics(통합전자회사)를 단축한 Intel이 그 대표적인 예이다. 또한 경제적인 이유 때문에 이니셜은 특히 부동산을 비롯한 간단한 안내 광고에서 널리 쓰였다. 과학과 의약 분야에서 이니셜은 보통 긴 기술적 용어를 대신한다. BSE는 광우병보다는 어렵지만 bovine spongi-form encephalo-pathy라는 학술명보다는 기억하고 말하기에 훨씬 쉽다. 스웨덴 자동차 메이커인 사브Saab는 Svenska Aeroplanaktie-bolaget(스웨덴 에어플레인) 보다 훨씬 혀에 덜 부담스럽다. 피아트FIAT는 Fabbrica Italiana Automobili Torino(토리노 이탈리아 자동차 회사)를 나타내는데, 단어의 축약이 언어적 장벽을 뛰어넘는다는 것을 보여준다. 디카페인 커피가 유럽에 소개되던 당시, 그 중 한 브랜드인 상카Sanka는 sans caffein이라는 프랑스 어구를 단축하고 음성화한 것이다.

두문자어는 전체를 풀어쓴 형태보다 훨씬 더 널리 알려졌고 자주 사용된다. 1930년대 초, 영국 여행 작가인 제프리 무어하우스Geoffrey Moorhouse는 "캠브리지 대학을 다니는 향수병에 걸린 한 인도 대학생 무리들"을 묘사하고, 인도 북부와 그 근처 지역의 이슬람교도들에 의해 수립될 가능성이 있는 가상 국가를 부르기 위해 이름을 하나 만들어냈는데 그것은 바로 파키스탄Pakistan이었다. 언어학적으로 볼 때 파키스탄은 펀자브 지방Punjab에서 P와 a를, 카슈미르Kashmir에서 a와 K를, 신드Sind 지방에서 i와 s를, 그리고 다른 것들 중 -stan은 아프가니스탄과 발루치스탄Baluchistan에서 취하여 형성되었다. (-stan은 힌두어와 페르시아어에서 "땅"을 뜻한다.) 이름 면에서 볼 때 파키스탄은 그것이 가리키는 지역 집단들보다 훨씬 상대하기 쉽다.

때때로 두문자어는 일반명의 지위로 바뀌는 경향이 있는데, rader (Radio Detection and Ranging)의 경우가 그러하다. 이것은 유용한 변화인 것이, 대문자화된 RADAR는 장애와 재활을 위한 왕립협회Royal Association for Disability and Rehabilitation를 나타내기 때문이다. 비슷한 경우로 laser(Light Amplification by Stimulated Emission of Radiation)가 있다. 대문자는 신속한 라벨과 믿을 수 있는 기억력, 그리고 시선을 끄는 슬로건을 원하는 이들에게는 편리한 방법이 될 수 있다. 플로리다의 월트 디즈니 월드에게는 엡콧Epcot이 실험적 미래 공동체의 원형(Experimental Prototype Community of Tomorrow)을 뜻하는 보통 명사가 되었다. 메시지를 전달하려는 간편한 슬로건으로는 NOW(National Organization of Women, 전국여성기구), ALOHA(Aboriginal Lands of Hawaiian Ancestry, 하와이 원주민들의 땅), MADD(Mothers Against Drunk Driving, 음주운전 반대 어머니모임) 등이 있다. 매드MADD는 이중두문자어(bacronym), 즉 두문자어

자체가 의미나 메시지를 나타내고 그 두문자어에 맞춰 단어들을 조합하고 선택한 기억하기 쉬운 두문자어의 예이다.

회사명을 간단한 형식으로 나타내도록 하는 요인 중 하나는 뉴욕 주식시장이나 미국 주식시장 그리고 나스닥에서 티커 심볼(ticker symbol)로 사용하기 위해서이다. 이 주식 시장들은 8천 개 이상의 주식 티커 심볼을 다룬다. 1-800 전화번호의 상업적 사용에서 힌트를 얻은 마케터들은 적절한 두문자어가 회사 전체를 한 단어로 요약할 수 있다는 사실을 깨달았다. 선글래스 헛 인터내셔널^{Sunglass Hut International} 사는 RAYS를 자신의 티커 심볼로 사용한다. 록 바텀 레스토랑^{Rock Bottom Restaurants}은 BREW를, 브라더스 구메이 커피^{Brothers Gourmet Coffee} 사는 BEAN을 사용하고, 내셔널 비버리지^{National Beverage} 사는 더 이상 나스닥 리스트에서 POPS하고 튀어나오는 것이 아니라 이제는 미국 주식시장에서 FIZ를 사용하고 있다. 버몬트 테디 베어^{Vermont Teddy Bear} 사는 BEAR가 주식시장 리스트에는 부적당하다고 생각하고 VTBC로 바꾸는 것을 고려해보았다. 그러나 어쨌든 곰(Bear)은 그들의 사업이었고 그들은 방긋이 웃으며 그 이름을 고수하기로 했다.

이니셜로만 구성된 이름들이 실제 단어나 허구적 단어를 사용하는 이름들보다 4퍼센트 가량 기억성이 감소되는 것은 사실이지만 두문자어가 의미도 나타내는 이중두문자어는 뛰어난 마케팅 전략이 된다. 브랜드의 의미와 즉각성을 보여주는 예로서 VISTA(Volunteers In Service to America, 미국 빈민지구 파견 자원봉사활동)와 PLAY(Participate in Lives of America's Youth, 함께 하는 미국 청소년 생활)가 있다. 두문자어는 선 마이크로시스템^{Sun Microsystem}의 SPARC에서처럼 목표하는 의미나 언어 유희적 의미를 담을 수 있기 때문에 단체는 물론 엔지니어와 기술자들에게는 거의 불가항력적인 매력을 지닌다. 그러나 그 이름은 또한 발음이 가능해야 한다. 국제여성의류노동조합International Ladies Garment Workers Union과 섬유산업노동조합Amalgamated Clothing and Textile Workers Union이라는 두 개의 큰 노동단체가 통합했을 때, 그들의 새 이름은 ILGWACTWU(엘머 퍼드Elmer Fudd* 방식으로 "일-곽-투"라고 발음되는)가 될 수 있었다. 그러나 그 대신 통합단체는 UNITE(Union of Needletrades, Industrial and Textile Employees, 직물 봉제 산업 노동조합)라는 두문자어를 사용했다. 두문자어가 발음이 가능하기 위해서는 적절한 곳에 배치된 모음을 필요로 한다. QANTAS(Queensland and Northern Territories Air Service, 퀸즈랜드 북부 항공회사)와 GEICO(Government Employees Insurance Co-mpany, 정부고용 보험회사)를 보라. Co.는 발음과 결합이 쉽

기 때문에 두문자어로 자주 사용된다. 1960년대에 레이시온 컴퍼니Raytheon Company가 발행한 두문자어 목록은 적절하게도 ABRACADABRA(Abbreviations and Related Acronyms Associated with Defense, Aeronautics, Business and Radio-electronics, 국방, 항공학, 비즈니스, 무선전자공학에 관련된 줄임말과 두문자어)라는 제목을 붙였다.

　일상적 용법에서는 (B.B.C.가 아니라 BBC처럼) 두문자어에 마침표를 생략하는 경향이 늘어나고 있는데, 이것은 원하던 원치 않던 모

---

* 엘머 퍼드는 미국 애니메이션 시리즈인 〈루니 툰〉에 등장하는 한 캐릭터이다. 1938년 〈A Feud There Was〉로 데뷔하였다. 처음에는 달걀 머리의 생김새 때문에 에그헤드 (Egghead)라는 이름으로 통했으나 1940년부터 지금의 이름으로 불리게 되었다. 항상 사냥 복장으로 출연하여 벅스 버니나 대피 덕을 노리지만 늘 그들에게 속는 순진한 인물로 워너에서는 그를 '호기심 많은 아이와 같은 캐릭터'로 소개한다. ― 옮긴이

호성을 초래할 수 있다. 확실함을 추구하는 신문들은 마침표를 제외한 채 줄임말을 쓸 수 있지만 United States(미합중국)의 경우는 예외로서 US가 아니라 U.S.가 맞다. 다른 한편으로, 〈US〉라는 잡지나 US Airways라는 항공사는 그 모호함을 이용한다. 이러한 모호함이 별로 유용하지 않은 예는 아마도 솔트SALT 협정의 경우일 것이다. 이 것은 염화나트륨이 아니라 1970년대 미국과 소련 사이에 나눈 무기 감축 관련 협상인 전략무기제한협정Strategic Arms Limitation Talks을 뜻하는 말로서 그 대담이 소금으로 이해되길 의도하지 않는 한 별로 쓸모없 을 것이다.

어쩌면 솔트 협정의 무기제한 의제에는 험비Humvee가 포함되었어 야 했을지도 모르는데, 이는 미군의 "기동력 높은 다목적 차량 (highly mobile multipurpose wheeled vehicle)을 뜻하는 유난히 복잡 한 두문자어이다. 한 이야기에 따르면 영화 〈터미네이터〉와 다른 슈 퍼 히어로 액션 영화들에 등장한 스타 아놀드 슈왈제네거가 이 차를 가지고 싶어했다고 한다. 이 차량의 제조업자인 에이엠 제너럴AM General 사는 처음에는 주저하다가 마침내 허머Hummer라는 이름의 민 간용으로 조금 더 세련된 버전을 만들기로 합의했는데 가격은 적절 하게 8만 달러부터 시작했다.

두문자어가 의도하지 않은 유머를 불러일으킬 때도 있다. 영국에 서는 주요 영국 공항들을 소유하고 있는 공기업인 BAA(British Airports Authority, 영국공항공단)가 있는데, 아마도 양 떼처럼 이리저 리 이동하는 여행객들에 대한 우연한 상징일 것이다(바BAA는 '음메' 라는 양의 울음소리와 같다 — 옮긴이). BAT는 브리티시 아메리칸 토 바코British American Tobacco이고 NUT은 전국 교사 연합National Union of Teachers이다. 미국에는 SAG(Screen Actors Guild, 영화배우조합)가 있고, 독일에는 SAP(System-analyse und Programment-wicklung, 시스템 분석 및 프로그램 응용)이 있다. 불만이 많은 고객들은 두문자어 회사명을 경멸적으로 해석하기도 했다. 예를 들어, 승객들은 벨기에 항공사의 두문자어인 사베나SABENA를 "Such A Bad Experience Never Again!"(다시는 이런 나쁜 경험을 하지 않기를!)로 해석했다. 한 부지런한 수집가는 유명 컴퓨터 브랜드 네임과 관련하여 이런 종류의 두문자어들을 수집하였는데, 비교적 덜 선정적인 예들로 다음과 같은 것들이 있다. MACINTOSH(Most Applications Crash, If Not, The Operating System Hangs, 대부분의 어플리케이션이 작동하지 않거나 그렇지 않으면 오퍼레이팅 시스템이 오래 걸린다), WINDOWS(Will Install Needless Data On Whole System, 전체 시스템에 쓸데없는 데이터를 설치할 것이다), IBM(I Blame Microsoft, 마이크로소프트 탓이다 또는 I Buy Macintosh 차라리 매킨토시를 사겠다), LOTUS(Lots of Trouble, Usually Serious, 문제도 많거니와 대부분 심각한 문제들이다), MICROSOFT(Most Intelligent Customers Realize Our Software Only Fools Teenagers, 대부분의 똑똑한 고객들은 우리 소프트웨어가 십대를 바보로 만들 뿐이라는 것을 안다), SAP(독일어로 Sanduhr Anzeige Programm, 모래시계 표시 프로그램) 등.

단어와 비슷한 두문자어가 아니라 순수한 줄임말들은 브랜드 네임과 특히 트레이드 네임에 흔히 사용된다. 가령 이런 경향은 ABC, CBS, NBC, CTV, CBC, BBC 등 방송사의 경우에 두드러진다. 영국의 거대 화학공업체를 나타내는 ICI라는 이름은 불어권 사람들에게는 이상하게 들릴 것이다. 왜냐하면 그것은 불어에서 "여기"를 의미하기 때문이다. 별로 언급되지는 않았지만 극도로 흔히 사용되는 줄임말로서 브랜드 네임 어미에 붙어 기업의 구조를 나타내는 법률 용어들이 있다. 북미를 비롯한 일부 지역에서는 Inc., Corp., Co.가 널리 사용된다. 반면 영국에서는 유한회사(limited liability company)가 Ltd 또는 Plc로 나타난다. 유럽에서 유한회사를 뜻하는 다양한 표기명들로 독어에서는 AG와 GmbH, 네덜란드어에서는 NV, 불어와 스페인어, 포르투갈어에서는 SA가 있다. 포르셰Porsche의 기업 등록명은 보기 흉하게도 Dr. Ing. h.c. F. Porsche AG이다. 이 이름을 듣고 우리는 "의사 이름이 뭐라고요?"라고 질문할지도 모르겠다.

브랜드 네임은 숫자일 수도 있는데, 숫자들도 축약의 한 형태이다. 1946년 최초의 세븐–일레븐7-Eleven 편의점이 문을 열었는데, 그들의 이름은 아침 7시부터 밤 11시까지라는 그들의 운영시간에서 나왔다. 이제 그 편의점은 더 오랫동안 문을 열지만, 그것은 고객들에게 이름을 통해 서비스 시간을 알려주는 깔끔한 방법이었다. 1929년 찰스 그리그Charles Leiper Grigg는 그가 Bib-Label Lithiated Lemon Lime Soda라 부른 레몬–라임 음료수를 발명해냈다. 그것은 7 Up Lithiated Lemon Lime으로 발전했고, 이후에는 세븐 업7 Up으로 고정되었다. 1995년부터 캐드버리 슈웹스Cadbury Schweppes Company 사의 제품이 된 7 UP의 기원은 논란의 대상이다. "7-Up"이라 불리는 카드 게임은 1820년대부터 존재해왔다. 7 UP은 두 개의 글자와 한 개의 숫자로 잘 해 나가고 있다.

자동차 제조업자들은 알파벳과 숫자들의 결합형(alphanumeric soup)을 좋아한다. 2002 뉴욕 국제 자동차 쇼에서는 아큐라Acura의 미래지향적 신형 SUV인 RDX가 선보였다. 볼보Volvo의 SUV 등록명은 XC90였다. 인피니티Infiniti는 M45와 FX445를 펼쳐보였고 캐딜락Cadillac은 CTS와 SRX, XLR로 응수했다. 사람들이 어느 것이 어느 것인지를 기억하려고 애쓰는 것을 듣는 일은 흥미로웠다. "이봐 리치,

SRX 봤어? 괜찮던데” “뭐라고? RDX?” “아니, 큰 거 말야. SRX.” “음, SFX라고 ….” 언젠가 한때 그 이름들은 모호하긴 하지만 논리를 가지고 있었다. 메르세데스^{Mercedes}의 280E 모델에서 E는 einspritz, 즉 “연료분사방식”을, 280이나 그 외의 숫자들은 엔진 실린더의 내부 공간을 세제곱센티미터로 측정한 수치를 뜻했다. 450 SE는 슈퍼 연료분사방식인 것이다. 그러나 오늘날 숫자를 이용한 자동차 이름들은 자의적으로 변했다. 그것은 모두 헨리 포드의 모델 T와 비슷하면서도 멀리 떨어져있고 전혀 다른 종류의 제품을 환기시킨다. 치즈보로우–폰즈^{Cheeseborough-Ponds} 사의 반(半) 서술적인 Q-Tip을 보라.

글자와 숫자의 상호작용은 부동산 이름에서 특히 적절해진다. 맨해튼 아파트 건물의 이름들은 원래 다른 무명 건물들로부터 자신을 구별짓고 그럼으로써 단독 주택에 살았을 사람들을 끌어오기 위해 만들어졌다. 그러나 얼마 후 그 이름들은 길거리 주소로 되돌아갔고 그러다가 또 1960년대 건설 붐이 일어나면서 한정된 공간과 배치 문제 때문에 명성 있는 이름들을 사용해야만 했다. 이후 건물의 이름들은 또다시 주소로 돌아가고 이름에는 계급이 없어진다. 5번가나 파크 애비뉴^{Park Avenue}에 직장이나 집이 있는데 왜 굳이 서술적 또는 암시적 네임을 붙여야 하겠는가?

“가끔씩 주소는 당신이 건물에 대해 알리고 싶어하는 바를 사람들에게 즉각적으로 전달하기도 한다. 그러니 굳이 이름을 지을 필요가 왜 있겠는가?” 신축 건물을 집중적으로 다루는 브로커 마케팅 회사, 마케팅 디렉터^{The Marketing Director}의 대표이사인 아드리엔 앨버트^{Adrienne Albert}는 이렇게 말한다. 마케팅 세일 및 렌탈 회사인 캔터 & 피코렐라^{Cantor & Pecorella}의 리처드 캔터^{Richard Cantor}도 이에 동의한다.

"주소 자체가 강한 시적 울림을 가질 수 있다. '99 Jane Street' 나 '111 Worth Street' 는 아름다운 시적 힘을 가졌다."

줄임말의 가장 극단적인 형태는 처음에는 단어를 나타내는 기호나 상징을 뜻하기 위해 사용된 용어인 그래마로그(grammalog)일 것이다. @와 &(앰퍼샌드)는 그래마로그들이다. 영어에서 @는 그냥 "at sign"으로 불리지만, 다른 언어, 가령 네덜란드어에서는 "원숭이의 꼬리"라는 뜻의 api라는 매력적인 이름을 가지고 있다. 잠깐 동안 그것은 이메일 주소의 관련여부와 상관없이 "@Lamps"라는 신조어에서처럼 가게 간판에서 짧은 유행을 끌기도 했다. 좀 더 장기적인 것은 &인데, 이것은 때때로 이니셜과 결합하기도 한다. 에이 & 더블류 루트비어^{A&W Root Beer}에서 A와 W는 각각 1919년 애리조나 출신의 약사로부터 루트비어 제조법을 산 로이 앨렌^{Roy Allen}의 이름에서

"A"를, 그리고 그의 파트너 프랭크 라이트^{Frank Wright}의 이름에서 "W"를 나타낸다. 일부 "이름 + 앰퍼샌드"로 이루어진 복합어는 전체를 풀어쓴 이름보다 더 자주 등장한다. 술집에서 사람들은 저스테리니 & 브룩스^{Justerini & Brooks} 보다는 제이&비^{J&B}를 주문할 확률이 더 크다. 하지만 술집 바깥에서 비&비^{B&B}(베네딕틴과 브랜디 Benedictine and Brandy)를 요청하면 침대와 아침식사(bed and breakfast)를 얻게 될 확률이 더 크다.

2

서술적 브랜드 네임

보이는 그대로의 의미

서술적 브랜드 네임(Descriptive Names)에는 두 가지 종류가 있다. 하나는 이 장의 후반부에서 논의할 텐데, 제품이나 서비스, 회사가 알리길 원하는 어떤 특성을 확언해주는 유형이다. 다른 하나는 제품에 원인이나 원천, 기원을 귀속시키는 브랜드와 관계된다. 이 브랜드들은 그들의 초창기에 대한 경의를 표하기 때문에 종종 "유산적 네임"(legacy name)으로 불리기도 한다. 에이드리언 룸Adrian Room은 이 브랜드 네임이 기존의 인명이나 지명에 바탕을 둔다는 점에서 "이름의 이름"(name names)이라 부르기도 한다. 그 이름들은 누가 어떤 기업을 창립하거나 소유하는지, 또는 그 회사가 판매하는 제품이나 서비스가 무엇인지를 식별해주거나 어떤 제품이 어느 지역에 시장을 가지고 있거나 구할 수 있는지를 보여준다.

지명에 근거한 이름은 그냥 한 마을에서부터 (노스캐롤라이나의 윈스턴–세일럼Winston-Salem 지역은 윈스턴Winston과 세일럼Salem이라는 두 개의 담배 브랜드에 이름을 제공했다) 전 미국을 덮을 만큼 클 수도 있으며

(미국항공American Airlines) 그보다 더 클 수도 있다. 판 아메리칸항공Pan American Airways은 1927년에 설립되어 찰스 린드버그Charles Lindbergh가 단독 비행을 성공시킨지 12년 후인 1939년에 처음으로 대서양횡단 서비스를 제공했다. 이스턴항공Eastern Airlines이 1927년 피트케언 에비에이션Pitcairn Aviation으로 최초로 브랜드 삶을 시작한 이래, 이후 10년 동안 아메리칸 에어웨이스American Airways(이후 아메리칸 에어라인스American Airlines로 변경), 트랜스월드항공TWA, 트랜스컨티넨털Transcontinental, 웨스턴 에어Western Air, 그리고 지명이 아닌 유나이티드United 등이 대거 등장하였다.

지명은 때때로 많은 오해를 불러일으키기도 한다. 캐나다 드라이Canada Dry라는 음료수는 그 라벨에 있는 지도에도 불구하고 닥터 페퍼/세븐-업Dr. Pepper/Seven-Up, Inc.이라는 미국 회사에 의해 제조된다. 어떤 지명(가령 뉴욕이나 할리우드)은 그곳에서부터 수백 마일 떨어진 곳에 위치한 회사들에 의해 그들 제품의 기원지로 사용되기도 한다. 가령 뉴욕프라이스New York Fries는 온타리오 브램턴에 본부를 두고 있다. 이름은 또한 회사가 처음 시작된 곳이 아니라 제품이 처음 사용된 곳을 나타내기도 한다. 예를 들어 1892년 조엘 칙Joel Cheek이라는 한 외판원은 특별한 커피 블렌드를 만들어 미국의 훌륭한 호텔 중 하나인 테네시 네슈빌의 맥스웰 하우스에 제공했다. 얼마 후 곧 손님들은 아침에 일어나 맥스웰 하우스Maxwell House 커피를 마시기 시작했다.

암시적 브랜드 네임과 일부 겹치는 귀속적 브랜드 네임(ascriptive name)은 일상어나 저널리즘의 언어가 되기도 한다. 미네소타 유제품 협동조합 협회Minnesota Cooperative Creameries Association를 뜻하는 랜드 오레이크스^{Land O'Lakes}라는 브랜드 네임은 "1만 개의 호수의 땅"이라는 이 지역의 묘사에 근거한 한 농부의 제안이었다. 귀속적 네임은 실리콘 밸리^{Silicon Valley}나 카우 팰리스^{Cow Palace}처럼 사실상 어떤 특정 장소나 도시, 주, 지역, 국가를 지칭할 수도 있다. 그리고 우리는 "City", "District", "County", "State", "National", "Inter-national" 등의 말을 어디에서나 발견할 수 있다.

지명은 동서남북이나 지리적 용어, 혹은 모호한 표현인 "place"나 "land"와 같은 장소 지시어(location cue)를 포함할 수도 있다. 자연적 특성들은 헬스캐년^{Hell's Canyon}이나 데드크릭^{Dead Creek}처럼 인간이 만들어낸 장소인 마을이나 학교, 다리보다 부정적 단어와 연결되는 경우가 더 잦다. 부정적인 지리 서술어는 교회나 공동묘지, 병원, 학교의 이름에는 사실상 부재하다.

장소를 가리키는 브랜드는 문자적 의미와 상징적 의미 사이의 경계를 무너뜨린다. 롱아일랜드의 햄릿 온 올드 오이스터 베이^{Hamlet on Olde Oyster Bay}라는 단지는 뉴욕 플레인뷰에 위치한 스포츠 및 사회적 오락시설을 겸비한 마을로서 실제 오이스터 베이로부터는 약 10마일 정도 떨어져 있다. 다음은 많은 복합어 네임에서 발견되는 몇 가지 지리적 용어(도시 지리를 포함하여)들이 나와 있다.

Arch	Harbor or Harbour	Pond
Bank or Banks	Haven	Pool
Basin	Heath	Port
Bay	Height or Heights	Ridge
Beach	Highlands	Rise
Branch	Hill	River

Bridge	Inlet	Rock or Rocks
Brook	Island or Isle	Row
Canyon	Lake	Sand or Sands
Cape	Landing	Sea
Channel	Lane	Shore
Corner	Lea	Sound
Court	Loch	Square
Cove	Meadow or Meadows	Stone
Creek	Mill	Strait
Crest	Mount or Mountain	Stream
Dale	Nest	Terrace
Dome	Ocean	Tower
Fountain or Fount	Palisade or Palisades	Trail
Gables	Park	Vale or Valley
Garden or Gardens	Path	View
Gate	Peak or Peaks	Water or Waters
Glade	Plain or Plains	Wood or Woods
Glen	Plateau	
Grove	Point	

벨 전화회사Bell Telephone Company인 "마 벨"Ma Bell이 새 자회사들을 만들었을 때, 7개의 자회사 중 6곳은 그들의 지역적 뿌리에 기반을 두었다. 가장 눈에 띄는 3곳은 벨 애틀랜틱Bell Atlantic, 벨 사우스Bell South, 사우스웨스턴 벨Southwestern Bell이다. (퍼시픽 텔레시스Pacific Telesis도 지리적 기원을 따랐으나 그리스어에 어원을 둔 Telesis를 두 번째 부분

에 포함시켰고, 2000년에 통신회사 BELLSOUTH
퀘스트^{Quest}와 합병한 유에스 웨스트
US West도 회사의 활동지역을 말해준다.) 지명이 지속적인 특성을 함의
하듯이, 설립자의 이름을 유지하는 회사들도 (1877년 스코틀랜드 출
신의 발명가 알렉산더 그레이엄 벨^{Alexander Graham Bell}이 설립한 벨 전화회
사^{Bell Telephone Company}가 그러하듯이) 일반적으로 자신의 명예를 회사
나 서비스, 제품에 제공한 데서 오는 일종의 정직성뿐만 아니라 지
속성과 유구성(longevity)을 함의한다. 힐튼^{Hilton}, 디즈니랜드^{Disney-}
^{land}, 포드^{Ford}, 롤스로이스^{Rolls-Royce}, 휴렛-팩커드^{Hewlett-Packard} 등은 그
들의 창립자 이름을 따라 브랜드 네임이 만들어졌다. 위대한 제약회
사 버로즈 웰컴^{Burroughs Wellcome}의 이름은 그 창립멤버인 실라스 버로
즈^{Silas Burroughs}와 헨리 웰컴^{Henry Wellcome}에서 유래한다. 자긍심 혹은
단순한 허영심이 (그 개발자인 도널드 트럼프^{Donald Trump}의 이름을 따라
서 지은) 맨해튼의 트럼프 타워^{Trump Tower} 부동산 프로젝트의 이름을
설명해줄지도 모른다. 진심어린 감사의 표시가 등장하기도 한다. 역
시 맨해튼에 위치한 차링 크로스 하우스^{Charing Cross House}라는 코옵^{co-}
^{op}의 이사회는 그들의 건물에 살던 헬렌 한프^{Helene Hanff}라는 이전의
한 주민을 기리며 건물 이름을 지었는데, 런던의 서점주인과 주고받
은 그녀의 20년간의 편지는 책과 연극, 영화로 나온 〈84번가의 연인〉
의 바탕이 되었다.

　때때로 브랜드 네임은 가령, 프랑스 군인이자 식민주의자이며
1701년에 장차 디트로이트가 될 마을을 세웠던 앙투완느 로메 드
라 모트 캐딜락 경 같은 저명한 역사적 인물의 명성을 이용하기도
한다. 회사의 창립자들은 양조회사나 자동차 회사, 심지어 핫도그
노점의 이름의 형태로 기억된다. 1913년 코니아일랜드에서 15달러

를 들여 만들어진 노점인 나단스 페이머스Nathan's Famous는 50년이 지나는 동안 수백만 달러의 체인점으로 확장되었다. 1850년대에 시작한 밀워키 맥주 브랜드들은 블라츠Blatz(발렌타인 블라츠Valentine Blatz에서 나왔다)나 쉴츠Schlitz(조세프 쉴츠Joseph Schlitz), 팝스트Pabst(프레드 팝스트Fred Pabst) 등 사장들의 이름을 취했다. 기차나 선박, 트럭 등의 디젤Diesel 엔진은 파리 태생의 독일 엔지니어인 루돌프 디젤Rudolph Diesel에 의해 1892년 특허 받았다. 올즈모빌Oldsmobile은 1897년 랜섬 올즈Ransom E. Olds에 의해 도입되었는데, 그의 이니셜을 모아 레오Reo라는 브랜드가 만들어지기도 했다. 올즈모빌의 뒤를 곧 팩커드Packard(제임스 워드 팩커드James Ward Packard), 뷰익Buick(데이비드 던바 뷰익David Dunbar Buick), 그리고 1904년에는 스튜드베이커Studebaker(마차에 대장간을 짓고 미국 남북전쟁에서 연방군(Union Army)에게 물건을 공급한 스튜드베이커 5명의 형제 중 한 명) 등이 뒤따랐다. 이후 세대는 내시Nash(GM을 떠난 후 램블러Rambler 회사를 구매한 찰스 내시Charles Nash)나, 코드Cord(E. L. Cord), 카이저Kaiser(헨리 카이저Henry J. Kaiser), 그리고 1957년에 참패를 경험한 에드셀Edsel(헨리 포드의 아들이자 1943년에 죽은 에드셀 포드Edsel Ford) 등을 보게 된다.

좀 더 비공식적으로는 버몬트 프리미엄 아이스크림으로 유명한 벤 앤 제리Ben&Jerry's가 있다. 19세기 중반에 미국으로 이주한 독일인 레비 스트로스Levy Strauss의 이름은 청바지의 이름과 동의어가 된다. 1903년 크래프트J. R. Kraft라는 이름의 캐나다인은 시카고로 가서 마차를 타고 다니며 치즈를 팔았는데 세계에서 두 번째로 큰 식품가공 회사가 된 회사를 창립한다. 샘 월턴Sam Walton은 자신의 체인 가게들을 연결하여 월마트Wal-Mart를 만들었다. 도요타Toyota가 1930년대 초에 그 회사를 창립한 사키치 도요다Sakichi Toyoda로부터 나왔다는 것을 아는 사람은 별로 없다. 일본어에서 도요타는 도요다보다 두 글자가 더 적기 때문에 그들은 일본에서 행운을 뜻하는 여덟 개의 글자로 이루어진 이름으로 그들의 이름을 바꿨다.

최근 수십 년간 많은 회사들이 그들의 창립자 이름을 암시적 혹은 조어적 네임으로 교체한 반면, 이와 반대되는 경우가 하나 있다. 2002년 아메리칸 홈 프로덕츠American Home Products는 대중들에게 자신이 홈 하드웨어Home Hardware와 같은 가정용품 회사와 라이벌 관계에 있는 것이 아니라 제약회사라는 점을 알리고 싶어 했다. 오해를 불러일으키는 회사명을 해결하기 위해, 그 회사는 창립한 지 5년 후인 1931년, 자신이 필라델피아 회사 존 와이어스 & 브라더스John Wyeth & Brothers 사를 매입하던 당시로 돌아갔다. 와이어스라는 이름은 이미 이 회사의 가장 큰 자회사인 와이어스-아이어스트 래버러토리즈Wyeth-Ayerst Laboratories의 일부를 이루고 있었다. 더구나 와이어스는 존경받는 미국의 성(姓)으로서 혹자에게는 화가 앤드류 와이어스Andrew Wyeth나 그의 아버지이자 일러스트레이터인 엔씨 와이어스N.C. Wyeth를 상기시켰다. 2002년 이 회사의 대표이사인 로버트 에스너Robert Essner는 〈뉴욕 타임스〉 지에 이렇게 말한다. "우리는 새 이름을 고려해보았으나 이미 우리가 소유하고 있는 이름에 좋은 자산(equity)이 있다고 결정했다. 우리 회사 직원 중 80퍼센트가 이미 그 이름을 자신의 명함에 가지고 있다."

발음은 이상하지만 매우 성공적인 루스 크리스 스테이크 하우스Ruth's Chris Steak House 체인에서처럼 두 개의 보통 명사가 예상치 못한 방식으로 결합할 때도 있다. 1965년 루스 퍼텔Ruth Fertel은 뉴올리언

스의 크리스 스테이크 하우스Chris Steak House라는 조그만 식당을 하나 샀다. 이름이 크리스였던 전(前) 가게 주인은 식당이 같은 자리에 남아있어야 한다는 조건으로 퍼텔에게 이전 이름을 유지할 수 있는 권리를 내줬다. 화재가 나서 가게를 옮겨야 하자 새 이름이 필요해진 그녀는 그냥 자신의 이름을 덧붙이기로 했다. 비록 2003년 〈포춘〉 지에 그녀는 "난 항상 그 이름을 싫어했다"고 말했지만 말이다.

필스버리Pillsbury는 1869년 미네아폴리스 제분소Minneapolis Flour Mills를 매입한 찰스 필스버리 경Sir Charles Pillsbury의 이름을 따라 지어졌는데, 이후 이 회사의 가장 유명한 브랜드 네임이 될 베티 크로커Betty Crocker는 이 당시에 팬케이크 반죽 상자 속에서만 존재했을 뿐이다. 베티 크로커라는 이름은 1921년경 평균적인 미국 주부를 상징하기 위해 만들어졌는데 그 실제 이미지는 1936년까지 나오지 않았다. 저절로 부풀어 오르는 팬케이크 반죽인 앤트 저마이머Aunt Jemima는 1889년에 개발되었는데, 보드빌 노래 제목을 따라 이름이 붙여졌다. 콜롬비아 전시회에서 이 제품의 제조사인 데이비드 밀링David Milling Co.사가 연 행사에서 낸시 그린Nancy Green이라는 켄터키 출신의 흑인 요리사가 "저마이머 아주머니"Aunt Jemima처럼 팬케이크를 뒤집었다고 한다. 이후 수년 간 그 미소를 가득 머금은 아주머니는 전국 순회와 광고에 출연하게 된다. 비록 그 이름은 오레오oreo나 엉클 톰Uncle Tom처럼 백인을 모방하거나 백인에게 영합한다고 여겨지는 흑인을 뜻하며 부정적으로 쓰이게 되기도 하였지만 말이다.

회사 창립자와는 별도로, 위신(prestige)을 줄 것이라 예상되는 걸출한 동시대인으로부터 이름이 유래할 수도 있다. 최근 수십 년간, 자동차, 의류, 액세서리, 화장품 및 기타 제품들의 디자이너들은 일종의 스타가 되었다. 1968년에 설립된 조르제토 쥬지아로Giorgetto

Giugiaro의 이탈디자인Italdesign 사는 1974년 컴팩트 해치백(차체 뒤쪽에 위로 여는 문이 있는 자동차 — 옮긴이)의 선두주자인 폭스바겐 골프Volkswagen Golf를 고안하였고, 1978년에 디자인한 그 회사의 랑시아Lancia 모델은 최초의 미니밴이 되었다. 1981년 이탈디자인에서 분사해 나온 쥬지아로 디자인Guigiaro Design 사는 카메라, 손목시계, 고속철과 지하철, 모터스쿠터, 가정용품, 비행기 인테리어, 스트리트 퍼니처street furniture(거리의 시설물)들을 디자인했는데, 이 모두는 문자 그대로 쥬지아로의 서명을 지니고 있다. 최초의 폭스바겐 디자이너의 손자인 페르디난트 포르셰Ferdinand Porsche의 포르셰 디자인Porsche Design 사는 방콕 대중교통 시스템에서부터 담배 파이프, 선글라스에 이르기까지 모든 것을 디자인했다. 디자이너들의 이름은 심지어 브랜드 네임에 등장하기도 하는데, 마이클 그레이브Michael Grave가 고급 할인 체인점인 타겟Target을 위해 디자인한 수많은 가정용품 중 하나인 마이클 그레이브 다트보드Michael Graves Dartboard가 그런 경우이다. 이것은 모두 먼 옛날 제너럴 모터스 사의 꼬리표였던 "피셔가 만든 몸체"Body by Fisher를 가리키는 플래시백일 뿐이다.

일부 영국 술집 이름에는 좀 애매한 사람이 등장하기도 한다. 에어셔 모치린 지방의 푸시 낸시The Poosy Nancies는 로버트 번스Robert Burns가 아는 수많은 여성들 중 한 명의 이름을 따라 지어졌고, 햄프셔의 몬 힐에 위치한 퍼시 홉스The Percy Hobbs는 이전의 뉴 인New Inn이라는 이름에서 1920년부터 그곳에서 술을 마셔 온 한 지역 남성을 기리기 위해 1982년에 개정한 이름이다,

어떤 브랜드들은 너무나 유명해져서 원래 그 이름이 유래한 사람들을 가리기도 한다. 전설에 따르면, 레오 허시필드Leo Hirschfield라는 이름의 오스트리아 이민자는 자신의 딸 툿시Tootsie을 위해 과자를 손

으로 만들고 있었다. 그는 그 과자를 판매하기 시작했는데 이름을 툿시롤Tootsie Roll 외에 달리 무엇이라 부르겠는가? 레오 허시필드처럼 애플Apple 사의 창립자인 스티브 잡스Steve Jobs도 제품의 이름을 자신의 딸의 이름을 따라 지었다. 최초의 매킨토시 컴퓨터는 리사Lisa라는 이름이었다. 시보레 앞좌석에 앉은 사람들 중, 프랑스에서 자전거 제조업에 종사한 스위스 엔지니어 루이스 시보레Louis Chevrolet를 연상하는 이는 별로 없을 것이다. 대략 1900년경 그는 미국으로 건너와서 엔진을 실험했을 뿐 아니라 그것을 네 바퀴에 놓고 경주를 시켜보기도 했다. 1911년 그는 윌리엄 크래포 듀랜트William Crapo Durant와 함께 시보레 모터Chevrolet Motor Co. 사를 만들었다. 듀랜트는 그의 이름이 멋지고 경쾌하며 신선한 사운드를 지녔다고 생각했다. 체코 자동차메이커인 스코다Skoda는 옥타비아Octavia라는 이름의 모델을 만들었는데 이는 여자의 이름을 따라 지은 것이 아니라 그것이 회사의 8번째 모델이었기 때문에 붙여진 이름이었다. 그러나 스코다의 펠리시아Felicia는 창립자의 두 딸 중 한 명의 이름을 따라 붙여졌다. 이보다 더 불분명한 경우는 메르세데스-벤츠Mercedez-Benz의 경우이다. 메르세데스-벤츠의 첫 부분인 메르세데스는 자동차 경주에 출전하기 위해 다임러Daimler 자동차들을 사들인 오스트리아 사업가 에밀 젤리네크Emil Jellinek의 10살 된 딸아이의 이름으로부터 나왔다. 그 자동차들 중 하나는 자동차 경주에 "메르세데스 씨"Herr Mercedez라는 가명으로 출전하였는데 1899년 니스 투어에서 1등을 차지하였다. 이듬해에 다임러 사는 그 이름을 자신의 신형차 모델에 채용하였고 젤리네크는 이것을 사들여 미국을 포함한 몇몇 국가에서 되팔았다. 1925년 다임러 사가 또 다른 자동차 회사인 벤츠Benz와 합병한 후 그 회사는 메르세데스-벤츠 사가 되었다.

21세기로 들어서는 전환기에 인명을 브랜드로 바꾸는 일은 새로운 전기를 맞게 된다. 스포츠나 음악, 영화배우 스타들이 상품을 추천할 뿐 아니라 그들의 이름을 따라 제품의 이름이 지어지기도 하는 것이다. 농구 천재 마이클 조던Michael Jordan은 자신의 이름을 의류회사와 소매업 체인에 빌려주었다. 래퍼 가수인 퍼프 대디Puff Daddy도 마찬가지이다. 집안 장식과 엔터테인먼트의 대명사인 마사 스튜어트Martha Stewart는 곧 그녀의 이름을 뉴욕 주식시장에 한 회사명으로 상장시켰다.

전설적인 창업자 중 단연 으뜸인 월트 디즈니Walt Disney는 자신의 이름을 그가 창립한 회사에 빌려주었는데, 이후 그 회사는 미키 마우스Mickey Mouse, 도널드 덕Donald Duck과 같은 자신이 만들어낸 캐릭터들의 이름을 지닌 제품들을 판매하게 된다. 브랜드들은 점점 더 실제 사람이나 장소로부터가 아니라 최고 흥행성적을 올리는 영화나 베스트셀러의 제목으로부터 나오게 되었다. 사람들은 마치 스타워즈Star Wars나 반지의 제왕Lord of the Rings, 해리 포터Harry Potter를 아무리 가져도 모자란 듯 보였다.

서술적 브랜드 네임의 두 번째 주요 유형은 어떤 특성이나 속성을 직접적인 언어와 실제 단어를 사용하며 전면 혹은 중앙에 등장시키는 경우이다. 이 이름들은 사물의 특징, 원료, 목적, 기능 혹은 외관을 부각시킨다. 그러한 이름들은 평범한 말투를 전문으로 하며 단순히 물건이 무슨 기능을 하고 어떤 물건인지를 말해준다. 콘플레이크Corn Flakes, 무비 채널The Movie Channel, 제너럴 모터스General Motors 등이 이 유형에 속한다. 그들은 명백하고 즉각적이다. 이 이름들에서 일어나는 유일한 참신성은 뉴스위크Newsweek나 시티그룹Citigroup, 데이터스코프Datascope, 스낵웰스Snackwell's, 웰포인트Wellpoint, 고속도로 톨게이트에서의 이지패스EZ-Pass나 체육관에서의 스테어마스터StairMaster 등 그것들이 이해하기 쉬운 복합어를 구성할 때뿐이다.

업종별 전화번호부를 슬쩍 훑어보는 것만으로도 서술적 네임이 얼마나 자주 칭찬조의 형용사를 이름에 포함하는지 알 수 있다. 스코다의 한 자동차 모델 이름은 슈퍼브Superb(훌륭한)인데, 그런 이름들은 네이밍 업계에서 흔히 일어나는 상투적 관행이다. 그런 이름들은 아름다움을 묘사하기도 하고(Beautiful, Beauty, Belle, Bel 등) 더 흔하게는 저렴한 가격(Bargain, Budget, Discount, Economy, Low 또는 Lo, Payless, Save, Value)을 나타내기도 한다. 예전의 한 육류제품

회사의 슬로건은 "이름이 높은 등급이면, 실제 품질도 높은 등급이다(Hygrade in name, Hygrade in fact)"였다. 아래에 몇 가지 다른 예들이 있다.

포괄성

All	Globe or Global	United
Allied	One	Universe or Universal
Etc.	Sky	Unlimited
Ever	Spectrum	World or World-Wide
Full	Total	Zodiac

뛰어남

A-1	Ideal	Standard
Absolute	Major	Super

Ace	Master	Supreme
Acme	Paramount	The Top
Apex	Peerless	Unique
Champion	Perfect	
First	Premier	

속도나 신속함

Action	Prompt	Speed or Speedy
Active	Pronto	Swift
Express	Quick	Whiz
Fast	Rapid	Wizard
Presto	Ready	Zippy

우수성

Better	Fine	Pure
Classy	5-Star	Select
Deluxe	Grand	Superior
Dream	High or Hi	True or Tru
Edge	Incredible	Ultra
Executive	Preferred	Wonder
Fabulous	Pro or Professional	

이런 과도한 형용사는 솔직히 꽤 지루하다. 이것은 어디에나 있는 "뉴"(New)나 아무것도 설명하지 않는 "센트럴"(Central), 전지전능함보다는 못한 "파워"(Power)의 경우에도 마찬가지이다. 수량의 증

가(multiplication) 혹은 복제(replication)의 의미가 두 배(Double), 세 배(Triple), 쌍둥이(Twins)라는 단어에 종종 어우러진다. 이들을 따라다니는 실용적인 설명어구 또한 그것이 "보험"(Insurance)이든 "구두 수선"(Shoe Repair)이나 "안전 유리창"(Safety Glass)이든 지루하지만 꼭 필요한 것들이다. 지루하다고 사용에 장애가 되는 것은 아니다. 마리오 페이^{Mario Pei}는 1940년대 후반 골드(Gold)라는 단어가 3,800개의 트레이드마크에, 아이디얼(Ideal)이라는 단어는 천 개, 스타(Star), 선(Sun), 임페리얼(Imperial)은 각각 약 800개, 챔피언(Champion)은 600개의 트레이드마크에 등장하는 것을 발견하였다. 원자력 시대(Atomic Age)의 등장에 걸맞게, 애토믹(Atomic)이라는 단어도 자동차 브레이크액이나 장난감 총, 연필, 세탁기, 골프공, 토마토 등의 이름에 나타났다.

　서술적 네임이 지루할 필요는 없다. 자화자찬의 궁극적 경지를 보여주는 것은 아마도 토론토의 한 회사일 텐데, 그들의 트럭은 마음이 넓은 두 작은 남자의 이사회사^{Two Little Men with Big Hearts Moving Co.}라는 트레이드 네임으로 장식되어 있다. 서술의 힘은 놀랄 만큼 문자적인 이름들로부터 나올 수도 있다. 폭스바겐^{Volkswagen}(독일어로 "국민차"라는 뜻)의 경우를 보자. 그 차의 원형은 페르디난트 포르셰^{Ferdinand Porsche}에 의해 디자인되었는데, 1937년 아돌프 히틀러의 직접 지시에 따라 "기쁨을 통한 강함"(Strength through Joy)이라는 공무원 조직에 의해 생산되었다. (히틀러는 메르세데스를 타고 다녔다.) 제2차 세계대전이 끝난 후, 공랭식 후면 엔진을 단 작은 돔 모양의 자동차가 미국으로 수출되었다. 그 차는 나치적 기원에도 불구하고, 비틀^{Beetle}이라는 브랜드로 1960년대 월트 디즈니의 〈Love Bug〉 영화들의 사랑스러운 주인공 "버그"^{Bug}가 되었다. 1997년에 그 차는 재디자인을 거쳐 다시 인기를 누리고 있다.

똑같이 문자적인 이름으로는 그 모터식 무한궤도 장치가 훨씬 더 천천히 움직이는 나비 애벌레들의 부러움을 사는 캐터필러(Caterpillar, 애벌레)나 또는 인라인 스케이트 롤러블레이드(Rollerblade)가 있다. 인터넷 서비스 제공자인 아메리카 온라인^{America Online}(이후 AOL로 축약됨)은 암시적인 동시에 굉장히 설명적이다. 이와 마찬가지로 차갑고 둥근 에스키모 파이^{Eskimo Pie}가 있다. 1920년경 아이오와 오나와 지역에 이 제품을 처음 소개한 크리스천 켄트 넬슨^{Christian Kent Nelson}은 처음에 그것을 아이-스크림-바-^{Scream-Bar}라고 불렀다. 이 아이스크림은 캔디바와 아이스크림콘을 다 먹고 싶지만 그 중 한 가지밖에 살 수 없던 한 소년에게서 영감을 얻었다고 한다. 넬슨은 이 두 가지를 결합하였고 1922년 초가 되면 에스키모 파이는 하루에 백만 개의 비율로 팔려나갔다.

제품의 성분은 제품에서 사라질지 모르지만 이름에는 남는 경우도 있다. 유명한 코카콜라의 경우가 바로 그런 경우이다. 1886년 존 펨버턴^{John S. Pemberton} 박사가 개발한 소다수와 시럽의 혼합물인 코카콜라는 그 초기 제조법에 소량의 코카인을 포함했는데 이는 19세기 약물학에서 드문 일이 아니었다. 코카인은 1906년 미국 순정 식품 및 의약품 법^{Pure Food and Drug Act}이 통과되면서 코카콜라에서 사라진다. 코카인이 없는데도 코카콜라는 곧 라이벌 음료인 안호이저-부시^{Anheuser-Busch}의 비알콜 맥주인 비보^{Bevo}와 아무르^{Armour} 사의 빈 피즈^{Vin Fiz}를 무찌르기 시작한다.

때때로 식료품 회사는 하나의 식품을 다른 것으로, 주로 인기가 더 많은 것으로 묘사하기도 한다. 인어 로고가 새겨진 참치 캔을 든

손님은 그 제품의 이름이자 회사의 이름이기도 한 바다의 닭고기(Chicken of the Sea)가 어류를 가금류로 바꾼 것을 발견할 것이다. 이러한 미화(美化)와는 정반대에 있는 경우로 보드로 엉덩이 연고Boudreaux's Butt Paste의 사랑스러운 직설주의(literalism)가 있다. 루이지애나 코비농 지방에 위치한 구멍가게 약국에서 조지 보드로George Boudreaux는 기저귀성 발진 크림을 만들어 4온스 튜브로 포장한 후 1994년부터 무역전시회에 가지고 나가기 시작했는데, 그 때 그와 그의 아내 데비Debbie가 타고 간 차량을 그들은 "엉덩이 차"Butt Mobile라고 불렀다. 그 연고는 기저귀로 인한 발진뿐 아니라 루이지애나 주립대학교 운동선수들의 마찰성 피부 트러블에도 효과가 있어서 일 년에 15파운드나 사용되었다.

1921년, 한 임상의학자가 밀기울(bran) 요리를 하다가 몇 방울을 뜨거운 스토브 위로 떨어뜨렸는데 그것들은 조그맣고 얇은 와퍼로 변했다. 그가 그 중 하나를 맛봤는데 별로 나쁘지 않았다. 와시번 크로스비 제분소의 사장과 이사진들도 그 맛에 동의하였다. 이렇게 하여 위티스Wheaties("챔피언들의 아침식사")가 탄생하였다. 위티스라는 이름은 태어날 때부터 별명이 가지는 사랑스러움을 지녔다. 게다가 그것은 밀(wheat)로 만들어지지 않았던가!

3

암시적 브랜드 네임

보이는 것이 전부가 아니다

다음의 슬로건들을 살펴보자. "허시^{HUSH}는 땀 냄새를 제거해 줍니다." "방취제를 말할 땐 멈^{MUM}(침묵)이라고 하세요." "아이보리^{Ivory}. 마일드라 안전하고, 알갱이라 빠릅니다." 암시적 브랜드 네임(Allusive Names)은 그것이 나타내는 제품에 원하는 특성을 간접적으로 연관시키는 암시를 통해 작용한다.

서술적 브랜드 네임과 암시적 브랜드 네임을 나누는 엄격한 구분은 없다. 서술적 네임처럼 암시적 네임도 가끔 새로 만들어낸 복합어의 형태를 띠기도 하지만 주로 실제 단어를 사용한다. 암시적 네임이 서술적 네임과 다른 점은 그것이 단지 제품이나 서비스, 회사또는 그들의 주요 장점을 넌지시 암시하거나 힌트만 준다는 점이다. 함의와 암시를 통해 작용하는 암시적 네임은 뇌 속에서 직유나 은유, 문화적 지시가 움직이는 방식으로 작동한다. 20세기 들어 뉴욕수출입회사 씨 에프 코핀^{C. F. Coffin}(트레이드 네임을 소문자로 유지했으면 좋았을 것이다)은 그들의 "세계적으로 유명한" 건과류 브랜드 에덴Eden을 광고한 바 있다. 설사 에덴동산에서 먹은 과일은 건조된 것이 아니라 신선한 것이었을지언정, 이 브랜드가 함의하고자 하는 바는 명백하다.

성공적인 암시적 네임은 일종의 메타포로서, 긍정적이지만 직설적이지는 않은 연상 작용을 일으킨다. 시어스Sears의 자동차 배터리 다이하드DieHard는 극도의 조건에서도 작동하고, 런던 포그London Fog 트렌치코트는 걸쭉하기로 유명한 완두 수프(pea soup)도 방어할 수 있으며, 브이에잇V8 야채 주스는 앵비베imbiber(케익이나 과자 등에 바르는 시럽류 ― 옮긴이)를 강하게 한다. PDF 서류와 스프레드시트, 회계에 쓰이는 소프트웨어인 아도비Adobe의 아크로바트Acrobat와 마이크로소프트Microsoft의 엑셀Excel, 그리고 인튜이트Intuit의 퀴큰Quicken 은 유연성과 능률, 스피드를 효과적으로 암시한다. 스프린트Sprint는 스피드를 암시하고 오라클Oracle은 지혜를 암시한다. 폴로Polo는 의류를 나타내지만 또한 정교함과 높은 안목을 암시하기도 한다. 심지어 매우 일반적인 단어도 암시적 브랜드 네임으로 쓰여 많은 긍정적 의미를 제공하기도 한다. 은행명인 메리디언Meridian과 소프트웨어 회사 플라티넘Platinum, 병원 체인점인 테닛Tenet 등이 그런 경우이다. 일부 매우 성공적인 브랜드들은 다차원적으로 작용한다. 치리오스Cheerios 는 단지 시리얼의 물리적 모양인 O자뿐 아니라 행복하고 무한한 경험의 의미도 전달한다.

암시적인 네이밍은 융통성 많은 기법으로서 매우 다양한 브랜드 목표를 성취할 수 있다. 사우스와이어Southwire Company 사는 자신의 최첨단 지하 전력 케이블을 차별화하기 위해, 기술력과 강함을 강조하여 브랜드 네임을 포르테Forte라고 지었다. 포르테가 하드코어적이라면 빅토리아 시크릿Victoria Secret의 여성 속옷이 갖는 선정성은 소프트

코어적이다. 건물의 관석(top stone, 맨 위에 얹는 돌 — 옮긴이)을 의미하는 동시에 좀 더 비유적으로는 가장 높은 성취를 뜻하는 캡스톤Capstone은 모기지 뱅킹 서비스의 이름이 되었다. 넴뷰탈Nembutal과 같이 의약품처럼 들리는 이름 대신 새로운 불면증 치료제의 이름은 소나타Sonata가 되었다. 밀리미터Millimeter는 영화와 TV 제작물을 다루는 잡지명이었다. NHLNational Hockey League(전미 하키리그)은 나이키Nike 등과 경쟁할 새 스포츠웨어의 이름을 라이벌Rival이라고 지었다. 데드볼트(deadbolt) 자물쇠 브랜드인 개리슨Garrison은 요새 혹은 군대 기지를 뜻하는 용어에서 나왔다. 다른 이름들은 강하다고 여겨지는 부족이나(가령 바이킹Viking 사), 화기애애하고 친밀한 혹은 가정적인 분위기를 암시하거나(모기지 회사인

Hearthside Lending — 화롯가 대출회사) 또는 특히 브랜드 네임의 맨 마지막에 위치하여 다른 긍정적인 속성을 암시

하기도 한다. 스피디 머플러 킹Speedy Muffler King과 같은 이름들은 설명적 기능과 암시적 기능을 혼합하는 경우이다.

건강식품가게에서 볼 수 있는 암시적 네임으로 바이블 바Bible Bar가 있다. 왜 바이블(성경)이겠는가? 그 바(bar)는 영양뿐 아니라 영적으로도 영양이 풍부한 식품이었기 때문이다. 그래서 그 제품은 신명기 8장 8절에 언급된 약속받은 땅의 일곱 가지 식품들로 되어 있었는데 즉, 밀, 보리, 건포도, 무화과, 석류, 올리브 오일, 그리고 꿀이 그 성분들이다. 제품의 제조자는 말하길, "하느님은 먹는 법에 관한 설명도 주고 계셨다. 그분은 최초의 영양학자였다." 피그 뉴턴Fig Newton처럼 모호한 맛을 지닌 그것은 또한 (당연히) 법도에도 맞았다. 프록터 앤 갬블Procter and Gamble 사의 할리 프록터Harley Procter는

1878년 어느 일요일 아침 한 목사가 시편 45장 8절을 읽는 것을 듣다가 영감을 얻었다. "당신의 모든 옷에서는 상아궁전에서 나온 몰약과 알로에와 계피의 향내가 나며, 그것들이 당신을 기쁘게 하였나이다." 이는 아이보리Ivory 비누를 낳았다.

일부 암시적 네임들은 색채가 일으키는 감정에 기댄다(특히 파란색, 초록색, 금색, 은색, 빨간색, 흰색 등). 그리고 색채를 이용한 이름들 자체도 색상 전환을 겪게 된다. 과거의 페인트 업체들은 "실버 그레이"라는 이름을 선택했을 테지만 이제 그들은 녹턴Nocturne(야상곡)이나 얼리 돈Early Dawn(이른 새벽)처럼 암시적이고 감정적인 이름을 사용한다. 2001년 펩시콜라는 마운틴 듀 브랜드를 확장, 출시하며 그 신제품에 색채와 컨텍스트를 결합시켰다. 그 제품의 이름은 코드 레드Code Red였다. 이 음료수 제조업자는 그들의 타깃인 16세 소년들에게 어필할 혁신적이고 도회적인 풍을 원했고, 포커스 그룹에 따르면 액션 영화와 경찰 추격 씬을 함의한다는 이 명칭으로 그 목적을 달성했다. 선홍색의 달콤한 맛인 레드 코드는 악동 같은 광고와 입소문을 통해 히트를 치면서 2개월 만에 십대들 사이에서 88퍼센트의 브랜드 인지도에 도달했고 첫 한 해 동안 1억 케이스를 판매했다.

별로 흔히 쓰이지 않는 단어들도 매우 효과적인 암시적 브랜드 네임이 될 수 있다. AT&T에서 분리해 나온 벨 래버러토리스Bell Laboratories는 회사명을 지을 때, 두문자어형 이름뿐만 아니라 net이나 com를 사용하는 이름들도 고려해보았다. 랜도 어소시에이츠Landor Associates는 700개 이상의 이름들을 제의했고 그러다가 하나의 단어에 안착했다.

lucent 형용사. 시적/문학적. 반짝이거나 빛을 발산하는. 예) 달이

　모든 신을 모시는 로마의 판테온Pantheon(만신전)은 다양한 내용의 책에 실릴 랜덤 하우스Random House의 출판사 마크가 되었다. 로마의 불의 신인 불카누스Vulcan는 난방기와 스토브, 그리고 핵무기 투하능력을 지닌 영국 공군RAF 폭격기의 이름이 되어주었다. 그리스어나 라틴어에 기원을 둔 명칭들의 범람은 얼마나 많은 브랜드가 신화와 전설에서 나왔는지를 암시한다. 이 점에 관해서는 이후에 고전어에서 유래한 형태소가 브랜드를 짓는 데 있어 맡는 중요한 역할을 검토하며 좀 더 자세히 다루겠다.

　경공업이든 중공업이든 많은 산업들은 그들의 암시적 명칭에 표현된 문화적 혹은 기질적(temperamental) 특징들을 보여준다. 라스베이거스 카지노의 네이밍은 알라딘스Aladdin's, 스타더스트Stardust, 황금단지Pot O'Gold, 포퀸스Four Queens 등에서처럼 행운의 여신과 관련되곤 한다. 또 카지노 로열Casino Royale, 골든 너깃Golden Nugget, 랜드마크Landmark, 엠지엠 그랜드MGM Grand와 같은 이름들은 부와 재산을 예견해주는 이름들이다. 콜로세움Colosseum과 원형 대경기장Circus Maximus 볼룸, 넵튠Neptune과 비너스Venus 수영장, (고대로마 군대의) 백부장Centurion과 로마 타워, 그리고 아피아 가도Appian Way라는 쇼핑몰이 마련되어 있는 시저 팰리스Caesars Palace는 로마인의 호화로운 생활에 각별한 관심을 쏟는다. 그곳의 레스토랑들은 바커스Bacchanal와 플라티넘 뷔페Palatium Buffet라 불리고, 슬롯머신은 행운의 샘Fountains of Fortune, 네로의 니켈스Nero's Nickels, 신속한 로마인들Rapid Romans, 로마식 포상금Roman Reward 등으로 불린다. 다른 카지노에서는 서부나 사막, 또는 신세계의 테마를 나타내기도 한다. 가령 일반명으로 사용되는 듄즈

Dunes(모래언덕)나 샌즈Sands, 좀 더 구체적인 특정 브랜드 네임으로는 데저트 인Desert Inn, 엘 코르테즈El Cortez, 아즈텍 인Aztec Inn, 엘 란초El Rancho, 골드 러시Gold Rush, 골든 게이트Golden Gate, 웨스트워드 호Westward Ho, 캘리포니아 호텔California Hotel 등이 있다. 그것들은 낭만화된 19세기의 순간들을 암시할 수도 있다. 프리몬트Fremont와 캐틀 바론Cattle Baron, 롱 브랜치 살롱Long Branch Saloon, 유레카Eureka, 클론다이크Klondike 등이 그런 예들이다. 또 특히 축제적이거나 데카당스한 분위기와 연결될 수도 있다. 상 수시Sans Souci(무사태평)나 버번 스트리트Bourbon Street, 마르디 그라Mardi Gras(육식하는 화요일), 룩소르Luxor, 그라나다Granada, 호텔 산 레모Hotel San Remo, 뉴욕 뉴욕New York-New York 등을 보라. 암시적 브랜드 네임들은 재미나(서커스 서커스Circus Circus) 힘(엑스캘리버Excalibur)을 약속해주거나 혹은 단순히 친근함이나 비형식성(informality)을 선택할 수도 있다. 어니스트 존스Honest Jone's, 비니언 말굽 클럽Binion's Horseshoe Club, 샘스 타운Sam's Town, 빙고 마굿간Bingo Barn, 나이트 트웨인 라운지Nite Twain Lounge, 아트 플레이스Art's Place, 또는 약간 불길한 마우마우 룸Mau Mau Room 등이 그런 예들이다.

대부분의 SUV는 탐험을 테마로 이름을 짓는다. 몇 가지 예만 들어 보자면 이스케이프Escape(도피), 익스커전Excursion(여행), 익스플로러Explorer(탐험가), 엑스페디션Expedition(탐험대), 에베레스트Everest, 하이랜더Highlander(고지인), 리버티Liberty(자유), 마운티너Mountaineer(산악인), 네비게이터Navigator(해양 탐험가), 아웃랜더Outlander(외국인), 패스포트Passport(여권), 패스파인더Pathfinder(개척자), 레인지 로버Range Rover(평야의 방랑자), 랑데부rendezvous(만남), 트레일블래이저TrailBlazer(길 표시자) 등이 있다. 이것은 동경을 불러일으키는 마케팅이다.

이 SUV들은 적어도 광고에서는 용감하게 산을 올라가고 시냇물을 건너며 광활한 야외 세계를 정복한다. (현실세계에서는 멀티플렉스에서 더 좋은 주차 자리를 확보하기 위해 보도 침범도 불사하겠다고 결심하지 않는 한 이들 전사의 10퍼센트도 채 도로를 달리지 않는다.) 1956년에 드소토DeSoto가 하드톱 쿠페형(hardtop coupe)* 자동차에 그 이름을 사용하지만 않았더라면, 어드벤처러Adventurer(모험가)도 이 목록에 포함되었을 것이다. 이것은 자동차 이름에서 암시적 네임이 전혀 새롭지 않을 뿐 아니라 참신함은 과거로 다시 돌아감으로써 얻을 수 있다는 교훈을 알려준다. 단돈 1만4천 달러에 다지Dodge 사는 젊은 운전자들에게 레이저Razor 스포츠 쿠페를 타고 돌아다니도록 초대한다. 레이저는 그들이 어렸을 때 타던 스케이트보드 및 스쿠터와 같은 이름이다. 그러나 모든 자동차 이름이 탐험의 의미를 환기시키려는 것은 아니다. 뷰익Buick이 라크로스LaCrosse를 만들었을 때 그 이름이 환기시키는 프랑스 어원과 라크로스 스포츠 경기 사이의 조합은 세련됨과 실용성을 조화시키는 그 자동차의 균형감각을 암시한다. 시보레Chevrolet의 트래버스Traverse는 시보레 트럭에 세단의 민첩성을 통합한 것으로 다재다능한 기능과 튼튼함, 믿음감, 그리고 재미를 혼합시킨다. 소중했던 예전의 자동차 이름들이 새 디자인과 함께 다시 태어난다. 2004년 포드는 40주년을 기념하기 위해 자신의 무스탕Mustang을 재디자인했고, 같은 해에 시보레는 51년 된 코르베트Corvette의 새 버전을 가지고 나왔다. 2002년 시보레는 1956년에 나온 오리지널 벨 에어Bel Air의 우아한 라인에 5인승 기능을 덧붙인 벨 에어 컨

* 쿠페는 원래 2인승의 세단형 차를 가리켰으나 최근 들어 4~6인승이라도 2도어에 지붕이 낮고 스마트한 형태의 것을 쿠페라고 총칭한다. 현대 자동차의 티뷰론이 대표적인 쿠페 모델이다. ─ 옮긴이

버터블을 제시했다.

벨 에어는 물론 부유한 캘리포니아의 마을 이름이기도 하다. 부유한 미국 주거 단지와 게이티드 커뮤니티(gated community)*, 노인 주택지구, 그리고 요양소의 네이밍에서는 라이프스타일이 가장 중요하다. 누가 그곳에 사는지, 그들이 어디서 휴가를 보내는지, 그들이 모는 자동차는 무엇인지, 그들이 자란 곳과 그들의 가치관은 무엇인지, 그들이 안정을 지향하는지 아니면 뭔가 대범하고 모험적인 것을 지향하는지 등의 문제는 네이밍에서 중요한 역할을 하는 것이다. 뉴욕과 뉴저지, 코네티컷, 펜실베이니아 등에 그런 커뮤니티를 짓는 고급주택 건설업체 스펙트럼 커뮤니티Spectrum Communities 사는 아름다움과 차분함을 강조하기 위해서는 벨페어Bellefair를, 부유함을 강조하기 위해서는 맨션 리지Mansion Rigde를, 은퇴가 자신들의 일과 삶에 끼어들도록 놔두지 않는 사람들을 위해서는 앙코르Encore와 같은 이름으로 각각의 개성을 발전시켰다. 부동산 개발 형태들은 (그리고 종종 가정용 가구들도) 지명을 이름으로 사용하는 경우가 많은데 (자스퍼 베이Jasper Bay나 서머스비Summersby 등) 그 이름들이 꼭 그들의 실제 위치와 부합하는 것은 아니다. 실제로 그 지명들이 세상 어느 곳에도 존재하지 않을 수도 있다.

주택 이름에서는 차분함이나 번영의 느낌을 환기시키는 것이 선호되는 반면, 다른 제품들은 그 반대의 효과를 노리는 이름을 필요로 한다. 핫소스를 먹는 것은 일종의 극단적인 스포츠로서, 다양한 페퍼의 매운 정도를 측정하는 잣대로 스코빌 스케일Scoville Scale이 있

---

* 보안성을 고려하여 주거단지의 출입구가 외부인 모두에게 개방되어 있는 것이 아니라 주거민에게만 (또는 그들의 동의에 의해서만) 열리는 주거 형태. — 옮긴이

다. 단맛이 나는 그린 페퍼의 스코빌 수치는 0.0인 반면 스코치 보넷 페퍼scotch bonnet pepper의 수치는 8만에서 30만까지 올라간다. (비록 마초적인 핫소스 업계에서 일부 회사들은 페퍼 농축액을 첨가함으로써 인위적으로 수치를 올렸지만 말이다.) 더 소스The Source는 무려 710만 도라는 가공할 수치를 자랑한다. 당신의 혀는 사탄스 블러드Satan's Blood, 다 봄Da Bomb, 디오에이 시아나이드DOA Cyanide, 레드 렉텀Red Rectum, 데인저Danger, 멘 쿠킹Men Cooking 또는 스크리밍 스핑크터Screaming Sphincter와 함께 증발해버릴 것이다.

애완견 미용제품의 이름은 좀 더 모험적이지만 일반적으로 애완동물 제품의 이름은 친근함과 우정을 강조하는 경우가 많다. (가령 첨Chum — 친구) 오피아이OPI 사는 일부 네일-케어 제품을 애완견이나 아니 오히려 그들의 주인들을 겨냥하여 만드는데, 바우와우Bow Wow 와 폴리시Pawlish(꼬리가 달린 이들의 손톱을 위한 매니큐어), 머츠 뉴Mutt's New, 파이어 하이드랜트 레드Fire Hydrant Red 그리고 잇츠 독 곤It's Dog Gone 등과 같은 매니큐어 및 리무버 제품을 가지고 있다. 사람들은 페티케트Pettiquette에서 애완동물용 미용제품을 구매하고 센트럴 바크 스파Central Bark Spa에서 똥개와 한나절을 보낼 수도 있으며 집에 돌아오는 길에는 오마이독Oh My Dog 또는 오마이캣Oh My Cat 콜롱 한 병과 "고양이 잼보니"Zamboni(스케이트 링크에서 사용하는 트랙터형 정빙기 — 옮긴이)라 불리는 리터메이드 엘엠500 셀프클리닝 캣 리터박스LitterMaid LM500 Self Cleaning Cat Litter Box(자동세척식 애완동물용 변기) — 비록 자동세척식 변기와 아이스링크에 얼음을 다시 까는 기계를 연결시키는 것은 암시적 네이밍의 경계를 확장시키는 것이지만 — 를 구매할 수도 있다.

심지어 같은 영어권 내에서도 나라마다 다른 문화적 차이가 암시적 네임을 결정하는 데에 중요한 역할을 하기도 한다. 캐나다^{Canada}는 다른 브랜드 네임들과 조합할 때 특별한 장점을 지니는데, 왜냐하면 Can-은 캔두^{CANDU} 원자로와 캐나담^{Canadarm} 우주선 부품에서처럼 동사의 의미도 가지고 있기 때문이다. 영국에서는 여러 브랜드 네임에 등장하는 옥스퍼드^{Oxford}와 케임브리지^{Cambridge}가 실제 그 대학들과 아무런 관련이 없을 수도 있지만, 그럼에도 불구하고 아이비리그 대학들에게는 불가능한 어떤 명성을 제공한다. 미국은 스스로를 민주적이고 평등한 나라로 생각하길 선호하는 반면, 영국은 군주제와 귀족주의에 바탕 한 명성과 계급 구분에 더 호소하려는 경향이 있다. 영국에서 가장 흔한 술집 이름은 크라운^{Crown}으로서 영국 전역에 무려 700개 이상이 크라운 술집이 있다. 스털링^{Sterling}은 영국의 기본 화폐단위인 "파운드 스털링"을 가리키기도 하지만 "최고의 품질"이라는 이차적 의미도 가진다. 그래서 수백 개의 영국 회사들은 회사명에 스털링^{Sterling}을 가지고 있다.

영국에서는 그 어떤 나라보다 그리스어나 라틴어와 같은 고전어에서 유래한 이름들이 많다. 에이드리언 룸은 아마도 피터팬^{Peter Pan}과 관련이 있는 피터^{Peter}라는 이름이 영국에서 "이상하게 인기가 많다"고 지적한다. 일부 영국 회사명들은 북미인의 눈에는 기묘한 매력을 나타내지만, 실제로 그것들은 꽤 효과적이다. 금융 회사들이 흔히 사용하는 스코티시^{Scottish}는 스코틀랜드인들의 널리 알려진 경제적 능력에 호소하는 것이다. 스코티시 아미커블^{Scottish Amicable}이나 스코티시 위도즈^{Scottish Widows}라는 회사의 보험을 사고 싶어하지 않을 사람이 어디 있겠는가?

성인(聖人)들의 이름은 암시적 네임에서 특별한 하위 카테고리를 이룬다. 그것들은 종종 병원과 연결되는데 이는 부분적으로 종교적 기관들이 많은 병원들을 설립하는 데 있어 맡았던 초기의 역할에서 비롯된다. 리브킨 & 어소시에이츠는 미국에서 가장 많이 쓰이는 병원 이름들을 순서대로 다음과 같이 정리했다.

Memorial	Mercy	Doctors
St. Joseph	Methodist	St. Luke
Community	St. Mary	Children's
University	St. Francis	Valley
Central	Baptist	Good Samaritan

이 이름들은 참을성 많고 헌신적인 간병인이나 아니면 친절함, 공동체성, 소속감 중 하나를 환기시킨다. 세인트 조셉St. Joseph's(성 요셉)은 어린이용 아스피린의 브랜드 네임으로 사용되는데, 병원과 그 성인의 부성애를 동시에 암시한다.

겉보기에는 창시자를 기리는 유산적 네임(legacy name)처럼 보이는 브랜드 네임들도 강한 암시성을 가질 수 있다. 인명도 매우 암시적일 수 있지만 가장 흔한 미국의 성씨인 스미스Smith와 가장 흔한 남자 이름인 존John, 그리고 가장 흔한 여자 이름인 메리Mary의 경우에는 해당되지 않는다. (가장 흔한 남자 이름 및 성의 조합은 로버트 스미스Robert Smith이다. 그의 아내는 가장 흔한 여자 이름 및 성의 조합인 메리 스미스Mary Smith일지도 모른다.) 그러나 성의 특이한 특징 중 하나는 — 융의 동시성(synchronicity, 중요한 관련이 있어 보이지만 분명한 인과관계는 없는 사건들의 동시적 발생) 개념을 믿게 만들기에 충분한 — 성이 그것의 일차적 목적인 식별 기능을 훨씬 넘어서는 특성들까지 불러일으킬 수 있다는 점이다. 그것들은 지시뿐 아니라 설명까지 하는 것처럼 보이는 앱토넘(aptonym)*이 된다. 에이드리언 룸은 리글리Wrigley(비틀 수 있는, 펼 수 있는), 울워스Woolworth(가치가 높은), 바스Bass(깊은, 강한), 브라운Braun(억센), 캐딜락Cadillac(프랑스 식민주의자이지만 고급 자동차), 굿이어Goodyear(성공), 파이어스톤Firestone(열기, 견고성), 쉭Schick(귀여운)과 같은 이름에서 발견되는 이 현상에 대해 이야기한다. 물론 모든 유산적 네임이 좋은 암시를 일으키는 건 아니다. 신용등급 평가회사인 스탠더드 앤 푸어스Standard & Poor's(표준적이면서 가난한? 또는 열악한?)와 무디스Moody's(그들이 당신의 회사를 평가할 때는 좋은 무드에 있기를 바라자) 등은 문제가 있는 경우들이다.

암시적 네임은 슬로건이나 표어, 캐치프레이즈, 숙어들을 훔쳐오기도 한다. 이러한 예로 의사들을 위한 체력단련 프로그램인 쉐이크-어-레그Shake-a-Leg가 있다. 광고회사인 레프트 필드Left Field 사와 직업소개소인 크루얼 월드Cruel World, 기업 물물교환 웹사이트인 빅 바인Big Vine 등이 그런 경우이다. 골드메달Gold Medal 밀가루와 블루리본Blue Ribbon 마가린은 "최고의 품종"을 말하는 두 가지 방법이다. 저렴한 가격은 복고풍 식당점인 시티 리미츠City Limits와 할인점 체인인 록 바텀Rock Bottom에 의해 약속된다. 타운 & 컨트리Town & Country 사는 럭셔리 자동차나 정원사의 이름이 될 수 있다. 클로즈업Close-Up은 구강 세정제가 들어간 치약을 의미하고 (업계에서 이것은 "키스의 치약"이라 알려졌다) 헤드 앤 숄더Head&Shoulders는 샴푸로 머리를 감지 않으면 비듬이 나타날 장소들을 암시한다. 네덜란드 항해사들은 새 배에 대해 말할 때 그 배의 모든 대못과 나무토막들이 새롭다는 의미에서

* aptonym은 이름이 그 사람의 직업까지 표현해주는 경우를 말한다. ― 옮긴이

spiksplinternieuw라는 숙어를 사용하기도
했다. 영국인들은 이후 그 경구를 'spike
and spanned'로 영국화했고, 미국 항해사
들은 그것을 'spic and span'으로 미국화했
다. 시간이 더 흐른 후 가정용 세제의 제조업

자는 그것을 스픽 앤 스팬Spic and Span으로 변형시켰다. 암시적 네임
은 또한 주류 문화에서는 잘 이해하지 못할 수도 있는 특정한 하위
문화의 캐치프레이즈를 사용할 수도 있다. 스파이크 리Spike Lee는 자
신의 영화제작사 이름을 포티 에이커스 앤드 어 뮬Forty Acres and a
Mule(40에이커와 노새 한 마리)이라고 지었는데 이는 노예제 배상금을
상징하는 동시에, 남북전쟁 이후 흑인 문화에서 등장했던 경구이다.

속어 — 그리고 모든 일상적, 구어적 언어사용 방식 — 는 네이밍
에 있어 고갈되지 않는 자원이 된다. 이름의 기원은 많은 이야기들
이 경합하는 경우가 많아서 엄격한 역사가의 기준으로는 확정하기
어려운 경우가 많다. 허시 퍼피스Hush puppies는 옥수수 가루로 만든
둥근 튀김빵을 가리키는 말인데, 미국 남부에서 사이드 디시(side
dish)로 많이 애호된다. 방언 연구에 있어 기념비적이라 할 수 있는
『미국 지방 영어사전』Dictionary of American Regional English에는 이 단어의
첫 번째 인용을 1918년에서 얻고 있다. 허시 퍼피스는 또한 1958년
부터 널리 사용되었고 80개국 이상에서 판매되던 캐주얼 신발의 브
랜드 네임이기도 하다. 이 후자가 전자로부터 유래되었다면, 과연
전자는 누구와 무엇으로부터 유래되었을까? 윌리엄과 메리 모리스
William and Mary Morris의 『단어 및 구 기원 사전』Dictionary of Word and Phrase
Origins에 따르면 남북전쟁 이후 재건 시대에, 루이지애나 남부의 케
이준 사람들은 머드퍼피(mud puppy)라는 일종의 도룡뇽을 옥수수

가루에 묻혀서 튀겨 먹곤 했다고 한다. 도룡뇽을 먹는 것은 사회에서 저속한 일에 속했으므로, 그들은 그 사실에 대해 계속 함구(hush)했다는 것이다.

좀 더 널리 받아들여진 이야기로는 낚시꾼들이 그들의 사냥개(하운드)를 조용히 하게 하기 위해 물고기를 튀긴 기름에서 튀겨낸 도넛 조각을 던져주었다는 데서 "조용히 해라, 강아지야! Hush, puppies!"가 나왔다는 것이다. 어떤 이야기는 그 단어의 기원을 한 남북전쟁 군인에게 연결시키기도 한다. 어떤 경우이든, 이 새 신발 회사의 초기 영업부장은 스웨이드 가죽으로 된 신발들을 들고 테네시 지방을 여행하고 있었다. 그는 친구의 집에서 하룻밤을 머물면서 저녁식사로 기름에 튀겨낸 메기와 허시 퍼피스를 먹었다. 허시 퍼피스라는 이름이 어떻게 해서 나온 이름인지 그가 묻자, 친구는 농부들이 개가 짖는 것을 조용히 하게 하기 위해 그 음식을 사용한다고 말했다. 울부짖는 개(Barking dog)는 또한 아픈 발을 뜻하는 속어이기도 했다. 그러므로 아픈 발을 달래주는 편안한 신발을 허시 퍼피스라고 부르는 것은 자연스러운 연결인 듯 보였다. 그 회사의 박스는 여전히 바셋 하운드견의 로고를 지니고 있다.

이번에 할 이야기도 깊숙한 남부에서 일어난 것으로, 시대는 1940년대 초반의 일이다. 하드 리쿼(hard liquor) 바텐더였던 두 형제 앨리^Ally와 바니 하트만^Barney Hartman은 자신들을 위해 레몬 음료수를 만들고는 우스갯소리로 그것을 테네시 마운틴의 달빛을 뜻하는 속어를 따라 마운틴 듀^Mountain Dew라고 불렀다. 1946년 그들은 자신들의 믹서 병에 한 남부 출신 남자가 총을 든 모습을 담은 종이 라벨을 붙이고 그

병을 들고 테네시 개틀린버그 전시회에 참석하였다. 친구들은 그들에게 이 음료가 장사가 되는 음료라고 설득했다. 나머지 이야기는 싸구려 병 수집가의 역사이다.

팝콘과 땅콩을 섞는 것은 1870년대부터 등장하였다. 그러나 그때는 이것을 나무 상자에 담아 대량으로 배에 실어 날랐기 때문에 물건이 가게에 도착할 때쯤이면 거대한 덩어리로 뭉쳐져 있기 마련이었다. 1890년쯤 되면, 이 문제는 새로운 설탕-코팅 가공처리를 통해 해결된다. 영업사원은 이 새로운 제품의 맛을 보고는 "크래커잭이다!(That's crackerjack!)"라고 외쳤다. 우리가 살펴보았듯이, 이 용어는 뭔가 훌륭하고 놀라운 것을 뜻하는 비공식적인 표현이다. 이제 그 단어는 옛말이 되었지만, 크래커 잭^{Cracker Jack}이라는 크런치 이름은 계속해서 살아있다.

콘코드^{Concord}처럼 매우 일반적인 단어는 사람이나 집단 사이의 합의 혹은 조화라는 그 단어의 의미 때문에 영원한 애호대상이 된다. 2003년 10월 매끈하고 코가 뾰족한 초음속 비행기인 콘코드^{Concorde}는 마지막 승객탑승 비행을 위해 이륙한다. 이 비행기의 이름은 그것을 개발한 영국과 프랑스 간의 제휴를 나타내는데, 비록 유명인과 부자들을 위한 이 최고의 상징물은 떠나갔지만, 콘코드^{Concord}라는 단어는 철제 말편자에서부터 시작하여 보냉 물고기 컨테이너, 요트 임대계약서에 이르기까지 모든 것에 사용되고 있다. 당신이 주변 환경과 조화를 이루고 있는 어느 하루를 상상해보도록 하자. 당신은 "미래를 만나는 도시"라는 뜻으로 회사명을 지은 콘코드 홈스^{Concord Homes} 사의 주택에서 잠을 깬다. 당신은 콘코드 전등장치를 켜고, 콘코드 로열 마리너^{Concord Royal Mariner} 손목시계를 차며, (프랑스의 스포롭틱 푸이요^{Sporoptic Pouilloux} 사에서 나온) 콘코드 선글래스를 주머니에 집어넣는다. 아래층으로 내려와 당신은 천장에 장착된 콘코드 선풍기를 켜고 콘코드 스테인리스 철제 접시에 담긴 아침을 먹는 동안 콘코드 오디오를 듣는다. 지하실로 내려가 보면, 당신의 목공 취미를 위해 (홈 퍼니싱Home Furnishings Corp. 사에서 만든) 콘코드 접이식 테이블이 설치되어 있고 물론 콘코드 접착제도 사용할 수 있다. 차고에서 도로까지의 진입로에서는 (존 배저 & 선스John Badger & Sons 사의) 콘코드 꽃씨에서 피어난 꽃들을 감상할 수 있고, 당신은 당신의 자녀 중 한 명이 콘코드 호블Concord Hobble 사의 포석에 세워놓고 떠나간 콘코드 세발자전거를 옆으로 치운다. 그것은 당신의 세단에 놓인 콘코드 어린이 좌석을 확인하도록 환기시킨다. 당신은 콘코드 골프채를 (크라이슬러Chryler에서 나온) 콘코드 세단 트렁크에 집어넣고, 콘코드 휠캡과 장식 링을 뽑내며 콘코드 러버Concorde Rubber Co. 사의 타이어가 달린 콘코드 차를 몰고 나간다. 사무실에서는 콘코드 생명보험의 납입액을 늘릴 것인가를 고민해보고, 콘코드 금융회사Concorde Financial Group와 콘코드 트러스트Concord Trust의 부동산 재테크 컨설턴트가 준 투자 정보를 따져본다. 당신은 심지어 콘코드 인더스트리스Concord Industries에서 만든 깃대 위로 몇 가지 아이디어를 떠올려 본다. 이후, 콘코드 디너 양초로 장식된 레스토랑에서 콘코드 익스프레스의 트럭을 통해 콘코드 하우스 레스토랑으로 배달된 것이 틀림없을 콘코드 푸드 식품들로 훌륭한 저녁식사를 즐긴다. 집으로 돌아오는 길에 차 안에서 당신은 (필립 모리스Philip Morris 사에서 나온) 콘코드 담배를 피우고 난 후 (온타리오의 콘코드 컨펙션스Concord Confections에서 나온) 콘코드 추잉껌으로 담배 맛을 없앤다. 이들이 건강상에 미칠 어떤 장기적인 효과도 콘코드 래버러토리스Concord Laboratories에서 나온 의학 검진 세트와 함께 다뤄질 것이다. 그러나 어찌됐든 당신은 콘코드 관에 묻혀 최후를 마감할 것이라 생각한다.

콘코드Concorde와 같은 이름은 꽤 직설적인 편이다. 그러나 회사나 제품과 직접적 관련이 없는 듯 보이는 자의적 브랜드 네임들은 암시적 의미를 더 멀리까지 확장해 나간다. 자바Java는 전통적으로 자동차명으로 여겨져 왔던 콜트Colt와 다트Dart, 바라쿠다Barracuda 등과 함께 컴퓨터 프로그래밍 언어를 뜻하는 일반적인 이름이 아니었다. 그러나 이 이름들의 지칭 대상이 동요하는 것처럼 보인다고 해서 이 이름들의 기능이나 의미도 사라지는 것은 아니다. 인간의 귀는 일련의 의미 없는 음절이라도 그것을 해독하기 위해 최선을 다할 것이고 인간의 눈은 잉크 자국도 뭔가 알아볼 수 있는 것으로 바꾸려 노력할 것이다. 인간의 마음은 항상 연결고리를 만들어내려 하기 때문에 애로Arrow 셔츠와 (셔츠의 칼라가 화살 모양인가?) 고디바Godiva 초콜릿 (말에서 알몸으로 먹을 때 가장 맛있을까?*)으로부터 의미를 만들어내려고 노력한다. 심술에 있어서라면 두 프랑스 와인 올드 파트Old Fart(성질 나쁜 노인을 뜻하는 숙어 — 옮긴이)와 팻 배스터드Fat Bastard를 따라올 자가 없는데, 이 중 후자는 우아한 라벨 활자 타이핑과 함께 이 신호를 보내온다. 제너럴 모터스General Motors 내에서 한 프로젝트를 뜻하는 임의적 암호명이던 새턴Saturn은 결국 그 자동차의 브랜드 네임이 되었다.

너무나 자의적으로 보이는 이름들 중에는 뜻밖에도 문자 그대로의 의미인 경우도 있다. 스태포드셔 주에 있는 불 & 스펙터클스Bull &

---

* 고디바 부인은 11세기 영국 코벤트리 지방의 리오프릭Leofric 영주의 아내로서 주민을 과도한 세금에서 해방시키기 위해 남편의 요구에 따라 거리를 알몸으로 백마를 타고 다녔다고 한다. 이 소식을 들은 주민들은 그녀에게 감동하여 모두 창에 커튼을 치고 그녀를 보지 않기로 하고 그 날 일어난 일은 비밀에 부치기로 약속했다고 한다. — 옮긴이

Spectacles라는 술집은 원래 불스 헤드Bulls Head로 불리다가 어느 날 어떤 만취한 남자가 술집 건물을 기어 올라가 안경을 황소 간판 머리 위에 두고 내려온 이후 지어지게 된 이름이라고 한다. 요크 지방의 콰이엇 우먼The Quiet Woman은 한 여자가 자신의 절단된 머리를 들고 다니는 모습을 보여주는 간판을 달고 있다. 오늘날 자의적으로 보이는 다른 영국 술집 이름들로는 엔트위슬의 스트로베리 덕The Strawberry Duck, 램스게이트의 덩키 온 파이어Donkey on Fire, 캣 & 머스타드 폿The Cat & Mustard Pot이라 불리던 패들스워스의 캣 & 커스타드 폿Cat & Custard Pot 등이 있다.

어떤 이름들은 유명한 TV 시리즈나 영화, 또는 책 등을 암시하기도 한다. 사용자가 직접 질문들을 입력하여 검색하는 웹 검색 엔진 애스크 지브스Ask Jeeves는 우드하우스P. G. Woodhouse의 유쾌한 소설에 등장하는 버틸 우스터Bertile Wooster의 전지전능한 집사 이름을 따라 지어진 이름이다. 인기 있는 요리 프로그램인 〈투 팻 레이디스〉Two Fat Ladies는 토론토의 투 스키니 가이스Two Skinny Guys라는 출장연회업체의 모태가 되었다. 시애틀에 위치한 커피하우스 체인점의 이름은 허만 멜빌Herman Melville의 19세기 명작 소설 『모비딕』Moby Dick에 나오는 피쿼드Pequod호의 일등항해사이자 카페인 중독자인 스타벅스Starbucks라는 인물에 경의를 표하여 만들어졌다. 수백만의 유도라Eudora 이메일 프로그램 사용자들이나 적어도 미국 단편 명작에 친숙하지 않은 사람들이라면 이 프로그램의 발명가인 스티브 도너Steve Dorner가 유도라 웰티Eudora Welty(여성 소설가의 이름 — 옮긴이)를 따라 그 이름을 지었다는 것을 짐작하기 어려웠을 것이다. 웰티의 가장 훌륭한 단편 중 하나는 『내가 P.O.에 사는 이유』Why I Live at the P.O.였다. 문학적 심성을 가진 이들은 웹사이트 Yahoo!가 조나단 스위프

트의 『걸리버 여행기』에 나오는 난폭한 사람 모습의 짐승들을 지칭
하거나 또는 그것의 부차적 의미인 "무례하고 시끄럽고 난폭한 사
람"을 뜻하는 것으로 생각할 수도 있을 것이다. 혹은 1970년대에 최
초로 기록된 기쁨과 흥분의 탄성
"Yahoo!"를 나타낸다고 생각할 수도 있
을 것이다. 그러나 그들은 모두 틀렸다.

제리 양Jerry Yang과 데이비드 필로David Filo
는 1994년 스탠포드 대학교 논문 프로젝트로 그 포털 사이트를 만
들었는데, 처음에는 그것을 David and Jerry's Guide to the World
Wide Web이라고 불렀다. 그러나 이 보기 흉한 타이틀이 불만족스
러웠던 그들은 "또 하나가 더 있는"(yet another)을 뜻하는 보편적
컴퓨터 두음자어인 "ya"로 시작되는 단어들을 사전에서 뒤적였다.
필로는 어렸을 때 그의 아버지가 그를 "Little Yahoo"라고 부르곤
했기 때문에 야후yahoo라는 단어에서 멈추고는 움직이지 못했다.

　사실 어떤 브랜드들은 그 기원이 너무 모호해서 자의적인 이름처
럼 들리기도 한다. 어떻게 최초의 가정용 세척제가 "파슬리"라는 뜻
의 불어 "페르실"Persil로 불리게 되었을까? 여기에는 적어도 두 가지
이유가 있다. 파슬리는 1907년 한 프랑스인이 표백제와 비누를 합
성하여 만든 제품의 트레이드마크였다. 그러나 그 이름은 또한 그
세척파우더의 두 성분인 과붕산염(perborate)과 규산염(silicate)으로
부터 유래되었을 수도 있다. 매사추세츠의 한 쿠키 회사는 쿠키 반
죽과 잼을 포장할 수 있는 새 기계를 신설하였는데, 그 회사가 시도
한 최초의 잼은 무화과로부터 만들어졌다고 한다. 그리고 제품명을
마을의 이름을 따라 지어야 한다는 회사정책에 따라 뉴턴Newton이라
는 이름이 영광을 차지하게 되었다고 한다. 그렇게 하여 피그 뉴턴

Fig Newton이 탄생하게 된 것이다.

자의적 브랜드 네임들 중 최고의 과일애호가는 물론 애플^{Apple} 사일 것이다. 스티브 잡스^{Steve Jobs}는 과수원을 방문한 뒤 사과가 완벽한 과일이라는 결론을 내렸다. 그는 자신의 회사도 완벽하기를 원했다. 애플 사는 다른 컴퓨터 제조업체들과 달리 그 과일처럼 신선하고 단순하다고 선전했다. 사과가 의사와 멀어지게 한다는 속담을 환기시키는 것 외에도, 그 이름은 매킨토시^{Macintosh}처럼 이후 제품들의 테마를 정해주었다. 그것은 심지어 매킨토시의 데이터베이스 프로그램을 뜻하는 암시적 브랜드명인 애플+오렌지(Apples +Oranges)로 이어지기도 했다.

4

조어적 브랜드 네임

새로운 단어들의 탄생

19 01년, 『ABC 만국상업전신부호』^{ABC Universal Commercial Telegraphic} ^{Code}의 5번째 판본을 발행하기 위해 세상에 존재하지 않을 것 같은 이름인 "W. Clausen-Thue, F.R.G.S."가 "매우 많은 친구들의 요청"에 의해 "탄생"하였다. 이 책은 영어나 그 외 다른 어떤 나라의 사전에도 나올 것 같지 않은 103,084개의 암호(code word)를 담고 있다. 이 암호들은 — 단어라기보다는 이름으로 생각되어도 좋은데 — 전보로 보내고자 하는 내용을 간결하게 표현하기 위해 사용되었다. 이 특별한 참고문헌에서 Calaison은 "사장이 회사를 다른 회사에게로 넘겼음"을 의미했다. 왠지 불길해 보이는 Mascalcia는 "어떤 사람이 어제 살해당했고 살인자(들)은 도주함. 단서 없음"을 뜻했다. Weinkopf는 "매우 혹독한 날씨를 만남. 배가 침수당했고 갑판은 쓸려갔으며 갑판 승강구가 부서져 화물에 큰 손상을 입음"이라는 뜻이었다. 함부르크에서 브라질까지 가는 운송 및 용적 무게 조건을 보여주고자 한다면 Aguerrido라는 암호가 그 키워드였다.

Apulgar는 "송아지 4마리가 끄는 마구"이고 Aparas는 침구류 제조 설비였다. Autogene은 영국 헐 지방의 로열 요크셔 요트 클럽Royal Yorkshire Yacht Club을 의미했고 Beurziger는 케이프타운 항구를 뜻했다. Biothea는 뉴턴의 피핀종 사과를 의미했고 5천4백 톤의 피핀종 사과를 표현하고 싶다면 Coerenza라는 단어를 추가하면 된다. 벵갈 바라군다 코퍼Bengal Baragunda Copper 사의 우선주를 주문하고 싶은가? 그렇다면 Cramadis라는 단어를 사용하면 된다. 그러나 인스 오브 코트 호텔Inns of Court Hotel의 보통주를 뜻하는 Dichinava가 더 좋은 결과를 나았을 것이다.

상업 및 운송 전 분야의 거래를 다룬 『ABC 만국상업전신부호』는 당대 네이밍에 있어 최고 역작이었다. 하지만 오늘날 그것은 단어의 철자를 바꾸어 점잖은 말이든 그렇지 못한 말이든 무작위로 뽑아낼 수 있는 소프트웨어 프로그램에 의해서도 복제될 수 있다. 이것은 당연한 일이기도 한데, 조어적 네임은 지난 수십 년간 네이밍 산업에서 가장 중요한 성장 영역이었기 때문이다.

조어적 브랜드 네임은 서술적이거나 암시적 또는 자의적 네임처럼 보일 수도 있지만 그 네임들에는 한 가지 공통점이 있다. 즉, 조어적 브랜드 네임은 만들어진 이름이라는 것이다. 타이레놀Tylenol은 신조어이다. 테플론Teflon, 엑손Exxon, 펩시Pepsi도 마찬가지다. 조어적 네임은 법적으로 상당한 유리함을 제공하는 반면 이와 동시에 상당한 마케팅적 부담을 제공하기도 한다. 마케팅을 통해 브랜드를 친숙하게 만들기 전까지 그것들은 의미가 없는 것처럼 보이기 때문이다. 신조어는 처음 소개되었을 때 종종 잘못 발음되기도 하는데 이는 보통 시간이 지나고 (이름의) 노출이 늘어남에 따라 고쳐진다. 그러나 새로운 아이디어를 나타내는 혁신적인 제품이나 회사와 결합되었을 경우 이 새 브랜드 네임들은 그 업계 전체와 거의 동의어가 되기도 한다. 클리넥스Kleenex나 제록스Xerox, 스판덱스Spandex가 그런 경우들이다. 신조어는 좀 더 국제적이기도 하다. 마이크로소프트Microsoft 사의 윈도즈Windows나 라이트 가드Right Guard의 제품명은 영어권 사용자들에게 가장 효과를 발휘하겠지만, 아큐라Acura의 Acu-라는 어근은 많은 언어에서 이해될 수 있다.

조어적 브랜드 네임은 그 복잡함에 따라 4단계로 나눠볼 수 있다.

첫 번째 단계의 조어적 네임들은 시티그룹Citigroup이나 아쿠아프레시Aquafresh처럼 두 개 혹은 그 이상의 쉬운 단어들을 단순히 결합하는 이름들이다. 문맥에 따라 많이 달라지긴 하지만, 긍정적인(또는 적어도 부정적이지는 않은 중립적인) 의미를 지니는 단음절 단어들은 대략 1천3백 개 정도 된다. 죽음(Death)보다는 삶(Life)이, 먼지(Dirt)보다는 윤기(Shine)가, 어둠(Dark)보다는 밝음(Light)이 더 긍정적이라 할 수 있을 것이다. 그런 단어를 가령 P에서 찾아보자면 다음과 같은 것들이 있다,

Pack	Pen	Pool
Pact	Pick	Port
Page	Pitch	Press
Par	Place	Prime
Park	Plan	Prince
Part	Plant	Print
Pass	Play	Prompt
Path	Please	Proof
Peace	Plot	Proud

Peach	Plus	Pulse
Peak	Point	Pure
Peer		

이런 단음절 단어들이 단독으로 브랜드 네임을 이루는 경우가 많은 것은 전혀 우연이 아니다. 특히 세제에서 이 경향은 두드러지는데 에임Aim, 밴Ban, 치어Cheer, 크레스트Crest, 글라이드Glide, 조이Joy, 플레지Pledge, 레이드Raid, 선Sun, 그리고 타이드Tide

등이 그런 이름들이다. 이 일반 단어들은 혼자 있어도 효과가 뛰어나지만 다른 것과 결합하여 더 강력해지기도 한다. 인터넷 기업들에게 이메일과 라이브 채팅 서비스를 제공하는 애틀랜틱 던컨스 인터내셔널Atlantic Duncans International(ADI)의 새 이름인 팻스플래시FatSplash처럼 단음절어들의 놀라운 결합은 즉각적으로 기억되고 인식되는 흥미로운 브랜드 네임을 만들 수 있다.

현존하는 많은 단어들이 단음절 복합어로 이루어져 있고 여기서부터 그레이하운드Greyhound나 플레이보이Playboy 등이 나왔다. 이런 신조어들은 셀 수 없이 많은데, 몇 가지 예로 베이크-오프Bake-Off, 밴드-에이드Band-Aid, 브리지스톤Bridgestone, 어스그레인스Earthgrains, 팝-타트Pop-Tart, 그리고 싱크패드ThinkPad 등이 있다. 프루트Froot, 글로Glo, 키스트Kist, 클린Kleen, 그리고 트랙Trak(가령 싱가포르의 타이어 제품 포털 사이트인 마인드트랙Mindtrak이나 미국 정부보조의 시외 고속철도회사인 암트랙Amtrak에서처럼) 등은 쉽게 이해할 수 있는 음성적 리스펠링(respelling)들로서 복합어로 된 브랜드 네임에서 자주 찾아볼 수 있다. 목록을 더 확장하여 두 음절의 단어들까지 포함시키면, (익스프레스Express처럼) 맞춤법에 맞는 단어들 뿐 아니라 (핸디Handi처럼) 새로 철자를 고친 단어들은 물론, E-Z처럼 그냥 글자들로 된 복합어에 이르기까지 가능한 조합의 수는 기하급수적으로 늘어난다.

두 번째 단계에 속하는 조어적 브랜드 네임들은 우리가 알고 있는 단어를 변형한 형태이다. 휴마나Humana, 컴팩Compaq, 시만텍Symantec과 같은 회사명들이 그 예들이다. 티파니 & 코퍼레이션Tiffany & Co. 사는 그들의 향수 이름인 트루이스트Trueste에 변형을 가하였다. 흔히 사용되는 진통제인 앨리브Aleve도 또 하나의 성공적인 변형의 경우이다.

1996년, 두 젊은 스탠포드 대학생인 래리 페이지Larry Page와 서지 브린Sergey Brin은 백럽BackRub이라는 검색 엔진을 발명해내는데 그것은 "백라인"back lines(웹사이트를 가리키는 링크)을 찾아내는 그 검색엔진의 능력에 따라 지어진 이름이다. 이 학생 프로젝트는 결국 1998년에 이르면 제1의 온라인 검색 엔진인 구글Google이 된다. 그 이름은 "구골"googol을 변형한 것인데 미국의 수학자인 에드워드 카스너Edward Kasner의 9살짜리 조카가 (1 뒤에) 공이 100개가 따라오는 꽤 큰 숫자를 지칭하기 위해 만들어낸 단어이다. 그러나 구글의 사용자들은 검색 결과로 나타나는 히트 숫자에 눈이 게슴츠레해지는 현상 (glazed)에 비추어 생각해보며, 구글이라는 이름이 사실은 "게-슴-츠-레-한 눈"(goo-goo-goo-ga-ly eye)을 가진 캐릭터인 바니 구글 Barney Google을 지칭하는 것이라 생각한다 하더라도 용서받을 수 있을 것이다.

세 번째 단계의 조어적 브랜드 네임들은 외래어거나 혹자는 알아볼지도 모를 고전 그리스어 또는 라틴어에서 온 단어들이다. 다이아몬드를 뜻하는 스페인어에서 유래한 디아망테Diamante는 미쓰비시Mitsubishi의 고급 자동차명이다. 다른 자동차명으로 볼라레Volare와 몬테로Montero도 있다. 아우디Audi는 아반티시모Avantissimo("가장 선두에 선"이란 뜻의 이탈리아어)라는 차량을 가지고 있다. 뷰익Buick은 시엘로Cielo("하늘"이라는 뜻의 스페인어)를 제조한다. 좋은 이름은 원어민이나 그 언어를 많이 공부한 사람들만 알아볼 수 있는 외국어 단어나 구절에서 올 수도 있다. 디아망테의 기원은 상당히 명백하지만, 어떤 이름들의 기원은 더 모호하다. 미쓰비시 자동차회사의 심벌은 세 개의 다이아몬드인데 미쓰비시의 의미가 바로 "세 개의 다이아몬드"이다. (그러나 미쓰비시는 1870년 운송회사로 처음 시작되었다.) 유명한 영국의 통밀(whole-wheat) 빵(영국에서는 이를 "정백하지 않은 밀가루 빵"이라 부른다)인 호비스Hovis의 기원도 마찬가지로 과거의 베일에 쌓여 있다. 그것은 1887년에 스미스 특허 발효빵Smith's Patent Germ Bread으로 시작하였으나 3년 후 새 이름으로 "인간의 힘"을 뜻하는 라틴어인 호미니스 비스hominis vis를 채택하였다. 오레오Oreo는 "둔덕이나 언덕"을 뜻한 그리스어(그 과자의 초기 버전은 납작한 것이 아니라 둔덕과 같은 모양이었다고 한다.)에서 나왔다. 외국어처럼 보이는 단어가 사실은 허구일 수도 있다. 스칸디나비아어처럼 보이는 하겐 다즈Häagen-Daz가 그런 경우이다. 브롱스에서 자랐고 펜실베이니아에 회사를 둔 루빈 매터스Reuben Mattus가 이 하겐 다즈란 이름을 만들어냈는데 왜냐하면 그는 자신의 아이스크림 브랜드가 이국적인 발음이 나길 원했기 때문이다.

마지막으로 네 번째 단계에 속하는 조어적 브랜드 네임들은 기원이나 어족들을 즉각적으로 발견할 수 없는 것들이다. 극단적인 예로 앨란트Allante(캐딜락), 아미라지Amirage(향수), 조스트릭스Zostrix(진통제

크림) 등이 있다. 이 유형의 이름들은 그 형태와 의미를 만드는데 있어 접사(접두사 및 접미사)에 강하게 의존한다. 이러한 접사들은 맥스웰Maxell(이나 혹은 불행한 운명의 베타맥스Betamax)의 Max- 혹은 -max가 "더"(more)라는 의미를 가지듯이 명백하고 단순한 연상 작용을 일으킨다. 그러나 또한 좀 더 모호할 수도 있다. 음료수인 프루토피아Fruitopia나 패랄론 커뮤니케이션즈Farallon Communications의 초고속 라우터와 모뎀명에서 처음 개발된 상표명인 넷토피아Netopia에서의 -opia가 그런 경우이다. 가령 a-와 -a에는 적어도 10개의 다른 의미가 있다. a가 가지는 의미의 유연성을 고려해볼 때 a-와 -a가 아킬디아Akildia, 알마플레나Almaplena, 아스티아Astia, 아젠타Azenta 등 현재와 과거의 수많은 브랜드 네임에 등장하는 것은 전혀 놀라운 일이 아닐 것이다. 만약 네이밍을 어린이용 TV 시리즈인 〈세서미 스트리트〉Sesame Street에 비유한다면, 많은 성공적인 이름들이 "A라는 글자와 함께 시청자들에게 제공되었다"고 말할 수 있을 것이다.

조어적 브랜드 네임은 그 뜻이 일부 해독 가능하기도 하지만, 일반적으로 그 핵심 의미는 반들거리는 껍질 안에 숨어있는 경우가 많다. 듀퐁DuPont 사의 테플론Teflon과 콜게이트Colgate 사의 가돌Gardol, 크레스트Crest 사의 플로리스탄Floristan과 마찬가지로 월풀whirlpool 욕조와 샤워 벽을 만드는 아쿠아글래스Aqua Glass 사는 제품에 "기적"의 성분이라는 느낌과 스타일을 주기 위해 세리디안Ceridian이라고 이름을 지었다. cer-는 제품의 성분 중 하나인 세라믹ceramic으로부터 나왔는데 화학 원소명을 암시한다. 비슷한 방식으로 인텔Intel의 컴퓨터 칩 펜티엄Pentium은 "다섯"을 뜻하는 그리스어와 우라늄이나 티타늄처럼 원소 주기율표에 등장하는 원소들에 흔히 붙이는 접미사를 합성하였다. (이전의 인텔 칩들은 286, 386, 486이었다. 586이 될 뻔한 칩에 인텔은 기억하기 쉽고 상표성이 뛰어난 이름을 짓는 현명한 선택을 내린 것이다.) 인텔의 셀러론^{Celeron} 칩은 숫자들과 결별하고 "accelerate"(속도가 빨라지다)의 Cele-를 사용하여 그것이 얼마나 빠른지를 암시하였다. 펩소던트^{Pepsodent}는 절반은 그리스어이고 절반은 라틴어인데 기본의미는 "치아 소화"(tooth-digestion)이다. 여러 전화회사가 합병하여 생긴 버라이즌^{Verizon}은 라틴어의 베리타스^{veritas}("진실"이라는 뜻)와 "호라이즌"^{horizon}(수평선)을 합성하여 만든 이름이다.

접미사는 종종 친족적 유사성을 가진다. -in과 -ine이라는 접미사는 의약품과 화학물질에 빈번히 사용되는데 아나신^{Anacin}, 버퍼린^{Bufferin}, 리스터린^{Listerine}이 그런 경우이다. 여성형 접미사인 -elle은 이름에 우아함과 부드러움을 더해 준다. (트리엘^{Trielle}, 카트넬^{Cottonelle} 등) 듀퐁^{Dupont}은 "강함"을 뜻하는 별로 알려지지 않은 단어 coriaceous에서 출발하여 cor-를 남겨두고 ("- 의 특성을 가지고 있는"이라는 뜻의) -ian이란 접미사를 붙여 코리안^{Corian}이라는 이름을 만들었다. ("닮은" 혹은 "-의 형태를 가지고 있는"이란 뜻의) -oid란 접미사는 폴라로이드^{Polaroid}에 등장하고, -ex는 "뛰어남"을 함의하는데 이름에 명성을 더해준다. (롤렉스^{Rolex}, 클리넥스^{Kleenex}, 플레이텍스^{Playtex} 등을 보라.) 휴렛-팩커드^{Hewlett-Packard} 사를 위해 랜도 어소시에이츠^{Landor Associates} 사에서는 agile(민첩한)이라는 형용사에 -ent("행동하거나 수행하는 사람")라는 접미사를 붙여 아질런트 테크놀로지스^{Agilent Technologies}라는 이름을 탄생시켰다. (랜도 사는 -ent라는 접미사를 좋아한다. 그들은 루슨트^{Lucent}와 비엔나에 위치한 통신회사 텔레전트^{Telegent}, 그리고 건강관리회사 에센트^{Essent} 등의 이름을 만들어냈다.)

일부 접미사들은 특정 시대나 중요한 기술상의 전환기를 표시하기도 한다. 1900년대 초기의 많은 자동차 회사들이 성(姓)에 –motor 혹은 -motors를 첨가하였듯이, 1960년대 우주 경쟁시대에는 많은 회사들이 -tron을 선호했다. Compu-는 1990년대에 인기를 얻은 접두사이다. 이 접두사는 진공청소기 브랜드인 컴퓨 백Compu Vac이나, 말(馬)의 판매자와 구매자를 연결시켜주는 전화서비스인 컴퓨호스CompuHorse, 그리고 정형외과용 쿠션의자인 컴퓨 쿠시Compu-Cush 등 컴퓨터와 다소 거리가 있는 제품들에서도 인기를 얻었다.

순수 신조어는 의약품 산업에서 거의 필수적이다. 감기약 니퀼Nyquil은 (night의 철자를 재조정한) ny-와 (tranquil에서 나온) -quil이라는 단어 조각을 결합하여 주조되었다. 아메리칸 홈 프로덕츠American Home Products의 어린이용 폐렴알균 백신인 프레브나Prevnar는 prevention(예방)이라는 개념을 함의하도록 의도되었다. 쉐링-플라우Schering-Plough 사의 알레르기 치료제 클라리넥스Clarinex는 이미 성공을 거둔 약의 브랜드를 다음 세대에게도 계속 유지시킨 경우인데, 즉 그것은 이제 카운터에서 판매되는 클라리틴Claritin의 후속명인 것이다. 또 제조사와 직접적으로 연결된 브랜드 네임들도 있다. 암젠Amgen 사는 자신의 회사명에 있는 -gen을 뉴퍼젠Neupogen과 에포젠Epogen 등의 제품에도 사용하였다.

이 의약품들은 새로운 약일지는 몰라도, 이런 네이밍 전략은 전혀 참신한 것이 아니다. 1860년대에 이미 아마(포)와 오일(이들은 라틴어로 각각 linum과 oleum이다)로 만들어진 싸고 오래가는 바닥마감재의 이름이 리놀리움Linoleum이라 붙여진 바 있다. 그들의 후손들로 재치 있는 사운드를 지닌 노텔Nortel, 텔레젠트Telegent, 네비건트Navigant, 네비스타Navistar 등이 있다. 스페리Sperry 사와 버로즈Burroughs

사가 합병하여 만들어진 컴퓨터 서비스 회사의 사장은 유나이티드 인포메이션 시스템United Information Systems이나 혹은 그 이니셜인 UIS가 맘에 들었으나 결국 유니시스Unisys로 낙점을 하였다. 일부 조어적 네임들이 주요 재료에 집중하듯, 여기서는 "시스템"Systems이 핵심적 요소였다. 펩시Pepsi라는 이름은 그 설탕물로부터 원기(pep)를 얻는 것과 아무런 관계가 없고, 대신 위장에서 단백질을 분해함으로써 소화를 도와주는 효소인 펩신pepsin이라는 단어에서 유래하였다. 옥시돌Oxydol(이 제품은 자신의 라디오드라마 스폰서 활동을 통해 "soap opera"라는 용어를 만들어냈다.)은 그 표백력을 강조하기 위해 oxygen(산소)과의 연관성을 부각시켰다.

조어적 네임은 완전히 새로워 보이는 이름들일지라도, 단어 조각을 이해하려는 듣는 이의 무의식적 능력과, 그 새로운 의미를 새 이름에 연결시키려는 그들의 능력에 의존한다. 똑똑한 네이머들은 단지 충분할 만큼의 단어 조각들만 선택하여 좋은 느낌을 만들어냄으로써, 다른 사람들에게 그 제품의 특성과 이름을 연관시킬 공간을 남겨둔다.

제2부

브랜드 네이밍

그리고 당신의 이름을 불러대어 산울림을 일으키고,

재잘거리는 공기를 통하여 소리 지르게 하겠습니다.

— 셰익스피어, 『십이야』, 1막 5장

브레인웨이브와 브레인스토밍

뇌에 대해 생각해보자. (그러기 위해선 뇌를 사용해야 한다는 점에 주목하자.) 이러한 노력은 인간의 뇌가 매우 활발히 움직이는 약 천억 개의 신경세포를 가지고 있다는 사실로 인해 수월해진다. 우리가 곧잘 뇌세포를 파괴한다는 사실을 고려하더라도, 이 뇌세포들은 기본적인 사고를 다루는 데 충분할 뿐 아니라 오히려 넘친다.

뇌의 85퍼센트를 차지하는 주름이 많고 복잡하게 얽혀있는 둥근 지붕 모양의 대뇌는 문자 그대로의 의미에서는 물론 비유적인 의미에서도 회백질(또는 회색 물질, gray matter)로 되어있는데 대뇌는 다시 왼쪽 반구와 오른쪽 반구로 나뉜다. 좌뇌는 활자 및 음성언어와 추론 활동, 과학적 방법의 이해, 오른손의 사용을 지배한다. 반면 우뇌는 다른 임무를 맡는다. 그것은 왼손을 담당하지만 또한 통찰력과 상상 작용, 3차원적 형태의 지각, 그리고 음악 및 시각예술에 대한 인지 등과 깊이 관련되어 있다. 이 반구들의 분열은 비판성과 창조성 사이의 분열을 뜻한다. 그러나 오른손잡이라 할지라도 우뇌의 영향을 과소평가해서는 안 된다.

지식 관리 회사인 펀더스탠딩^{Funderstanding} 사는 사고 유형의 차이를 나타내기 위해 다음의 표를 제시한다.

좌뇌	우뇌
논리적	무작위적
연속적	직관적
합리적	전체적
분석적	종합적
객관적	주관적
부분에 주목함	전체에 주목함

우뇌 발달형이든 좌뇌 발달형이든 우리는 뇌가 가지고 있는 잠재력의 극히 일부분만을 이용할 뿐이다. 이것은 완벽하게 이해할 수 있는 일이다. 뇌는 너무나 많은 일상적인 일을 하고 있고 (열쇠를 어디에 두었는지 기억하고, 넘어지지 않게 보호해주며, 24 Down이 과연 무엇을 의미하는지 추론하는 등) 그렇게 하기 위해서는 기존 양식과 일상적 틀에 의존해야 한다. 그러나 이것은 효율성 면에선 이익일지 모르지만 효과성 면에선 손해를 의미할 수도 있는데 여기서 말하는 효과성이란 창조성을 의미한다.

창조성은 기존 양식을 뒤흔드는 것과 기회에 대해 개방적인 것에서 나온다. 기회는 두려움의 대상이 아니라 환영의 대상이다. 창조성은 자유분방한 연상과 이성적 조합을 창의적으로 결합한다. 네이밍이라는 일과 놀이는 좌우 뇌 기능에 모두 연관되어 있으며, 강한 창의적 감각이 핵심이다. 자유로운 놀이와 잘 통제된 일을 모두 활용하게 해주는 유용한 훈련법들이 고안되어 나와 있다. 그 중 한 가지는 소규모 그룹을 모아 좌뇌형(이성적) 사고 집단과 우뇌형(직관적) 사고 집단으로 나눈 다음, 좌뇌형 집단에게는 실용적이고 관습적인 이름을 만들어 오라고 지시하고, 우뇌형 집단에게는 틀에 박히지 않은 자유분방한 이름을 지어오라고 지시한다. 그런 다음 두 집단의 성원들과 그들이 만들어낸 이름들을 모이게 한 후 이름들을 무작위로 연결시킨다.

신선하고 결합적인 사고를 창출할 수 있는 다른 훈련 방법도 있다. 일단 사람들을 성별, 직업경험, 회사에서 부서가 맡는 책임, 지리적 출신, 또는 교육 수준 등에 따라 나눈다. 한 그룹에게는 자유연상을 통해 형용사와 동사 목록을 만들어오라고 지시하고 다른 그룹에게는 이름을 지어야 할 제품이나 서비스의 특징을 나타내는 명사 목록을 만들어 오라고 지시한다. 그런 후 첫 번째 목록에서 무작위로 아무 단어나 선택하고 이를 두 번째 목록에서 뽑은 단어와 결합시킨다.

이 모든 훈련들의 목적은 미리 형성된 연상 작용과 기존 패턴을 무너뜨리는 데에 있다. 이후 결합의 힘은 곧 거의 수학적으로 드러나게 되는데, 사실 단순한 소프트웨어 프로그램도 이 복잡한 산술작업을 처리할 수 있다. (스티브 리브킨과 프레이저 시이틀Fraser Seitel의 저서 『아이디어와이즈』IdeaWise에서 제공한) 한 예로 새로운 전화 제품의 네이밍에 관한 일이 있었는데, 거기서 네이머들은 그 제품에 어떤 식으로든 적용될 수 있는 10개의 단어를 만들어오라는 지시를 받고 그에 맞게 다음과 같은 제안들을 내놓았다.

Access   Direct   Global

Bridge   Express   Link

Clear   Flash   Reach

Connect

이 각각의 단어들은 9개의 다른 단어들과 결합될 수 있었고, 컴퓨터는 10억분의 1초 만에 90개의 다른 가능성들을 제시하였다. 가령 AccessBridge, BridgeClear, ClrearConnect, ConnectDirect, DirectExpress, ExpressFlash, FlashGlobal, GlobaLink, LinkReach 등이 여기에 포함된다. 의심할 여지없이, 이 과정에서는 좌뇌의 역할이 지배적이었다. 처음 목록에 포함된 단어들은 제품과 분명히 관련된 단어들이었고, 멍청하지만 속도는 빠른 컴퓨터는 그 단어들을 결합시켰으며, 그 90개의 선택권 중 최고를 가려내기 위해서는 인간의 비판적 개입이 필수적이었다. 그러나 이 훈련법은 창조성이 본질적으로 결합적이라는 것을 보여준다.

진정한 독창성은 사실 존재하지 않을 수도 있다. 우리가 창조해내는 모든 것은 필연적으로 과거나 현재에 존재하는 것과 유사성을 지닐 수밖에 없는데, 왜냐하면 우리는 역사와 세계, 그리고 언어와 독립하여 존재할 수 없기 때문이다. 우리는 이들을 통해 과거와 현재를 이해한다. 그러나 이와 동시에 과거와 현재의 모든 가능한 결합이나 조합을 아는 것도 불가능하다. 시간과 공간을 초월하여 존재하는 사람만이(우리는 그를 신이라 부를 수 있을 것이다.) 모든 가능성들을 포괄할 수 있기 때문이다.

진정한 독창성이란 우리의 지력 외부에 존재해왔던 것, 혹은 우리의 좁은 지시 체계를 넘어서는 것을 의미한다. 예술이든 자연이든 모든 것은 이미 과거에 행해졌다고 할 수 있다. 예술은 자연을 모방하고(벨크로Velcro[1]의 아이디어는 어떤 식물들이 가지고 있는 끈끈한 촉수에서 나왔다) 자연은 예술을 모방한다(또는 적어도 우리는 자연에서 예술을 읽어낸다). 예술은 예술을 모방하고(모든 예술은 기댈 수 있는 전통이 있다), 자연은 자연을 모방한다(바람직한 특성을 지속적으로 반복해내는 것이 바로 진화가 하는 일이다). 항상 실용성을 추구했던 토머스 에디슨은 이렇게 말한 바 있다. 아이디어란, 그것이 해당하는 문제에 적용될 때에만 독창적이면 된다고.

창조적 과정은 관념과 구체적 현실 사이의 긴장을 포함하는데, 이것은 위에서부터 아래로 내려가거나 아래에서부터 위로 올라가는 두 가지 유형의 인간 재능과 관련된다. 철학자나 이론가들처럼 위에서부터 아래로 내려가는 사람들은 관념과 원칙을 더 우선시하고 그런 다음 현실의 구체적인 사실과 기능들로 내려간다. 반면 예술가나 자동차 기계공처럼 아래에서부터 위로 올라가는 사람들은 반대로 작업한다. 그들은 세부사항과 물질세계에 푹 빠져 있다가 마지막에 가서야 결론에 도달하거나 아예 도달하지 않곤 한다. (심지어 결론이 필요하지 않을 수도 있다.) 네이밍의 과정은 다른 형식의 창조성과 많은 부분을 공유한다. 영국계-몰타[2](Anglo-Maltese)의 사상가인 에드워드 드 보노Edward de Bono는 습관화된 사고 패턴을 무너뜨리는 사업을 시작하였다. 그는 1967년 자신의 책 『수평적 사고의 활용』The Use of Lateral Thinking에서 "수평적 사고"(lateral thinking)라는 용어를 발명해낸다. 보노는 — 기존 속담을 거꾸로 뒤집으며 — 불꽃에 기름을

1 단추 대신에 쓰이는 접착 테이프 — 옮긴이
2 몰타는 지중해에 위치한 섬나라로서 수도는 Valletta이다. — 옮긴이

부음으로써 오히려 오일 탱크에 붙은 불을 끈 선장의 예를 든다. 기름이 불을 더 부추기는 것이 아니라 그냥 질식시켜 버린 것이다. 보노의 좌우명 중 하나는 "같은 구멍을 더 깊게 파서는 다른 장소에 구멍을 낼 수 없다"인데 이것의 뜻은 "같은 방향으로 더 열심히 노력하는 것보다는 방향을 바꾸는 것이 더 낫다"이다. 그의 목표는 전통적 방식의 개념과 경계에 대한 고정관념들을 무너뜨리는 것이다.

보노 시스템이 낳은 부산물 중 하나는 그가 "본토"Bonto라고 부르는 aa bb 운율체계로 이루어진 4행시이다. 5행 속요*처럼 그 형식은 엄격한 규칙을 가지고 있다. 첫 행에서는 어떤 기이한 행동을 등장시킨다. 두 번째 행에서는 그것을 설명하고, 세 번째 행에서는 그것으로부터 어떤 결과가 나왔는지, 그리고 네 번째 행에서는 전체에 대한 철학적 요약을 제공한다. 아래에 보노의 웹사이트에 나온 예시가 있다.

그는 하수구 아래로 돈을 흘려보냈다.

그것이 주는 고통을 즐겼기 때문이다

그는 손실에 중독되었다

당신도 사장이 되면 그럴 것이다

상상력을 해방시키는 것은 무엇이든지 — 또는 수평적 사고를 고무시키는 것은 무엇이든지 — 환영이다. 보통의 방법으로 측정되는 지적 능력은 사실 성공적인 수평적 사고를 하는 데 있어 방해가 될

---

* 원문에서는 limerick이라 되어 있다. 리머릭은 예전에 아일랜드에서 유행했던 약약강조(調)의 5행으로 된 회시를 의미한다. — 옮긴이

수 있다. 멘사(MENSA)에 가입하기 위해서는 자신이 엄청나게 높은 IQ를 지녔다는 것을 증명할 수 있는 시험들을 통과해야 한다. 그러나 보통 그들은 사회에서 높은 두각을 나타내지는 않는데, 어쩌면 그것은 그들이 너무 똑똑하기 때문일 것이다. 어쨌든 IQ 테스트는 사고능력을 측정하는 데 있어 별로 세련되지 못한 방법이다. 지적 능력에는 많은 종류가 있다. 다른 열한 명의 하키 선수들이 얼음 위에서 어떤 행동을 할 것인지를 예측해내는 웨인 그레츠키^{Wayne Gretzky}의 능력이나 마이클 조단^{Michael Jordan}이 순식간에 농구 코트의 움직임을 파악해내는 능력은 우주비행사들을 우주로 쏘아 보내는 것과는 다른 능력일 수 있다. 그럼에도 불구하고 그것들은 놀라운 지적 능력들이다.

새로운 이름을 창조해내는 일도 관습적인 지적 능력과 직접적인 연관은 없지만 특별한 지적 능력을 요구한다. 많은 교육이나 기술적 전문성, 혹은 특별 훈련 등은 모두 네이밍 능력에 어느 정도 도움이 될 수는 있겠으나 그렇다고 반드시 있어야 하는 것들은 아니다. 네이밍은 세 단계의 지적이고 직관적인 사고과정을 필요로 한다. 그 세 단계는 준비 단계(Preparation, 정보 수집), 배양 단계(Incubation, 그 자료들을 종종 잠재의식적으로 소화하는 과정), 발휘 단계(Illumination, 효과적인 이름의 기적과 같은 출현)로 이루어져 있다.

네이밍의 준비단계는 육상 선수의 훈련에 비유될 수 있다. 훈련은 단순히 육상선수의 컨디션을 좋게 유지하는 것뿐 아니라 그 또는 그녀가 별로 빨리 뛰고 싶지 않은 날에도 자동적으로 빨리 뛰는 것을 가능하게 해준다. 몸은 자신이 훈련받은 것을 안다.

네이머는 매우 많은 것을 알아야 한다. 그는 제품이나 서비스 혹은 회사에 대해 알아야 하고, 그것의 장단점, 경쟁사들, 그것이 몸담고 있는 업계, 그리고 "기존에 나왔던" 이름들에 대해서 알아야 한다. 정보 수집을 위해 다양한 출처의 자료들을 이용할 수 있다. 인쇄 매체나 온라인을 통한 상호 및 브랜드 네임 디렉토리는 대규모 공공 도서관이나 소규모 전문 도서관 및 기업 도서관, 또는 인터넷에서 쉽게 찾아볼 수 있다. 브랜드 네임을 검색해주는 웹사이트들도 있다. "바나나"를 치면 바나나 리퍼블릭Banana Republic을 포함하여 한 무더기의 바나나 제품과 회사명이 떠오를 것이다. 『연상대백과』 Encyclopedia of Associations나 『전국 무역 및 전문기관 디렉토리』National Directory of Trade and Professional Organizations와 같은 책들은 전문적인 정보를 갖추거나 어쩌면 타깃 시장이 될지도 모를 그룹을 겨냥하도록 도와준다. 어떤 회사들은 요금을 받고 검색해 주는데, 그 중에는 가격도 저렴하고 일도 잘하는 브로커들도 있다. 회사에 기업 커뮤니케이션, 홍보, 마케팅 커뮤니케이션, 또는 투자가 관리 업무를 다루는 부서가 있다면, 이 부서들은 모두 중요한 정보를 생산해낼 것이다. 많은 네이밍 회사들이 웹사이트 홈페이지를 갖고 있는데, 특히 www.namingnewsletter.com에서 볼 수 있는 리브킨 앤 어소시에이츠의 〈네이밍 뉴스레터〉Naming Newsletter는 도움이 될 만한 이야기들로 가득 차 있다.

이러한 조사는 주로 회사와 제품 및 서비스, 그리고 그들의 이름을 대상으로 이루어진다. 준비 단계는 또한 나중에 편리하게 사용될 참고 문헌들을 확보하는 일도 포함한다. 가령 거물급 사전이라 할 수 있는 『옥스퍼드 영어사전』Oxford English Dictionary은 CD-ROM(혹은 www.oed.com에서 구독신청)으로 구할 수 있다. 모든 사전은 나름의 장점과 약점을 가지고 있고 CD로 나와 있는 것도 많은데, 많이 펼쳐볼수록 더 유익하다. 주제별로 단어 목록을 가지고 있는 스티븐 글레지어^{Stephen Glazier}의 소중한 『단어메뉴』^{The Word Menu}를 포함해 다른 훌륭한 단어책들도 많이 구해 볼 수 있다. 로데일^{J. I. Rodale}의 『유의어 사전』^{The Synonym Finder}(150만 개의 유의어들을 수록함), 로버트 챕만^{Robert L. Chapman}의 『국제 로제 시소러스 5판본』^{Fifth International Roget's Thesaurus}, 그 외 속어 및 방언, 표어 사전들이나 연감, 지명 색인들도 잠재적 브랜드 네임을 위한 비옥한 거름이 될 수 있다. 숙어나 관용적 표현 모음집도 도움이 될 수 있는데, 브랜드 네임은 종종 그 나라 특유의 매우 관용적인 표현들로 되어 있기 때문이다. (관용적 표현은 새 언어를 배우는 데 있어 가장 어려운 부분이다. 이제 막 영어를 시작한 사람에게 near miss가 실제로는 "near collision"(유효 근접폭격, 지근탄, 위기일발)을 뜻한다는 것을 설명해 보라.) 관용적 표현은 서로 조화되지 않는 말들로 시작했다가("He spoke off the cuff라고? 이봐, 그건 말도 안 돼!) 급속하게 우리의 의식을 확장시킨다. 이 역설적인 짝짓기는 놀라움과 유희를 선사한다. 그것들은 좌뇌와 우뇌의 활동을 동시에 활용한다.

네이머들에게는 손가락을 산책시키는 것뿐 아니라 자신이 직접 산책하는 것도 중요하다. 동네나 상가를 여유롭게 어슬렁거리는 동안 지역 소매업자들이 만들어낸 창의적이고도 함의가 풍부한 이름들을 발견할 수 있다. 원 나잇 스탠드^{One Night Stand}(특별한 행사를 위해 고가의 디자이너 의상을 대여해주는 여성 의상점)나 크리처 컴포츠^{Creature Comforts}(애완동물 보호소 pet groomer) 등이 그런 예이다. 비공식적인 조사도 포커스 그룹이나 소비자 패널들을 통한 공식적 조사만큼이나 많은 것을 발견하게 해준다. 잘 알려진 수면제의 이름은 우연한 계기를 통해 만들어졌는데, 그 이름을 지은 사람은 어느 날 한 무리의 사람들이 밤늦게 극장을 떠나면서 나누는 애기를 엿들었다고 한다. 그들은 서로에게 "Night al"이라고 말했는데, 이 주의 깊은 경청자는 여기에서 나이톨Nytol이라는 새로운 이름을 지어냈다. 소비자의 얘기를 경청하는 것은 스킨 크림 제조업자에게도 도움이 되었다. 1900년대 초, 볼티모어의 한 약사인 조지 번팅George Bunting은 자신이 직접 만든 스킨 크림을 닥터 번팅의 선번치료제Dr. Bunting's Sunburn Remedy라는 라벨이 붙은 작은 푸른색 병에 담아 팔고 있었다. 이 크림은 파라솔 없이는 햇빛을 맞으려고 하지 않는 여성들에게 사랑을 받았지만, 번팅은 사업을 더 확장시키고 싶어했다. 어느 날 한 남자가 가게에 들어와서, 그 선번 치료제가 신기하게도 그의 습진을 고쳤다고 말했다. 그 우연한 발언으로부터 닥터 번팅의 선번치료제는 녹지머Noxzema가 되었다.

인터넷은 몇 개의 키보드 조작만으로 누구도 따라올 수 없는 많은 지식을 제공하지만, 공공 도서관이나 중고책 가게의 책 선반을 이리저리 기웃거리거나 이웃집 바자회에서 폐품 상자를 분류하다가 얻게 되는 뜻밖의 횡재와 같은 것은 없는 듯하다. 우리가 조사하는 목적은 토픽을 죽을 때까지 조사하거나 조사 자체에서 끝나는 것이 아닐 뿐더러, 상상을 질식시키려는 것은 더더욱 아니다. 그것은 문제에 대해 마음을 준비시키고 앞으로 일어날 일의 토대를 마련하려는 것이다.

네이머들은 이런저런 소스와 방법을 통해 준비 작업을 마친 후, 그들이 앞으로 사용하게 될 양보다 훨씬 더 많은 사실들을 축적한다. 그러나 이렇게 과도한 사실들의 축적이 성공적인 네이머들을 착각에 빠지게 하는 것은 아니다. 대신 그들은 두 번째 단계인 배양 단계로 이동하여 우물줄기를 찾아내는 수맥탐사자의 지팡이를 사용하며 이 사실들을 잠재의식에 스며들게 한다. 그들이 사용하는 지팡이는 일지나 신문과 잡지를 클리핑해 놓은 파일들, 혹은 자유롭게 메모한 컴퓨터 파일이나 스크랩북 등이다. 비체계적이고 산발적이며 지금 다뤄야 할 임무와 별로 관련이 없어 보이는 이것들은 네이밍 직업의 숨은 감초들이다.

이와 똑같이 중요한 것이 아이디어가 자라나는 마음의 상태이다. 이것은 마음이 회사의 요구로부터 압력을 받지 않고 편안한 상태에 도달하는 것을 말한다. 오랫동안 나태하다고 비난받아 온 소설가나 작곡가, 화가들은 사실 항상 일을 하고 있는데, 겉보기에는 무심한 듯 보이지만 본능적으로 그들은 그들이 앞으로 써먹을 수 있는 주제와 기법에 주의를 기울이고 있다. 어떤 발명이나 발견들도 나태한 것처럼 보이는 것에서 나왔다. 이상적인 창조적 태도는 긴장을 푼 주의 상태(relaxed attentiveness)라는 일견 모순적으로 보이는 상태이다. 이렇게 아이디어가 자랄 수 있는 다소 산만하지만 궁극적으로는 생산적인 이 상태는 좋아하는 의자에 앉는다거나, 한쪽 귀는 CD 플레이어에서 나오는 클래식 음악을 듣고 무릎에 앉은 고양이를 쓰다듬으며 생각에 잠긴다거나, 또는 그냥 책상이나 테이블 위에 널려 있는 물건들을 가지고 노는 것처럼 단순한 것에서 나올 수 있다. 개를 산책시키거나 샤워를 하는 것과 같은 기분 좋은 일상적 행동에서 긴장을 푸는 사람들도 있다. 또 어떤 사람들은 박물관이나 폐품 처리장을 거니는 것에서 활력을 얻기도 한다. 낚시나 바느질, 하이킹 등 생각에 잠기게 하거나 마음을 차분하게 해주는 취미도 새로운 생각들을 열어놓을 수 있다. 또 다른 이들은 조깅이나 체육관에서 운동하면서 유용한(그리고 창조적인) 엔돌핀을 얻는다. 어떤 환경이든지 간에 그것은 기회들에 개방적인 상태여야 한다. 코마(coma) 같은 혼수상태에 빠지거나 그레코로마형 레슬링을 하는 것과 같은 활동들은 그 자체에 목적이 있는 것이 아니다.

충분한 배양 시간을 거친 후에는 이름들이 직관적으로 나타나거나 혹은 좀 더 체계적인 방식으로 새로운 연결관계가 형성되곤 한다. 네이머들은 개별적으로 작업하거나 또는 팀을 이루어 작업할 수도 있지만 목적은 항상 가능한 많은 다양한 이름들을 만들어내는 것이다. 단어와 단어요소들을 결합해주는 컴퓨터는 거의 끝이 없을 정도로 가능한 이름의 목록을 뽑아내는데, 가능성들이 많으면 많을수록 좋다. 어떤 방법으로 만들어졌든 10개의 이름 중에 9개는 사용가능여부의 관문을 통과하지 못할 것이다. 이미 다른 이들이 그 이름을 차지하고 있을 것이기 때문이다.

브레인스토밍 단계에서 나쁜 아이디어라는 것은 없다. 그것은 우뇌 활동의 시간이다(좌뇌는 이후에 활동할 시간을 얻을 것이다). 모험심이 강한 네이머는 뻔한 사고방식이나 선형성(linearity)을 극복하려는 시도는 어떤 것이든 환영한다. 무작위한 행동에서 뜻밖의 횡재를 얻는 경우는 사전을 아무 페이지나 펼쳐보거나 아무 단어나 고르는 것과 같은 간단한 방법에서도 발생할 수 있다. 마음은 아무리 하찮을지라도 단어들의 연결을 통해 반드시 잠재적인 메타포를 만들어낼 것이다. 가장 좋아하는 스포츠 팀의 이름, 가장 최근에 맘에 들었던 영화의 제목, 생일 케이크의 음식 재료 등, 거의 무엇이든지 제대로 시간을 들이기만 한다면 연상 작용을 이끌어낼 수 있다.

네이머들은 그들이 작업하고 있는 문제와 아무런 관련이 없는 일들에도 주의를 열어놓는다. 그들은 쓰일 것 같지 않은 사물과 아이디어, 사람들의 목록을 모으고 그것들을 서로 혼합하고 연결시킨다. 그들은 마돈나^{Madonna}나 비틀 베일리^{Beetle Bailey}, 또는 교황^{Pope}이 회사나 제품의 이름을 무엇으로 정할 것인지 상상하며 억지로라도 연결을 만들어낸다.

예상치 못한 언어적 결합이 기억에 남는 이름을 만들어낼 수도 있다. 그것은 여러 차원의 두뇌활동을 포괄하는데, 그 결합은 놀라움을 주는 동시에 의미를 담고 있고 또 유희적이기 때문이다. 교육적인 장난감 회사인 재니 브레이니Zany Brainy는 쉽게 예상하지 못하는 단어들의 결합(과 운율)을 가지고 있다. 단어를 넘어 개념을 더 확장하면 회문(palindromes, 앞뒤 어느 쪽에서 읽어도 철자가 똑같은 말, 구, 문)이나 이합체의 시(acrostics, 각 행의 첫 글자를 짜 맞추면 단어나 문장이 되는 시), 아나그램(anagrams, 같은 글자들의 집합에서 철자를 바꾸며 만드는 단어들)들도 언어를 확장시키는 방법들이다.

반면에 하나의 평범한 단어가 다른 단어와 함께 놓여 새로운 이름을 생산해낼 수도 있다. 조지 루카스George Lucas가 자신의 특수효과 공장의 이름을 인더스트리얼 라이트 & 매직Industrial Light & Magic이라 지었을 때, 그는 "산업적인 것"(industrial)과 "마술적인 것"(magic)을 결합함으로써 뭔가 대중에게 호소하는 이름을 만들어냈다고 할 수 있다. 또 다른 할리우드의 예로 드림웍스DreamWorks라는 스튜디오 이름이 있다. 이는 오래된 공리주의적 용어인 "공장"factory에 환타지와 꿈의 이미지를 결합시킨다. 수십 년 전 어떤 이는 컴퓨터 회사의 이름을 씽킹 머신 코퍼레이션Thinking Machine Corp.이라 지었는데 이것은 기계도 생각을 할 수 있다는 모순어법적 표현이다. 그 이름은 시대를 앞선 이름이었고, 소프트 로직Soft Logic도 마찬가지였다. 로직(logic)은 적어도 유용하고 변덕스러운 퍼지 로직(fuzzy logic) 개념이 도래하기 전까지는 뭔가 딱딱하고 구체적인 것을 뜻했다. 이런 언어적 충돌을 만들어내는 것은 네이머들이 관용적 표현을 만들어내는 직업에 종사한다는 것을 뜻한다.

단독적으로 쓰이는 단어나 심지어 인위적으로 합성한 복합어들은 곧 소진되어 버리기 때문에 관용적 표현들은 글자 그대로의 문자성(literality)으로부터 벗어나 예외 규정들을 만들어낸다. 방취제 노 스웨트No Sweat와 동경을 불러일으키는 화장품 이름인 커버 걸Cover Girl은 여러 단계에서 작용한다. 〈스마트 머니〉Smart Money란 잡지는 〈머니〉Money라는 잡지보다 아마도 더 똑똑했을 것이다. 구강 세정제가 들어있는 치약인 클로즈-업Close-Up이라는 이름에도 메타포가 들어가 있다.

평범한 한 단어가 카테고리를 만들어내는 주춧돌이 될 수도 있다. 제품이나 회사가 스스로에 대해 내린 정의로부터 핵심적 카테고리가 등장하기도 한다. 힘이나 스피드, 공격성을 나타내는 이름을 필요로 하는 제품들은 해리어Harrier(수직 이착륙 제트기이자 개구리매를 의미 — 옮긴이)나 폴컨Falcon(송골매), 터셀Tercel(자동차이자 매의 수컷을 의미 — 옮긴이) 등 일련의 맹금류들을 만들어냈다. "지중해 스타일"의 양념 소스를 출시하려는 회사는 지중해에 있는 일련의 섬들에서 발견되는 특성과 이미지, 또는 태도들을 불러일으킬 수 있을 것이다. 바하마의 파라다이스 섬에 있는 아틀란티스Atlantis(리조트의 이름 — 옮긴이)의 이름에는 신비한 섬이라는 요소가 결합되어 있다. 라스베이거스에서는 스티브 윈Steve Wynn이 벨라지오Bellagio("아름다운 호수"라는 뜻의 이탈리아어)를 만들어냈는데 이는 이탈리아의 코모 호수Lake Como를 부르는 이름이다. 다시 미국으로 돌아와서, 이탈리아 레스토랑 체인들의 이름을 보자. 그들은 어떻게 이름을 지을까? 바로 "이탈리아적인 것"의 목록을 떠올려내는 것인데, 마지아노의 리틀 이탈리아Maggiano's Little Italy, 마카로니 그릴Macaroni Grill, 올리브 가든Olive Garden, 스파게티 팩토리Spaghetty Factory 등이 바로 그런 예이다. 이

네 개의 체인점이 운영하는 레스토랑들을 합하면 650개나 된다.

회사가 스스로 내리는 자기 정의(self-definition)는 이미 테마 카피 라인이나 꼬리말, 혹은 포지셔닝 선언문(positioning statement)에도 들어가 있다. 진짜 원두커피와 같은 맛과 향을 지닌 인스턴트 커피라는 테이스터스 초이스^{Taster's Choice}가 그런 경우이다. 많은 오일 및 소프트너 성분을 가지고 있는 새로운 샤워 비누는 그 비누를 사용하고 피부를 만지면 비단결처럼 부드럽다고 하여 이름을 커레스^{Caress}(애무)라고 지었다. 한 멕시코 레스토랑 체인점은 다양한 매운 음식들을 가지고 있다고 해서 더 호울 엔칠라다^{The Whole Enchilada}를 이름으로 정하였다. 언어학적 카테고리들을 넘나드는 것도 브랜드 마인드를 확대하는 또 다른 방법이다. 추상적인 앰플리파이^{Amplify}라는 단어는 머리를 입체적이고 볼륨감 있게 만들어주는 헤어 케어 제품의 이름이고, 헤프티^{Hefty}는 더 이상 단지 형용사가 아니라 쓰레기 봉투를 뜻하는 명사가 되었다. 메리디언^{Meridian}은 이제 경도(longitude)가 아니라 은행이 되었고, 인터

젝션 오프^{interjection Off!}는 해충 퇴치제가 되었으며, 비자^{Visa}는 신용카드가 되었다. 이

따금씩 제품에 어떤 특성이 있는지 혹은 제품으로 무엇을 하는지가 네이밍의 핵심이 되기도 한다, 캠벨^{Campbell} 사의 청키^{Chunky}(덩어리가 많음)는 "포크로 수프를 먹는다면 어떻게 될까?"라는 질문에 대한 답변으로 나왔다. 즉, 그러기 위해서는 수프에 덩어리들이 있어야 하는 것이다.

네이머들은 역할 놀이를 통해 현실이든 가상이든 자신이 다른 사람이 되어 있다고 상상하기도 한다. 새로운 세제의 이름을 알버트 아인슈타인이나 조지 W. 부시, 오프라 윈프리, 또는 셜록 홈스는 뭐

라고 지었을까? 또는 네이머의 여자 형제나 남자 형제 혹은 다른 중요한 사람들이라면 어떤 이름을 지었을까? 다른 종류의 결합이나 대체도 얼마든지 가능하다. 만약 회사를 르네상스 시대의 초상화로 나타낸다면 어떤 모습이었을까? 만약 런던의 〈데일리 미러〉Daily Mirror가 그것에 대해 1면 머릿기사를 적는다면 뭐라고 적었을까? 존 그리샴John Grisham이 이 제품에 대해 책을 쓴다면 책의 타이틀을 뭐라고 지었을까?

시각화(visualization) — 이를 브랜드 네이밍의 거장인 디즈니Disney는 "이매지니어링"(imagineering)이라 부른다 — 는 이런 상상적인 투영(projection)에 있어 핵심적인 부분이다. 가장 냉철한 과학자도 연구에서 이 방법을 활용한 바 있다. 솔크 폴리오Salk Polio라는 백신 발명가인 조나스 솔크Jonas Salk 박사는 이렇게 말했다. "내가 과학자가 됐을 때 나는 내 자신이 바이러스나 암세포라고 생각하고 그것이 어떤 모습일지 상상해보곤 했었다."

이미지는 불가피하게 감정과 연관되어 있다. 네이밍 회사인 랜도 어소시에이츠Landor Associates는 그들이 맡게 될 브랜드 네임이 어떤 감정을 이끌어내야 하는지 알아내기 위해 그들의 의뢰인에게 서술적 단어와 연결되는 이미지들을 짧은 시간 동안 환기시킨 다음 그것들을 점점 좁혀 나가는 '분위기 보드'(mood board)라 부르는 것을 사용하곤 했다. 어떤 종류의 강함을 원하는가? 허리케인의 강함인가, 아니면 철조망 울타리의 강함인가? 네이머들은 의뢰인들에게 중요한 질문들을 던진다. 회사나 제품을 시각적으로 나타내면 어떻게 나타낼 수 있겠는가? 동물인가? 색깔인가? 큰 바다, 아니면 산? 시각적 개념은 결국 이름으로 귀결된다.

한 마케터는 스프레이 병에 담긴 새로운 인후염 약의 이름을 한창 짓고 있었다. 그 약의 스프레이가 목표지점에 닿기 위해선 입을 꽤 크게 벌려야 했다. 이 행동은 마치 사자 조련사가 사자의 입 안으로 머리를 집어넣는 이미지를 떠올리게 했다. 스로트 테이머Throat Tamer 라는 이름은 인후염의 아픔의 "포효"를 달래는 컨셉트와 멀리 떨어져 있지도 않았다. 콜모젠Kollmorgen Corp. 사는 특정 산업 기기에 쓰이는 매우 얇은 DC 모터를 출시하였다. 그 모터의 얇은 두께가 그 제품의 강점이었다. 그렇다면 제품의 이름과 중심 이미지는 무엇이 되었겠는가? 바로 팬케이크Pancake였다. 한편, 제품의 사용방법에 대한 고민이 이미지를 낳기도 한다. 값비싼 운동화는 그 착용자를 더욱 빠르고 민첩하게 만들어준다. 무엇이 빠름과 민첩함을 나타내는가? 리복Reebok은 발빠른 아프리카 영양 가젤의 이름이고, 퓨마Puma는 커다란 살쾡이를 뜻하는 스페인어이다. 네이머들은 소비자가 제품을 실제로 사용하고 있는 장면을 상상하기도 한다. 한 신형 휴대용 구술 녹음기의 마케터는 많은 사람들이 주로 직장을 오가는 길에 구술 녹음하기를 좋아한다는 사실을 깨달았다. 바로 이거다! 결국 그 제품의 이름은 커뮤터The Commuter(통근자)가 되었다.

대세를 거스르는 것도 효과적인 네이밍 전략이 될 수 있다. 모든 다른 이들이 하이-테크 이름을 지향할 때, 훌륭한 네이머들은 로우-테크 이름을 생각해낸다. 만약 다른 이름들이 남성적이면, 그들은 여성적인 이름을 시도한다. 아칸소 주의 한 병원은 자신의 경쟁 병원들이 모두 산부인과(maternity center)의 이름을 마터니티 센터The Maternity Center나 출산 센터The Birthing Center처럼 진지하고 직설적인 이름으로 지었다는 사실을 발견했다. 그래서 그들은 자신들의 산부인과 센터를 황새 컴퍼니Stork & Company*라고 부르기로 했다. 또 많은 인기 있는 자동차들이 모두 "a"로 끝나는 3음절 이름을 가지고 있는

데, 아치바Achieva, 오로라Aurora, 셀리카Celica, 코롤라Corolla, 크레시다Cressida, 인테그라Integra, 맥시마Maxima(그러나 엣세테라Et Cetera(기타 등등을 뜻함 — 옮긴이)라는 이름은 아직 없다.) 등이 그런 예들이다. 이러한 현상은 그것과 반대되는 이름을 요청한다. 로드킬Roadkill은 이 새로운 시도에 완전히 부합할 순 없겠지만 출발점일 수는 있다. 반대로 하는 것은 관습적인 단어 순서를 바꿔놓는 것처럼 기초적인 방법을 통해서도 가능하다. 패스마크Pathmark 슈퍼마켓의 지주회사는 자신의 이름을 제너럴 슈퍼마켓General Supermarkets Corp.이라 지을 수도 있었다. 그러나 그 회사는 대신에 슈퍼마켓 제너럴Supermarkets General이 되었다. 똑같은 전술이 공영방송협회Corporation for Public Broadcasting에도 사용되었다.

때때로 오래된 것이 그 유산에 기대어 새로운 것이 되기도 한다. 미국병원협회American Hospital Association는 멤버십을 늘리기 위해 이름을 변경하는 계획안을 고려하던 중, 지역 정책위원회에 속한 3백 명을 대상으로 투표를 실시했는데 이 중 45퍼센트가 이전의 이름을 계속 선호한다고 밝혀왔다. 반면에 또 다른 45퍼센트는 "병원"(hospital)이라는 용어에 다른 단어 하나를 더 추가하기를 원했다.

이따금씩 네이밍은 용기보다는 상식을 더 반영한다. 안호이저-부시Anheuser-Busch는 1982년 인수한 대규모 상업 제빵 회사인 캠벨 타가트Campbell Taggart를 분사시키기로 결정하고 그 회사를 좀 더 잘 드러내줄 수 있는 새 이름을 찾았다. 경영진은 그들의 지역 빵 브랜드 중에 하나를 골라 다시 디자인하고, 그것을 회사명으로까지 끌어올렸

---

* 황새는 어린애를 가져다주는 새를 상징한다. — 옮긴이

는데 이렇게 하여 탄생한 것이 어스그레인스 컴퍼니Earthgrains Company
이다. 웰스 파고 뱅크Wells Fargo Bank가 아메리칸 트러스트 뱅크American
Trust Bank라는 일반명을 가진 좀 더 덩치가 큰 은행과 합병했을 때,
규모는 작지만 호소력이 더 큰 이 작은 은행의 이름 — 그리고 그것
에 따라오는 영업권 — 이 결국 군립하게 되었다.

　모방은 가장 성실한 형태의 아첨이다. 가장 신선하고 독창적이며
(물론) 가장 성공적인 아이디어가 수많은 모방자들을 만들어낸다는
것은 비즈니스 업계에서는 정설이다. 브랜드 네임 중에서 이것은 좋
은 브랜드 네임과 나쁜 브랜드 네임, 아름다운
브랜드 네임과 보기 흉한 브랜드 네임을 살펴
볼 때 명확하게 드러난다.

6

훌륭한 브랜드 네임

브랜드가 시장에 도달하기 전까지는 아무도 그것이 성공할지 또는 실패할지 장담할 수 없다. 우연의 요소가 너무나 많은 것이다. 그러나 마케터들은 좋은 브랜드 네임이 도움이 되면 됐지 적어도 방해가 되지는 않는다는 것과 브랜드 네임이 어떻게 될 것인지를 예견해주는 중요한 지표들이 존재한다는 것을 알고 있다. 너무나 중요한 마케팅의 출발 과정에서부터 — 수많은 네이밍 스타일에도 불구하고 — 어떤 요소들이 좋은 브랜드 네임을 이루는지에 대해 심지어 미학적이기까지 한 합의들이 존재한다.

아무리 좋은 이름이라 할지라도 때와 장소를 잘못 만나면 나쁜 이름이 된다. 훌륭한 이름도 나쁜 컨셉트를 구원해줄 수는 없다. 린 퀴진Lean Cuisine은 냉동음식을 뜻하는 근사한 이름이다. 그러나 이 이름은 단지 소비자들이 저칼로리 음식을 받아들일 준비가 되어 있었기 때문에 효과를 발휘하는 것이다. 에드셀Edsel은 자동차 역사상 가장 큰 마케팅 참패를 기록했다. 그 자동차는 가격이 비쌌을 뿐 아니라 제조상의 결함으로 가득했고, 누군가 말했듯이 "올즈모빌Oldsmobile이 레몬을 빨아먹고 있는 것처럼 보이는" 추한 전면부 그림을 지니고 있었다. 그 회사의 경영진들은 에드셀이 "프레첼"pretzel처럼 들린다는 포커스 그룹의 말을 무시했는데 이것은 그들이 저지른 수많은 마케팅 실수 중 하나에 불과했다. 아무리 훌륭한 이름라도 그 자동차를 구해내지는 못했을 것이다. (그러나 포드 사는 자동차 시장이 소득에 기초한 계층에 의해서가 아니라 라이프스타일의 차이에 의해 분리되고 있다는 것을 깨달았고, 이러한 의식은 궁극적으로 무스탱Mustang의 엄청난 성공을 가져왔다.) 또 온라인 배달 서비스도 실패했는데, 왜냐하면 수백 개의 가정을 하나의 가게로 오게 하는 것이 아니라 그 수백 개의 가정에 수천 개의 식료품 꾸러미(특히 Kozmo.com의 경우에는 심지어 단한 개의 캔디 바까지도!)를 배달하는 것이 어쨌든 경제적으로 합리적일 것이라는 개념 자체가 애초부터 잘못된 것이었기 때문이다. 이세상의 그 어떤 대대적인 선전도 세계레슬링연합World Wresting Federation과 NBC 방송사가 주최한 프로 미식축구 리그인 XFL을 구하지는 못했을 것이다. 2001년 3월, XFL은 이제까지의 프라임타임 방송 프로그램 중 최저 시청률을 기록하였다. XFL이라는 이름도 또는 그것이 주는 섹스어필도 이 형편없는 미식축구를 대체할 순 없었다. 『포지셔닝』Positioning의 저자이자 마케팅 컨설턴트인 잭 트라우트는 이렇게 말한다. "비법은 나쁜 아이디어가 아닌 좋은 아이디어를 가장 먼저 생각해내는 것이다. 프로스티 포스Frosty Paws는 최초의 애완견용 아이스크림이다. 그들은 '진짜 아이스크림은 아니지만 개들은 그렇게 생각할 것이다'라고 주장했다. 그러나 과연 개들이 아이스크림에 대해 얼마나 알겠는가? 거의 알지 못할 것이다."

좋은 이름은 회사가 스스로 무엇을 하는지에 대해 확실히 이해하

고 있고, 그들이 대중에게 제공하는 것에 대해 확고한 신념을 가지고 있다는 것을 잘 보여준다. 반면 좋은 이름 또는 제품이 있다면 그와 비례하여 나쁜 이름도 존재한다. 사실 나쁜 이름들은 많다. 마이크로소프트Microsoft라는 이름은 왠지 어색하다. 그러나 윈도즈Windows는 돋보이는 이름이다. 이따금씩 마이크로소프트처럼 나쁜 이름을 가진 제품들도 너무나 훌륭한 타이밍이나 뛰어난 경영 능력을 바탕으로 시장을 장악하곤 한다. 트라우트가 지적했듯이, "신제품이나 서비스를 최초로 들고 나온 회사들은 유명해질 운명이다. 그 회사의 이름이 린드버그Lindbergh이건 스미스Smith 또는 럼펠스틸츠킨Rumpelstiltskin이건 간에 말이다." 코닥Kodak이나 제록스Xerox, 코카콜라Coca-Cola의 경우 이것은 사실이다. 맨 처음 진입했다는 장점 때문에 코카콜라는 자신의 이름이 가지는 이차적 의미에 대해서는 전혀 두려워하지 않아도 되었다. 그 이차적 의미란 Coke가 공기 부족으로 타버린 석탄 잔여물이나 코케인을 말하는 줄임말이라는 것이다. 발음하기 힘든 이름도 비교적 규모가 작고 독자적인 시장에서는 의미심장하고 성공적일 수 있다. 비르Byrrh와 노일리 프랫Noilly Prat은 통상적인 신조어가 아님에도 불구하고, 아페리티프(식전에 마시는 술 — 옮긴이) 애호가들에게는 의미심장한 이름이 된다. 비틀스Beatles와 롤링 스톤스Rolling Stones는 진부하고 상투적인 이름들이지만 그 음악 밴드들과 그들의 브랜드는 꽤 성과를 거두었다.

이름이 아무리 훌륭해도 법적인 상표로 등록할 수 없다면 결국 아무것도 아니다(15장에서도 살펴보겠지만 이것은 절대 안심할 수 없는 일이다). 그러나 이 장에서는 그런 불쾌한 주제들은 다음으로 넘기기

로 하고(나쁜 면은 언제나 좋은 면의 뒤에 오는 법이다) 여기서는 긍정
적인 면을 다뤄보기로 하자.

좋은 이름은 기본적으로 새 제품에 대한 다음 질문들에 "예스!"라
는 대답을 반복할 것이다.

- 특정한 필요가 충족되었는가?
- 기존 제품에 비해 정말로 나아졌는가?
- 기존 제품보다 사용하기가 더 수월한가?
- 기존 제품보다 더 안전한가?
- 경쟁력 있는 차이점이 존재하는가?

좋은 이름은 또한 "아이디어를 어떻게 실현할 것인가?"라는 마지
막 질문에 대한 대답이기도 한다. 성공적인 브랜드 네임이나 상표를
만들기 위해서는 제품의 단 하나의 훌륭한 요소도 고립적으로 존재
해서는 안 된다. 각 요소들은 서로 중첩되고 포개지면서 함께 협동
해야 한다. 이 모든 요소들이 공유하는 점이 있다면 그것은 고객으
로 하여금 브랜드 네임을 환기시키도록 하는 것이다.

좋은 이름은 아이디어나 컨셉트, 또는 혜택을 전달한다. 좋은 브
랜드 네임은 커뮤니케이션의 전제를 세우고, 테마 라인(theme line)
이나 판매 제안(selling proposition), 또는 마케팅 플랫폼(marketing
platform) 등 다양하게 불리는 것과 브랜드 네임을 직접적으로 연결
시키며, 포지셔닝 과정의 출발점이 된다. 예를 들어 방취제의 경우
이것은 "당신이 SURE이면, 손을 드십시오"와 같은 식이다.

화장실 변기 세척제들은 흥미로운 연구사례를 제공한다. 타이-

디−볼Ty-D-Bol은 하이픈을 이용하는 전통적인 네이밍 관습을 보여준다. 이것은 변기 세척제에만 적용되는 관습은 아니다. 왠지 어색하게 대문자와 하이픈을 사용하는 이 이름은 역사적인 느낌을 만들어내고 거기에 유희적 요소를 덧붙인다. 깔끔한 변기라는 제품의 장점도 설명하고 있다. 배니시Vanish는 "얼룩과 싸운다", 그리고 더러운 화학성분이 변기에 떨어지는 것을 염려하는 소비자들을 위해서는 켐−프리Chem-free("기술이 화학을 대체하는" 곳)라는 제품이 있다. 2000 플러시스2000 Flushes는 물 내리는 숫자를 세다보면 얻게 되는 수치이다. 듀엣Duette에는 두 가지 종류가 있었는데, 2개의 기능을 하나에 담은 변기 세척제와 공기 청정제가 그것이다. 리졸변기세척제Lysol Toilet Bowl Cleaner는 세척제 제품군의 이름을 변기에까지 확장하고 있다. (토일릿 덕Toilet Duck의 경우는 7장 "나쁜 브랜드 네임"을 참조하라.)

대부분의 잘 나가는 브랜드들은 컨셉트와 사운드를 효과적으로 결합한 훌륭한 이름들을 가지고 있다. 코트넬Cottonelle은 단순히 면(cotton)을 나타낼 뿐 아니라 푹신푹신함과 부드러움을 전달한다. 다이얼Dial은 24시간 보호 서비스를 제공한다. 이들의 기본 개념은 이름에 모든 것을 다 담아내는 것이다. 좋은 예로 메릴랜드 프레드릭의 비누 제조업자 존 호그John K. Hogg의 아이디어가 있다. 1870년 10월 25일, 호그는 자랑스러운 9번째 미국 상표인 스타 소프Star Soap를 등록하였다. 출원서에 그는 비누 포장지에 별 모양의 심벌을 "각 비누의 겉면에 인쇄하거나 찍거나 각인할 것"이라고 썼다. 그는 이름과 마케팅을 훌륭하게 결합시켜냈다. 그것은 단순한 1음절의 이름이었고, 자신의 포부와 제품의 품질을 모두 전달하는 매우 의미심장한 단어였으며, 강력한 물리적 심벌이 새겨진 이름이었다.

백 년도 넘는 시간이 흐른 후, 스타 소프는 로지테그^{Logitech} 사의 좋은 본보기가 된다. 새 스캐너 상품인 스캐너 2000^{Scanner 2000}이 저조한 실적을 보이자 로지테그는 좀 더 기억에 남는 이름인 스캔맨 ^{ScanMan}으로 명칭을 바꾸었는데, 이 이름은 제품과 소비자 사이에 감정적인 연결고리를 만들어냈다. 18개월 만에 추가적인 홍보 활동 없이 그 스캐너의 판매실적은 두 배 이상 증가하였다.

심지어 포터캐빈^{Portakabin}(이동식 사무실)이나 캐리패스트^{CarryFast}(대형 트럭운송회사), 노스스타^{Northstar}(비행기 엔진)와 같은 혼합형 이름들도 고객들에게 특정한 메시지를 전달한다. 회사들은 (스타^{Star}나 다이얼^{Dial}처럼) 단 하나의 평범한 단어보다는 이 혼합형 이름을 통하여 자신들이 내보내는 메시지를 더 많이 통제할 수 있으면서도, 고객들은 여전히 그것에서 메시지를 해독하는 것이 가능했다. 통제와 이해를 혼합시키는 또 다른 좋은 예로 창문 세척제 윈덱스^{Windex}와 스킨로션인 바셀린 인텐시브 케어^{Vaseline Intensive Care}, 그리고 헤드 & 숄더 ^{Head & Shoulder} 샴푸가 있다. 휴마나^{Humana}, 컴팩^{Compaq}, 아큐라^{Acura}와 같이 최근에 탄생한 신조어들도 별다른 노력 없이 소비자들에게 자신의 컨셉트의 의미를 잘 전달한다.

인터넷에서 야후^{Yahoo!}나 이*트레이드^{E*Trade}, 피에스아이넷^{PSINet} 등 특이한 외양과 사운드를 지닌 이름들을 많이 발견할 수 있긴 하지만 정보의 풍경(infoscape)을 분석해보면 전통적인 이름들도 많이 발견된다. 인터넷에서는 적절하고 의미 있기만 하다면 길이가 긴 이름이라도 짧지만 의미가 모호한 이름들보다 더 선호되는 경향이 있다. 1998년 설립된 볼티모어의 배너 광고 및 트래킹 회사인 www.TeknoSurf.com은

사람들이 자신의 이름을 잘 적어내지 못한다는 것을 발견했다. 2000
년에 그들은 www.Advertising.com이라는 도메인명을 구매하여
새롭게 개업한다. 새 이름과 똑같은 닷컴 이름을 구할 수 없는 경우
에는 부차적이지만 관련된 단어 혹은 단어요소들을 혼합하여 합법
적인 닷컴 지위를 얻을 수도 있다. 이것은 호소력이 떨어지는 조어
적 브랜드 네임보다는 더 나은 선택이다. 애매모호한 일반명이나 거
의 일반명에 가까운 이름들은 반드시 피하도록 한다.

**좋은 이름은 자신을 직접적으로 호소하고 쉽게 이해할 수 있도록
하며, 즉각적으로 편안한 느낌을 만들어낸다.** 조이Joy는 긍정적안
느낌의 단어이고, 향수에 있어 오피엄Opium은 혼수상태가 아니라 몽
환적인 느낌을 나타낸다. 이름 자체는 법적이나 계약적 의무를 나타
내지는 않지만 소비자들에게 그와 비슷한 약속을 한다. 그것은 문자
그대로의 의미를 지닐 때도 있다. 프레미오Premio는 뉴저지의 가든
스테이트 소시지Garden State Sausage Co.사에서 나온 이탈리아 소시지 브
랜드명이다. (뉴저지의 별명이자) 소시지가 아니라 야채와 농작물을
나타내는 "가든 스테이트"Garden State를 선택하는 대신 리브킨 앤 어
소시에이츠는 "상"(prize) 혹은 "보상"(reward)을 뜻하는 이탈리어
및 스페인어이자 영어의 "premium"을 연상시키는 프레미오Premio라
는 이름을 만들어냈다. 뉴트라스위트NutraSweet는 "sweet nutrition"
(달콤한 영양)으로 풀이될 수 있다. 리브킨 사가 만들어낸 또 다른 이
름인 세컨드 네이처Second Nature는 얼라이언트 에너지Alliant Energy의 재
생 가능한 에너지 프로그램의 이름으로써, "마치 자연스런 본능처럼
특별한 노력 없이 행해지는 일"이란 아이디어를 전달하면서, 소비자
들에게 풍력발전기와 바이오매스(biomass, 매립 쓰레기가 부패하면서

내는 메탄가스)에서 나오는 에너지의 전체 혹은 일부를 선택할 수 있도록 해준다. 한 향수의 이름은 열정^{Passion}으로, 한 관절염 약 이름은 인에이블렉스^{Enablex}로, 또 한 세제의 이름은 소프트 스크러브^{Soft Scrub}로 지어졌다. 뉴욕 할렘 세이빙스 뱅크^{Harlem Savings Bank of New York}라는 이름은 그 은행이 할렘과 기존 고객의 주거지를 넘어 확장하는데 방해가 되었다. 반면 새 이름인 애플뱅크^{Apple Bank}는 기존의 할렘가와의 연결고리를 끊고 뉴욕시의 별명인 "빅 애플"(The Big Apple)과 연결되면서 건강하고 친근한 인상을 만들어낸다.

좋은 이름은 회사나 제품, 혹은 서비스에 대해 뭔가 실제적이고 구체적인 것을 전달한다. 의미를 담아내는 브랜드 네임은 선천적으로 기억성에서 장점이 있다. (가령 슬렌더^{Slender}(날씬함) 대 메트레칼^{Metrecal}, 다이하드^{DieHard}(오래 가는) 대 델코^{Delco}, 버짓^{Budget}(알뜰함) 대 에이비스^{Avis}, 스프린트^{Sprint}(전력질주) 대 MCI를 비교해보라.) 에이드리언 룸^{Adrian Room}은 "단어로 된 명칭"이 "전체적으로 살펴볼 때 더 만족스러운데, 왜냐하면 '이름으로 된 이름'이나 '자의적 이름'보다 의미가 더 많기 때문이다. 단어로 된 이름은 인물이나 지명에서 유래한 이름들보다 훨씬 더 넓은 범위의 창조성, 재치, 독창성, 유머, 그리고 '날카로움'을 가진다"라고 지적한 바 있다. 그런 이름은 그 사업과 타깃 소비자의 특성을 쫓아다닌다. 챔피언^{Champion} 스포츠 용품과 크리스피 크림^{Krispy Kreme} 도넛 등이 그런 예이다. (최초의 멀티플렉스인) 쿼드 시네마^{Quad Cinema}와 스카이 보드카^{Skyy Vodka}를 만든 미국의 발명가 모리스 캔바^{Maurice Kanbar}는 자신의 책, 『발명가 노트의 비밀』^{Secrets from an Inventor's Notebook}에서 다음과 같이 적었다. 〈더티 댄싱〉Dirty Dancing은 그것이 좋은 영화였기 때문에 성공했을까? 아니다. 그 영화의 제목이 사람들을 극장으로 끌어들인 것이다. 만약 같은 내용이라도 영화 제목이 〈캐츠킬에서의 주말〉Weekend in the Catskills이었다면 사람들이 여전히 보러 왔을지 의문이다." 캔바는 말하길, "만약 나에게 좋은 이름을 가진 제품이 있다면 나는 그 이름을 위해 사업을 벌이겠다." 그는 1965년 그가 치아 사이로 쉽고 편리하게 통과하는 얇은 필름 치실을 특허 내던 당시의 이야기를 들려준다. 그는 그 제품을 존슨 & 존슨Johnson & Johnson과 콜게이트Colgate에 판매하려 했으나 그 회사들은 사려하지 않았다. "나는 내 스스로 그것을 제조하고 판매 할까 생각해보았지만 딱 맞는 이름을 찾기가 어려웠다. 나는 필름 치실Film Floss이라는 어색한 이름을 고수하고 있었다." 몇 년 후 그는 글라이드Glide라는 이름의 얇은 필름 치실을 시장에서 보게 된다. 그는 자신이 그 이름을 생각해냈더라면 하고 후회했다. 심지어 슬라이드Slide라고만 했어도 괜찮았을 것이다.

다음의 이름들에는 모두 구체성이 관통하고 있다. 크래프츠맨Craftsman(용구), 체크-업Check-Up(치약), 도둑고양이Alley Cat(고양이 식품), 그리고 코인Coin(금융 서비스)은 그들의 제품에 대해 구체적인 것을 말해줄 뿐 아니라 촉각적이고 감각적인 대상을 지시한다. 온타리오 마크햄에 위치한 쿨브랜드 인터내셔널CoolBrands International 사는 에스키모 파이Eskimo Pies를 비롯하여 구멍가게 냉동기에서 찾아볼 수 있는 다른 제품들의 제조 및 판매회사이다. 그 회사의 이름은 세련됨(hipness)과 문자 그대로의 의미(literalness)를 혼합한다. 그 회사의 브랜드들은 쿨한(cool) 것이다.*

CRAFTSMAN

텍사스 트리니티 대학교의 킴 로버트슨

Kim R. Robertson 교수는 마케팅 도구로서의 브랜드 네임을 자세하게 연구했다. 그는 촉각적 또는 시각적 지시 대상과 결합된 구체적인 명사가 추상 명사보다 효과가 더 높다고 말한다. "Dove, Mustang, Rabbit, Apple은 Pledge, Tempo, Ban, Bold와 같은 추상 명사보다 선천적으로 더 쉽게 학습되고 기억에서 끄집어내기 쉽다." 그는 연구결과를 인용하며 어떻게 다양한 종류의 제품군에 걸쳐 이미지성이 높은 이름들이 이미지성이 낮은 이름들보다 일관되게 높은 성적을 거두는지 보여준다. 한 가지 가설은 (어휘나 언어적 정보를 보관하는 기억 시스템과 분리하여) 시각 이미지를 보관하는 독자적인 기억 시스템이 존재한다는 것이다. 로버트슨의 말에 따르면 이것은 구체적 이름(Mustang이나 Cougar)이 언어적인 기억코드와 시각적인 기억코드를 모두 생산해내는 반면 추상적 이름(Triumph나 Tempo)은 시각적 코드는 생산하지 못한다는 것을 의미한다고 한다. "그림에 대한 기억력이 단어에 대한 기억력보다 우수하다."

구체적인 이름들은 고객들에게 너무 문자 그대로 받아들여질 수 있는 위험도 있다. 그러나 고객들이 그렇게 둔하지는 않다. 센추리 21Century 21에서 나온 부동산 직원이 21세기가 오기 전까지는 주택을 판매하지 않을 것이라고 생각하는 사람은 아무도 없다. 그리고 레블론Revlon의 방취제 이름인 노 스웨트No Sweat를 바른다고 해서 절대적으로 완벽하게 땀을 흘리지 않을 것이라 생각하는 사람도 없을 뿐 아니라 렌트-어-렉Rent-A-Wreck에서 대여한 차가 정말로 파손차량이라

* Cool이라는 단어에는 시원함, 차가움이라는 의미와 세련됨, 멋짐이라는 의미가 교차한다. ― 옮긴이

고 생각하는 사람도 없다.

좋은 이름은 회사나 서비스를 고유한 것으로 만들고 경쟁사로부터 차별화해준다. 제품은 가격과 품질, 서비스, 능력을 두고 서로 경쟁하지만 이 분야들에서 장기간의 차별화를 만들어내는 것은 쉽지 않다. 브랜드 네임은 경쟁사가 따라올 수 없는 고유한 차이점을 만들어낼 수 있다. 통신 및 인터넷 서비스 세계에서는 net, link, pro, tech와 같은 특정 용어들이 너무나 단조롭고 규칙적으로 반복됨으로써 이름을 망가뜨린다. 현명한 회사라면 이 과학상자로부터 밖으로 빠져나가 신선하고 독창적이며, 소중한 정체성을 만들어낼 것이다. 선 마이크로시스템^{Sun Microsystem} 사의 자바^{Java}가 바로 그런 경우이다. 버진 아틀랜틱 항공^{Virgin Atlantic Airways}은 항공산업에서 많이 쓰이는 진부한 이름을 피했다. 최초의 개인 컴퓨터는 엠아이티에스 알테어 8800^{MITS Altair 8800} 컴퓨터이다. 하지만 대부분의 사람들은 애플^{Apple}이라고 생각할 것이다.

이따금씩 브랜더들(brander)은 수많은 하위브랜드를 만들어냄으로써 그들의 가장 성공적인 브랜드 네임들의 가치를 희석시켜버린다. 보다 현명한 조언을 실행에 옮기기 전까지, P&G 사는 31개의 헤드 & 숄더 샴푸 버전과 52개의 크레스트^{Crest} 치약 버전들을 가지고 있었다. 한때는 가족들의 필수 자동차였던 시보레^{Chevrolet}는 수십 년이라는 기간 동안 수많은 모델과 유형을 추가한 나머지 결국 "작고 큰, 값싸고 비싼, 자동차, 스포츠 카, 트럭"을 의미하게 되었다. 자연스럽게 각각의 새 하위 브랜드들은 다른 이름을 사용하게 되었고 이것은 혼란을 가중시켰다. 이 때문에 포드 사는 최고의 자동차 판매 회사로서 시보레를 대체하게 된다. 이와 비슷한 식으로, 간단한 빨간색 및 흰색 포장에 담긴 말보로Marlboro 담배도 말보로 라이트Marlboro Lights, 말보로 미디엄Marlboro Mediums, 말보로 멘솔Marlboro Menthol, 말보로 울트라 라이트Marlboro Ultra Lights 등을 생산하기 시작하면서 자신의 카우보이 색채를 잃어버렸다. 그 회사는 나중에 다시 하나에 집중하기 시작하였고 터프한 말보로 맨이라는 핵심 이미지로 돌아왔는데, 이 남자가 멘솔을 피우지 않을 것은 자명한 일이었다.

의약품의 경우, 차별성은 말 그대로 생사가 달린 문제다. 대부분의 의약품의 이름은 그것의 화학적 성분이나 그것이 치료하는 질병과 거의 관련이 없다. 그러나 적어도 환자들의 안전을 위해서라도 가능한 차별적인 겉모습과 사운드를 지녀야 한다. 차별적인 브랜드 네임은 제품이 최종 사용자에게 직접 도달하지 않고 단지 다른 기업들을 목표로 하는 경우에도 효과적일 수 있다. 엘에스아이 로직LSI Logic은 그들의 연속 데이터 전송 기술을 위해 기가블레이즈GigaBlaze 라는 이름을 선택했다. 두문자어와 숫자가 넘치는 시장에서 기가블레이즈는 최신 기술이라는 생생한 이미지를 만들어냈고 사용자들의 마음에 새 흔적을 새겨놓았다. 고객이 일반 소비자이건 아니면 또 다른 기업이건 간에 브랜드 네임은 온라인 지불 서비스인 페이팔PayPal의 경우처럼 사용자에게 같은 효과를 만들어낼 수 있다.

배터리 업계에서는 기술의 중심이 아연 탄소에서 알카인으로 이동하였다. 배터리 브랜드의 선두주자인 에버레디Eveready는 자신의 이름을 신기술 쪽으로 전환하길 원했지만, 듀라셀Duracell이 산뜻한 새 이름과 함께 알카인 시장을 낚아챘다. 에버레디가 자신만의 좋은 브랜드 네임을 생각해냈을 때에는 에너자이저Energizer, 듀라셀이 이미 시장을 장악하고 난 뒤였다.

좋은 이름은 짧고 간결하며 간단명료하다. 수십 년 전 하버드 대학 심리학자 조지 밀러^{George Miller}는 단지 7개의 정보조각 — 가령 한 카테고리 당 7개의 브랜드처럼 — 만이 단기기억에 보유된다는 사실을 발견했다. 이것은 왜 소비자들이 본능적으로 이름을 단순화하는지를 설명해준다. Chevrolet는 Chevy가 되었고, Jaguar는 Jag, Coca-Cola는 Coke가 되었다. 항상 새로운 정보가 쏟아지기 때문에 우리는 무언가에 집중하는 시간을 제한시켰다. 만약 이름을 처음 보았을 때 그것이 간단한 이름이면 "이해"하기가 수월해지면서 정보가 우리의 기억 속에 더욱 쉽게 정착한다. 애드빌^{Advil}은 이부프로펜^{Ibuprofen}보다 더 쉽게 기억된다. 에임^{Aim}, 밴^{Ban}, 빅^{Bic}, 볼드^{Bold}, 오프!^{Off!}, 레이드^{Raid}, 타이드^{Tide}가 보여주듯이 짧으면 짧을수록 좋다. Dr. Richardson's Croup and Pneumonia Cure Salve는 Vicks VapoRub이 되기 전까지는 끔찍한 이름이었다. 옥소^{Oxo}나 엘 알^{El Al}처럼 더 짧은 이름들은 시각적으로도 더 균형적이고 대칭적이다.

모든 조건이 같다면 이름이 짧을수록 좋다. 그러나 이와 똑같이 중요한 것은 올바른 어휘와 언어 사용역(register, 언어사용이나 대화 상황에 따라 변하는 언어변이 — 옮긴이)이다. 소비자의 교육수준과 사회적 지위는 가장 잘 수용되는 어법을 결정한다. 아카데믹하거나 과학적인 언어는 의약품에 적당할 수 있다. 영국식 영어는 대부분의 뱅킹 서비스에 적합하였다. 초등학교 수준의 어휘는 많은 소비재에 어울린다.

두문자어(acronym)는 만들기도 어렵고, 본질적으로 실제 단어나 심지어 조어적 네임보다 의미를 담기도 어렵지만 그럼에도 불구하고 선천적으로 이중적 의미를 만들어낸다는 점에서 장점이 있다. VISTA(Volunteers In Service To America, 미국 빈민지구 파견 자원 봉사 활동)와 MADD(Mothers Against Drunk Driving, 음주운전 반대 어머니모임), FAST LANE(Fully Automated Super Teller, 은행의 전자동 슈퍼텔러 시스템) 등이 그런 예이다. 조어적 네임들도 특별한 강점을 지닐 수 있다. 컴퓨터 서비스 회사인 유니시스Unisys는 "United Information Systems"라는 컨셉에서 유래하였는데, 이보다 더 짧은 이름인 UIS를 포기한 것은 현명한 일이었다.

단순함은 이름을 말하고 적고 읽고 이해하고 배우고 주문하거나 그 이름에 믿음을 가지는 것을 쉽게 만들어준다. 길고 신비스럽던 조어적 의약품 이름들은 점점 더 단순하고 기억하기 쉬운 것으로 바뀌었다. 그 한 가지 이유는 그 의약품들이 TV 광고에 자주 나오게 되었기 때문이다. 단순함은 의사들에게 제품을 더 쉽게 기억하도록 해주고, 최고의 광고인 입소문을 타도록 만든다. 사업적인 측면에서 보았을 때, 깔끔함과 명쾌함은 또한 막대한 양의 돈을 절감시켜주기도 한다. 단순히 이름을 변경하는 것만으로 경제적 연쇄 반응을 만들어낼 수 있는 것이다. 이런 현상은 페더럴 익스프레스Federal Express가 페덱스FedEx가 되었을 때 일어났다. 약 20년 전에 "Federal"이라는 단어는 일종의 자산(asset)으로 여겨졌고, 이 신출내기 회사에게 미 체신청에 대한 비공식적 대안이라는 즉각적인 브랜드 자산(equity)을 제공하였다. 그러나 회사가 성장함에 따라 문제가 발생했다. "Federal"이란 단어가 느리고 관료주의적인 이미지와 연결되기 시작했다. 또 5음절로 이루어진 페더럴 익스프레스Federal Express란 이름은 다소 긴 감이 있었다. 라틴 아메리카 국가들에서 그 이름은 federales와 연관되면서 별로 좋지 않은 연상 작용을 일으켰다. 또 어떤 지역에서는 그 이름을 발음하는 것을 어려워하기도 했다.

해결책은 분명했다. 페덱스^{FedEx}로 바꾸는 것이다. 그것은 벌써 소비자들의 마음과 입에 자리 잡고 있었다. 그 이름은 더 간결하고 짧았으며 분명했다. 보기에도 좋았다. 단축된 이름의 디자인이 기존의 1970년대식 서체를 대체했고 로고활자 주변의 다소 갑갑한 자주색 바탕을 제거하였다. 로고에서 E와 x사이의 공간은 활의 형상을 이루면서 신속한 배달을 상징하였다. 회사의 차량은 움직이는 대형광고판이 되었다. 페더럴 익스프레스라는 이름은 트레일러 차량 측면에 58인치의 글자 밖에 허용하지 않았던 반면, 페덱스의 글자들은 높이가 6피트나 될 수 있었다. 페덱스의 비행기 로고는 이제 전체 비행장에서 알아볼 수 있었다. 큰 자주색 바탕을 제거하는 것은 53 피트짜리 트레일러 한 대당 1천 달러의 인건비 및 재료비를 절감시켰고, 회사는 이런 트렉터 트레일러를 1만대나 보유하고 있었다. 비행기 도색 작업도 비행기의 반을 덮는 자주색이 없어짐으로 해서 비용을 절감할 수 있었다. 자주색이 사라짐으로써 비행기의 표면 온도는 낮아졌고 이는 비행기를 냉각하는데 드는 에너지와 비행 연료 비용을 감소시켰다. 단지 9개의 글자를 떼어냄으로써 이 모든 절약 효과가 생긴 것이다.

좋은 이름은 어떤 언어에서나 청각적 즐거움을 준다. 청각적 기억은 시각적 기억보다 더 강력하고, 가장 못할 것 같은 사람들도 수천 곡의 가사를 불러낼 수 있다. 이름의 사운드는 이처럼 중요한 것이다.

어떤 글자들은 가벼움 혹은 무거움, 남성적 혹은 여성적, 빠름 혹은 느림, 강함 혹은 약함, 작음 혹은 커다람을 청각적으로 또는 시각적으로 나타낼 수 있다. 10장에서 살펴보겠지만 B, P, K, C, T들은 강력한 파열음으로서 많은 브랜드 네임이 이 글자들로 시작한다. 빅Bic, 코카-콜라Coca-Cola, 켈로그Kellog, 폰티악Pontiac, 쿨-에이드Kool-Aid, 캐딜락Cadillac 등은 모두 첫 글자 혹은 마지막 글자의 파열음으로부터 덕을 보고 있다. 프로작Prozac과 비아그라Viagra는 힘과 스피드를 혼합한다. X와 Z 같은 글자는 빠른 마찰음으로서 수많은 의약품들이 이 글자들을 포함하는 것은 당연한 현상이다. 영어에서 이 현상은 분명히 드러난다. 세계적으로 통용되는 브랜드 네임 혹은 트레이드 네임은 다른 나라의 언어에서 통용되는 진리도 고려해야 한다. 영어 사용자들에게 일부 일본 자동차 브랜드 네임들은 어쩔 수 없이 재밌는 이름처럼 들린다. Mazda Secret Hideout, Suzuki Van Van(이 차는 밴이 아니다), Mazda Bongo Frendi, Suzuki Afternoon Tea, Mitsubishi Mini Active Urban Sandal 등이 그런 예인데 이 이름들이 동남아시아 사람들에게도 재밌게 들리는 것은 아니다. 영국 언어학자 토니 손Tony Thorne은 단지 이름이 영어로 되어 있는데도 여전히 발음이 가능하다는 사실이 이 이름들을 유행하게 만들었다고 한다.

음성학적 측면은 이후에 분석하도록 하고, 지금은 비아그라Viagra를 살펴보도록 하자. 이 이름은 "vigor"와 "Niagara"(폭포)를 합성해 놓은 것으로 원기(vitality)와 힘, 그리고 자연력을 상징한다. 프랑스어에서 이 단어는 생명(vie)과 튼튼함(gras)또는 커다람(grand)을 뜻하고 영어, 독일어, 스페인어, 포르투갈어, 러시아어에서 이 단어의 마지막 4글자는 농업(agriculture)의 agri-를 뜻하며 번성과 성장의 이미지를 불러일으킨다. 그 단어는 "Grand Street"(큰 길, via grande)을 암시한다. 스페인어와 포르투갈어에서는 여행(viajar)과 커다람(grande)을 암시한다. 세계 10위권에 드는 모든 비즈니스 언어들에서 그 단어는 어떤 부정적 함의도 지니지 않는다.

이 시점에서, 사전편찬자 알렌 워커 리드^Allen Walker Read가 들려주는, 단어의 역사에서 가장 일어나기 힘든 일처럼 보이는 이야기 하나를 상기해보는 것도 좋을 것이다. 1839년 매사추세츠 보스턴에서 철자를 재조합하여 만든 유머인 "oll korrect"의 약자로 "O.K"가 신문에 등장했다고 한다. 여기에 담긴 유머란 o와 k 모두 맞춤법이 틀렸다는 것이었다. 이런 맞춤법상의 장난은 특히 가짜-방언의 형태로 그 당시 유행되던 유머 중 단골손님이었다. 이 표현은 1840년 마틴 반 뷰렌^Martin Van Buren의 대통령 재선거 캠페인을 통해 강화되었다. 반 뷰렌이 뉴욕 주의 킨더후크^Kinderhook에서 태어났고 그래서 "Old Kinderhook"으로 알려졌기 때문이다. 신문들은 풍자든 아니든 간에 반 뷰렌이 "모든 것을 O. K.로 만들 것"이라고 말하기 시작했다. 이처럼 베일에 싸인 복잡한 시초에서부터 시작한 "OK"는 세계에서 가장 널리 알려진 단어가 되었다. 세상에 알려진 세계 어느 곳의 토착민도 영어의 다른 단어는 다 몰라도 "OK"는 금방 이해할 것이다. OK의 이런 세계적 인지도에 가장 근접할 라이벌 브랜드 네임도 그 외관과 사운드 면에서 OK와 밀접하게 닮아있다.

"코크^Coke".

안 그런가?

좋은 이름은 연상으로 가득 차 있고 풍부한 함의를 지닌다. 두 개의 노르웨이 증기선 회사인 Bergen Line과 Nordenfjedske가 합병하였을 때, 그들은 경영진의 반대에도 불구하고 로열 바이킹 라인^Royal Viking Line이란 이름을 취하였다. 경영진들은 그들의 야만적인 조

상들을 떠올리고 싶어하지 않았다. 그
러나 한 연구조사에 따르면, 유람선 시
장의 큰 소비층 중 하나인 부유한 미망

인들은 이 회사의 이름과 이미지를 훌륭하게 생각하는 것으로 나타
났다. 미망인들은 청동 옷을 입은 건장한 고대 스칸디나비아인들이
거친 파도를 가로 질러 안전하게 그들을 조정해주는 그림을 상상했
다. 게다가 바이킹은 왕족이었다. 이렇게 하여 강간과 약탈을 일삼
는 바이킹들이 다시 사회에 복귀하였다.

원래는 매우 부정적이던 단어가 긍정적 의미가 가득한 단어로 전
환하는 것이 가능하다면, 이것은 우리가 루슨트 테크놀로지스^{Lucent}
^{Technologies}의 경우에서 살펴보았듯이 그 반대의 경우, 즉 긍정적 단
어에서 부정적 단어로 바뀌는 경우에서는 더욱 그러하다. 1990년대
후반이 되면, 수많은 인터넷 회사들의 주가가 하락하면서 회사명들
이 갑자기 기술 거품에서 돌아서서 의미적인 면과 감성적인 면에 집
중하게 된다. 새 회사들과 적어도 새로 이름을 지은 회사들은 대대
적인 변화에 대처해야 했고 자신들의 네이밍 솔루션을 개선해야만
했다. 회사들이 엔지니어 중심의 벤처 자본주의에서 벗어나 마케팅
영역으로 들어감에 따라 .net이나 .com을 혼합한 이름들은 점점 사
라져갔다. 회사들의 덩치가 점점 커지고 시장이 팽창하기 시작하자
회사의 명성이 개인적 경험보다는 이미지나 사운드의 창조를 통해
확산될 수 밖에 없었다. 코바드 커뮤니케이션^{Covad Communications} 사는
그들 사업에서 "구리의 부가가치"(copper value-added)에 착안하였
다. 그것은 기존의 전화선보다 훨씬 더 빠른 속도의 데이터 서비스
를 제공하였다. 소비자들이 그 연관관계를 모르더라도 그 이름은 여
전히 유효했는데 왜냐하면 그것은 간결할 뿐 아니라 스피드를 나타

내는 이름이기 때문이다. 동어반복처럼 보이는 일렉트릭 라이트웨이브[Electric Lightwave]는 광섬유를 의미하고, "electric"은 친숙하고 편안한 단어였기 때문에 둘이 합쳐졌을 때 진부함의 위험은 없었다. 가장 중요한 것은 그것이 움직임과 에너지를 전달했다는 것이다.

2003년 초 마이크로소프트가 서버에서 .Net이란 라벨을 떼어내 버리고, .Net Enterprise Server라는 이름을 전혀 놀랄 것이 없는 Windows Server System으로 대체하자 적어도 월드와이드웹(WWW) 주소로 사용되지 않았던 브랜드 네임들에게 .net의 붕괴는 확고해졌다. 마이크로소프트는 자신의 모든 서버 제품을 위해 새로운, 혹은 아주 오래된 네이밍 관행을 만들어냄으로써 .Net이 의미하는 바를 명확히 하기를 바랐다. 이것은 그들의 고객인 IT(정보기술) 디렉터들이 아니라 오직 소프트웨어 개발자들만이 그것을 이해하고 있음을 인정하는 것이었다.

신약 이름의 경우 네이밍 트렌드는 좀 더 환기적인 형태소(evocative morpheme) 쪽으로 나아가고 있다. 고통으로부터의 자유와 축하(celebration)의 의미를 연결하는 셀레브렉스[Celebrex]가 그런 예이다. 좀 더 오래되고 과학적인 이름들인 바소맥스[Vasomax]와 넴뷰탈[Nembutal], 아스로텍[Arthrotec](각각 발기부진, 불면증, 관절염 약들이다)들은 비아그라[Viagra], 소나타[Sonata], 엔브렐[Enbrel]이라 불리는 신약들에게 밀려났다. 환자들은 약의 메커니즘 보다는 그 효과에 더 관심이 있었다. 근엄한 제약 회사들은 이따금씩 유머감각을 동원하기도 한다. 수년 간의 연구를 거쳐 연구자들은 흡혈 박쥐 타액의 항응혈성 비결을 발견해냈는데, 이것은 응혈을 예방하는 약의 발명으로 이어진다. 프랑스 회사 론—풀랑[Rhone-Poulenc]은 적어도 80개 국가에 특허를 신청했는데 약의 암호명은 드라큘린Draculin이었다.

좋은 이름은 강점뿐 아니라 단점으로 인식되는 것도 이용할 수 있다. 또는 당신은 이름을 어디까지 유지하고 어디에서 접어야 하는지 알아야 한다. 1985년 콜게이트-팜올리브Colgate-Palmolive 사는 아시아 여러 국가에서 가장 판매량이 높은 치약들을 판매하는 홍콩의 홀리 & 헤이즐Hawley & Hazel Co. 사의 절반을 사들였다. 그 치약들 중 하나는 다키Darkie라는 이름이었는데 겉포장에는 흑인 가수가 활짝 웃고 있는 이미지가 실려 있었다. (이 정치적으로 올바르지 못한 치약 업계의 웃음거리에는 실제로 역사적인 이유가 있다. 이 흑인 가수는 1920년대에 그 당시 이 회사의 사장이 미국 가수 앨 존슨Al Jolson〔"Swannee, how I love ya, Swannee"〕을 보고 이를 드러내는 그의 큰 미소가 훌륭한 로고가 될 것이라 생각함에 따라 이 회사 디자인의 일부가 되었다.) 회사를 매수한 후, 콜게이트-팜올리브는 치약의 부주의한 명칭과 포장에 대해 항의 세례를 받았다. 종교단체들은 그 이름을 비난했고 주주들은 탄원서를 올렸다. 다키가 사라져야 한다는 것은 명백했으나 완전히 새 이름과 패키징으로 바꾸는 것은 홍콩과 말레이시아, 싱가포르, 대만, 태국 고객들의 상품 인지도를 날려버릴 것이다. 회사는 현명하게 대처하였다. 1989년 그 회사는 치약의 이름을 달리Darlie로 변경하고 모자와 턱시도, 나비넥타이를 입고 있는 인종을 잘 알아볼 수 없는 남자의 로고로 변경하였다.

영국에서는 바스Bass라는 이름이 맥주와 동의어로 쓰이는데, 이 브랜드는 200년이 넘는 전통을 자랑한다. 그러나 양조업은 그 맥주 제조업체의 전체 사업 중 5분의 1에 불과하다.

자신의 양조업 지분을 매각한 후 그 회사는 호텔, 레스토랑, 술집 등 자신의 나머지 사업을 나타내는 이름으로 변경하기 위해 만 개 이상의 가능한 안들을 고려했다. 전 세계의 화합을 뜻하는 Six Continents(6대륙)가 직원들의 투표로 선정되었고, 네이밍 에이전시는 이 회사가 사업을 벌일 모든 문화와 언어권에서 이 이름이 사용되고 있는지 확인해보았다. 30만파운드와 1년간의 심의 기간, 그리고 특별 주주총회의 승인을 거친 후, Six Continents는 기정사실이 되었다. 곧 회사는 Six-C로 널리 알려지게 되었다.

때때로 네이밍 딜레마의 해결방안은 아무것도 하지 않거나 아예 철회하는 것일 때도 있다. 선풍적인 신기술을 개발해낸 엔지니어들은 그에 버금가는 선풍적인 이름을 원한다. 그러나 만약 이 신제품에게 그럴만한 충분한 홍보비용이 주어지지 않는다면, 기존의 브랜드 또는 하위-브랜드를 사용하거나 완전히 서술적인 브랜드 네임으로 가는 편이 낫다. 모뎀 제조업자인 유에스 로보틱스^{U.S. Robotics}는 네트워크 장비 제조업체인 쓰리콤^{3Com}에 의해 매수된다. 쓰리콤이 자신의 모뎀 사업부를 분사시켰을 때, 그 신생 회사가 유에스 로보틱스라는 이름을 부활시켰다.

어떤 이름들은 변경을 간절히 요구한다. 영국의 한 대규모 통신장비업체는 백년 동안이나 제너럴 일렉트릭 컴퍼니^{General Electric Company Plc}라는 이름을 가지고 있었다. 이 회사는 그 유명한 미국의 제너럴 일렉트릭^{General Electric} 사와 아무런 관련이 없었지만 사람들은 종종 그 회사를 미국 GE의 영국지사로 여기곤 했다. 그 영국 GEC는 자신을 IT기업으로 재창조하고 싶어 했고 나스닥에 상장할 준비를 하고 있었다. 그래서 2000년 초에 이 회사는 이탈리아의 라디오 전파송신 선구자이자 GEC의 전신 기업들 중 하나를 창립한 구글리엘모

마르코니Guglielmo Marconi를 기념하며 마르코니Marconi라고 개명하였다.

에이즈(AIDS) 전염병을 고려해볼 때, AIDS라는 두문자어로 널리 알려진 전문 그룹 American Institute of Decision Sciences가 Decision Sciences Institute로 이름을 바꾼 것은 당연한 일이다. 그리고 AIDS Ambulance Service(Attitude, Integrity, Dependability and Service)라는 이름으로 알려진 한 캘리포니아 회사는 자신의 차량을 에이즈 환자전용으로 오해한 사람들에 의해 그들의 운전기사들이 괴롭힘을 당해왔다는 사실을 알게 되었다. 또 적어도 한 명의 남성 부상자는 그들의 앰뷸런스에 탑승하는 것을 거부했다. 그들은 이름을 AME로 바꿨다. 다이어트-보조 식욕억제 캔디인 에이즈Ayds도 AIDS와 철자가 약간 다름에도 불구하고, 일단 이름을 Diet Ayds로 바꿨다가 이후 완전히 자취를 감춘다. 사르사 덩굴 뿌리로 만든 대만의 한 음료수인 사스Sars는 사스증후군(SARS, 중증급성호흡기증후군)과의 연상 작용 때문에 피해를 입었다. 대변인은 "대부분의 사람들은 사스 음료수를 마신다고 해서 사스에 걸리지 않는다는 것을 안다"며 그 상표의 소유자인 헤이 송 컴퍼니Hey Song Company가 이름을 변경할 것이라는 설을 부정했다.

나쁜 이름도 가끔씩 좋은 점이 될 수 있다. 잼과 젤리 제조업체인 스머커Smucker 사는 자신의 이름을 변경하지 않기로 했다. 사실 그 회사는 이름 때문에 덕을 봤는데 "Smucker와 같은 이름을 갖고서는 안 좋을 수가 없다"라며 농담 반 진담 반으로 자랑하곤 했다. 프라이스-피스터Price-Pfister는 자신의 발음하기 힘든 이름을 "pfabulous pfaucet with the pfunny name"(이름이 웃긴 훌륭한 수도꼭지)라는 기억력 도구로 바꿔놓았다. 그리고 이 글귀를 심지어 제품의 품질 표시 설명서에 집어넣기까지 했다. 체코 자동차 메이커인 스코다Skoda는 출범 초기에 Skoda가 체코어로 "정말 안됐다. 안타깝다"에서 말하는 "동정"과 "유감/수치"을 뜻한다는 단점을 극복하였다. 오빌 레덴바허Orville Redenbacher가 손수 만든 이름은 그의 오빌 레덴바허 구메이 팝콘Orville Redenbacher Gourmet Popping Corn에게 전혀 해가 되지 않았다.

필립 모리스Philip Morris Companies 사가 자신의 회사명을 Altria Group으로 바꾸겠다고 발표했을 때 성격이 다른 두 개의 집단이 들고 일어났다. 회사는 흡연반대 단체와 마케팅 비평가 모두로부터 공격을 받았는데, 전자는 담배와 크래프트 푸드Kraft Food 및 밀러Miller 주류 간에 방화벽을 세우는 것을 싸구려 속임수라고 불렀고, 후자는 새 이름이 약하고, 감흥이 없으며, 가짜 라틴어 같다고 비난을 퍼부었다. 언론은 컨설턴트들이 수년 간 altus("높음"을 뜻함)라는 라틴어의 특정 버전을 통과시키려 해왔다는 점을 공격했다. 이 회사의 담배, 맥주, 크래프트 푸드 제품들을 고려해볼 때 재미있게도 라틴 학자들은 더 나아가 그 이름에 altrix("유모")라는 뜻도 있다는 사실을 찾아냈다. 박애주의자들은 필립 모리스가 새 이름을 통해 "박애주의"(altruism)와 자신을 연결지으려 하고 있다며 불평했다. 또한, 알라바마 버밍엄에 있던 비교적 조그만 회사인 알트리아 헬스케어 코퍼레이션Altria Healthcare Corp. 사는 담배 및 주류 대기업이 자사의 이름을 차용하려 한다며 격분했다.

아이러니한 것은 형사소송과 민사소송을 야기시킴으로써 이 회사에게 수십억 달러의 비용을 부담하게 했던 담배제품으로부터 회사 이름을 분리하기 위해 이 회사는 심지어 자신이 아꼈던 MO라는 주식시장 심벌까지 희생할 준비를 하고 있었지만, 오히려 이런 시도가 대외적 이미지만 깎아내렸다는 것이다. 〈네이밍 뉴스레터〉^{Naming Newsletter}와의 인터뷰에서 『홍보의 실제』^{The Practice of Public Relations}의 저자인 프레이저 시이틀^{Fraser Seitel}은 필립 모리스의 이미지가 손상되었다고 지적했다. "대중의 머릿속에 새겨진 새로운 이미지는 담배회사의 대표이사들이 의회 앞에서 오른 손을 들고 그들의 제품이 암을 유발할 것이라는 걸 전혀 알지 못했다고 증언하는 장면이다. 그러나 사실은 그렇지 않다. 그들은 알고 있었다. 그들은 거짓말을 한 것이다. 그들은 모두 쫓겨났다. 그러나 손해는 막심했다. 담배업계 전체와 거대 담배회사들은 그 때 이후로 미디어에 그 대가를 톡톡히 치러오고 있다."

시이틀은 다음과 같이 말한다. "필립 모리스가 자신의 담배 사업과 관련하여 책임감 있고 진실 된 행동을 유지하는 한, 담배회사에 대한 관심은 시간이 지나면서 차츰 사라질 것이다. 사람들은 흡연이 건강에 안 좋다는 것을 받아들일 것이고, 제조회사들은 과거의 부주의함에 대해 엄청난 벌금을 징수 받아왔다. 사람들은 이제 자유롭게 선택할 것이다. 그러나 이 모든 것은 새 이름과는 동떨어진 일이 될 것이다." 필립 모리스는 한 의료회사가 자신의 새 이름과 똑같은 이름을 가졌다는 사실을 무시하거나 알지 못했다는 과오를 저질렀다. 그러나 어떤 이름이 되었든지 간에 필립 모리스는 공격의 대상이 되었을 것이다. 시이틀이 보기에 그 회사는 자신의 새 이름을 고수해야 한다. 그리고 실제로 회사도 그렇게 하였다.

좋은 이름은 일군의 가족을 형성하고, 과거와 미래를 고려한다.
인터내셔널 하비스터^{International Harvester}나 제너럴 모터스^{General Motors} 같은 이름들은 지루해 보일 수 있지만 수십 년 동안 그들의 사업과

제품이 발전해가는 동안 옆에서 보조를 맞춰왔다. 이와 같은 융통성이 수많은 제품을 보유하고 있는 회사에게도 적용되어야 한다. 상황을 더 복잡하게 만드는 것은 새 회사명이 가끔씩 이전 회사들의 계보를 고려해야 한다는 것이다. 어떤 회사들은 기껏 해 봐야 비설명적일 뿐인 이름을 끈질기게 고수한다. 아이씨지 넷컴ICG Netcom은 원래의 이름이었던 IntelCom Communications Group의 첫 글자들을 모아서 만든 이름이다. ICG는 Netcom On-Line Communication Services를 매수했을 때 마케팅 목적상 자신의 이니셜과 Netcom의 이름을 합쳤다.

기업은 새 이름이 장기간의 전략과 어떻게 조화를 이룰 것인지를 결정해야만 한다. 다우 코닝 코퍼레이션Dow Corning Corp.의 글로벌 브랜드 매니저인 랜돌 로진Randall S. Rosin이 지적하듯이, 기업은 그 이름이 "(실리콘 고무를 뜻하는 Silastic처럼) 좁은 영역에 집중하여 매우 설명적으로 갈 것인지 아니면 (Virgin처럼) 카테고리를 가로질러 브랜드 확장을 할 수 있는 좀 더 일반적이거나 조어적 네임으로 갈 것인지"를 고려해야만 한다. 대략 회사와 제품의 네이밍 시스템에는 4가지 유형이 있는데, 꼭 어느 하나가 다른 것보다 우수한 것은 아니다. P&G의 방법은 브랜드 네임을 전면이나 중앙에 내세우고(Ariel, Camay, Folgers, Pampers) 회사명은 숨겨진 채로 유지하는 것이다. 각각의 브랜드는 자신만의 팀과 예산, 독자적 정체성을 지닌다. 또 다른 예로 듀퐁DuPont이 있는데, 이 회사는 제초제에서 부동액에 이르기까지 어떤 것이든지 의미할 수 있고, 코듀라Cordura와 스테인마스터StainMaster와 같은 특정 브랜드 네임을 만들어낸다.

메가브랜드(megabrand)나 "패밀리 네임"(family name) 방법은 한 가족에 속하는 제품들을 하나의 핵심 컨셉트를 중심으로 배치하는 것이다. 리졸Lysol의 경우, 핵심 컨셉트는 "serious cleaning"(진지한 세탁)이다. 리졸 토일릿 볼 클리너Lysol Toilet Bowl Cleaner에서처럼 이렇게 메가브랜드는 회사명과 똑같은 기능을 할 수 있다. 메가브랜드 네임은 시장에서 가령 Ty-D-Bol과 같은 특화된 브랜드 네임들과 경쟁한다. 다른 예를 들어보자. 인튜이트Intuit는 자신의 소프트웨어인 퀴큰Quicken의 이름을 확장하여 다른 관련 제품들의 이름으로도 사용하였다. 그리고 인텔Intel의 펜티엄Pentium은 컴퓨터 칩의 수행력 수준을 나타내주는 브랜드 네임이었다. 2002년 이와 똑같은 사고방식이 시티그룹Citigroup의 브랜드 통합 시도에서도 등장한다. 그 회사는 자신의 살로몬 스미스 바니Salomon Smith Barney 투자은행 사업부와 시티뱅크 기업은행을 합쳐 시티그룹 코퍼레이트 앤 인베스먼트 뱅크 Citigroup Corporate and Investment Bank를 만들었다. 시티캐피탈CitiCapital은 설비금융사업의 새 브랜드가 되었고, 시티그룹 프라이빗 뱅크Citigroup Private Bank는 시티뱅크 프라이빗 뱅크Citibank Private Bank를 시티그룹 애셋 매니지먼트Citigroup Asset Management로 대체하였다. 시티펀드Citifunds 는 주요 국제 펀드 패밀리 브랜드가 되었고, 시티그룹 벤처 캐피탈 Citigroup Venture Capital은 시티코프 벤처 캐피탈Citicorp Venture Capital을 대체하였다. 트래블러스Travelers는 북미 보험 프랜차이즈의 브랜드 네임이었으나 국제적으로는 시티인슈어런스CitiInsurance가 되었다.

적어도 형태상으로는 이와 비슷한 "파트너십" 혹은 "하이브리드" hybrid 방법이 회사명과 개별적 브랜드 네임을 혼합한다. 켄싱턴 Kensington의 컴퓨터 및 워크스테이션 제품들이 그런 경우이다. 켄싱턴은 수백 개의 다양한 제품들을 공급하는데 각각은 켄싱턴이라는 이름과 개별 제품명에 똑같은 서열을 준다. 이것은 상호에서부터 입력 장치인 Kensington Turbo Mouse(상표등록 됨)와 같은 일반적 설명형 네임을 거쳐 Kensington Slim Screen Premium Anti-Glare/Anti-Radiation Screen Filter(상표등록 되지 않음)에 이르기까지 적용된다.

마지막으로, 그리고 섹시함과는 가장 동떨어진 것으로 "회사가 곧 브랜드"라는 방법이 있다. 제너럴 일렉트릭General Electric에게는 GE가 곧 브랜드 네임인데, 종종 그 뒤에 설명적 단어 한두 개와 모델 넘버가 따라온다. GE Model WWA8600G는 GE Heavy Duty Extra Large Capacity 세탁기의 이름일 수 있다. (휴대용 에어콘인) CarryCool이나 (소형 쌍방향 라디오인) MPI와 같은 개별적 브랜드 네임이 등장할 수도 있지만, 그것들은 트레이드 네임의 보조수단일 뿐이었다.

포드Ford 사가 자신의 미니밴 주력상품인 Windstar를 버리고 Freestar를 채택한 일은, 과거와 미래 사이에서 포드가 겪는 긴장관계를 보여준다. 포드가 2003년 6억 달러를 들여 재디자인한 새로운 Windstar는 기본적으로 더 커진 엔진과 새롭게 개조된 3열 좌석, 완전히 새로워진 차체와 보조 패널, 사이드 커튼 에어백, 그리고 수백 개의 다른 새 부품이 달린 새로운 형태의 미니밴이었다. 포드 딜러들은 회사에 자동차가 새롭게 바뀌었다는 것을 나타내기 위해 이름을 바꿀 것을 권유했다. Windstar는 뛰어난 안전성 기록을 보유하고 있었고 가장 치열한 경쟁자인 Honda Odyssey를 능가하고 있었기 때문에, 이름을 바꾸는 것은 약간의 무리가 따르는 일이었다. 그러나 "F"라는 주제는 Fairlane, Falcon, Fiesta, Focus등과 같이 과

거의 포드사 모델명들에서 등장한 적이 있다. Freestar는 이 전통을 따라 Freestyle SUV와 Five Hundred 세단, 그리고 럭셔리하게 재디자인된 F-150 픽업 트럭의 대열에 합류하였다.

좋은 브랜드 네임은 좋은 브랜딩이다. 브랜드 네임은 (비록 가장 중요하긴 하지만) 복잡한 전체 브랜딩 과정의 일부분일 뿐이다. 마케팅 전문용어에서, 브랜딩은 "독점판매권(franchise)을 창출"하고 "카테고리를 소유"하는 문제이다. 좋은 브랜드의 중요한 한 가지 특징은 자동차 렌털회사인 허츠Hertz의 "There's Hertz and not exactly (허츠가 맞긴 맞지만 꼭 그런 것만도 아니다)."라는 슬로건에서처럼 회사가 구축하려는 테마에 카멜레온처럼 자신을 적응시키는 능력이다.

잭 트라우트는 많은 훌륭한 브랜드들이 자신의 정체성을 구축하고 그것을 계속 고수함으로써 시장 지배를 유지해왔다고 지적한다. 그는 스티브 리브킨에게 말한다. "맥도널드는 제1의 초고속 햄버거가 되었고, 코카콜라는 자신이 처음 콜라를 창시했기 때문에 '진짜 콜라' real thing라고 주장할 수 있다. 최초의 샴페인인 돔 페리뇽Dom Perignon은 샴페인 중에서 가장 인정받는 이름이 되었다." 트라우트는 지적한다. "가장 강력한 브랜드는 누구나 기억하는 말을 한 가지씩 가지고 있다. 크레스트는 35년 동안 '보세요, 엄마. 충치가 없어요.'라는 전략을 통해 "충치"라는 말을 소유한다." 이 예를 염두에 둔다면 탱크 같은 볼보Volvo가 "안전"을, 도미노Domino 피자가 "가정 배달"을, 프레고Prego 파스타소스가 "걸죽함"을 소유한다는 사실을 쉽게 발견할 수 있을

것이다.

브랜딩의 최고 경지는 이름과 이미지, 전달 시스템이 완벽한 조화를 이룰 때 일어난다. 레그스L'eggs 스타킹이 바로 그런 경우였다. 그 이름은 짧고 명확하며 기억하기 쉽고 유머러스하며, 언어 유희적 이중 의미로 가득 차 있었다. 그 스타킹은 달걀모양의 투명한 플라스틱 용기에 포장되어 나왔는데 마치 농장에서 직배송한 특대 달걀처럼 보관되었고 슈퍼마켓의 계산대에서 종종 판매되곤 했다. 그것의 제조자인 헤인스Hanes는 달걀 하나 낳은 적이 없다.

7

나쁜 브랜드 네임

가죽으로 쫙 빼입은 두 명의 텍사스인에 관한 오래된 마케팅 농담이 있다. 그들은 휴스턴의 한 술집에 나란히 앉아 얘기를 나누기 시작했고 둘 다 목장을 소유한다는 사실을 알게 되었다.

"그래, 당신 목장은 이름이 뭐요?" 첫 번째 목장주가 물었다.

"Circle K라고 하오." 두 번째 목장주가 말했다. "당신 목장은 이름이 뭐요?"

"내 목장은 Lazy L Bar T Q Sleepy C Triangle D요."

"와, 소가 어마어마하게 많나 보군요!" 두 번째 목장주가 말했다. "몇 마리나 가지고 있소?"

첫 번째 목장주가 주춤했다. "사실대로 말하면, 별로 많지 않소. 대부분은 낙인을 견디지 못하고 죽어버렸지."

만약 당신의 브랜드가 (이전 장에서 정리한) 좋은 브랜드 네임이 갖춰야할 조건 중 어느 하나도 갖고 있지 못하다면, 그것은 아마도 나쁜 브랜드 네임일 것이다. 나쁜 브랜드 네임은 영어든 다른 언어에서든 큰 실책이 될 수 있다. 그것은 판매를 가로막는 장벽이 될 수 있다. 브랜드 네임에 대한 가장 신랄한 비판은 광고를 패러디하고 광고업계에 적대적인 캠페인을 만들어내는 밴쿠버 잡지 〈애드버스터스〉Adbusters나 소비자로부터 나오지 않는다. 진정으로 신랄한 비판은 전문 네이머 자신들에게서 나오는데, 이 중 몇 명은 2002년부터 그 해 최악의 신규 브랜드 네임에게 선사되는 "쉬놀라"Shinolas라는 시상식을 시작했다. "쉬놀라"는 예전의 구두 광택제 브랜드와 2차 세계대전 당시 미국 군인들 사이에서 퍼졌던 "니가 뭘 알아!"(You don't know shit from Shinola)라는 표현에서 따온 이름이다. 비록 이 미덥지 않은 시상식에서 오스카와 비슷하게 생긴 수상패가 실제로 수여되지는 않지만, 가끔 수상회사에게 수상소식이 통보되곤 한다. 시상식 창립자 중 한 명이자 네이밍과 브랜딩 회사인 이고Igor의 디렉터인 제이 쥬리시치Jay Jurisich는 다음과 같이 말한다. "〔그런 통보에 대한〕 반응은 주로 몇 달 후에 다음과 같은 편지를 보내오는 것이다. 'Bloggs's Foods에 문의해 주셔서 감사합니다. 우리는 당신의 흥미로운 코멘트를 영원히 무시해 줄 적절한 사람에게 그것을 전달했습니다.'"

또 한 명의 이고Igor 디렉터인 스티브 매닝Steve Manning은 좀 더 거시적인 문화적 요소를 지적한다. "우리는 우리가 사용할 수밖에 없는 이 모든 브랜드 네임들이 전체 언어에 미치는 영향을 얘기하기 위해 쉬놀라를 시작했다. 우리는 이 회사들이 어떻게 이런 결정들을 내리고 우리에게 특정 단어들을 사용하도록 만들고 있으며, 그것이 어떻게 언어와 우리가 사물에 대해 생각하는 방식을 바꾸는지를 말하고 싶었다." 이 시상식의 웹사이트인 www.shinolas.com은 장난감, 잡지, 스포츠 다용도차, 정크 푸드 등으로 카테고리를 나누고 각 카테고리에서 가장 끔찍한 브랜드 톱 텐 리스트를 계속 게재하며, 아치바Achieva(올즈모빌의 자동차모델)와 크루엑스Cruex(가려움증을 가라앉히는 크림)에게 쉬놀라 상을 수여했다. 새 후보가 모자라는 일은 절대 없고 수상자들도 수없이 많다.

쉬놀라의 후원자들은 주의 깊은 이름들과 기업의 획일적 사고에 반대한다. 스티브 매닝은 포커스 그룹이 문제라고 생각한다. "사람들의 동의를 얻는 가장 쉬운 방법은 그리스어에서 나온 단어의 일부분과 라틴어에서 나온 단어의 일부분을 수정하고는 이사회에 가서 '이 부분은 힘을 뜻하고 이 부분은 최첨단을 뜻합니다' 라고 말하는 것이다. 그래서 마이란트Mirant나 애질런트Agilent와 같은 회사명이 나오게 되는 것이다."

2003년 말 영국 런던에 있는 광고 회사인 디자인 컨스퍼러시The Design Conspiracy는 장난으로 나쁜 브랜드 네임을 만들어내도록 되어있는 www.whatbrandareyou.com이라는 웹사이트를 개설했다. 방문자들은 "다이내믹"이나 "열정적"과 같은 중요한 가치들이나, "글로벌 리더십" 혹은 "고객 중심"과 같은 목표로 이루어진 메뉴에서 자유롭게 선택할 수 있었다. 그 메뉴들을 클릭하면 각 고객들에게 맞도록 디자인된 맞춤형 이름들이 나왔다. 가령 Accumulo, Bivium, Integriti, Ualeo 등이 그 예들이다. 잘 속는 사람은 디자인 컨스퍼러시가 온라인 라틴어 사전의 도움으로 한나절동안 무려 150개의 나쁜 이름을 만들어낼 수 있다는 사실을 알지 못했을 것이다.

많은 돈이 걸려 있는 문제이다 보니 회사들이 위험스럽고 대범한 이름들에 불안해하는 것은 당연한 일이다. 『아이디어와이즈』IdeaWise의 저자들은 사람들이 일상생활에서 부딪히는 5가지 위험 인식 형태를 다음과 같이 정리한다.

- 금전적 : "셔츠를 날릴 뻔했군."
- 기능적 : "일이 잘 안 풀릴 수도 있어. 원래대로 진행되지 않을 수도 있어."
- 물리적 : "위험해 보여. 다칠 수도 있겠어."
- 사회적 : "내가 이것을 사면 내 친구들이 어떻게 생각할까?"
- 심리적 : "이걸 하면 죄책감이나 무책임하다는 생각이 들지도 몰라."

개인들에게 적용되는 이 원칙은 회사에게도 적용된다. 이 위험들이 매우 실제적이라는 것을 안다고 해서 네이밍에 있어 소심해질 필요는 없다. 대신 새로운 이름이 빠질 수 있는 잠재적인 함정들과 그 이름이 가져올 수 있는 가능한 장점들을 진지하게 평가해내야 할 것이다. 참신함에 대한 강박증 때문에 의약품 네이머들은 종종 현실적인 네이밍 위험을 무시한다. 그리고 그들이 주조해낸 이름은 2003년 〈뉴요커〉에 실린 한 패러디 만화 "약학계 소식"(What's New in Pharmacology)에 나온 Confusadril, Revoltin, Mindbenderine, Nothin (그리고 Somethin), Neo-Sufferin, Ibuproblem, Relapsin들과 위험할 정도로 비슷해지기도 한다.

브랜드 네임은 첫 부분부터 잘못된 길로 빠질 가능성이 많다. 뉴욕에 소재한 인터브랜드^{Interbrand} 사의 네이밍 디렉터인 줄리 코티노^{Julie Cottineau}는 www.brandchannel.com이라는 웹사이트에서 사람들이 흔히 빠지는 함정에 대해 몇 가지를 지적했다. 가령 회사들은 네이밍 과정에 필요한 시간을 과소평가하며 너무 늦게까지 기다린 다음 제품이 막 출시되려 할 즈음에야 서두르곤 한다. 그녀는 이것이 많은 경우 더 많은 법적 비용을 발생시키고 차선의 이름을 선택하게 만드는 결과를 초래한다고 지적한다. "진지한 제품 매니저라면 신제품을 출시할 때 제품 개발에서부터 컨셉트 개발, 포장 디자인, 광고, 홍보, 유통으로 이루어진 체계적이고 분명하게 규정된 길을 갈 것이다." 네이밍에 무계획적으로 접근하는 것은 "이름이 사실은 퍼블릭 브랜딩의 첫 번째 행위라는 것을 깨닫지 못한다는 것을 반영한다."

브랜드 네임과 똑같은 도메인 이름을 사용할 수 없다고 해서 그 브랜드 네임을 버리는 것도 바람직하지 않다. 이름은 많은 경우 매수될 수 있다. (사실, 많은 쉬운 URL들이 나중에 팔기 위해 투기 목적으로 사들인 사람들에 의해 초기에 매점되었다.) 코티노는 너무 내부자의 시각(그녀는 이것을 "주관성"이라 부른다)에 갇혀있는 것에 대해 경고하고 회사들에게 "최종적으로 제품이나 서비스의 성공을 결정할 사람들, 즉 타깃 소비층으로부터 객관적인 피드백을 얻도록" 촉구한다. 회사들은 브랜드 네임이 어떻게 자신의 주요 속성과 장점, 감정을 전달할 것인지, 그리고 경쟁자로부터 어떻게 자신을 차별화할 것인지에 집중하여야 한다. (좋은 브랜드 네임이 갖추어야 할 다른 조건들로는 제6장을 참조하라) 코티노는 브랜드 네임의 효과성을 여러 언어에서 확인해볼 필요가 있다고 덧붙인다. 왜냐하면 전적으로 지역 시장만을 겨냥한 제품들도 인터넷을 통해 멀리 떨어진 지역의 구매자가 생길 수 있기 때문이다.

코티노는 전문 네이머에게 의뢰하는 대신 회사 내부에서 제품의 이름을 지어보려는 노력에 대해 경고한다. "많은 시간과 노력, 비용이 낭비될 것이고 반면에 그것을 보상해줄 모두가 합의하거나 사용 가능한 이름이 나오지 않을 수도 있다. 회사내부에서 지은 이름들은 제대로 연구조사를 실시하지 않은 의뢰인들 때문에 끔찍한 네이밍

과오가 일어나기도 했다." 회사는 실무자가 이끌고 숙련된 마케팅 및 법률인이 포함되어 있는 프로젝트 팀을 필요로 한다. (그러나 너무 많은 사람은 곤란하다. 짧은 목록에서 최종 결정을 내릴 때에는 사람이 적을수록 더 낫다는 것이 정석이다.)

코티노가 기업의 잘못된 계획에서 생길 수 있는 일반 문제들을 잘 요약해주었기 때문에, 우리는 특히 나쁜 이름들에 관심을 집중하여 살펴보도록 하겠다. 특히 더 과장된 경우들을 인용할 것이지만, 나쁜 이름은 보통 그냥 따분한 경우가 많다. 재미없거나 진부하거나 일반명이거나 아무런 의미도 없는 이름들 말이다.

자본주의 방식에 있어서는 새롭게도, 소비에트 연방 몰락 이후 일부 모스크바 가게 주인들은 자신들의 가게 이름을 간단히 Shoes, Beer, Food 등으로 불렀다. 이것은 "그래서 뭐 어쨌다고?", "어, 그래?"와 같은 냉소적인 반응을 이끌어낸다. 때때로 이름의 철자가 너무 어려워서 바꿔야 하는 경우도 있다. 가령 Coryphaeus Software는 Centric Software로 이름을 바꿔야했다. 네이밍은 일반적으로 짧을수록 좋다. 앞에서 살펴보았듯이 Federal Express에서 FedEx로 바꾸는 것은 경제적으로 완벽한 효과가 있었다. 그러나 단축에는 반드시 그에 따르는 효과가 있어야 한다. 자국의 문화를 해외에 홍보하는 것을 의무로 하는 기관인 더 브리티시 카운실The British Council이 이름 단축에 지출한 엄청난 돈은 과연 그럴 만한 가치가 있었을까? 새롭게 단축된 이름이 고작 브리티시 카운실British Council이기 때문이다.

어떤 판단 착오는 네이밍이 아니라 잘못된 마케팅에서 비롯되기도 한다. '.357'과 '.44' 매그넘 제조업자인 스미스 & 웨슨Smith & Wesson 사는 총으로서는 완벽한 브랜드 네임을 지녔다. 그러나 그들이 2003년 발행한 카탈로그에서 카우걸 베개, 실크 블라우스, "소박하지만 로맨틱한 프린팅"의 침구류와 같은 기프트 제품들을 선보이고, 이후에 스미스 & 웨슨 산악자전거도 판매하기 시작했을 때, 소비자들은 이 모든 것들의 공통점이 무엇인지 의아해할 수밖에 없다. 좀 더 자연스러운 사업 확장의 한 방편으로 스미스 & 웨슨은 골프클럽에 그들의 이름을 새기기 시작했다. "스미스 & 웨슨 권총을 사는 사람은 많은 면에서 골프 클럽을 사는 사람들과 같은 인구층에 속한다"는 것이 스미스 & 웨슨의 라이선스 매니저인 존 스틸John Steele의 해명이었다. 골프 장비(이는 미국에서 20억 달러의 시장 규모를 가진다)는 매우 경쟁적인 영역으로서 이 시장은 캘러웨이Callaway(그들의 빅 버사Big Bertha와 함께)와 테일러 메이드 코브라Taylor Made Cobra 등이 장악하고 있다.

애드버스터 미디어 재단AdBusters Media Foundation도 사정은 마찬가지이다. 2003년 8월 그 회사는 퓨마, 아디다스, 나이키에 대항해 스타일리시한 고가 운동화 블랙 스폿Black Spot에 "언스우셔"Unswoosher(나이키의 갈고리 모양의 스우시swoosh 로고에 대항하는 뜻으로 — 옮긴이)라는 안티 로고를 찍어 판매하겠다고 선언했다. 나이키의 기술지향적인 운동화는 이미 퓨마와 아디다스의 로우테크(low-tech) 운동화들에 의해 많은 경쟁 압력을 받고 있었다. 20만부의 발행부수를 가지고 있는 자신들의 잡지를 통해 애드버스터는 독자들에게 "세계에서 가장 크고 더러운 기업"들의 가게 간판과 로고들을 뜯어내고 대신 안에 검은 큰 점이 들어있는 검정색 원으로 이들을 대체할 것을 촉구한 바 있다. 그러나 애드버스터가 자신이 조롱하는 회사들과 똑같은 게임 판에 들어가려는 것은 노골적인 위선은 아닐지

라도 논리적으로 일관적이지 못해 보였다.

잘못된 리브랜딩은 상당한 혼란을 초래할 수 있다. 예를 들어 2000년 한 웹 마케팅 회사는 자신의 이름을 루미넌트 월드와이드Luminant Worldwide로 바꾸겠다고 발표했다. 루미넌트 월드와이드 사는 이전에 클라란트 월드와이드Clarant Worldwide 사였고, 그 이전에는 래디안 월드와이드Radian Worldwide 사였으며, 또 그 이전에는 … 클라란트Clarant 사였다. 1958년 설립된 분더만, 리코타 & 클라인Wunderman, Ricotta&Kline은 자신의 새 이름 Impiric을 16개월 동안 고수하다가 2001년에 다시 Wunderman으로 돌아갔다. Wunderman은 창립자의 이름 중 한 명이다.

이름을 변경하는 데에는 비용이 든다. 가장 비용이 많이 든 네이밍 실수 중 하나는 콘시니아Consignia로 이름을 변경한 로열 메일Royal Mail의 경우였다. 1969년에 수백 년의 역사를 자랑하는 로열 메일은 우편을 담당하는 포스트 오피스 그룹Post Office Group과 처음에는 브리티시 텔레커뮤니케이션즈British Telecommunications였다가 이후 비티 그룹BT Group이 된 통신 업체, 이렇게 두 그룹으로 나뉘었다. 그리고 2002년 3월 영국 정부는 (사실 정부가 단독 주주이긴 했지만) 체신청을 민영화했다. 이 결정으로 회사는 Plc라는 단어를 모든 문서에 추가해야 했고 (Plc는 북미에서의 Inc.와 같다) 이것의 연간 비용은 2백만 달러가 소요되었다. 그러나 이것은 로열 메일을 콘시니아로 바꾸는 데 투자된 290만 달러와 3년간의 연구 기간에 비하면 아무 것도 아니었다.

전통을 중시하는 영국에서 리브랜딩은 도덕적으로 의심스러운 것으로 여겨진다. 영국에서 판매율 1위를 기록하는 마라톤 바Marathon Bar가 자신의 미국 경쟁자인 스니커스Snickers와 겨루기 위해 이름을 바꾼 것이나, 또 다른 캔디인 오팔 프루츠^{Opal Fruits}가 스타버스트 ^{Starburst}로 바뀐 것이 바로 그런 경우들이다. 로열 메일의 새 이름은 '배달하다(deliver)'와 '위임하다(entrust)'라는 뜻의 "consign"에서 유래되었고, 더 나아가 궁극적으로는 '봉인(seal)으로 표시하다'라 는 뜻의 라틴어 'consignare'에서 나왔으며, Accenture, Corus, Innogy, Amicus, Centrica와 같은 라틴 이름들과 비슷해 보였다. 콘시니아는 곧 저녁식사에서 입방앗감이 되었다. 비판가들은 그것 이 마치 스페인의 분실물청 이름 같다고 말했다. 그 회사의 노조는 3십만명의 노동자들에게 콘시니아를 보이콧하고 대신 체신청을 이 용할 것을 요청했다. 콘시니아를 디자인했던 드래곤 브랜즈^{Dragon Brands} 사는 그 이름이 단지 모회사의 이름일 뿐이라며 분개했다. 이 모회사는 소포 배달 서비스인 파셀포스^{Parcelforce}도 소유하고 있었던 것이다. 어떤 것도 이들의 항의의 물결을 막을 순 없었고 우연의 일 치인지 아닌지, 그 회사는 그 해 회계연도에 세금 공제 전 결산에서 부터 엄청난 손실을 기록했다. 2002년, 콘시니아로 이름을 변경한 지 15개월 만에 그 회사는 로열 메일 그룹^{Royal Mail Group}으로 자신의 이름을 바꾸겠다고 선언했다.

잠깐 멈춰 연민의 시간을 갖도록 하자. 가장 황금기를 구가하는 이 시대에도 영어는 어렵기로 악명이 높다. 초보적인 수준에서는 배 우고 말하는 것이 쉽지만 능수능란하게 말하고 쓰는 것은 지독하게 어려운 것이다. 영어는 그 사용자들에게 당황스러운 선택권을 제공 한다. 장래의 영어 사용자들은 특히 영국어와 미국어에서 달라지는 사용법들을 분류해내고 다양한 구두점들을 배워야 하며, 이중 자음 을 사용할 것인지 결정해야 하고(instalment인가 아니면 installment인 가), 동사나 형용사, 부사가 모음으로 끝나는 명사에서 파생되었을 경우 어떻게 대처할지 결정해야 한다. 데이비드 크리스털^{David Crystal}은 이 중 마지막 부분의 어려움을 시사하는 재치 있는 문장을 인용한다. "나는 나무가 듬성듬성 난 평원에서 야영하며(bivouacked), 아노락 파커를 입고(anorak-ed) 앉아 암흑 속에서 떨며 어제 파워 케이블이 전호되기(arc-ed) 전에 살짝 튀긴(sauted) 감자를 먹느니, 차라리 편안한 베란다가 있는(verandahed) 집에서 깃털 누비이불이 갖춰진(duveted) 침대에 파자마를 입고(pajamaed) 앉아 무무(낙낙하고 편한 여성복 — 옮긴이)를 입은(muumuued) 미녀가 먹여주는 퓌레로 만든(pureed) 만든 과일을 먹겠다."

　모든 이가 컴퓨터 맞춤법 확인 기기를 갖고 다니는 것은 아니다. 긴 단어만 철자가 틀릴 수 있다고 생각하면 『21세기 오철자 사전』 (21st Century Misspeller's Dictionary)에 수록된 다음의 단음절 단어들을 살펴보기 바란다. ("misspelled" 자체도 종종 맞춤법이 틀리는 단어라는 것에 주목하자.)

ache	kiln	realm
balm	lymph	sword
cease	maze	thresh
damned	niche	vein
freight	ought	waive
ghost	prize	yacht
halves	qualm	zeal
jibe		

　영어는 예외로 가득 찬 언어이다. 그 변덕스러움은 조지 버너드

쇼^{George Bernard Shaw}로 하여금 철자법 개혁을 위해 상당량의 돈을 기증하게 만들었다. 가장 큰 문제는 스펠링이 발음과 별로 관계가 없는 경우가 많다는 것이다. 여기 쇼를 화나게 만든 몇 가지 음성학적으로 말이 안 되는 단어들이 있다.

although	eye	receive
answer	flood	rough
are	ghost	says
aunt	health	shoe
blood	island	some
climb	juice	sugar
comb	knot	sure
cough	lamb	two
debt	moist	use
does	none	view
done	oath	whole
dough	quay	yolk
drought		

영어의 초보자들은 또한 대문자와 씨름해야 한다. (moon과 Moon, earth와 Earth 중에서 어느 것을 고를 것인가?) 그들은 보통명사가 가산명사(strings, cars)와 비가산명사(music, consent), 그리고 물질명사(flock 또는 herd처럼)가 될 수 있다는 사실을 고려해야만 한다. 보통명사와 고유명사는 구체명사 혹은 추상명사로 나뉠 수 있고, 또는 예외 조항으로 단독으로 사용될 수 있다. ("I love Pepsi"같

은 경우) 고유명사는 "There are several New Yorks"나 "Some France goes a long way"와 같은 문장을 제외하고 보통 복수로 쓸 수 없다. (브랜드 네임은 예외이다.) 어원학은 그것이 주는 유익함만큼이나 해로움도 제공하는데 특히 민속 어원학(folk etymology)에서 그런 경우가 많다. 이 경우 충분히 많은 수의 사람들이 단어의 기원에 대해 잘못된 추측을 함으로써 그 기원이 정설로 확립되는 것이다. bridegroom(신랑)의 기원은 groom(마부)과 전혀 상관이 없고 대신 고대 영어인 brydguma에서 유래되었는데 여기서 bryd는 "신부"(bride)이고 guma는 "남자"를 뜻한다. 영어에서는 관용적 표현이 너무나 많고, "연어"(連語, collocation)는 종종 혼란을 일으킨다. "연어"란 "auspicious"(상서로운)와 "occasion"(시기)처럼 보통 함께 짝을 이루어 붙어 다니는 단어들을 뜻한다. 일련의 단어 연속체는 "in a nutshell"(아주 간결하게)처럼 짧은 구로 굳어지거나 (이는 건강식품 가게의 이름으로 사용될 수 있을 것이다), "Me Tarzan You Jane"이나 "Elementary, my dear Watson"처럼 문화적으로 결정된 표어로 굳어질 수 있다.

영어의 동사는 종종 불규칙적이고 영어의 문법은 예측불가능하며 심지어 원어민의 발음도 들쭉날쭉하다. 1930년대에 실시되었지만 오늘날에도 똑같이 유효한 사실임에 틀림없는 한 언어관련 설문조사는 10만명 중 1명만이 "data", "gratis", "culinary", "gondola", "impious", "chic"을 올바르게 발음할 수 있다는 사실을 발견했다. 동음이의어(homophones)와 동형이의어(homographs) — 의미나 어원은 다르지만 같은 발음이나 철자를 가진 단어 — 들은 너무나 많다. "I knew I could lead you to a new lead mine" (여기서 knew와 new는 동음이의어이고, lead와 lead는 동형이의어이다.) 어떤 단어들은 엄격한 의미에서 동음이의어는 아니지만 발음이 매우 비슷해서 혼동을 일으키기도 한다. A에서만 살펴보더라도 우리는 다음과 같은 단어 쌍들을 상대해야만 한다.

adverse/averse   amend/emend

advice/advise   apprise/apprize

affect/effect   attain/obtain

afflict/inflict   aural/oral

발음 문제 외에도 영어는 A/B, Yes/No, 사실/허구, 그리고 인쇄 활자 크기인 전각/반각처럼 다양한 차원에서 수많은 반대 쌍들을 가지고 있다. 그것들은 종종 한데 섞여 사용되기 때문에 이 많은 이항체(binary)들, 특히 접사는 괜찮은 사전에서 확인해 볼 필요가 있다.

acri- (top)/basi- (bottom)   intra- (within)/extras- (without)

acro- (top)/bathy- (depth)   maxi- (most)/mini- (least)

ad- (to)/ab- (from)   mega- (big)/micro- (little)

ana- (up)/cata- (down)   mono- (one)/di- (two, double)

andro- (male)/gyno- (female)   mono- (one)/poly- (many)

-androus (male)/-gynous (female)   neo- (new)/paleo- (old)

ante- (before)/post- (after)   ob- (toward)/sub- (under)

apo- (away, off)/peri- (round, near)   ortho- (straight)/caco- (bad)

auto- (self)/hetero- (other)   patri- (father)/matri- (mother)

bene- (good, well)/male- (bad)   phil- (love)/mis- (hate)

brevi- (short)/longi- (long)   -phile (lover)/-phobe (hater) calli- (beautiful)/caco- (bad)

con- (with)/dis- (not, apart)

endo- (in)/exo- (out)

-er (doer)/-ee (one done to)

eso- (inside)/exo- (out)

eu- (good)/dys- (bad)

giga- (giant)/nano- (dwarf)

holo- (whole)/mero- (part)

homo- (same)/hetero- (different)

hyper- (over)/hypo- (under)

in- (in)/ex- (out)

infra- (below)/ultra- (beyond)

poly- (many)/oligo- (few)

pre- (before)/post- (other)

pro- (for)/anti- (against)

pro- (forward)/retro- (backward)

-ster (male)/-stress (female)

super- (above)/infra- (below)

super- (above)/sub- (below)

syn- (with)/anti- (against)

-tor (male)/-trix (female)

uni- (one)/bi- (two)

uni- (one)/multi- (many)

비록 영어는 어려운 언어이지만 얻는 것도 많은 언어이다. 이는 성공적인 브랜드 네임을 위한 영어 사용 방식에 대해 전문 지식을 쌓을 경우 문자그대로를 의미할 수도 있다. 그러나 영어의 잘못된 사용은 매우 참담한 브랜드 네임을 초래할 수도 있다.

콘시니아는 사람인가? 아니면 새인가? 둘다 아니다. 그것은 나쁜 브랜드 네임이다. 콘시니아의 대실패는 새 이름이 잘못될 수 있는 여러 가지 방법을 보여주었다. 나쁜 브랜드 네임들의 공통점 중 한 가지는 그것들의 부적절성이다. 2003년경에 나온 콘돔 이름들을 살펴보자. 듀렉스 아반티Durex Avanti는 자동차 이름이 될 수도 있었고, 트로전 매그넘 엑스엘Trojan Magnum XL도 차 이름(혹은 총 이름)이 될 수 있었으며, 하드카버

Hardcover는 책 이름이, 사가미 타입 이Sagami Type E는 스킨 크림 이름이 될 수도 있었다. 브랜드 네이밍은 일종의 커뮤니케이션이고 커뮤니케이션을 잘 하기 위해선 자기가 뜻하는 바가 무엇인지를 말하고 자기가 말하는 것을 실제로 의미해야 한다. 이해할 수 없는 이름들은 애초부터 가망성이 없는 것들이다. 사실 이것은 너무나 큰 단점이어서 다음에 나오는 것들까지 다 굴복시켜버린다. 나쁜 브랜드 네임은 혼동과 당혹스러움을 만들어낸다. 가령 "비타민 E, 놀랍게도 그것은 방취제입니다"라고 선언했던 메넨 이Mennen E는 1200만 달러의 광고비를 들였음에도 불구하고 실패했는데 왜냐하면 사람들은 어떻게 비타민 E가 그들의 겨드랑이와 관계가 있는지 이해할 수 없었기 때문이다.

운전자들은 특히 부적절하거나 혼동을 일으키는 이름들 때문에 종종 당황하게 된다. 2002 뉴욕 국제 자동차 쇼에서 캐딜락은 25세 이하의 고객층을 겨냥하여 Imaj와 Vizon을 판촉하기 위해 갖은 애를 쏟았다. 도요타의 Scion은 소비자에게 너무 많은 박식함을 기대했던 같다. (scion은 뛰어난 가문이나 뼈대 있는 가문의 자손을 뜻한다.) 그리고 Saturn은 젊은 시장층을 파고들기 위해 Ion("전자")을 출시했는데 이 또한 "가는 것 또는 움직이는 것"을 의미하는 그리스어에서 나왔다. 그러나 실제는 그와 다를 수 있었다.

온타리오주 소유의 맥주 가게 체인점 이름인 브루어스 리테일Brewer's Retail을 획기적으로 단순한 비어 스토어The Beer Store로 바꾼 컨설턴트 크리스 야네프Chris Yaneff는 2001년 〈글로브 앤드 메일〉Globe and Mail 기자에게 다음과 같이 얘기했다. "이름은 사업과 관련되어야 한다." 그는 뮤추얼 라이프 어슈어런스Mutual Life Assurance의 새 이름인 클라리카 라이프Clarica Life가 마치 헤어스프레이 이름처럼 들린다고 지적했다. "우리가 오늘날 보는 이름들의 90퍼센트는 바보 같다"라고 그는 말한다.

야네프가 문제를 너무 과장했을지도 모르지만 분명 바보 같은 이름은 수없이 많다. 2001년 캐나디언 옥시덴탈 석유회사Canadian Occidental Petroleum(종종 CanOxy라 부른다)는 두 곳의 아이덴티티 전문 회사를 찾아가 자신의 이름을 넥센Nexen으로 바꿨는데 이미 동명의 글로벌 기업만도 여럿 있었고 www.nexen.com이라는 도메인 이름은 다른 이가 차지하고 있었다. 그 회사가 들인 비용은 800만 달러라고 알려졌지만 이 금액은 회계법인 아서 앤더슨Arthur Andersen으로부터 분리해 나온 앤더슨 컨설팅Andersen Consulting이 액센츄어 Accenture라는 이름으로 이름을 변경하는 데 든 1억 달러에 비하면 너무나 작은 금액이 되어 버렸다. 랜도 어소시에이츠가 약 5,500개의 가능한 이름들을 살펴보았지만 최종 승자는 — 만약 그렇게 불러도 된다면 — 노르웨이 오슬로에 있는 앤더슨 사의 한 매니저로부터 나왔다. 이것으로 그 매니저는 호주에서 열리는 그 회사의 골프 토너먼트에 갈 수 있는 여행권을 수여 받았다. 아마도 우연의 일치겠지만 모회사 아서 앤더슨은 기업 세계에서 가장 큰 경제적 파산 중 하나를 기록하게 되었다. 일단 브랜드 네임이 제대로 뜻을 전달하지 못한다면, 기업은 기업의 핵심 활동에 써야할 엄청난 시간과 돈을 메세지를 전달하는 일에 투자해야만 한다. 인지도가 낮은 새 회사명인 알레지스Allegis를 도입했던 것은 전(前) 유에이엘 인코퍼레이티드 UAL Inc. 사의 해체와 결국 웨스틴Westin과 허츠Hertz 사를 매각하는 촉매제가 되었다.

회사의 재정적 실적이 어떻든지 간에, 놀라울 정도로 암시적인 이름들이 쇠퇴하는 것을 바라보는 것은 본질적으로 슬픈 일이다. 전설적인 사우스다코타 금광 이름인 홈스테이크Homestake는 배릭 골드Barrick Gold사와 합병함으로써 더 이상 존재하지 않게 되었다. 멋진 이름을 지닌 호주의 채굴회사 브로큰 힐Broken Hill은 일반명인 비에이치피 빌리튼BHP Billiton이 되었다. 심지어 빌라봉Billabong이라도 이보다는 나았을 것이다. 공공서비스 회사들은 이름을 변경함으로써 언어적 진공 상태를 만들어내는 데 전문인 것처럼 보인다. 보스턴 에디슨Boston Edison은 키스팬Keyspan이 되었고, 보스턴 가스Boston Gas는 엔스타NStar가 되었으며, 셀룰러 원Cellular One은 싱귤러Cingular가 되었다. 원조 "마 벨"Ma Bell인 벨 전화 회사Bell Telephone가 7개의 지역 자회사 "베이비 벨"Baby Bell들을 낳았을 때 그들 중 3곳은 부정

적인 교훈을 남겼다. 유에스 웨스트US West는 고객들에게 자신의 주둔지가 어디인지는 알려주었지만 어떤 비즈니스를 하는지는 신속하게 알려주지 못했다. 그리고 그것의 차후 이름인 퀘스트Qwest는 전보다 더 불가사의한 (항공사인가? 아니면 보험회사인가?) 것이 되었다. ("American Technology"가 압축된) 아메리테크Ameritech라는 이름은 백여 가지의 가능성들을 암시했다.

2002년 컴퓨터 제품 판매회사인 컴프유에스에이CompUSA 사는 미국에서 전국적 브랜드 인지도를 가지고 있었다. 보다 넓은 범위의 전자제품을 판매하기 위해 그 회사는 단순히 온라인 카탈로그라는 인상을 넘어서는 새로운 웹 주소를 찾았다. 그들은 2만 개의 신조어는 물론 이전의 www.ComUSAnet.com를 탈락시켰다. 그들이 최종적으로 채택한 이름은 코존CoZone이었다. 그것은 루슨트Lucent처럼 무한정 그 안을 채울 수 있는 "빈 배"(vessel)와 같은 이름이었다. 코

존을 만들어낸 회사는 "그 이름은 영어에서 아무런 뜻이 없을 뿐 아니라 다른 주요 외국어에서도 아무런 뜻이 없다"고 자랑하였다. 그 이름으로 정한 지 6개월 후 그 웹사이트는 폐쇄되었다.

"라틴어는 죽음의 언어이다. 그것은 고대 로마인들을 죽였고 이제 그것은 나를 죽이고 있다." 학교수업에서 가르치는 이 운문 시에는 일리가 있다. 영어에서 형태소(접두사, 접미사, 어근)들은 보통 라틴어나 그리스어에서 유래하고, 종종 새 브랜드 네임들의 초석이 된다. 그것들은 언제나 그래왔다. 에스페란토나 볼라퓌크^{Volapuk}와 같은 인공 언어들이 유럽 언어들의 형태소적 공통점에 기초했듯이 1차 세계 대전 후에 접미사 -ine은 브랜드 네임에서 큰 인기를 끌게 된다. (오발틴^{Ovaltine}, 바셀린^{Vaseline} 등.) 그 접미사의 매력은 라틴어적 기원에서 유래하는데 이는 그 언어가 적어도 유럽에서는 보편적이었던 시대로 돌아가고픈 열망을 암시한다. 그런 접미사를 사용하는 브랜드 네임은 국제적 호소력을 노렸다.

형태소가 어떤 방법으로든 의미를 갖고 있지 않다면 그것은 언어적 화석으로 남게 된다. BBC 라디오 패널 토론에 출연한 킹스 칼리지 런던^{Kings College London} 대학의 랭귀지 센터 대표인 토니 손^{Tony Thorne}은 Navigant, Candescent, Veriton 그리고 Vivident가 허풍스럽고 소비자들에게 거드름을 피우는 이름들이라며 비난했다. 라틴어 이름들이 보통 발음하기 쉽다는 사실과 함께 이미 상표등록 되어 있지 않은 실제 단어들의 부족 현상이 이러한 경향을 부추기고 있다. 라틴어에서 유래하였거나 혹은 -ent, -int, -ant처럼 라틴어와 발음이 비슷한 접미사들은 왠지 위엄과 의미심장함을 더하는 듯 했고,

루슨트Lucent, 코넥산트Conexant, 콘실리언트Consilient (원래 이름은 인포캔버스InfoCanvas)와 같은 이름들이 속속 등장하기 시작했다. 그러나 그들에게 불리한 것은 영어에서 라틴어 단어들은 보다 세속적이고 일상적인 고대 영어에서 유래한 단어들보다 더 형식적으로 들린다는 점이다. (이것은 주로 라틴어와 노르망디 불어가 영국의 교회와 법원을 크게 장악한 적이 있기 때문이다.) 1066년의 노르망디 정복 덕분에 (종종 불어를 통해 들어온) 라틴어 단어의 수는 오늘날 고대 영어 단어를 크게 앞지른다. 그러나 반면 후자가 훨씬 더 자주 사용된다. 가령 "가정에서 쓰이는 작은 말들"(the little words of house and home)이라는 구절에서 각 단어는 모두 고대 영어로부터 유래하였다.

라틴어에서 파생한 로망스어들, 특히 이탈리아어도 여기서 멀리 떨어진 것은 아니다. 이미 센트라Sentra, 막시마Maxima, 알티마Altima, 비타라Vitara, 아에리오Aerio, 스펙트라Spectra, 옵티마Optima와 같은 이름들이 나와 있는 자동차 모델명들이 이제는 이탈리아의 지명에서 영감을 얻었다. 기아의 소렌토Sorento와 아만티Amanti (아만티Amanti는 이탈리아 무라노Murano에 있는 유리공장이다)와 니산의 무라노Murano, 스즈끼의 베로나Verona등이 그런 경우이다. 웹사이트에서 이 사례들을 올려놓은 어떤 냉소적인 이는 이런 한 마디를 남겼다. "허머Hummer의 무솔리니Mussolini도 앞으로 멀지 않겠군."

모든 유행이 그렇듯, 언제나 지나친 과잉이 선도적 역할을 하게 마련이고 창의적으로 보이던 새 이름도 결국에는 무미건조해지기 마련이다. 랜도 어소시에이츠의 일부 라이벌사들이 애질런트Agilent 사례에 대해 내린 평가도 그랬다. 이디엄Idiom 사의 릭 브래그돈Rick Bragdon은 그 이름을 "네이밍 역사상 가장 지루하며 음성학적으로도 나약하고 제품과도 안 어울리는 이름이다. 그 이름은 다시 끌어내서

총살해버려야 한다."라고 말했다.

스티브 매닝도 그것이 "마치 무슨 위원회의 이름 같다"며 이에 동의했다. 그는 묻는다.

"당신의 경쟁자는 누군가?"

"루슨트Lucent이다."

"그렇다면 루슨트를 빨리 끝장내버리고 싶다. 우리가 민첩(agile)하기만 하다면야."

루스 샬릿Ruth Shalit은 이 발언들을 인용하며 이렇게 결론짓는다. "불안정하고 자유분방하며 일시적이던 업계를 전문화하고 표준화하려는 욕망에서 대형 네이밍 회사들은 의뢰인의 기업문화가 아니라 자신의 기업문화를 반영하는 이름들을 만들어내는 경향이 있다. 그 결과는 메마르고, 인간미도 개성도 없는 일련의 이름들이다."

테크노어의 범람. 테크 토크(tech talk)와 알아들을 수 없는 암호들. 또 캘리포니아 팰러앨토Palo Alto의 홍보회사인 호드스킨스, 사이몬, 앤 설스Hodskins, Simone, and Searls가 이름붙인 테크노 라틴어도 있다. "사물을 쉽게 표현할 수 있게 하지만 이해하기는 어려운 언어"인 테크노 라틴어는 단어들을 "애매하고 모호한 말"들로 대체한다. 애매모호함을 돕기 위해 그 회사는 부사, 형용사, 수식 명사, 명사, 합성어 형태를 쭉 열거하여 뭔가 의미심장해 보이지만 의미 없는 용어들을 무작위로 만들어내는 "일반 설명어 표"(Generic Description Table)라는 것을 개발해냈다. 가령 "Entirely Configured Commitment-Structured Computer" 등이 그런 예이다. 그 회사는 애매모호함 추방 운동에 함께 참여하는 동지들을 가지고 있다. 1974년부터 미국의 전국영어교사위원회The National Council of Teachers of English

는 가장 극악무도하면서도 향기 나는 돌려 말하기나 영어 남용 사례들을 위해 이중 언어 시상식Doublespeak Award을 치러왔는데 이는 영국의 골든 불 어워드Golden Bull Award와 같다. 첫 수상자는 언론에 몹시 화를 내며 다음과 같이 말한 캄보디아의 미국 대령이자 홍보담당자였다. "언론에서는 항상 폭격(bombing)이라고 쓴다. 그러나 그건 사실이 아니다. 그것은 공중 엄호(air support)이다!"

2003년 어드밴스드 마이크로 디바이스Advanced Micro Devices가 연구비를 지원하고 발행한 한 연구조사에 따르면 알아볼 수 없는 기술적 용어들 때문에 사용자들이 좌절감을 느끼고 있고 자신들이 가장 원하는 것 — 즉 좀 더 빠른 셋업과 사용의 편리함 — 을 얻지 못하고 있다고 한다. 이 연구조사를 보도한 기자는 이 때문에 자신이 엔지니어를 탓하곤 했었으나 이제는 더 이상 그러지 않는다고 말한다. 왜냐하면 "정말로 고객을 혼란에 빠뜨리길 원하는 엔지니어는 별로 없기 때문이다. 대부분의 엔지니어들은 그들이 기술광(geek)처럼 말하면 금요일 저녁에 데이트를 하기 힘들어진다는 사실을 매우 빨리 알아차린다." 대신 그는 마케팅과 영업사원들을 탓한다. "엔지니어들은 컴퓨터를 상자(box)라고 부르는 반면 마케팅 부서는 그것을 '생산 시스템'(productive system)으로까지 격상시킨다." 또 "엔지니어들에게 어떤 상자가 처리량 증가를 감당할 수 있는지 물어보면 그들은 'yes'라고 대답하는 반면 마케터들은 '난조가 생기지 않는다'(scalable)라고 거창하게 대답한다. 엔지니어들이 '네트워크'라 부르는 것을 마케터들은 '엔드-투-엔드 솔루션'(end-to-end solution)이라로 부른다. 엔지니어에게는 '비디오 카드'인 것이 마케터에게는 '비주얼 처리 솔루션'(visual processing solution)이 된다."

선Sun 사의 자바 소프트웨어 언어 발명가인 제임스 고슬링James

Gosling은 좀 더 나은 방식을 보여주는데, 그는 "웹 서비스"가 다음을 의미한다고 설명한다. "회사들마다 회사의 각 부분에 사용되는 소프트웨어 패키지가 다르고 그 패키지들은 서로 커뮤니케이션이 안 되는 경우가 너무나 많다. 그것들이 서로 대화하게 만드는 모든 것이 바로 웹 서비스이다."

2003년 초 IBM은 거대한 새 컴퓨터 본체를 개발하고 있었다. (본체 컴퓨터는 IBM의 전체 이윤 중 40퍼센트를 차지하고 있었다.) 그것은 32개의 프로세서와 새로운 메모리, 개조된 오퍼레이팅 시스템을 포괄하는 메이저 업그레이드였다. 그것은 하루에 4억5천만 개의 인터넷 거래를 처리할 수 있었다. 이것의 구매자들은 큰 은행이나 소매업자, 보험회사 등이 될 것이다. 그들의 교체 불가능한 이전의 코드들은 본체에서만 운영될 수 있었다. 그 본체의 암호명은 적절하게도 T-Rex로 불렸고 그것의 공식적 이름은 eServer z 990이 되었다. IBM의 경우는 예외적인 경우가 아니었다. Sledgehammer라는 암호명의 AMD의 컴퓨터 칩은 Opteron이 되었고 인텔의 McKinley 칩은 Itanium2가 되었다.

테크놀로지 회사들의 경우 그들에게는 평범한 영어만 아니라면 다 괜찮은 것처럼 보였다. 인터넷은 1990년대의 com-tech-net-cyber-dot-link의 유행을 더 악화시키기만 했을 뿐이다. 브랜드 네임들은 소프트웨어 업계의 용어를 도시 문화의 속어들과 혼합하였고, 새로운 유행과 미래지향적 이미지, 또는 놀이와 최첨단을 통합하려고 애썼다. 소프트웨어 프로그래밍은 이들의 문체에 큰 영향을 끼쳤다. 프로그래밍 코드에서 함께 붙어 다니는 단어들은 종종 대문자로 되어있는데 왜냐하면 컴퓨터가 스페이스를 읽어내지 못할 뿐 아니라 대문자로 써 놓으면 사람이 코드를 읽는 것이 더 수월해지기 때문이다. 매일 대문자와 구두점 표기, 철자에 관한 맞춤법들이 폐기되었다. (electronic을 나타내는) 소문자 e와 (information, interactive, Internet 등의) i가 인터넷의 풍경을 어지럽혔다. 단어 내의 대문자화(intercapitalization) 경향은 HyperCard(초기 매킨토시의 데이터베이스 제품)와 MacWrite와 같은 제품에서부터 시작되었다. 애플 사의 공동 창업자인 스티브 잡스^{Steve Jobs}가 1986년에 NeXT라는 컴퓨터 회사를 시작하자 "캡스-락"(caps-lock) 키는 더 바빠졌다. 1997년경에는 iVillage, id Software, planetU, D2K, TouchNet, Q-Zar, Alt-imedi, Art4-U, DesignVoX, Dzignlight Studios, eVox Productions, iMOTION, 온라인 성인 비디오 판매점인 @Climax등과 같은 이름들이 사용되었다. 심지어 화학공식도 등장하였다. 2001년 브리티시 텔레콤^{British Telecom} 사는 자신의 비티 셀넷^{BT Cellnet} 휴대폰의 브랜드를 mmO_2라고 지었다. 소비자들은 지름길을 택하여 그것을 "CO_2"에서처럼 O_2라고 불렀다.

테키 심벌(techie symbols)은 그 내부자가 아닌 사람들에게는 알아보기 힘들 뿐 아니라 찾아보기도 힘든 경우가 많다. 어떤 전화번호부에서는 @Home과 같은 이름이 마치 "At Home"을 뜻한다는 듯이 표기된 경우들이 많았고 이러한 현상은 〈월스트리트 저널〉이나 〈뉴욕 타임스〉와 같은 인쇄 매체에서도 마찬가지였다. 반면 @Home이 주식 시장에서 사용하는 티커 심벌은 ATHM이다. 이러한 활자상의 고충과 관련하여 네이머들이 반드시 알아둬야 하는 선례가 있다. 걸프 & 웨스턴^{Gulf & Western} 사는 몇 년 전 회사명의 중간에 놓인 '앰퍼샌드&'를 '플러스+' 기호로 바꿨으나 (즉, Gulf +Western) 언론에서는 헤드라인과 본 기사에 이러한 변화를 전혀 반영하지 않았다. 이와 똑같은 운명이 모두 대문자로 이루어진 이름이나(XEROX), 모두 소문자로 이루어진 이름(adidas)을 기다리고 있었다.

그러나 어떤 교훈들은 절대 지켜지지 않는다. 특히 디자이너들에게 창조의 자유가 주어진 경우에는 더욱 그러하다. 2003년 초 며칠 동안 북미 신문들의 비즈니스 섹션은 다른 제품들을 자랑스럽게 활용하는 여러 개의 2페이지짜리 휴렛-패커드 제품 광고로 도배되었다. "dreamworks+hp"(HP는 애니메이션 워크스테이션과 서버 사업을 벌이고 있었다), "bmw williamsf1 team+hp"(한 HP 슈퍼컴퓨터는 경주용 자동차를 디자인하고 시뮬레이션을 실행하고 있

었다), "nysc+hp"(주간(晝間) 교역을 담당하는 서버 및 저장소), "hongkong +hp"(시민의 정부 액세스를 다루는 웹 포털), "fedex+hp"(잠재적 문제를 발견하고 바로잡는 방법), "birdlife finland+hp"(휴대폰으로 조류 관찰 서비스를 제공하고 그 정보를 중앙 데이터베이스에 보내는 서비스)와 "gruma+hp"(세계에서 가장 큰 옥수수 생산자와 또띠야 생산자간의 새로운 네트워크) 등이 그것이다. 각 연결항들은 서로 다른 웹사이트로 연결되어 있었다. 이렇게 휴렛-패커드는 일관성을 유지하는 것이 매우 중요하고 활자상의 현란한 술수들은 피해야 한다는 국제상표연합International Trademark Association의 경고를 무시했다. 잠정적으로 그 광고는 자신의 상표 가치 뿐 아니라 다른 회사들의 상표 가치도 하락시켰다.

이러한 현상이 아직도 계속되고 있는 동안, 테키 알아맞히기 놀이(techie guessing game)는 '쿨'(cool)한 놀이에서 결국 '콜드'(cold)한 놀이로 변해갔다. 2000년대 초가 되면 글자와 숫자들의 혼합 방

식은 대부분 열기를 잃어버리고 만다. 한 가지 현상은, 닷컴 회사들의 주식시장에서의 폭락 — 물론 휴렛-팩커드는 그 희생자 중 하나였다 — 이 기술 기업들에게 부정적인 이미지를 심어주면서 소비자들이 그들을 경계하게 된 것이다. 자동차 웹사이트 판매회사인 Autobytel.com과 같은 나스닥 상장 회사들이 .com이란 접미사를 버리기 시작했고 여기에 네오포르마Neoforma, 액티브월즈Activeworlds, 애드스타AdStar, 파츠베이스PartsBase 등이 동참했다. 네이머들은 영어를 재발견하기 시작했다.

듣기에 좋지 않으면 아마 실제로도 안 좋은 이름일 것이다. 영어가 스스로 파는 잠재적인 음성적 호랑이 굴(phonetic tiger-trap)에 대해서는 이후에 더 말하도록 하겠다. 어떤 소리가 안 좋은 소리인지는 매우 주관적인 문제일 경우가 많고 특정한 시간과 장소의 영향을 받는다. 1946년 8월 미국 영어교사위원회는 최악의 소리를 지닌 영어단어들로 다음을 지목했다. cacophony(불협화음), crunch(오도독 깨무는 소리), flatulent(위장에 가스가 찬), gripe(심한 복통), jazz(재즈), phlegmatic(가래), plump(쿵하고 떨어지는 소리), plutocrat(금권 정치가), sap(멍청이), treachery(배신) 등이 그것들이다. 오늘날에는 다른 것들이 올라올 것이다. 의심할 여지없이 브랜드 네임에는 안 좋은 소리를 가진 단어들이 너무나 많다. 1만 달러짜리 가정용 엔터테인먼트 시스템의 이름은 파루자Faroudja이다. 또 IKEA 카탈로그에 실린 화장실 벽 스포트라이트 모델의 이름은 파티그Fartyg였다.

한 광고회사의 이름은 배튼 바턴 더스틴 앤 오스본Batten Barton Durstine and Osborn(BBD&O)이었는데, 어떤 이는 이것이 "마치 트렁크가 계단 층계를 굴러 내려오는 소리"같다고 말했다. 작은 회사들의 이름은 특히 말장난에 집착하거나 어미를 재치 있게 마무리하려는 경향을 보여준다. 가령 두 토론토 회사들인 채리엇츠 오브 하이어Chariots of Hire 자동차 렌털 회사와 와인 낫Wine Not이라는 와인 및 맥주 제조 공급 회사가 그렇다. 헛기침을 하게 만드는 UNUM 보험회사의 너무나 혼란스러운 대대적 기업 실책(이것은 "유넘YOU-numb?"인가 아니면 "우넘OOO-numb?"인가)에 비하면 이들의 자유분방함은 눈감아 줄 수 있을 뿐 아니라 코믹한 안도감마저 준다. 심지어 대기업의 안내원마저 확신이 서지 않는 모양이다. 그 이름은 꼭 투덜거리거나 불평하는 소리처럼 들렸다. 이와 비교하면 이 보험회사의 이전 이름인 유니온 뮤추얼Union Mutual은 보석과 같다.

라틴어의 사용도 물론 위험요소를 지니고 있는데 특히 알제이스Allgeis처럼 -is로 끝나는 트레이드 네임의 경우에 더욱 그렇다. 부동산업자인 도널드 트럼프Donald Trump는 그것이 마치 "세계 제1의 병명"처럼 들린다고 말한다. 수많은 병명이 사실 그런 식으로 끝을 맺는다. arthritis(관절염), gingivitis(치은염), encephalitis(뇌염), syphilis(매독) 등을 보라. 론-폴렝Rhone-Poulenc 사와 획스트Hoechst 사의 합병으로 만들어진 새로운 생명과학 회사의 이름은 이런 질병의 뉘앙스를 피할 수 있다고 장담하는 듯하다. 그 이름은 아벤티스Aventis였다. 또 다른 경향인 테크노 거품 이름들의 잠재적 위험은 더그 비렌스Doug Byrens가 쉬놀라 웹사이트에서 재치 있게 요약해놓았다. "앞으로 우리는 이렇게 대화해야 할지도 모른다. '여보? 60#LRft라는 회사에서 뭐 주문한 거 있어요?' '글쎄. 당신 문장 끝에 물음표가 회사명에 속하는지 아닌지에 따라 달라져.'"

60#LRft라는 이름의 회사는 적어도 몬더그린(mondegreen)이 될

위험은 없다. 몬더그린이란 일종의 창조적인 잘못 듣기(mishearing)
로서, 민감한 귀조차 때때로 빠지기 쉬운 프로이트의 말실수
(Freudian slip)나 청각적 난독증(dyslexia) — 맘에 드는 것으로 선택
하라 — 이다. 이것들만 다루는 웹사이트들도 있다. 〈하퍼스〉Harper's
의 1954년 11월 발행본에 보면 실비아 라이트Sylvia Wright는 다음의
스코틀랜드 발라드의 두 행을

> They hae slain the Earl of Moray
> And laid him on the green

이렇게 들었다고 고백한다.

> They hae slain the Earl Amurray
> And Lady Mondegreen

지미 헨드릭스의 노래 가사 "Excuse me while I kiss the sky"를
청취자는 새로운 단어를 첨가하여 "Excuse me while I kiss this
guy"로 듣기도 했다. 어린이들은 미국의 'Pledge of Alliance(국기
에 대한 맹세)'를 'I led the pigeons to the flag'로 듣는다. 몬더그
린 현상은 구와 결합하여 가장 창조적인 결과를 가져오지만, 브랜드
네임도 예외는 아니다. 몬더그린만 다루는 한 웹사이트에 어떤 이가
올린 기사에는 그녀의 4살짜리 아들이 "a Toyota"를 듣고 말한 한
마디가 적혀있다. 그 아들은 이렇게 말했다. "그건 toy ota가 아니라
big ota에요."

브랜드 네임에 대한 판단 착오는 소리에 너무 신경을 써서 일어나

기도 한다. 닛산^{Nissan}이 1960년대에 미국 자동차 시장에 진출할 때 그 회사는 자신의 이름이 너무 일본식이라 생각하여 닷선^{Datsun}으로 고쳤다. 그러나 20년이 지난 후 그 회사는 본명으로 돌아왔는데 왜냐하면 품질에 대한 명성이 일단 뒷받침이 되자 일본식 이름이 그리 나쁜 것처럼 들리지 않았기 때문이다. 이것은 또 다른 일본 자동차 제조업체인 이스즈^{Isuzu}의 경우에는 너무 늦게 일어난다.

1976년 독일 마르크의 가치가 하늘로 치솟던 시기에 뷰익^{Buick}은 자신의 저먼 오펠스^{German Opels}를 생산비가 덜 드는 일본차로 교체하기로 결정했다. 그 회사는 제너럴 모터스가 일부 소유하고 있던 이스즈에게 새 자동차, 오펠-이스즈^{Opel-Isuzu}의 생산을 위탁했다. 이스즈를 잘 팔리는 수입품으로 만들기 위해 수백만 달러가 투입되었다. 일본어로 이스즈는 "50개의 종"이라는 긍정적인 의미를 띤다. 그러나 영어에서 그 이름은 자동차보다는 사회적 질병(social disease)처럼 들렸다. 뷰익의 광고회사가 준비한 광고들은 이름과 관련된 장난을 쳐댔지만 (한 광고에서는 "이스즈는 어떤 곳입니까?"라고 묻고, 다른 광고에서는 "당신의 올이스즈^{ol'Isuzu}는 잘 있나요?"하고 묻는다.) 자동차 딜러들은 전혀 재미있어 하지 않았다. 2만4천 대의 오펠 이스즈 생산목표량 중에서 뷰익 딜러는 첫 해에 8천 대도 채 못 팔았다. 이것은 거의 4만 대에 육박하는 오펠의 전 해 판매량에서 감소한 수치였다. 판매량은 계속해서 추락했고 이 모든 일은 수입시장이 붐을 이루던 시기에 일어났다. 도요타와 닷선, 혼다의 1978년 총 판매량은 (세 회사 모두 합쳐) 1백만 대 이상이었던 것이다.

이스즈는 혼자서 더 잘할 수 있을 거라 결심하고 아메리칸 이스즈

모터American Isuzu Motor 사를 설립했다. 그리고 제리 델라 페미나Jerry Della Femina가 이끄는 광고회사를 고용했다(아이러니하게도 그는 『진주만 전쟁을 일으킨 저 훌륭한 친구들로부터』(From Those Wonderful Folks Who Gave You Pearl Harbor)의 저자였다). 이스즈는 이제 광고에서 "유서 깊은 이름의 앞서가는 자동차"로 불렸다. 광고 예산의 증가에도 불구하고 판매량은 저조했다. 1985년 광고들에서는 이 자동차 회사의 69년이라는 역사를 강조하며 "일본 최초의 자동차 제조업체로서 우리는 닛산과 혼다, 도요타에게 선배에 대한 존경심을 가르쳐 주겠다"를 테마로 설정했다. 그 해에 이스즈는 26,953대의 차량을 팔았다. 반면 이 젊은 세대들은 1,561,832대의 자동차를 팔았다. 곧 세 남자에 관한 농담이 퍼지기 시작했다.

"내 차는 혼다야." 첫 번째 남자가 말했다.

"내 차는 도요타야." 두 번째 남자가 말했다.

"내 차는 일본차야." 세 번째 남자가 말했다. 그의 차는 물론 이스즈였다.

이스즈는 곧 해결책을 찾아냈다. 그 회사는 기존의 생산라인을 버리고 모든 자원을 트루퍼Trooper와 로데오Rodeo라는 하위 브랜드를 가진 4X4 차량과 트럭에 집중시켰다. 이런 차량들은 특히 매력적인 하위 브랜드와 연결될 경우 브랜드 네임이 썩 좋지 않더라도 구매자들에게 큰 영향을 미치지 않았다. 사업은 발전했다. 이스즈는 그 자체로는 마치 재채기하는 소리처럼 들렸다.

닷컴 사이버 러시도 청각적인 당혹스러움에 한 몫 했다. 1997년 스프린트셀룰러SprintCellular는 360도 커뮤니케이션스360° Communications가 되었지만 새 이름은 어떻게 발음해야 할 것인가? 사람들은 "스리식스티"Three Sixty로 부르기로 했는데, 이것은 VXTreme이나

ichat("itch at" 또는 "eye-chat"?) 그리고 XiT Group Creative가 초래한 곤혹스러움에 비하면 매우 간단한 해결책이었다. 적극적으로 소비자들의 반발을 초래하는 브랜드 네임들도 있다. 가령 One2One은 불평하기 좋아하는 소비자들로부터 One-2-no-One이나 One2None라는 별명을 얻게 되었다. 그 회사는 자신의 이름을 T-Mobile로 바꾸는 현명한 결정을 내렸다.

모음이나 자음을 반복하는 것은 발음상의 문제를 발생시킬 수 있

다. 분명, NBA("엔비에이", National Basketball Association, 전미농구협회)나 NFL("엔에프엘", National Football League, 미국프로풋볼리그)는 AAA (American Automobile Association, 미국자동차협회)보다 입에 훨씬 잘 붙는 발음들이다. 비록 AA(Alcoholics Anonymous, 알코올 중독자들의 모임)는 간신히 기준을 통과하지만 말이다. NAACP("엔더블에이씨피", National Association for the Advancement of Colored People, 미국흑인진흥협회)에서처럼 어떤 글자가 반복될 때에는 그 글자 앞에 "더블"이나 "트리플"이란 지시어를 첨가해야 될 때도 있다. VAT(Value Added Tax, 부가가치세)와 WHO(World Health Organization, 세계보건기구)와 같은 단어에는 다른 문제가 걸려있는데, 사람들은 이 단어를 발음할 때 하나의 단어로 읽고 싶은 그들의 충동에 거슬러 따로따로 글자를 읽어야 한다.

때때로 나쁜 브랜드 네임은 단지 나쁜 제품의 자연스러운 결과이기도 하다. 유라인 럭 프로덕츠^{Urine Luck Products}의 경우를 생각해 보라. 웹사이트에서는 그것을 "100퍼센트 탐지 불가능한" 화학물질로

서 소변 샘플에 첨가하면 "원치 않는 독소"를 파괴할 것이라고 선전했다. 이 첨가물이 약물 테스트에 부정적인 목적으로 사용될 것이라는 것은 상상하기 어렵지 않은 일이다. 어쩌면 그 제품의 이름은 — 만일 그 제품의 사용자가 붙잡혔을 경우에는 — "Urnotin Luck"이라고 지어야 했을 것이다. 가짜 소변을 내보내는 인공 (남성) 성기인 휘지네이터Whizzinator는 2003년에 다른 문제를 일으켰다. 6개월의 기간 동안 텍사스 러벅 군 경찰청은 휘지네이터를 이용해 소변 검사 결과를 속이려던 사람을 5명이나 붙잡았다. 이 기구를 만들어낸 회사의 사장은 건조시킨 소변도 판매하였다. 그는 이렇게 말한다. "사람들이 어떻게 사용할 것인가는 우리의 권한 밖에 있다."

모방주의의 악몽. 대중심리의 위험은 테크노 거품이나 라틴어풍에 감염된 회사명들에서 매우 분명해진다. 그러나 모방주의는 거의 모든 유행이나 경향, 동향에 존재한다. 치어스Cheers라는 어떤 술집 이름이 나오면, 곧 투츠Toots, 웨이브스Waves, 윙크스Winks라는 술집이 생길 것이다. 특정 단어도 너무 과도하게 사용될 수 있다. "One"이 그런 경우이다. Pepsi One(이 제품은 시장에서 참패했다), Bank One, eOne, Fiber One, Global One, Mibil 1, Network One, OgilvyOne, One Health Plan, One.Tel, OnePoint, OneSoft, Oneworld, PureONE, Schwab OneSource, Source One, Square One, VerticalOne, V-ONE, Westwood One을 보라. 어떤 경우에는 용어가 제품과 너무 연관되다 보니 일반명으로 전락하기도 한다. "밀러Miller의 라이트Lite 맥주"라는 슬로건이 그렇다. 맥주 소비자들에게는 곧 슐리츠 라이트Schlitz Light, 쿠어스 라이트Coors Light, 버드라이트Bud Light라는 선택권이 주어졌다. 언론과 대중도 밀러 제품을 "밀러 라이트"로 부르며 빠르게 브랜드의 지위를 망가뜨리기 시작했다. 밀러는 "light"와 "lite"에 대한 독점 사용권을 잃어버리게 된 것이다.

데니스 바론Dennis Baron은 빈 칸 없이 대문자 단어를 바로 이어붙이는 "단어 내 대문자화 현상"에 대해 코멘트를 한 적이 있다. 바론(또는 이 현상을 사람 이름에까지 확장시킨다면 DennisBaron)은 이 경향을 콘아그라 푸드ConAgraFood, 피플소프트PeopleSoft, 스마트시그널SmartSignal 등 미국 기업 도처에서 발견한다. 시카고의 주거 복합단지와 개발지구만 놓고 보더라도, 웨더스톤WeatherStone, 레이크브리즈LakeBreeze, 리버벤드RiverBend, 이스트게이트EastGate, 테라빌라TerraVilla, 브라이트워터BrightWater, 뉴트렌턴NeuTrenton, 오크허스트 메도즈OakHurst Meadows 등이 있다. 그것들은 바론이 말한 "어미를 e로 끝내는" 경향과 이름 뒤에 "어디어디(at)"를 첨가시키는 경향을 따르고 있는데, 이 경향들은 Pointe나 Towne으로 끝나는 이름들과 'The Trails at Brittany'와 같은 신주거형태명의 하위범주를 만들어내기도 했다. 그는 20년 후에 이런 이름들이 모두 상상도 할 수 없을 정도로 시대에 뒤떨어진 이름들이 될 것이라고 예언했다.

잠깐 동안 잡지 — 〈보그〉Vogue라 말할 뻔 했다 — 에 인명을 타이틀로 내거는 것이 유행인 적이 있었다. 고(故) John F. Kennedy Jr.의 〈조지〉George나(John John으로 불러야 했을까?) 〈오: 오프라 매거진〉O: The Oprah Magazine, 그리고 〈마사 스튜어트 리빙〉Martha Stewart Living 등이 그런 경우이다. 2001년에 125주년을 맞이한 여성잡지 〈마콜스〉MaCall's는 자신의 이름을 오프라의 TV 토크쇼 라이벌 중 한 명인 로지 오도넬Rosie O'Donnell을 따라 〈로지〉Rosie로 바꿨다. 로지는 이 잡지의 편집장에 부임하였고 50퍼센트의 주식을 소유하고 있었다. 로지는 그 잡지의 커버에 자주 실렸다. 그러나 로지는 발행인인 그루너 & 자 유에스에이Gruner & Jahr USA와 갈등을 겪다가 그 이듬해에 그만두었고 잡지는 폐간되었다.

최악의 스포츠 네이밍. 애틀랜타의 브래이브스Braves와 클리블랜드의 인디언스Indians 야구팀은 그 이름들이 지닌다고 여겨지는 정치적 부당함 때문에 많은 비난을 받아왔지만 그렇다고 그들이 이름을 애틀랜타 네이티브 아메리칸Native Americans이나 클리블랜드 네이티브 아메리칸으로 변경할 가능성은 희박해 보인다. 그러나 어떤 스포츠 이름들은 취향이라는 이유만으로 개명의 압력을 견뎌내기도 했다. 전미하키리그The National Hockey League의 아나하임 마이트 덕스Anaheim Might Ducks는 자신의 소속사인 디즈니 사와 그 회사의 애니메이션 오리인 도널드 덕의 가족을 향해 꽥꽥거리는 이름을 지었다. 스포츠와 비즈니스가 만나면 그 네이밍 결과는 뻔한 경우가 많다. 결국 미국인들은 세가 스포츠 라스 베가스 볼Sega Sports Las Vegas Bowl과 컬리건 홀리데이 볼Culligan Holiday Bowl, 칙-필-어 피치 볼Chick-fil-A Peach Bowl을 보면서 살아야 했던 것이다. 수년 간 스폰서 기업들은 이 대회들과 경기장, 자신의 소속팀, 그리고 마스코트에 대한 네이밍 권리를 차지해 왔다. 그러나 스포츠와 비즈니스가 벌이는 네이밍 경기에서 아마 최악의 경우는 공립초등학교가 자신의 네이밍 권리를 지역 슈퍼마켓에 판매한 경우와 마이너 리그 하키 팀이 소똥을 자신의 별명으로 지은 경우일 것이다.

전국을 통틀어 최초로 공립학교 건물의 일부에 대한 네이밍 권리를 판매한 것으로 알려진 이 에피소드에서 뉴저지 브루크론의 시장

은 자기 시의 유일한 학교가 새 체육관을 "판매"하는 일을 주선했
다. 170만 달러의 체육관 원리금 상환을 위해 향후 20년 동안 10만
달러씩 지불하겠다는 협정이 맺어졌고, 이후 브루크론 시민들은 샵
라이트 오브 브루크론 체육관ShopRite of Brooklawn Gymnasium이라는 이름
을 목도해야만 했다. 당황한 학교 수위는 이렇게 말했다. "우리는
넘어서는 안 될 선을 넘었고 우리도 그것을 알고 있다."

훨씬 더 서쪽으로 가면 텍사스, 엘 파소의 웨스턴 프로페셔널 하
키 리그Western Professional Hockey League에 버자아즈Buzzards라는 팀이 있었
다. 그러나 버자아즈는 흥행 면에서는 항상 꼴찌였다. 그래서 그 팀
의 브레인들은 새 별명을 시도해 보고 결과가 괜찮은지 살펴보기로
했다. 버자아즈의 새 별명은 '소똥'Cow Pattys이었다. (이것은 맞춤법도
제대로 맞추지 못한 것이다. 제대로 된 복수형은 Cow Patties이다.) 지역
의 하키 팬들이 혹시 무슨 뜻인지 모를 경우를 대비해서 그들은 새
로고도 만들었다. 하키 스틱을 들고 헬멧을 쓰고 있는 소 캐릭터가
그것이었다. 그 소 뒤에는 김이 모락모락 나는 응가 더미가 있었다.

의미의 망각. 이름은 단어로 되어있고 단어에는 의미가 있다. 허
먼 밀러Herman Miller의 사무용 가구 디자인은 책상 면을 수평과 수직
모든 방향으로 확장할 수 있도록 해 놨는데, 그 고유의 수직적 능력
과 자유로움을 표현하기 위해 가구 이름을 레비티Levity(가벼움, 변덕
스러움이라는 뜻 — 옮긴이)로 지었다. 그러나 허먼 밀러는 자신의 사
무용 가구가 정말로 마음과 성격, 혹은 행동의 가벼움이나 변덕스러
움을 뜻하길 원했을까? 핫포인트Hotpoint는 스토브 네임으로는 좋은
브랜드 네임이겠지만 냉장고에도 적절한
이름일까? 몬트리올의 한 인터넷 보안

및 프라이버시 제품 판매 회사는 자신의 이름을 제로-날리지 시스템 Zero-Knowledge System이라고 지었다. 그 이름은 업계 내에서는 시사하는 바가 있겠지만 외부인에게는 무지함만을 제공했다.

어떤 미네소타 회사의 이름은 식 옵틱-일렉트로닉Sick Optic-Electronic 이었다. (당연히 사람들은 그들의 손에 병든(sick) 센서를 원하지 않을 것이다.) 미국 서부해안지방에서는 플루크 코퍼레이션Fluke Corporation이 정교한 손도구들을 만들고 자랑스럽게 다음과 같은 모토를 내놓았다. "진지한 일에는 진지한 도구를." 어떤 이는 fluke(요행, 우연히 들어맞음 ─ 옮긴이)의 사전적 의미에 따라 그들의 엔지니어링이 사고나 우연의 요소를 모두 없앴다고 추측했다. 그리고 그들은 절대 팔딱거리지도 않을 것이라 생각했다. ("fluke"의 동음이의어는 가자미의 한 종류를 뜻한다.)

2002년에 에어 캐나다Air Canada는 집 에어Zip Air라는 할인 수송기를 출시했는데, 많은 이들에게 이 이름은 스피드가 아니라 하찮음 (nothingness)을 의미했다. Con Ed(콘 에드, Consolidated Edison)는 문제가 많은 이름인데, 왜냐하면 "Con"은 "concentration"(집중), "consul"(영사), "convict"(죄수), "confidence trick"(사기)을 의미하기 때문이다. 그것의 공모자로 토론토 글로브 앤드 메일Toronto Globe and Mail이 있는데 이 회사의 〈리포트 온 비즈니스〉Report on Business란 잡지는 ROB로 통용되기 시작했다. ROB-TV라는 방송 채널도 있었다.

타이완 담배 및 주류회사Taiwan Tobacco and Liquor Corporation는 2003년에 정부 기관에서 국유 기관으로 위상이 조정되었다. 이러한 변화는 53년간 많은 사랑을 받아 온 이 회사의 담배 브랜드 롱 라이프Long Life(장수) ─ 제품의 겉포장에는 한 남자와 학이 그려져 있다 ─ 의 마지막을 의미할 수도 있었다. 새로 제안된 법안이 담배가 깨끗하고 안전하며 건강하다는 어떤 판매상의 주장이나 암시도 금지했기 때문이다. 그 회사는 이름을 변경하면 사업에 심각한 타격을 입을 것이라 주장했지만 다른 이들은 젊은 층이 아니라 단지 "중장년층"만이 롱 라이프를 피운다고 지적했다.

또 다른 대만 회사인 헤이송 컴퍼니^{Hey Song Company}는 2003년 봄 중국, 홍콩, 싱가포르, 캐나다, 그리고 대만에서 수백 명의 목숨을 앗아가고 수천 명을 병원에 입원시킨 SARS(중증급성호흡기증후군)라는 전염병을 예측하기 힘들었을 것이다. 그러나 그 병은 발생했고, 1940년대부터 인기를 끌어온 이 회사의 루트비어 비슷한 음료수 사스^{Sars}를 덮쳤다. 이 음료수는 그것의 주요 성분인 사르사 뿌리에서 이름을 따왔는데, 중국인들은 그것이 체온을 낮춰주고 인두염을 예방해준다며 애호했다.

2003년 초에 닥터 페퍼/세븐-업^{Dr. Pepper/Seven-Up Inc.} 사는 블로그를 통해 새로운 향의 우유인 레이징 카우^{Raging Cow}(성난 소)를 판촉하려고 했다. 그러나 그 마케팅은 역효과를 낳았다. 닥터 페퍼/세븐-업 사가 소비자들에게 광우병에 걸리라고 권유하고 있다며 블로거들이 바로 지적했기 때문이다.

어떤 네이밍 재앙들은 극히 일부분만 피해갈 수 있었다. 1980년대 중반 인터노스 오브 오마하^{InterNorth of Omaha}와 휴스턴 천연가스^{Houston Natural Gas}, 이렇게 두 에너지 회사의 간부들은 그들의 새로운 합병 회사를 위해 시선을 잡아끌 수 있는 이름을 원했다. 그러나 세계 일류의 선택이라는 그들의 엔테론^{Enteron}이란 이름은 주목을 끌기는 했지만 전혀 다른 이유에서였다. 수많은 전화가 걸려와 enteron(장)은 인간이 음식을 소화하고 물을 내보내는 관을 뜻하는 의학용어라는 점을 지적했다. 그 회사의 이름은 서둘러 엔론Enron으로 바뀌었다. (그러나 엔론의 이후 운명이 대형 부도라는 점을 고려해 볼 때 처음 이름으로 하는 것도 나쁘지 않았을 것이다.)

1997년에 리복Reebok은 자신의 새 여성 운동화 인큐버스Incubus 때문에 고생했다. 신발을 시장에 출시하고 나서야 그 회사는 그 단어가 여성이 잠드는 사이에 방문하여 성폭행하는 악마를 가리킨다는 것을 알게 되었다. 리복은 그 신발의 판매를 중단시켰다. 리복의 또 다른 1997년 신제품은 자칼Jackal이라는 이름의 농구화였는데 그 이름의 뜻은 개와 비슷한 작은 포유류나 다른 사람의 하인, 또는 불명예스러운 행동을 도와주는 앞잡이 등이었다. 아마도 자칼의 착용자는 농구 게임에서 파울로 퇴장할 것이다. 운동화의 무언가는 네이머들에게 탈역사적 기억상실증을 일으킨다. 2002년 Simon Wiesenthal Center의 한 공무원이 그 엄청난 실수를 지적하기 전까지 영국 국가대표 축구팀의 의상을 담당하는 영국회사 움브로Umbro는 그들의 신발을 지클론Zyklon이라는 라벨이 붙은 박스에 담아 판매하고 있었다. 그 공무원에 따르면 지클론 비Zyklon B는 나치 수용소 가스실에서 활약한 요원이었다고 한다.

움브로 사의 부주의함은 끔찍했지만 이보다 덜 명백한 (말)실수들도 있다. 아프리카계 미국인의 말(speech)이나 청소년 속어는 그것에 익숙하지 않은 사람들에게는 언어적 함정을 제공한다. 가령 "51"이란 숫자는 아무런 해가 없는 숫자인 듯 보이지만, 반은 마리화나이고 반은 흡연용 코카인으로 된 담배를 뜻하는 슬랭(slang)이기도 하다. 그러나 아메리카스 하비 센터America's Hobby Center 사는 라디오로 조정되는 비행접시의 상표로 에어리어 51Area 51을 출원해 놓은 상태이고, 아메스 인터내셔널Ames International은 데님셔츠의 이름으로 51을 등록시켰다. 사파이어는 아름다운 푸른 빛깔의 보석 이름으로써, 인사 카드나 진, 감귤류, 손전등 등의 트레이드마크로 사용되어 왔다. 그러나 그것은 흑인 여성을 경멸적으로 부르는 슬랭이기도 하다. 이러한 용법은 〈아모스 '엔' 앤디〉Amos 'n' Andy라는 라디오 및 TV 프로그램의 한 등장인물에서 나왔는데, 그 프로그램에 등장하는 사파이어라는 인물은 저속하고, 불만에 가득 차 있으며, 남자들의 사기를 꺾는 틀에 박힌 흑인 여성으로 묘사되었다.

언어적 정체상태. 이 부분에서 우리는 언어적 교통 체증과 마비상태를 겪는다. 일본의 대기업 니폰 전신전화Nippon Telegraph & Telephone사는 NTT DoCoMo라는 무선 통신 자회사를 가지고 있다. 그 회사는 또 "Morgan Stanley, Dean Witter, Discover & Company"와 같은 언어적 정체상태에 있다. MSDW(Morgan Stanley, Dean Witter 투자회사)처럼 모음의 부재는 진입할 수 없는 글자들의 정글을 만들어낸다. 사실 두 개 혹은 그 이상의 회사를 합병하는 것은 모두 자동차 추돌사고와 비슷한 이니셜의 충돌을 만들어낼 수 있다. 이러한 현상은 LVMH Moet Hennessy-Louis Vuitton의 자아도취적인 이름에서 발견할 수 있고, 또 BankAmerica Robertson Stephens사 전화안내원의 고충을 이루기도 하다. 프랑켄슈타인 같은 이름인 PricewaterhouseCoopers도 있다. (마치 자신의 죄를 속죄하려는 듯이, 2002년에 PricewaterhouseCoopers는 분사한 컨설팅 사업부의 이름을 Monday로 하겠다고 발표했다.)

특히 은행들은 이름 변경에 마땅히 요구되는 성실성이 부족해 보인다. 그들은 직접적인 이름에서 애매하고 알아보기 힘든 이름으로 이동한다. 예를

들어 캐나다의 캐나다 임페리얼 상업은행Canada Imperial Bank of Commerce
은 이름을 CIBC로 바꿨고, 뱅크 오브 노바스코샤Bank of Nova Scotia는
스코샤뱅크Scotiabank로 이름을 변경했다. 알비씨RBC(前 Royal Bank of
Canada)의 미국 브로커 지부의 이름은 알비씨 데인 라우셔RBC Dain
Rauscher였고, 그것의 미국 소매 은행의 이름은 알비씨 센추라RBC
Centura였다. (1817년에 창립한) 뱅크 오브 몬트리얼Bank of Montreal은
2002년에 비엠오 파이낸셜 그룹BMO Financial Group이 되었고 토론토–
도미니언 뱅크Toronto-Dominion Bank는 티디 뱅크 파이낸셜 그룹TD Bank
Financial Group이 된다. 아마 스코샤뱅크는 더 나아진 경우라 할 수 있
지만 CIBC는 또 다른 언어적 교통체증으로서, 이번에는 단어들이
아니라 알쏭달쏭한 이니셜들의 연쇄충돌사고를 일으킨다.

가까운 메가플렉스에서 상영중인 영화들을 생각해보자. 먼 옛날
아주 먼 곳에서도 〈조스〉Jaws는 4글자로 모든 걸 말했고 〈시카고〉
Chicago와 〈스파이더맨〉Spider-Man은 3음절로 모든 걸 해결했다. 그러나
2003년 여름이 되면 영화제목들은 영화 줄거리의 반을 다 말해 줄
정도로 길어진다. 어떤 제목들은 극장 간판에 다 들어가지 않는 경
우도 많다.

〈Pirates of the Caribbean: The Curses of the Black Pearl 캐리
비안의 해적: 흑진주의 저주〉 (14음절)

〈Lara Croft Tomb Raider: The Cradle of Life 라라 크로프트 툼
레이더: 삶의 요람〉 (11음절)

〈Terminator 3: Rise of the Machines 터미네이터 3: 기계들의
봉기〉 (10음절)

〈Legally Blonde 2: Red, White & Blonde 리걸리 블론드 2: 레

드, 화이트 & 블론드〉(9음절)

이 허풍스러운 제목들은 할리우드가 팔고자 하는 것이 무엇이든 간에 그것에 문학적 향취를 추가해줄 순 있겠지만 반드시 티켓 라인을 불티나게 만드는 것은 아니다. 영화관객들이 스스로 줄임말을 만들어내는 것은 당연한 일이다. ("Tomb Raider 2" 볼까 아니면 "T-3" 볼까?)

1997년 월드콤WorldCom이 엠씨아이 커뮤니케이션즈MCI Commmuni-cations를 370억 달러에 사들였을 때 통신 업계는 발칵 뒤집혔다. 임시적으로 엠씨아이 월드콤MCI WorldCom이 이 거대 합병사의 명칭이 되었는데, 이 이름은 형편없고 사용하기 성가신 이름이라고 비난받았다. 월드콤WorldCom은 더 넓은 범위를 뜻하고, 발음도 박력 있었으며, 설명적이고 간단했다. 그러나 MCI는 의미 없는 이니셜들의 볼품없는 집합이자 미국 외에서는 거의 알려지지 않았고, 이미지와 명성에서 볼 때 영원한 2인자였다. 그것은 계속 회사명에 남아 있었다. 2002년에 그 회사는 미국 역사상 가장 큰 파산 신청을 냈다. 그들이 다시 재건되었을 때 그들은 WorldCom을 버리고 MCI로 돌아갔다.

이니셜리즘(initialism)은 IBM, GE, 또는 GM처럼 그 회사가 탄탄한 대기업이 아닌 이상 거의 효과가 없다. 85년 된 집안장식 및 조경술에 관한 잡지 〈하우스 & 가든〉House & Garden은 튼튼하고 쉽게 이해되는 이름을 지녔다. 1987년 그 잡지는 젊은 독자층을 끌기 위해 자신의 이름을 HG로 바꾼다. 그러자 구독 취소가 쇄도했고 결국 1993년에 그 잡지사는 문을 닫아야만 했다. 그리고 10년 후 콘데 나스트

Conde Nast 사장은 잡지를 부활시키겠다고 발표하는데, 새 잡지의 이름은 〈House & Garden〉이었다.

어떤 기업정신은 "agglomerese"에 집착하게 만든다. 이 용어는 1959년 숫자와 단축어로 가득 찬 말이나 글 — 대부분의 기술적 글들의 해악인 — 을 가리키기 위해 〈뉴욕 타임스〉의 로버트 도티Robert C. Doty가 만들어낸 영리한 용어이다. 잦은 이니셜의 사용은 독자나 청중들이 그 뜻을 미리 알고 있을 것이라고 가정한다. 그것들은 종종 혼란을 가중시킬 뿐인데 왜냐하면 이름을 줄일 경우 2개 이상의 회사들이 똑같은 이니셜에 도달할 수 있기 때문이다. 그래서 문맥을 알아야만 사람들은 AAA가 Amateur Athletic Association인지, American Automobile Association인지 그도 아니면 Australian Automobile Association인지 알 수 있게 되는 것이다. 현실이든 가상이든 이런 중복은 인종적 감정을 건드릴 수도 있다. 미국에서 가장 많은 인구를 차지하는 백인들은 CNBC를 NBC의 케이블 TV나 인터넷 자회사 정도로 간주할 것이다. 그러나 아프리칸 아메리칸들에게 CNBC는 6만 개 이상의 교회와 2천만명 이상의 신도들을 대표하는, 8개의 흑인 종교분파들의 연합인 Congress of National Black Church를 나타낸다. 이니셜은 구인광고에도 나오기 때문에, 이니셜을 회사명으로 쓰는 회사들은 원치 않는 모호함을 일으킬 가능성도 있다. 예를 들어 한 회사의 이름이 JDF(Jewish Divorced Female, 유태인 이혼녀)나 WSM(White Single Male, 백인 독신남), 또는 BDG(Black Divorced Gay 흑인 이혼 게이)라고 상상해보자. 두문자어가 일으키는 혼동은 Metro Environmental Systems & Services라는 이름을 가진 회사의 경우를 생각해보면 알 수 있다. 이것은 충분히 합리적인 이름이지만 13음절이나 되기 때문에 그 이니셜로 줄이기 마련이다. 그러나 그러면 이름은 정말 MESS(혼동)가 될 것이다.

때때로 식습관의 변화와 같은 사회적 변화가 이름의 변화를 불러오기도 한다. 제품에 들어있는 동물성 지방에 대한 두려움을 경감시키거나, 아마도 회피하기 위해서인지 데어리 퀸 Dairy Queen의 광고판은 언젠가부터 DQ로 바뀌기 시작했고, 1991년에 켄터키 프라이드 치킨Kentucky Fried Chicken은 자신을 KFC로 부르기 시작했다. 연구에 따르면 전부 이니셜로만 이루어진 이름들은 실제단어나 가상단어로 이루어진 이름보다 어떤 경우이든 기억력이 40퍼센트정도 떨어진다고 한다. 이러한 주장은 〈포춘〉500대 기업에 선정된 회사 중 TJX나 SPX처럼 이니셜로만 이루어진 회사들의 이름을 살펴보는 것으로 확인해 볼 수 있다. 다음 중 몇 개나 알아볼 수 있겠는가?

CVS	TJX	SPX
HCA	AES	CNF
AMR	FPL	USG
TXU	CSX	

TXU, AES, CNF와 같은 이름들은 기업의 얼굴을 가리는 가면과도 같다.

비록 법률회사들도 한 몫하고 있긴 하지만 굉장히 길고 발음하기 힘든 이름들의 탓을 법률가들에게만 돌릴 수는 없을 것이다. 왜냐하면 다음절로 된 언어적 실수들은 종종 기업합병에 의해 발생하기 때문이다.

최고 경영진들은 이런 이름들이 소비자들에게 혼란을 일으키고, 잠재적 고객들을 짜증나게 하며, 시각적으로나 청각적으로 불쾌하고, 기억하기 불가능하며 앞으로 바뀔 것임에 틀림없다는 엄연한 마케팅 및 커뮤니케이션 현실을 무시하기로 단단히 결심한 듯하다.

8

스크래블 스크램블*

네임의 구성원리

언어는 비록 그 정의를 놓고 학계에서 많은 논란이 있긴 하지만 형태소(morphemes)라는 작은 단위로 이루어져 있다. 형태소란 최소 의미단위로서 최소 소리 단위인 음소(phoneme)와 구분된다. 여기까지는 참 좋다. 형태소를 문법적 단위(가령, 복수형 변화나 동사 변형 등)와 어휘적 단위(lexical unit, 종종 어휘소라 부른다)로 분리하려고 할 때 문제는 어려워지기 시작한다. 한 단어에도 다양한 형태소가 있기 때문이다(가령 bring의 어휘소는 brought과 brining을 포함한다).

학문적인 논쟁들에 너무 깊이 파고들어가기 보다 우리는 가장 폭넓은 의미의 형태소만을 다루기로 하겠다. 형태소는 자유로울 수도 있고 다른 것에 구속될 수도 있다. 자유로운 형태소는 혼자 독자적으로 설 수 있는 것들이고, 다른 것에 구속된 형태소는 다른 형태소

---

* 스크래블Scrabble과 스크램블Scramble은 둘 다 단어 만들기 놀이 상표명을 뜻한다. — 옮긴이

와 함께 쓰여야만 하는 것들이다. 가령 builder라는 단어에서 build
는 자유로운 형태소이다. (하이픈의 부재를 주목하라!). 반면 -er은 그
것에 구속되어 있다. 이 장에서 우리의 관심은 브랜드 네임의 내용
— 즉 그 브랜드 네임을 이루는 하나 혹은 그 이상의 형태소들이 문
법이나 사전에서 무엇을 의미하는지 — 보다는 그 형태에 더 집중하
는 것이다. 단어이든 아니면 단어의 일부이든 상관없이, 이 조각들
이 브랜드 네임 형성에서 활약하는 과정들로 부호표시(marking), 차
용(borrowing), 접사첨가(affixation), 복합어 만들기(compounding),
단축(reduction), 순서배열(ordering) 등이 있다. 우리는 그 과정들을
차례로 살펴볼 것이다.

부호표시(marking). 눈을 돌려 잠깐만 살펴보더라도 어떤 언어
이든지 부호들의 덩어리로 되어 있는 것을 알 수 있을 것이다. 더 나
은 용어가 없어서 일단 이 용어를 사용하기로 하자면, "부호표시"란
일반 사람들이나 특히 네이머들이 이 매우 작은 단위들에게 갖는 존
중을 의미한다. 특별히 관심을 끄는 단위들로 구두점(punctation),
숫자(numeral), 특수문자 및 심벌, 그리고 발음구별부호(diacritical
mark) 등이 있다.

브랜드 네임에서 발음구별부호는 보통 청각적 효과보다는 시각적
효과를 위해 삽입되는데, 가짜 외국적 인상을 만들어 내거나(가령
Häagen-Daz의 움라우트처럼), 로이터-도우 존스 인터렉티브[Reuter-Dow
Jones Interactive]의 후속이름인 팍티바[Factiva]의 바이아크론[biacron] — 위에
점이 아니라 원이 있는 i처럼 로고에 들어가든지 한다. 위에 원이 있
는 i는 정보(information)를 뜻하는 국제적 심벌이다. 애질런트[Agilent]
와 내비전트[Navigent](이 둘은 모두 i에 강세를 둔다)로부터 자신을 차별

화하기 위해 온라인 데이터 검색 회사인 내비언트^{Naviant}도 바이아크 론을 끌어들였다. 내비전트의 이름을 지은 회사의 대변인은 이렇게 말했다. "소비자들은 그것을 끝없는 영감과 가능성에 연결시키게 될 것이다." 그러나 어떤 이는 이런 코멘트를 남겼다. "그들은 i의 점 부분을 하트나 스마일리 페이스로 그리는 구글층 십대 소녀들과 연 결시킨 것이다."

느낌표는 한 때 〈Oklahoma!〉나 〈O Calcutta!〉 등 희극과 뮤지컬 에서 많은 인기를 끌었다. 하이픈은 브랜드 네임에서 오늘날 보다 더 많은 인기를 누렸었다. Sun-Maid, Star-Kist, Sani-Flush 들은 모 두 1920년대에 나온 이름들이다. 오늘날에 아마도 이들은 SunMaid, StarKist, SaniFlush로 표기될 것이다. 존 벤보$^{John\ Benbow}$ 가 자신의 저서 『Manuscript and Proof』에서 언급했듯이 "하이픈 을 심각하게 받아들이면 분명 미치고 말 것이다."

Coca-Cola, Bristol-Myers, Rolls-Royce들은 각각 1886년, 1899 년, 1906년부터 계속 하이픈을 유지해오고 있고(이 중 Bristol-Myers 는 그 이전에는 Bristol, Myers였다) 그들의 명성은 안정된 상태를 유지 하고 있다. 그러나 Times-Mirror Company(〈로스앤젤레스 타임스〉의 모회사)와 Erie-Lackawanna Railroad, Knight-Ridder 뉴스 에이전 시는 각각 Time Mirror(1962)와 Erie Lackawanna(1963), Knight Ridder(1998)가 되었다. 2000년 초가 되면 골뱅이 표시(@)와 슬래 시(/), 그리고 개인용 컴퓨터(PC)와 닷컴 시대에 나온 다른 모든 이 상한 구두점들도 서서히 무너지기 시작했다. 더 지속적인 구두점으 로는 7 UP, 7-Eleven, Union 76, V8, 2-4-1 Pizza, Drugs 4 U 등에 서처럼 알파벳과 숫자의 합성어(ideophonemes)였다.

어떤 활자 디자이너도 각 글자와 문자마다 고유의 물리적 특징과

개성이 있다는 것을 안다. Toys "я" Us에
서 어린아이처럼 거꾸로 뒤집어놓은 R의
효과를 깨닫기 위해 우리는 서체 디자이너까지 될 필요는 없을 것이
다. 글자에는 자주 어울려 다니는 친구가 있을 수도 있다. 가령 w는
h와, q는 u와 자주 어울려 다닌다. 브랜드 네임 전문가인 에이드리
언 룸은 O가 그 자체로 완벽한 시각적 원형 형태를 이루고 있고, 원
을 통해 타깃을 제시하고 시선을 그 중심으로 모아주며, 그것이 인
간의 눈이나 입과 자주 연관되는 것은 전혀 놀라운 일이 아니라고
지적한다. X는 시각적으로 규칙적이고 통일감을 주며 균형과 대칭
을 이루는 형상이다. O처럼 X도 타깃 글자로서 시선을 두 개의 사
선이 교차하는 중간 지점 쪽으로 모아준다. 이렇게 시각적인 이유만
으로도 OXO와 같은 이름은 이중의 호소력이 있다. 그리스 문자를
풀어쓴 알파(Alpha), 델타(Delta), 오메가(Omega)와 같은 이름들은
고전적 명성의 느낌을 만들어낸다.

알파벳은 형태뿐 아니라 보통 단어의 처음을 장식하는 빈도수에
있어서도 글자마다 엄청난 차이를 보인다. 다음의 조잡하고 전혀 과
학적이지 못한 표는 글자마다 보통 단어의 처음을 차지하는 빈도수
가 어떻게 브랜드 네임과 트레이드 네임의 처음을 장식하는 빈도수
와 차이가 나는지를 보여준다. 첫 번째 줄은 고유명사를 포함하지
않는 사전인 『Chambers Maxi Paperback Dictionary』에서 글자들
을 측정하여 나온 결과이다. 두 번째 줄은 두 개의 긴 브랜드 네임
목록에서의 빈도수를, 세 번째 줄은 뉴욕 증시에 올라온 트레이드
네임에서의 빈도수를 보여준다. 어떤 이니셜 단어들은 빈도수가 너
무 비슷해서 함께 묶었다.

사전 빈도	브랜드 네임 빈도	트레이드 네임 빈도
S	C	A, C
P	S	S
C	M	B
T	A	T
B, M	B	M, P
A, D, R, W	P, T	D, E, F, G, H
F	O	N, R
E, G, H, I, L	D, L	I, W, L
O	H	K, U
N	F, G, R	J, O, V
U	E, V	Q
V	K	X, Y, Z
Q	I, W	
J, K	J, Z, Q, U, X, Y	
X, Y, Z		

이 표가 나타내는 것 이상으로 S로 시작되는 단어는 일상어법에서 다른 단어들을 압도하고 있고, "사전편찬자는 S 부분이 끝나기 전까지는 자신이 작업하는 사전이 끝날 것이라고 생각해서는 안 된다"라는 말도 있다. 그러나 브랜드 네임과 트레이드 네임에서, S-단어는 1위와 한참 떨어진 2위를 기록한다. L 단어는 세 카테고리 모두 사용빈도수에서 8위를 차지했고, X와 Y 단어는 세 부문 모두에서 하위에 위치해있다. P 단어는 사전에서는 2위이지만 트레이드 네임에서는 5위이고 브랜드 네임에서는 6위이다. C 단어는 브랜드

네임과 트레이드 네임에서 모두 공동 1위를 차지했다. A 단어는 트레이드 네임에서는 1위이지만 브랜드 네임에서는 4위이고 사전에서는 6위이다. 이 자료들로부터 한 가지 교훈을 이끌어내자면 청개구리와 같은 심보를 가진 자에게 해 줄 수 있는 조언은 브랜드 네임의 첫 글자로 J, K, X, Y, Z에 몰두해보라는 것이다.

똑같은 교훈을 단어에 등장하는 글자의 빈도수에도 적용해 볼 수 있다. 아래에 데이비드 크리스털^{David Crystal}이 편찬한 『케임브리지 백과사전』에 수록된 150만 개의 단어들에서 글자들이 등장하는 빈도수를 측정해보았다. 이 수치는 브랜드 네임과 같은 고유명사를 포함하고 있기 때문에 다른 대부분의 글자빈도수 일람표보다 약간 더 신뢰할 수 있을 것이다. 어떤 경우이든, "e"가 언제나 영어에서 가장 흔히 쓰이는 글자이다.

e	r	c	g	k
a	s	m	b	x
t	l	u	y	j
i	h	f	w	z
n	d	p	v	q
o				

알파벳 철자들은 시각 및 양적(quantitative) 영향을 지니게 되는 것 외에도 문법적 형태소가 될 수도 있다. 가령, -s는 명사(cats)나 게임 이름들(billiards), 또는 반사적 조건들(giggles)을 복수로 만들 수 있다. 그것은 또 애완동물 이름이나 별명 등 대문자로 된 명사(Fats)에서 친밀감을 나타내는 접미사로 사용될 수도 있다. 그것은

또 3인칭 단수 능동 직설법 형태를 지시하기도 하고(walks, talks), 부사를 이루기도 한다(unawares). 이렇게 한 글자로 이루어진 형태소들은 또한 브랜드 네임에서 수많은 중요한 함의와 의미들을 담기도 한다.

알파벳의 맨 처음 글자를 살펴보자. A는 태어난 이후로 언제나 첫 번째 글자였고 그래서 아마도 최고의 품질이나 성적을 표시하게 되었을 것이다. A는 두 번 반복되는 경우가 거의 없고 이런 현상은 외국어에서 차용한 단어에서만 나타난다(aardvark, Aaron). a-나 -a는 다음의 다양한 의미를 가진다. "of"의 음성학적 철자(cuppa, lotsa), 여성 단수 어미(cinchona), 여성 인명 어미(Roberta), 화학 원소의 산화물(alumina), 복수형 어미(phenomena), "~로부터 멀리, ~로부터"를 뜻하는 접두사(avert), "행동의 시작이나 끝 지점"(abide)을 뜻하는 접두사, "~위에, ~안에, ~로, ~쪽으로"를 뜻하는 접두사(afoot, afar), "아니다"라는 부정이나 그냥 부재를 뜻하는 접두사(amoral, atonal) 등. 그리고 앞에서 살펴봤듯이 많은 자동차 이름들이 a로 끝난다.

A는 브랜드 네임에서 종종 외국이나 이국적, 혹은 여성적이거나 로망스어 및 고전어의 인상을 만들어낸다.

Aga	Granada	Oceana
Agfa	Honda	Omega
Bata	Konica	Ribena
Cessna	Lada	Ryvita
Cona	Lancia	Sabena
Corona	Leica	Simca

Cortina   Lufthansa   Skoda

Fanta   Matsushita   Tia Maria

Fiesta   Mazda   Toshiba

Formica   Minolta   Toyota

Fujica   Nivea

O는 수많은 기능과 의미를 동시에 포괄한다. 문법적으로 그것은 연결어의 기능을 할 수 있다(speedometer). 그것은 "~를 마주하여, ~향하여, ~에게, ~와 접촉하여, ~위에, ~에 반대하여, 반대로, 혹은 역으로"를 의미한다(omission). 그것은 종종 비형식적 단어나 속어에서 발견할 수 있다(ammo, combo, limo, blotto). 그것은 경멸을 뜻하는 어미가 되기도 하고(cheapo, sicko), 누군가에게 말할 때 쓰는 비형식적인 어미가 되기도 한다(cheerio). 고유명사를 애정적 혹은 다른 방식으로 줄이거나(Jacko), 사실 많은 단어를 줄이는데 쓰이기도 한다(photo, memo, video, disco). 그것은 적어도 처음에는 과학적인 단어로 시작된 단어의 맨 마지막 요소 직전에 나타나거나 (thermometer) "달걀"을 의미하기도 한다(oidium).

O는 이탈리아어나 스페인어 등 로망스어에서 온 단어들과 연결 되고(amigo, bambino) 더 위 시대로 올라가면 라틴어와 그리스어의 단어 뿐 아니라 그 문화적 지시에까지 연결되며(Scorpio), 일반적으로 이국적인 배경과 연결된다(mikado). 또한 음악적 용어와도 연결 된다(concerto, allegro). 일상 회화에서는 주의를 끌거나 놀라움 혹은 기쁨을 표현하기 위해 O를 사용하곤 한다("Oh, look!", "Oh, yes!"). 또 시에서는 돈호법으로 사용되거나("Oh to be in England, now that April's here.") 짧고 간결한 메시지나 감정을 전달하기 위

해 사용되기도 한다(Hello!). O는 하이픈을 동반하거나 하이픈 없이 인종이나(Anglo-American) 과학기술을 연결시키는 모음으로 종종 사용되고(electromagnetic), 문학이나 문화와 관련된 표현에도 사용된다(socio-comic). 이렇게 O에 담긴 수많은 함의를 고려해볼 때, O가 19세기부터 브랜드 네임에서 현저하게 많은 인기를 누려왔고,

VOLVO

Bronco, Omo, Polo, Volvo, Yo-Yo처럼 이따금씩 같은 이름에 한 번 이상 등장한다는 사실은 전혀 놀라운 일이 아니다.

Aero	Cinzano	Milo
Alfa-Romero	Day-Glo	Sanyo
Allegro	Eno	Sirocco
Biro	Glaxo	Tesco
Bisto	Jell-O	Typhoo (tea)
Brasso	Marlboro	Velcro
Brillo	Meccano	Yo-Yo

브랜드 네임에 있어 분명 등장 횟수에서는 아닐지라도 그 가시성 (visibility)에서는 O의 라이벌이라 할 수 있는 것이 X이다. X는 ex-라는 접두사(prefix)로 등장하여 많은 단어들의 서두를 장식하고 있고(ex-President), "외부, ~에서, ~에서 유래한" 등의 뜻을 지니기도 한다. 종종 그것은 그리스어에서 유래한 단어의 처음을 열고 라틴어에서 유래한 단어의 마지막을 장식한다. 또 -cks나 ex의 보다 간결한 음성 및 철자 형태가 되기도 한다(sox, pix, Xtra Large). 그것은 예수(Christ)나 십자가, 기독교인을 나타내는 기호이기도 하다

(Xians). X는 무언가 발견될 것이 있는 "어떤 지점을 표시한다." 또한 투표용지에 쓰는 표시이기도 하고, 서명을 할 수 없는 누군가의 성명을 대신하기도 한다. 그것은 미지의 특정인을 나타내는 기호이기도 하고(Mr. X) 영국에서는 맥주의 강도를 뜻하는 상징이기도 하다(XXXX는 강도가 매우 강함을 의미한다. 호주 맥주의 이름이 XXXX인 것은 놀라운 일이 아니다). X는 또 성인용 영화 카테고리를 의미하기도 하고 키스를 뜻하는 개인적 기호이기도 하며, 오답을 지시하기도 한다(이 반대는 체크 표시나 V 표시이다). 그것은 "곱하기"를 뜻하는 기호이기도 하고, 체스에서는 '포'를 뜻하며, 영국식 축구 도박 쿠폰에서는 무승부 게임을 나타내고, 원예학에서는 이종 교배를 뜻한다(Aceras x Herminium). 유전학에서 그것은 여성을 나타내며(X 염색체), 사진에서는 확대를 의미한다. 로마 숫자 체계에서는 10을 의미한다. 마케팅에서 그것의 가장 눈에 띄는 등장은 아마도 TV 광고에서 항상 유명 브랜드에 열등하게 비교당하는 불행한 제품인 "Brand X"일 것이다. 특히 필자들을 비롯하여 많은 이들을 미궁에 빠뜨린 일 중 하나는, 이름 없는 Brand X가 실제로는 가정용 세척제와 안전 고글, 또 심지어 밀워키의 광고회사 이름으로 상표 등록되어 있다는 것이다.

이고[Igor]라는 브랜드 네이밍 회사의 스티브 매닝[Steve manning]은 X가 공상과학소설과 최첨단 기술, 컴퓨터, 자동차, 그리고 의약품과 연결된다고 말한다. 브랜드 네임으로서 X는 Exxon, Ex-Lax, Xerox 등에서 남들보다 두 배의 임무를 맡는다. 그것은 명성이나(excellent) 질감을(Spandex) 부여하는 고전적 요소일 수도 있다. X의 마케팅적 장점은 1920년대부터 많은 브랜드 네임에서 활용되어 왔다. 그 중

 Kanotex, Footex, Pointex, Pinex는 이미 사라졌지만 본 책을 쓰는 현 시점에서 여전히 사용 중에 있는 브랜드 네임들로 다음과 같은 것이 있다.

Ajax	Kleenex	Playtex
Cutex	Kotex	Pyrex
Dexedrine	Lux	Rolex
Durex	Miramax	Timex
Electrolux	Perspex	Westclox
Ex-Lax		

K는 Kleenex, Kodak, Kotex를 포함하여 브랜드 네임에서 자주 애용되었는데 왜냐하면 K는 개성적인 외모와 음성학적 철자, 그리고 경음 c와 q의 사운드를 동시에 나타낼 수 있기 때문이다. Krispy  Kreme 도넛츠나 Krazy Glue, Kwik Kopy 등이 그런 예이다. 영어에서 K는 이국적인 단어들에 정기적으로 등장하고(sheikh, batik, karate, koala) 외국인명(Khrushchev)과 외계인의 이름 (Klingons), 유머(Keystone Kops)에도 나타난다. K는 또 Special K 처럼 비타민을 뜻하기도 한다. 조지 이스트만^{George Eastman}이 Kodak 이라는 브랜드를 고안해냈을 때 그는 이렇게 말했다. "나는 K라는 글자가 항상 가장 맘에 들었다. K는 강하고 예리한 글자처럼 보였다."

V라는 글자는 브랜드 네임 사용빈도수에서 W를 앞지르는데, victory(승리), vital(중요한), virile(활기 있는) 등과 유익한 연관관계

를 지닌다. E는 탁월함(excellence)과 마약 엑스터시(drug ecstasy), 그리고 노력(effort)을 나타낸다. F는 학문적으로 실패(failure)나 큰 소리(forte 포르테), 저속함(f 단어로 완곡하게 표현할 수 있는)을 나타 낸다. Y는 쾌활함을 더해준다(Speedy Muffler King). 이국적인 Z는 차용어에 자주 등장한다(zombie, bazaar, mazurka). 이상하게도 이 글자들의 Zorro는 스페인어에서 "교활함"이나 "교묘함"을 뜻할 뿐 아니라 "catch some Zs"에서처럼 잠(sleep)을 뜻하기도 한다.

차용(Borrowing). 혼혈어로서 영어는 외국어를 그것에 동화시키 고, 전유하고, 흡수하고, 노골적으로 훔치는 능력으로 유명하다. 브 랜드 네이밍은 종종 그런 차용에 탐닉한다. Volare, Quattro, Montero, Samurai, El Pollo Loco, Encanto, Fuego에서처럼 때때 로 한 단어나 구를 차용할 수도 있다. 차용은 접두사(prefix)나 접미 사(suffix)의 기원에 있어 훨씬 더 광범위하지만 좀 더 미묘한 역할 을 맡기도 한다.

접사 첨가(Affixation). 접사 첨가란 접두사나 드문 삽입사 (infixes, 삽입사는 분리할 수 없는 단어의 중간에 오는 부분이다. 영어에서 이는 보통 욕설에서 발견된다. abso-damn-lutely) 그리고 특히 접미사 를 사용하는 것이다. 표준 접사 외에도 단어의 요소들을 하나로 이 어주는 모음들, 가령 -o-, -a-, -i-나 단어와 비슷하게 생긴 연결어인 bio-와 Euro- 등도 있다. 접사를 포괄적으로 모아 놓은 어떤 목록에 는 그 변이형(variant)을 제외하고 386개의 접두사와 322개의 접미 사가 수록되어 있었다.

접미사는 다양한 방식을 통해 다양한 형태로 등장한다. 단어가 만들어지는 한 가지 방법은 파생(derivation)인데, 파생이란 단순한 단어에서 좀 더 복잡한 단어 형태로 이동하는 과정으로써 engrave로부터 engraver를, real로부터 realness를 만들어내는 것처럼 말의 일부를 변경하는 경우가 많다. 단어를 만드는 또 다른 방법은 품사의 전환(conversion)인데 품사의 전환이란 형용사를 명사로 만들거나(a natural), 명사를 동사로(refereed the game), 형용사를 동사로(emptied the bottle), 명사를 형용사나 다른 수식어로 만드는 것이다(cotton blouse). 문법적 기능어나 전치사(preposition)도 동사로 사용되거나(she upped the ante) 명사가 될 수 있다(the how and why). 접사는 또 명사가 될 수 있고(ologies, isms) 구(phrases)도 마찬가지이다(a free-for-all).

접사는 다재다능하다. 그것은 복수형이나(quizzes, carrots), 소유형(dog's), 그리고 동사 시제 표시이자 때때로 그 단축형을 이루고(sees, shouted, ongoing, doesn't), 대명사 어미(somebody, anything, herself)나 비교형 및 최상급(better, kindest) 등으로 변화할 수 있다. 그것은 또 파생접미사로서, frontage, stardom, farming, friendship과 같은 추상 명사를 형성하기도 한다. 또 그것은 booklet이나 engineer 등 구체 명사를 형성하기도 한다. 그것은 quickly나 downward에서처럼 부사를 형성하기도 하고 Portuguese나 leftist에서처럼 형용사를 만들기도 한다. 그것은 breakage나 actor에서처럼 동사를 명사로 바꾸거나, washable과 attractive에서처럼 형용사로 바꿀 수도 있고, happiness에서처럼 형용사를 명사로, useful, foolish, hairy에서처럼 명사를 형용사로 바꿀 수도 있다.

접미사는 라틴어나 그리스어에서 유래하는 경우가 많다. 인텔 5

세대 컴퓨터 칩인 펜티엄은 "5"를 뜻하는 그리스
어와 uranium이나 titanium 등과 같은 원소 주기
율표에 있는 등장하는 접사를 혼합했다. -um은 라
틴어의 두 번째 격변화 중성명사와 중성 형용사의 
어미인데 Librium이나 Valium과 같은 조어적 네임에 등장하기도
하고, Aquascutum(scutum, 방패)이나 linoleum(oleum, 기름)에서
처럼 진짜 라틴어의 어미로 사용되기도 한다. Postum에서 -um은
특이하게도 이 음료를 발명해낸 Charles William Post의 이름을 따
라 개인의 이름에 첨가된 경우이다. -um은 또 -in, -ine, -ene 등의
접미사와 함께 의약품의 이름에 자주 사용되는데 그도 당연한 것이,
이들은 보통 영어에서 화학물질을 나타내는 용어에 자주 첨부되기
때문이다(penicillin, quinine, benzene).

Aspirin	Dramamine	Ovaltine
Benzedrine	Listerine	Plasticine
Dexedrine	Methedrine	Vaseline
Disprin		

　Polaroid(폴라로이드)에서처럼 "형태가 비슷하거나 같은"이라는
뜻의 -oid라는 접미사는 19세기 말부터 상업적으로 사용되기 시작
했고 celluloid와 tabloid에서 한껏 기세를 받는다. 이 둘은 모두 처
음엔 트레이드마크였다. 또 -ol과 -ola라는 접미사들도 있다. 보통 -
ol로 된 단어들은 화학적 화합물을 의미하는데 특히 알코올과 관련
된 것을 의미한다(glycerol, phenol). 이 뜻 외
에도(Dettol, Skol), 브랜드 네임은 이 접미사　　CLAIROL®

의 의미를 Castrol, Clairol, Cuprinol에서처럼 오일(석유)과 그 부산물, 또는 그것을 사용하는 제품으로까지 확장시키기도 한다.

-ola라는 접미사는 좀 더 복잡한 경력을 가지고 있다. 그것은 익살스런 어미로 등장하기도 하고(crapola), 뇌물이나 은밀한 지불을 뜻하는 단어에 등장하기도 한다(payola). 상업적 신조어에서 그것은 Mojola에서처럼 기름을 뜻하기도 하고("maize oil"), Pianola, Victrola에서처럼 가짜 이탈리아 지소사(diminutive)이기도 하다. 그것은 좀 더 간접적인 형태로 Coca-Cola와 Pepsi-Cola에 등장한다. -on이나 -lon이란 접미사는 대개의 경우 원자 구성요소(neutron 중성자)와 분자 단위(codon), 그리고 좀 더 일반적으로는 물질(interferon)에 사용된다. 몇 가지 예외를 제외하고(Canon, Exxon, Mogodon), 브랜드 네임에서 그것들은 주로 합성섬유에 쓰이는데, rayon과 nylon과 같은 이제는 일반명이 된 브랜드들을 모델로 한다. Ban-Lon, Chinon, Dacron, Orlon 등이 그런 예이다. 여성 접미사인 -elle은 우아함과 부드러움을 더해주는 반면(Cottonelle, Trielle), -ette는 여성성(Vassarette)이나 대체(Chinette)를 의미한다.

-scape이라는 접미사는 오래되었지만 전혀 사라질 기미가 보이지 않는다. 그것은 17세기 네덜란드어와 독일어의 landschap에서 유래했다(이것은 오늘날 landscape가 되었다). 같은 접미사가 사전에서("넓은 영토를 훑어본다는 느낌을 주기 위하여"라는 뜻으로) cityscape, dreamscape, seascape, skyscape 등 수많은 단어로 등장하는 것을 볼 수 있다. 또한 -scape이라는 접사가 붙은 단어들을 인터넷에서 종종 찾아볼 수 있다. Netscape(넷스케이프)가 가장 분명한 예이겠지만 또한 Medscape, Globalscape, Seniorscape, Travelscape 등도 있다.

물론, 조어적 네임들의 경우 접사첨가는 그 형태소들의 연극에서 단역 이상을 차지한다. 다음의 매우 선택적인 표는 다른 몇 가지 전형적인 접사를 비롯하여 그것과 연관된 대표적인 브랜드 네임이나 트레이드 네임을 보여준다.

-able	Quicken ExpensAble	-ite	Arborite
ac-	Accenture	-ity	Genuity
-ac	Prozac	-le	Boxxle
ad-	Adrenalin	-lin	Adrenalin
-ad	Covad	log-	Logitech
-ade	Gatorade	luc-	Lucite
aero-	Aeroflot	lum-	Lumenare
ana-	Anadem	-max	Betamax
ant-	Antabuse	max-	Maxager
-ant	Cendant	-max	Vasomax
aqua-	Aquafresh	mega-	MegaDrops
-ar	Pixar	micro-	Microlux
arthro-	Arthrotec	neo-	Neosynephrin
astro-	Astroturf	omni-	Omniva
-ator	Purolator	-or	Zocor
auto-	Autoharp	-ped-	Expedia
-centric	Concentric	plex-	Plexiglas
cine-	Cinerama	poly-	Polyfilla
co-	Comergent	pre-	Previa
-co	Tesco	pro-	Prozac

col-	Coldon	san-	Sanotogen
com-	Compaq	-scope	Cinemascope
-com	3Com	-set	Letraset
con-	Consilient	-ster	Dumpster
cor-	Corian	supr-	Supra
duo-	Duotang	sym-	Symantec
dura-	Duracell	-sys	Unisys
electro-	Electrolux	tech-	Technicolor
en-	Enbrel	-tel	Nortel
-ence	Vividence	tele-	TelePrompTer
-ent	Agilent	-tron	Icotron
-er	Breathalyzer	ultra-	Ultrasuede
exo-	Exocet	uni-	Unilever
-im	Altim	-ure	Accenture
-in	Lanoxin	-us	Velocitus
-in-	Lumina	-val	Miraval
-ine	Listerine	ven-	Venator
inter-	Internap	ver-	Verbex
-ion	Halicion	veri-	Verigold

축약(abbreviation)의 한 형태인 -y, -o, -er, -s와 같은 일부 접미사들은 매우 구어체적인 음색의 어휘소들을 만들어낼 수 있다. -y나 -ie는 baddy, daddy와 auntie, Susie, Billy 그리고 영국의 telly 등에 등장한다. -o는 ammo, weirdo, aggro("aggravation"의 영국식 단어)에서 등장하고 smacheroo에서는 두 번 등장한다. 영국인들은

boner(큰 실수)와 rugger(럭비 미식축구) 등 -er을 애호한다. -s도
("Moms and Dads") 영국의 preggers(임신)과 starkers(전라 누드)에
등장하고 champers(샴페인)에서처럼 두 세계대전 사이의 영국 상류
사회의 슬랭에 등장하기도 한다.

접미사도 단어처럼 시대의 흐름을 탄다. 1960년대 초 소련 연방
의 스푸트니크^{Sputnik}호 발사 이후 -nik는 잠깐 유행을 끈 적이 있다.
1970년대 초의 워터게이트 스캔들은 이란게이트(Irangate)와 내니
게이트(Nannygate)로 이어지는 새로운 길을 개척하였다. 그리고
1980년대에는 다른 접사들이 전면에 부상했는데 (megtrendy,
megaplan, megacity, megabrand처럼) mega−와 (사용자중심적 user-
friendly이나 고객중심적 customer-friendly, 친환경적인 ecofriendly에서
처럼) -friendly, (heightism이나 ageism처럼) 새로운 -isms과 (물론
Bond-Aid에서 유래한) -aid가 있다.

새 브랜드 네임들은 일종의 신조어들로서, 사전편찬자 빅토리아
뉴펠트^{Victoria Neufeldt}는 신조어를 "언어 공동체의 집단적 무의식"이라
부른 바 있다. 그녀는 신조어가 McJob이나 couch potato(또는 심지
어 American Dialect Society에 의해 2004 최고의 미국 방언으로 꼽힌
metrosexual)처럼 혜성 같은 신입자가 될 필요는 없다고 말한다. 신
조어들은 또한 texturize처럼 새 단어를 만들기 위해 -ize와 같은 오
래된 접미사를 사용하거나 기존 단어에 접사를 새로운 방식으로 추
가할 수도 있다. 여기 그녀가 꼽은 생산적인 접미사 목록 중 일부가
있다.

-(a)holic	-ese	-safe
-adelic	-head	-something

-appropriate   -meister   -speak

-averse   -neutral

-capable   -oid

우리는 그녀의 목록에 user-friendly에서처럼 -friendly와 garden-fresh에서처럼 슈퍼마켓에 의해 너무나 많은 사랑을 받는 -fresh라는 접미사를 첨가할 수 있을 것이다. multitasking(멀티태스킹)과 같은 새 단어들은 그 안에 익숙한 부분들을 포함하고 있기 때문에 사람들에게 빨리 수용된다. 뉴펠트는 Multitasking이 이전에는 없었던 자동사 기능으로 사용됨으로써 task라는 단어에 새로운 기능을 만들어낼 뿐 아니라 새로운 multi-복합어를 만들어냈고 또 새로운 동명사로 tasking이란 단어를 만들어냈다고 지적한다.

브랜드 네이머들은 일상적으로 멀티태스킹을 한다. 그들은 표준적인 접사 사용에 만족하지 못하고 항상 새로운 접사들을 만들어낸다. 특히 의약제품의 경우 더욱 그러하다(비록 그들의 "새" 접사 중 많은 것이 그리스나 라틴 어원에서 나왔지만 말이다). 아래는 그런 접사와 그와 연관된 제품들의 예이다.

accu-	Accutane	-exant	Conexant
achro-	Achromycin	ico-	Icontron
adria-	Adriamycin	larg-	Largactil
alba-	Albamycin	laundro-	Laundromat
aldo-	Aldomet	libr-	Librium
alt-	Altoids	lycr-	Lycra
amy-	Amytal	mercuro-	Mercurochrome

ata-	Atabrine	meri-	Meritel
aureo-	Aureomycin	nem-	Nembutal
avo-	Avosure	neu-	Neupogen
ben-	Benadryl	neutro-	Neutrogena
cal-	Calidus	novo-	Novocain
cele-	Celebrex	nutra-	NutraSweet
cepa-	Cepacol	opt-	Optima
cere-	Cerebyte	osmi-	Osmiroid
chem-	Chemdex	plexi-	Plexiglas
cor-	Corian	suda-	Sudafed
dem-	Demerol	thora-	Thorazine
dent-	Dentegra	tyl-	Tylenol
dexe-	Dexedrine	val-	Valium
dram-	Dramamine	vivi-	Vividence
elasto-	Elastoplast	zix-	Zixoryn
epo-	Epogen	zyr-	Zyrtec

복합어 만들기(Compounding). 특히 브랜드 네임의 경우 복합어 만들기는 매우 중요한 기법이다. 접사와 마찬가지로 복합어 만들기는 단어의 범위를 확장한다. 접사는 어근을 퍼뜨리는 반면 복합어는 단어 전체를 합치는 것이다. 그 결과는 하나의 단어를 이룰 수도 있고(buckshot) 중간에 한 칸 띌 수도 있으며(buckler fern) 하이픈으로 연결될 수도 있다(buck-tooth). (영어가 일관된 언어라고 말한 사람은 아무도 없었다).

영어는 가차 없이 복합어들을 만들어낸다. 수많은 단음절 단어들

이 메카노(Meccano) 세트(금속이나 플라스틱 조각을 볼트나 너트로 조
립하여 만드는 장난감 조립 세트 — 옮긴이)에서 대들보 역할을 한다.
여기 그 중 흔한 것들을 모아보았다.

aid	flow	mind	suite
bank	form	more	sun
base	free	most	sure
best	friend	my	talk
big	full	net	team
box	fun	now	time
cap	gain	one	tool
check	go	pack	top
choice	great	pal	touch
clean	head	path	track
clear	heart	prime	tree
click	home	pure	true
cool	jack	queen	up
craft	jazz	real	voice
day	jet	room	walk
desk	joy	scale	wave
door	jump	scan	web
dream	king	score	well
drive	land	set	wise
eat	light	share	work
eye	line	soft	world

fast	live	sound	yes
file	look	source	you
find	love	space	zone
fine	main	speed	
first	mate	star	

카탈로그나 직업별 전화번호부를 빠르게 훑어보는 것만으로도 상기의 단음절 단어들이 얼마나 많이 결합되는지 알 수 있을 것이다. 그리고 단음절 이상의 단어들의 결합까지 합치면 결과는 기하급수적으로 증가한다. 컴퓨터 계산만으로도 우리는 LaserJet, Power-Book, PageMaker, ImageWriter 등을 얻을 수 있다.

단축(Reduction). 단축이란 짧게 줄이는 일이다. 줄이는 과정은 좀 더 광범위한 복합어(compounding)와 파생어(derivation) 만들기 기법과 연관되어있고 어원학에서는 오래된 얘기이다. 단어 형성 과정의 역사는 불가피하게 다양한 형태의 변경을 포함한다. 철자상의 변화뿐 아니라 좀 더 급격한 형태의 변화가 존재하는 것이다. 가령 역성*(back-formation)은 긴 형태로부터 좀 더 짧은 새로운 형태의 단어, 사실 많은 경우 새로운 단어를 만들어내는 것인데, 이것은 영어의 enthusiasm에서 enthuse가, lazy에서 laze가, liaison에서 liaise가 등장한 원인이 되었다. 퓨전(fusion)이라고도 불리는 혼성어(blend)는 두 개의 독자적 단어를 합쳐 새로운 단어로 만들어내는

---

* 어떤 단어를 파생어로 잘못 생각하고 거꾸로 그 단어에서 다른 단어를 만드는 일. 예. typewriter → typewrite, editor → edit ― 옮긴이

것이다. 루이스 캐럴^{Lewis Carroll}은 자신의 고전적 저서 『Through the Looking Glass』에서 그러한 형태를 "portmanteau words"(여행가방 단어)라고 불렀는데 왜냐하면 그 단어들은 열면 두 부분으로 분리되는 여행가방을 환기시키기 때문이다. 그는 그런 단어를 만드는데 달인이었다. 그는 slimy와 lithe를 합쳐 slithy를, snort와 chuckle을 합쳐 chortle을 만들었다. (smoke와 fog를 혼합한 smog나 motor와 cavalcade에서 나온 motorcade 등을 통해) 이미 널리 퍼져있는 혼성어는 보기 흉한 기술 및 과학 용어를 단축할 필요성 덕분에 점점 증가 추세에 있다.

삭제(Clipping)는 professional에서 pro만 남기는 것처럼 보통 하나나 그 이상의 음절을 없애는 것이다. 어두음절 삭제(fore-clipping)는 (ham)burger와 (tele)phone처럼 단어의 앞부분을 잘라낸다. 어말음절 삭제(back-clipping)는 ad(vertisement), fan(atic), deli(catessen), cab(riolet), curio(sity)처럼 단어의 끝 부분을 오려낸다. 어두어말음절 삭제(Front-and-rear clipping)는 (in)flu(enza)에서처럼 중간부분을 남기고 양쪽 끝을 자른다. 무엇보다 가장 흔한 단축 형태는 이니셜리즘과 두음자어(Amoco, Nabisco)로서 기업이나 기관은 그것 없이는 살아가지 못할 것이다. 이 다양한 형태의 단축 방법들을 관통하는 공통점은 바로 형식적 단어를 비형식적 단어로 만드는 경향이다. 비록 유나이티드 항공사^{United Airlines}는 2004년 2월에 자신이 출시한 할인 비행기의 이름과 너무 가깝게 되었지만 말이다. Ted라는 그 이름은 유나이티드 항공사의 줄임말이 되었다.

브랜드 네임 중에서 단축(shortening)은 Eveready, Travelodge, DirecTV, ReaLemon처럼 두 단어 사이의 공간이나 반복되는 글자를 없애는 것만큼이나 기초적인 방법으로도 이루어질 수 있다. 브랜

드 네임은 별명이나 적어도 이전 이름보다 좀
더 친근한 형태의 이름이 될 수도 있다. Pan-
Am(merican)과 Jag(uar)등이 그런 예이다. 어

두음절 삭제는 GTE의 e-비즈니스 단위의 Genuity라는 이름에 적용
된다. Genuity는 "ingenuity"(완전성, 통합성)에서 앞부분을 약간 손
질한 것이다. 또 다른 어두음절 삭제 현상으로 (in)Candescent
Technologies가 있다. 비록 그 이름이 전달하려는 바는 전구가 아
니라 노트북용 얇은 CRT이긴 하지만 말이다.* 혼성형 이름인 Spam
과 Intel은 각각 "spiced ham"과 "integrated electronics"를 나타
낸다. 어말음절 삭제는 영리 병원 체인인 Essent(ial) Healthcare와
개인 재정 및 중소기업 회계 소프트웨어 제조업체인 Intuit(ive)의
이름을 만들어낸다.

다양한 길이의 브랜드 네임에서 삭제어와 혼성어, 두문자어 사이
를 명확하고 쉽게 구분해낼 수는 없다. Cambozola(Camembert와
Gorgonzola를 혼합한 치즈), Bisquick, NutraSweet, Qualcomm 등
에서처럼 아말감과 불순물이 비일비재하기 때문이다.

순서배열(Ordering). 브랜드 네임은 하나의 단
어로만 되어 있는 경우가 많기 때문에 단어의 배
열순서, 즉 통사는 비교적 덜 중요한 편이다. 그러
나 특정 브랜드명을 일반명 앞에 둘 것인가 혹은

뒤에 둘 것인가(Budget Garden Supplies, Superior Propane, Bargain
Furnishings, Mr. Muffler, Dial-a-Winner 대 Pharma Plus, Pizza Hut,

---

* Candescent Technologies에서 candescent 혹은 incandescent는 "백열의"란 뜻이다.
 — 옮긴이

Business Depot, Find-All 등)에는 많은 것이 걸려있다. 심지어 글자의 배열순서도 중요할 수 있다. 한 글자가 두 번 반복되는 이름은 그렇지 않은 이름보다 시각적으로 더 즐거움을 준다. 그래서 Alegro가 아니라 Allegro인 것이다.

무엇보다 가장 흥미로운 점은 Jaws of Life나 Spic and Span처럼 구로 이루어진 브랜드 네임에서 발견되는 의미적 제약들(semantic constraint)이다. 그런 제약은 종종 구의 첫 번째 요소가 여기("here and there", "in and out"), 지금("now and then", "sooner or later"), 어른("mother and daughter", "father and son"), 남성("man and woman", "king and queen"), 그리고 고체("field and steam", "land and sea")와 연관되도록 한다. 공간적 축과 관계된 제약들도 있는데 가령 수직축이 수평축보다 선행하고("height and width", "North, South, East and West"), 높은 것이 낮은 것보다 선행한다("rise and fall", "hill and dale").

이 모든 기법들 — 특이한 글자 및 문자를 사용하거나 외국어를 빌려오거나 접사를 첨가하거나 말의 한 부분을 다른 것으로 바꾸거나, 새로운 합성어를 만들거나 오래된 단어의 크기를 줄이거나, 문구를 재정열하는 등 — 은 수백 년 동안 새로운 영어 단어를 만들기 위해 성공적으로 활용되어왔다. 성공적인 브랜드 네이머들은 새롭고 흥미로우며 함의가 많으면서도 여전히 고객들에게 영어로 "읽힐" 수 있는 이름을 짓는 데 있어 이 기법들의 가치를 잘 알고 있다.

9

브랜드어의 수사학

수사학(rhetoric)이라는 말은 "공허한 수사학"이란 표현에서처럼 종종 단지(mere)나 공허한(empty)이란 말과 같이 붙어 다닌다. 또 수사학적인(rhetorical)이란 말은 "도대체 내가 왜 빌어먹을 짓을 해야 돼?"나 "나갈 때마다 그렇게 문을 쾅 닫아야겠니?"와 같은 과장된 질문에서처럼 종종 질문(question)과 연결된다. 수사학이란 말에는 경멸적 함의가 강하게 서려 있는 것이다.

그러나 우리는 수사학을 사용하지 않고서는 대화할 수 없다. 시적 장치, 수사 어구, 문체 등은 그리스 어원으로로부터 나오는 어려운 수사학적 명칭들을 가질 수 있지만, 우리는 (대부분 부지불식간에) 매일 그것을 사용한다. 수사학은 설득의 기술에 있어 핵심적인 부분이고, 브랜드 네이밍의 기술은 바로 설득의 기술이다.

수사학은 의미를 바꾸거나 확장한다. 수사학적 발언은 그것을 듣거나 읽는 사람들에게 생생한 효과를 가진다. 수사학적 장치에 편안해지기 위해서 우리는 먼저 특정한 어휘 관계들을 이해할 필요가 있다. 상의어 관계(hyponomy)란 일련의 상위와 하위의 관계를 이루는 단어들의 집합과 관련된다. 한 낱말은 상위집합에 속하거나(상위어 hyponym) 하위집합에 속한다(하위어 hypernym). 이렇게 하여 식물은 과일의 상위집합이 되고 과일은 오렌지의 상위집합이 된다. 반대로 가보면, 오렌지는 과일의 하위집합이고 과일은 식물의 하위집합이다. 또한 부분과 전체의 관계가 있다. 독방(cell)은 감옥이라는 전체의 한 부분이다. 유의어 관계(synonymy)는 의미가 같은 관계이고 반대어 관계(antonymy)는 의미가 반대인 관계이다. 반대어는 상보적(complementary) 관계이거나(우리는 독신이거나 기혼 둘 중에 하나이고, 남자이거나 여자 둘 중에 하나이다), 역(converse)의 관계(남편/아내처럼 하나가 다른 것의 존재를 내포하는 관계), 또는 정도(gradable)의 관계(정말로 뜨겁거나 또는 별로 차갑지 않은, 꽤 크거나 유난히 작은 등)일 수 있다. 일의어(monosemy)와 다의어(polysemy)는 결혼의 유형이 아니라 단어가 하나 또는 여러 개의 의미를 지녔다는 것을 지시한다.

브랜드 네임은 웅변이나 광고, TV CF만큼 광범위하고 유서 깊은 고전 수사학의 전략(종종 배열구조(schemes)라 불리는)들을 제공하지 않을 수도 있지만 종종 슬로건으로 확장된다. 슬로건(Slogan)은 함성이나 성원인 "army shout"를 뜻하는 스코틀랜드 게일어에서 유래했다. 이러한 시초로부터 "A glass of Guiness is a cheerful sight"(기네스 한 잔은 기분 좋은 광경이다)나 좀 더 유명하게는 "Guiness is good for you"(기네스는 건강에 좋다), "All Aboard Amtrak"(모두 암트랙에 승차하시오), "America Runs on Bulova"(미국은 불로바 위에서 달린다), "Beautiful skin begins with Noxzema"(아름다운 피부는 녹스지마와 함께 시작된다), "Fly the

friendly skies of United"(유나이티드의 친근한 하늘을 비행하십시오)
등이 나왔다.

균형이나 대구와 같은 배열구조는 같은 수의 단어나 음절, 혹은
단어 길이를 사용한다. Coca-Cola, Pepsi-Cola는 균형적인 이름들
인데, 4-4 글자 배열의 Coca-Cola가 조금 더 균형이 맞는다. 반대
구조(Antithetical scheme)는 "디자인하기는 어렵지만 실행하기는 쉽
습니다."라는 슬로건에서처럼 반대관계를 세운다. 교차 대구법
(chiasmus)은 단어의 순서를 도치시키는 수사학적 장치로 좋은 슬로
건을 만드는 데 유용하다. "Garde your youth with Youth Garde."
(당신의 청춘을 Youth Garde와 함께 지키십시오)"라는 스킨로션 광고
나 Taunton Knitting에서 나온 "Madewell 제품이면 잘 만든(well
made) 제품입니다"가 그런 경우이다.

동어반복(tautology 같은 말을 서로 다른 단어로 두 번 말하는 것)은
작문에서는 보통 결점이지만, 네이머들에게는 잘 활용될 수 있다.
대부분의 광고 뒤에 놓인 이론은 반복해서 말할수록 더 효과적이라
는 것이다. Crown Royal 위스키와 Royal
Crown(이후 RC로 바뀜) 콜라가 그 예이다. 애매
모호함은 명확한 글쓰기에서는 피해야할 사항이
지만 브랜드 네이밍에서는 Hawaiian Punch에
서처럼 효과적일 수 있다.

과장법(Hyperbole)은 "너무 많이 뻗음"을 뜻하는 그리스어에서
나왔다. 실제로 이러한 형태의 과장은 넓은 곳까지 그 그물망을 던
진다. "빛나는 사람들로 인해 반짝이는 가정"이라는 슬로건을 가진
메리 메이즈^{Merry Maids}는 평생 즐겁게만 가구를 닦는가? 보브릴^{Bovril}
이 만든 쌀 푸딩 암브로시아^{Ambrosia}는 정말로 신들의 음식인가? 미

라클 휩^{Miracle Whip}은 정말로 기적적이고, 매직 마커^{Magic Marker}는 정말
로 마술적인가?

과장법의 반대말은 완서법(litotes), 즉 과소법이다. 자신에 대해
자랑하는 대신 이 부류에 속하는 브랜드 네임은 소비자에게 어쩌면
자신을 사고 싶어할 수도 있다고 소심하게 말한다. 그래서 우리는
"The Little House on the Parking Lot"(주차장 위의 작은 집)이라는
골동품 가게나, 자기 제한적이면서 익살스런 "Just Desserts"(단지
디저트일 뿐)를 발견하게 되는 것이다. Simply Good Food와 같은
브랜드 네임은 비록 자신의 장점에 대해 조용히 자랑스러워 하지만,
설득적 메시지를 중요한 부분만 남기고 다 벗겨낸다. 완서법의 일종
으로 Silly Putty나 Krazy Glue처럼 브랜드 네임이 자기 자신에 대
해 말장난을 하거나 자신을 진지하게 받아들이길 거부하는 경우도
있다.

어떤 것을 상징적으로 다른 것으로 표현하는 은유법(metaphor)은
수많은 암시적 브랜드 네임에 적용된다. Metaphor라는 브랜드 네
이밍 회사는 그 자신이 하나의 메타포이다.
L'eggs는 달걀이 아니라 팬티스타킹이고 Ivory
비누는 어린이들만이 조각할 수 있을 뿐이다.

Greyhound은 당신을 경견장(dog races)이 아니
라 클리블랜드로 데려가 줄 것이다. 은유법의 좀
더 수수한 자매인 직유법(simile)은 "바위 같은"(Like a Rock)과 같은
슬로건에 등장하긴 하지만 브랜드 네임에서는 별로 중요성이 없다.

(수사학적이기보다는 언어학적 장치인) 중복법(reduplication)은 음절
이나 다른 언어적 요소들이 정확히 똑같거나 약간의 변화를 가한 반
복이다(fuzzy-wuzzy, helter-skelter 등). 중복법은 수사학적 균형 구

조(이소클론 isoclon)의 중요한 부분으로서, 특별 서비스로 하나의 가격에 두 개의 피자를 제공하는 피자 체인점에서는 거의 상투적인 네이밍 방법이 되었다. Pizza Pizza, Double Double(이것은 Circus Circus라는 한 라스베이거스 카지노 호텔에서도 애용되었다). 다른 종류의 균형 구조로 "aches and pains", "fine and dandy", "new and different"에서처럼 두 개의 유의어나 관련된 단어가 접속사로 연결된 merism이 있다. 빠르고 쉬운 브랜드 네임의 예로 Spic and Span이 있다.

모순어법(oxymoron)은 모순되어 보이는 용어들을 나란히 놓는 것이다. 그 용어들은 "거대한 새우"라는 미화된 예에서처럼 서로를 소멸하는 것처럼 보인다. 그것들은 안 어울리는 한 쌍으로서 그 예로 Dry Ice, Krispy Kreme, Metal Lumber 등이 있다. 이와 똑같이 놀라운 대조가 Soft Logic에서도 발견된다. "논리"(Logic)는 뭔가 딱딱하고 명확한 것을 뜻하도록 되어있지 부드럽거나 경계가 모호한 것을 뜻하지 않는다. 그러나 여기에서도 마찬가지로 기술적인 사고가 비논리성(incongruity)을 앞질러 나갔다. 어떤 것이 진짜이거나 가짜, 흰색이거나 검정, 켜짐이거나 꺼짐, 이렇게 둘 중 하나의 상태가 아니라 이 사이의 많은 중간단계를 점유할 수 있다는 개념인 퍼지 로직(Fuzzy logic)은 인공지능과 컨트롤 시스템 디자인에 광범위하게 사용되고 있다.

의인법(Prosopopeia) 또는 의인화(personi-fication)는 추상적 개념이나 집단적인 활동 영역에 인간적 특성들을 부여한다. 광고의 세계는 Merry Maid와 그녀의 촌스럽지만 여전히 명랑한 여동생인 Molly Maid, 그리고 그녀의 주스 사촌인 Minuit Maid와 같은 인물들로 가득 차 있다. 케이크를 굽는 Betty Crocker와 때묻지 않은

Mr. Clean("Mr. Clean! Mr. Clean! Mr. Clean!"), 아이스크림을 나눠주는 Dairy Queen, Jolly Green Giant 그리고 Michelin에서 나온 Bibendum 타이어 뚱보와 상냥한 Mr. Peanut — 이들은 가끔 "사람 같다"(anthropomorphics)는 말을 듣는다 — 등이 이 수사법에 속한다.

네이머는 일종의 유익한 애매함을 주기 위한 방법의 일환으로 좋거나 나쁜 말장난의 유혹을 절대 뿌리치지 못한다. John Deere 트랙터의 오래된 슬로건은 "Deere처럼 잘 달리는 것은 없다"이다. Cover Girl 메이컵 화장품은 "cover girl"이란 잡지를 연상시키기도 하지만, 얼굴을 화장으로 덮는다는 의미도 내포한다. 방취제 No Sweat은 표면적 의미와 상징적 의미 두 가지를 다 지닌다. 애완견 미용 및 훈련 서비스의 이름은 Dogs Pawsitive이고, 어떤 가구점의 이름은 Suite Dream이며, 잔디관리 회사의 이름은 Lawn Rangers이고, 화장품가게 체인점 이름은 새로 다 뜯어고치고 싶은 촌스런 외모 전체가 아니라 피부를 위해 가는 Body Shop이다.

제유법(synecdoche)은 종(種)을 나타내기 위해 속(屬)을 사용하거나 그 반대로써 전체를 나타내기 위해 부분을 사용하고 또는 재료(혹은 물질)로써 그것으로 만들어진 물건을 나타내는 수사법이다. 영국의 사용법에서는 America가 단순히 "미국"이라는 한 부분을 나타내는 것이 아니라 북아메리카 지역 전체를 나타내는데, 이는 캐나다와 멕시코인들에게는 매우 화가 나는 일이겠지만, 전 대륙을 장악하려는 브랜드들에게는 흡족한 일일 것이다. 킴 로버트슨[Kim R. Robertson]이 말하듯, 제유법의 수사학적 사용 — 더 적은 것을 나타내기 위해 더 많은 것을 사용하거나 혹은 그 반대 — 은 어떤 것이 다른 것과 직접적으로 연관되거나 중요한 의미를 지닐 때 분명해진다. 이런 방식으로 우리는 "옷"(clothes)과 "차"(car)를 나타내기 위해 "실"(threads)과 "바퀴"(wheels)라고 말하고 행진하는 보병을 "발"(foot)이라고 부르며, 육체노동 종사자들을 지시하기 위해 발보다는 손이란 말을 사용한다. 트레이드 네임은 보통 암묵적으로 부분을 전체로 대체한다. General Electric과 General Motors는 말 그대로 수많은 부분(혹은 부품 part)들을 포괄하는 것이다. 전체를 부분으로 대체한 것과 관계된 브랜드 네임들로 레스토랑 가게 이름들이 있다. 해산물 가게의 이름으로 Red Lobster, 스테이크 가게 이름은 The Keg, 멕시코 요리점의 이름은 The Whole Enchilada가 있다. 만약 "The"가 이름 앞에 오면, 아마도 이런 종류의 제유법일 가능성이 높다.

제유법이라는 큰 테두리 안에는 환칭법(antonomasia)과 환유법(metonymy)이 있다. 환칭법은 고유명사를 형용사구(epithet)나 타이틀로 대체하는 것이다(가령 "위대한 해방자"는 링컨을 의미한다). 환칭법은 또 어떤 관념이나 속성을 표현하기 위해 고유명사를 사용하는 것도 포함한다(구두쇠를 "스크루지"로 표현하는 등). 실제로 일부 브랜드 네임들은 Disneyland처럼 한 덩어리의 연상 작용(association)을 포함한다. 반면 환유법은 어떤 사물을 그것의 속성이나 부속물로 대체하는 것이다. 가령 "링"이 권투라는 스포츠 전체를 나타낸다. 환유는 사물을 그것과 밀접하게 연관된 단어나 이름, 구로 대체하는 것이다. 모스크바로 러시아 정부를 나타내거나("모스크바는 오늘 국가 부패 수위를 감소시킬 조치를 취하겠다고 발표했습니다.") 실리콘 밸리로 전자산업을 나타내는 것이 그런 예이다. Fudge Stripe은 Keebler 쿠키의 이름이다. 퍼지 줄무늬는 사실 좀 작지만

이 이름은 효과적인 환유적 연상 작용을 일으킨다.

언어는 단지 세상에 대해 진술만 하는 것은 아니다. 언어는 행동이나 사건에 대해 설명하기도 한다. 동사는 브랜드 네임에서 필수불가결한 요소는 아니지만, 광고 텍스트에서는 반드시 필요한 존재이다. 동사보다는 명사가 훨씬 더 많기 때문에, 대부분의 사전과 시소러스는 명사를 강조한다(예외로 헨리 버거Henry G. Burger의 시소러스 비슷한 『The WordTree』가 있는데 여기서 단어는 원인에 관계될수록 뒤쪽에 놓이고 결과에 관계될수록 앞부분에 놓이도록 배치되어 있다. 이 책의 전반부에 등장하는 주요 리스팅 단어들은 타동사나 — 버거는 그런 동사를 26,400개나 찾는다 — 그것과 직접적으로 연관된 다른 언어적 요소들이다. "FASTEN upon JOINING = Attach." 그 책의 후반부는 그가 "분기학cladistic(생물의 분류법에 관한 학문 — 옮긴이)"이라 부르는 위계구조에서 추상성의 수준에 따라 항목들을 배열한다. "PENETRATE & DIVIDE = CUT" 그것은 언어를 보는 새롭고 신선한 방법이다).

언어에는 직접적으로 의미를 가지진 않지만 통사(syntax)를 유지하도록 도와주는 기능을 하는 단어들이 있다. do나 are와 같은 조동사들이 그런 경우이다. "우리는 지금 브랜드 이름을 짓고 있지 않다"(we are not naming a brand right now). 사전에서 정의내리기가 어렵기로 악명 높은 조동사들은 형용사나 부사처럼 단어의 품사를 가리키는 문법적 용어나, 타동사나 자동사처럼 어떤 동사가 목적어를 취하는지의 여부를 나타내는 라벨로 구분되곤 한다. 그러나 언어는 또한 더 미묘한 행동들을 수행한다. 학자들은 모든 발화(utterance)는 세 가지 기능을 수행한다고 지적한다. 언표적(locutionary) 기능은 그 표현이 말 그대로 무엇을 뜻하는지에 관련된다. 언표내적(illocutionary) 기능은 발화문(remark)이 어떻게 화행

(speech act)으로서 행동하는지를 다루는데, 언어철학자들은 화행을 행동으로서 간주된 발화로 정의한다. 단어는 단순히 '~이다'가 아니라 '~을 한다'. 수행적(perlocutionary) 기능은 발화가 청취자(수취인)에게 가지는 모든 효과를 포함한다. 브랜드 네임은 다른 단어들처럼 이 세 가지 기능을 모두 사용한다. 우리는 의미와 그들의 효과에 대해 얘기했지만 아직 화행의 두 번째 기능인 언표내적 기능에 대해선 얘기하지 못했다.

이 분야의 권위자인 존 썰^John R. Searle^은 5가지 유형의 화행(발화 행위 speech act)을 구별한다. 그것들은 브랜드 네임 분야에서 여러 가지 역할을 수행한다.

대표문(Representatives)은 화자가 자신이 발화한 진술의 진실성에 대해 책임지도록 만든다. 그것은 맹세하고 믿고 보고하며 단언하거나 결론을 내린다. Toys " я " Us를 보라. 애완동물 보호 및 숙박소의 이름은 Pets Preferred이다. Sea-Doo와 Ski-Doo는 분뇨(excrement)를 뜻하는 아이들의 완곡어법적 표현과 불행히도 연관 관계에 있지만, 또한 행동(doing)을 뜻하기도 한다. 행동의 이름은 다른 두 개의 캐나다 브랜드인 할인항공 Canjet와 Jetsgo에도 들어가 있다.

명령문(Directives)은 발언을 듣는 사람에게 무언가를 하도록 만들려한다. 그것은 요청하거나 명령하고, 재촉하거나 질문한다. Guess 청바지가 그렇다. 브랜드 네임은 종종 명령법(imperative)으로 되어있다. 훈계하고, 명령하고, 재촉한다. 어떤 댄스 스튜디오의 이름은 Jump to It이고 페인트 판매 체인점의 이름은 Color Your World이다. 해충 퇴치제인 Off!와 마이크로 소프트 사의 이미지관련 소프트웨어 제품인 Picture It!은 그들의 명령에 느낌표를 첨가한다.

약속문(Commissives)은 어떤 행동의 미래 진행에 대해 입장을 표명한다. 그것은 약속하거나 위협하고, 제안하거나 맹세하고 보증한다. Ban이라는 어떤 방취제의 이름이나, Amplify라는 샴푸 이름, Excite라는 소프트웨어 제품, 또는 Hide-A-Bed 등이 그러한 예들이다.

표현문(Expressives)은 심리적인 상태를 표현한다. 그것들은 생각하고 사과하며 환영하거나 축하한다. Glad 쓰레기봉투나 Happy Feet이라는 신발 브랜드 등이 여기에 속한다. Aim, Cheer, Joy, Comfort 들은 단지 제품뿐 아니라 존재의 상태를 나타낸다.

선언문(Declarations)이나 수행문(Performatives)은 어떤 상황에서 즉각적인 변화를 수행하고 문화적 맥락에 의존하는 바가 크다. 그것들은 파문하거나, 세례를 주며, 전쟁을 선언하거나 직장에서 해고한다. TV 코미디언 조니 카슨^{Johny Carson}은 자신의 토크쇼를 여는 캐치프레이즈를 따라 Here's Johnny라는 이름의 의상 브랜드를 판매했다. 그것은 "이제 나는 당신들을 남편과 아내로 선포하노라"에서처럼 정확한 수행문은 아니지만, TV의 Johnny를 (사람들의) 등 뒤로 가져온다.

엄격히 문자적인 의미에서 보자면 브랜드 네임이 소비자나 고객에게 수행하길 원하는 기능은 물론 하나이다. 즉 제품이나 서비스를 구매하도록 만드는 것이다. 그러나 번지르르한 (이름의) 표면 밑에는 훨씬 더 많은 일들이 벌어지고 있다. 이제 훌륭한 네이머들이 사용하는 수사학적 수법들을 알았으니 Piggly Wiggly, Bed, Bath and Beyond, Nice 'n Easy, Ball Park

Franks, Gain 세제, 그리고 Crunch'n Munch 팝콘 밑에 무엇이 도
사리고 있는지 생각해볼 수 있을 것이다. 그것들을 사고 싶은 마음
이 드는가? 이것은 수사학적 문제이다.

10

판매의 소리

약6만년 전 인간은 여러 위대한 커뮤니케이션 혁명 중 최초의 혁명인 말(speech)을 사용하기 시작했다. 최초의 서체 (script) 사용은 약 5천5백년 전에 일어났고, 이동 가능한 인쇄매체의 발명은 약 5백년 전에야 일어났다. 개인적으로 우리는 이와 똑같은 과정을 반복한다. 말을 먼저 하게 되고 이후 손으로 글자를 쓰며 그 다음 책이나 스크린에서 단어를 본다. 우리는 살면서 말을 가장 먼저 사용할 뿐 아니라 우리가 이후 읽거나 쓰는 것보다 더 많은 단어를 듣거나 말할 확률이 높다.

언어의 사용은 인류의 진화 역사상 늦은 시기에 찾아왔다. 사이먼 피셔Simon Fisher가 영국 옥스퍼드의 웰컴 트러스트 인간 유전자학 센터Wellcome Trust Center for Human Genetics에서, 그리고 스반테 파아보Svante Paabo가 독일 라이프치히의 막스 플랑크 진화 인류학 기관Max Planck Institute of Evolutionary Anthropology에서 실시한 최근의 연구는 신경활동과 관련된 유전자에서 핵심적 변화사항들이 일어났던 시기들을 일별한다. 이들은 약 20만년 전 언어의 획득에 도움을 줬을지도 모른다.

덴마크의 언어학자 오토 예스페르슨^{Otto Jespersen}은 말의 기원에 대해 5개나 되는 이론을 세웠는데 각 이론마다 암시가 풍부한 이름이 붙어있다.

The Bow-Wow: 말은 사람들이 동물들의 고함 소리처럼 그들 주변의 자연적 소리를 모방함으로써 만든 찰싹, 탁, 펑 등의 의성어들이 생기면서 발생했다. 사실상 이것은 라이스 크리스피 이론(Rice Krispies Theory)이라 부를 수 있다.

The Pooh-pooh(Ow-Ow라 부를 수도 있다): 말은 사람들이 감정적 자극을 받고 본능적 소리를 내기 시작하면서 발생했다. 이렇게 하여 Ah!나 Oh!와 같은 감탄사들이 탄생하였다.

The Ding-Dong: 말은 사람들이 그들의 환경을 모방하거나 환경과 조화를 이루는 소리들을 통해 청각적 상징을 만들기 시작하면서 발생했다. 이 이론은 mama처럼 몇몇 단어들이 많은 언어에서 비슷한 의미와 소리의 연결 관계를 지녔다는 사실에 의해 일부 뒷받침된다.

The Yo-He-Ho: 말은 사람들이 힘겨운 노동에서 내는 끙끙대는 신음소리들이 결국 노래나 다른 리듬감 있고 규칙적인 소리를 만들어내면서 발생하기 시작했다.

The La-La: 예스페르슨 자신은 말이 사랑과 로맨스, 유희, 그리고 시적 감정과 연관된 소리가 이후에 노래로 발전하면서 발생했다는 이 이론을 선호했다.

일단 사람들이 자신의 혀와 얼굴 근육을 통제할 수 있게 되면 상기의 가설들은 모두 사실일 수 있다. 논쟁의 여지없이 분명한 사실은 언어가 항상 사회적 목적을 지녔다는 것이다. 리버풀 대학의 로빈 던바Robin Dunbar는 대부분의 인류 발달 과정 동안, 언어는 원숭이들 사이의 털 골라주기(grooming)와 비슷한 기능을 가졌다고 한다. 즉 개인들 사이의 사회적 유대관계를 강화시키고 종족을 결속시키는 것이다. 던바의 연구는 "초기의 인류는 노래와 제창에 흠뻑 빠져 있었다"고 제시한다.

부족 의식에 있어 말이 차지한 우선성을 고려해볼 때, 문자 언어는 음성 언어의 열등한 친척이거나 서투른 모방일 뿐이다. 사실 그 둘은 관련되어 있긴 하지만, 서로 독자적인 언어이고, 따라서 규칙이나 사용법도 다르다. 의미의 최소기본단위인 형태소는 발화에서 소리를 구분 짓는 최소기본단위인 음소와 짝을 이룬다. 음소들이 모이면 음절을 이루고 음절이 모여 단어를 이룬다. 브랜드 네임이라 불리는 특별한 종류의 단어가 과연 보여지는 경우보다 말해지는 경우가 더 많은지는 논쟁적이다. 그러나 어떤 경우이든지, 우리는 브랜드 네임을 라디오와 TV, 영화극장이나 입소문, 또는 발화를 통해 너무나 많이 듣는다. 이름의 소리가 지니는 상업적 중요성은 아무리 강조해도 지나치지 않을 것이다.

소설가 앤소니 버제스Anthony Burgess가 언어학에 대한 자신의 훌륭한 짧은 소개글의 제목을 "A Mouthful of Air"(공기 한 모금)이라 지었을 때 그는 정말 제대로 된 소리를 했다. 인간의 신체가 소리를 내기 위해 공기를 이동시키는 방법은 허파와 함께 시작된다. 허파는 공기를 들이마시고 그 공기는 이후 신체를 빠져나가며 후두, 성문(聲門) 입천장, 혀, 입술, 치아, 코 등에서 중도하차한다. 순수 언어학자가 볼 때 소리에는 아무런 의미가 없다. 소리는 단지 물리적 사운드일 뿐이다. 음성학과 음운론은 신체가 어떻게 소리를 생산하고 그 소리들이 발화에서 어떻게 패턴화 되는지를 설명하기 위해 매우 기술적인 용어들을 발전시켰다. 양순음(bilabial), 순치음(labiodental), 치경음(alveolar), 후치경음(postveolar), 권설음(retroflex), 구개음(palatal), 연구개음(velar), 구개수음(uvular), 인두음(pharyngeal), 성문 자음(glottal)들은 멋지지 않은가? 폐모음(close), 반폐모음(mid-close), 반개모음(open-mid), 개모음(open-vowel)은 어떤가? 또 멋진 초분절(suprasegmental)은 어떤가? 음성학은 심지어 독자적인 알파벳도 가지고 있다. 국제음성기호(IPA, International Phonetic Alphabet)가 그것인데 영어 알파벳과 약간 비슷하지만 같다고 말하기에는 너무 다르다. 더 길고 특별한 글자들로 장식된 그 알파벳은 모든 언어의 모든 가능한 발화 소리를 나타내려고 시도한다. 우리는 기술적인 사항에 너무 깊숙이 들어가지 않을 것이다. 그러나 우리는 브랜드 네임과 가장 관련이 깊은 음성학적 그리고 음운론적 특징들에 대해서는 살펴보도록 하겠다.

역사적인 중요성에서 볼 때 찰스 다윈이 생물학에서 차지하는 의미만큼 언어학에서 차지하고 있는 노암 촘스키의 이론, 즉, 우리에게는 모두 언어능력이 내장되어 있고, 모든 발화자가 사용하는 보편적인 문법이 존재한다는 것에 동의하든 그렇지 않든 간에, 발화는 되지 않지만 우리의 모든 발화행위를 지배하는 규칙들이 있다는 것은 확실하다. 비록 일부 의약품의 브랜드 네임들 때문에 의아해할 수는 있겠지만, mlit, lpang, wmelt와 같은 단어들은 영어의 내적인 구성 법칙 때문에 출현하기 힘든 단어들이다. 킴 로버트슨에 따르면, 음성학적 제약(phonological constraints, 발음할 수 있는 것의 물리적 한계)은 "stress and strain", "trick or treat", fiddle-faddle, criss-cross, zig-zag, "fare and square", "vim and vigor" 등의 문구나 복합어에서 볼 수 있듯이 모음을 희생시키고 자음을 강조한다고 한다. 이 소리들이 조합되는 데에는 습관 이상의 것이 지배한다. "square and fair"는 이상하게 들리고 "cross-criss"도 그것을 듣는 이로 하여금 뭔가 어리둥절하게 만들 것이다. 너무 자세히 들어갈 필요도 없다. 이름을 "잘못 발음하면" 더 이상 그 사람을 뜻하는 것이 아니라는 것을 말해두는 것만으로 충분할 것이다.

소리의 상징주의에 대해서 말하자면, 우리는 많은 학문적 글을 결론짓는 경구 — 즉 "더 많은 연구조사가 필요하다" — 를 사용하고픈 유혹을 느낀다. 문화 내에서 사람들은 의미와 함의를 음소에 부여한다. 마이애미에 근거를 둔 더 브랜드 인스티튜트[The Brand Institue]의 사장이자 리피토[Lipitor], 클라리넥스[Clarinex], 사라펨[Sarafem], 알레그로[Allegro] 등의 의약품 명칭들을 개발해낸 제임스 디토어[James L. Dettore]는 X, Z, C, D라는 글자들은 "음운론들"(phonologics)이라고 말하면서, "브랜드 네임의 음색(tonality)이 강하면 강할수록, 제품은 더 효과적으로 의사와 최종 소비자들의 마음에 남게 된다"고 덧붙인다.

음소의 소리는 가벼움이나 무거움, 남성적 혹은 여성적, 느림 혹은 빠름, 강함 혹은 연약함, 밝음 혹은 어두움, 작음 혹은 큼 등을 나타낼 수 있다. 언어학자이자 인류학자 에드워드 사피어[Edward Sapir]가 말했듯이, "소리는 특정한 감정-의미(feeling-significance)를 가지고 있다. 그것은 자체에 어떤 의미를 가지고 있다 … 어떤 단어를 처음

들었을 때 그것은 절대 중립적이지 않다. 대신 그것은 이미 마음속에 자리 잡고 있는 특정한 가치와 메아리를 구현한다." 온타리오 서드버리의 로렌티안 대학Laurentian University의 심리언어학자 신시아 휘셀Cynthia Whissell은 "대부분의 음소는 저마다 다른 감정적 특징을 가진다"고 덧붙인다. 스탠포드 대학의 언어학자이자 렉시콘 브랜딩Lexicon Branding 사에서 일하는 윌 레벤Will Leben은 이것을 다른 식으로 표현한다. "소리에는 의미가 있다. 발화음과 감정 사이에는 연관성이 있다."

전통적인 브랜드 네이밍은 의미론을 위해 음성학을 경시해왔다. 레벤은 과거의 네이머들이 소리의 상징주의를 부주의하게 사용했다고 지적한다. 레벤에 따르면, 제너럴 모터스의 시보레Chevrolet는 의미상의 이유에서 Corvette와 Camaro를 들고 나왔지만, "그것들이 회사가 고객들에게 나타내고픈 제품의 특성과도 잘 맞아떨어지는 이름이라는 것을 발견했다"고 한다. 그 한 가지 이유는 그 이름들의 경음 k가 "대범함"과 "활동성"을 환기시켰기 때문이었다. 에이드리언 룸이 지적했듯이, 경음 k의 소리가 "신속하고 깨끗하거나 효율적인 행동"을 뜻하는 단어들과 연결되는 것이 이들 이름에 손해가 되었을 리도 없다. 이런 k의 활용에는 cl-로 시작되는 단어들이 많은데 "clean, clasp, clever, click, clinical, clip, clock"등이 그것이다. (그러나 청각적 함의를 너무 멀리까지 적용시키지는 말자. GM은 그들의 자동차를 Clorvette이나 Clamaro로 부르지는 않았다). 캐나다 회사 리서치 인 모션Research In Motion이 만든 무선 장치의 이름으로 렉시콘 사는 BlackBerry라는 이름을 지어냈다. 처음에는 이 제품의 소형 버튼이 마치 씨앗처럼 보인다는 사실을 발견하고 Strawberry라는 이름이 제안되었다. 그러나 straw-라는 음절은 너무 느렸고 리서치 인 모션

사는 뭔가 빠른 것을 암시하고 싶어 했다. 그러나 -berry라는 음절은 괜찮은 효과를 냈다. 렉시콘 사의 조사에 따르면 사람들은 b 사운드를 신뢰성과 편안함과 연결시키고 — BlackBerry에는 b가 두 개 있다 — , 짧은 e는 스피드를 나타낸다고 한다. 일단 두 개의 짧은 음절은 상쾌함과 신속함을 표현했다. 게다가 쉽기도 했다. 음절에 있는 두운이 장난스러움을 만들어냈다. 마치 Kit Kat 캔디바에서처럼 말이다. 네이머들은 또한 맨 마지막의 y에 대해서도 신경 쓰고 있었는지도 모른다. 휘셀은 y가 "매우 기분 좋고 친근하며 그래서 별명에 많이 사용 된다"고 말했다. 그래서 바로 BlackBerry라는 이름이 나오게 된 것이다.

킴 로버트슨은 언어학과 마케팅학이 음소의 함의에 대해 가르쳐 주는 바를 유용하게 요약해준다. 그의 요약을 이해하려면 우리는 몇 개의 용어들을 정리할 필요가 있다. 고모음(high vowel)은 모음 사운드를 비교적 입천장 가까이서 내는 것을 뜻하고, 설전음(front)은 이 행위를 하기 위해 혀를 들어올리는 것을 말한다. 저모음(Low vowel)은 입의 아랫부분에서 소리를 내는 것을 말하고 후설음(back)은 입 안쪽에서 소리를 내는 것을 말한다. 자음들 중, 파열음 소리는 (입술과 치아, 입천장을 사용하여) 공기의 흐름을 중단시켰다가 갑자기 그것을 내뱉음으로써 생성되는 소리이다. 후두음(guttural) 소리는 목에서 내는 소리이다.

규모: 고모음과 설전 모음 소리(i, e)는 작은 크기를 의미하는 반면 저모음과 후설 모음(a, o, u)은 큰 규모를 의미한다(예 Zee vs. Koss).

움직임: 고모음과 설전 모음 소리는 다이내믹한 움직임을 나타내는 반면 저모음과 후설 모음은 느리거나 "무거운" 움직임과 연결된다. 자음 복합어인 sl은 넘어지거나 미끄러지는 움직임을 나타낸다(어린이 장난감인 Slinky는 이름도 나긋나긋하고 성질도 나긋나긋하다).

형상: 고모음 및 설전 모음과 연결된 날카로운 소리는 뾰족하고 각진 형상을 의미하는 반면, 저모음 및 후설 모음과 연결된 둔탁한 소리는 둥근 형상을 나타낸다.

광도: 고모음과 설전 모음 및 k, s, l과 같은 자음은 밝음을 나타내는 반면 저모음과 후설 모음 및 d, m, gr, br과 같은 자음은 어두움을 나타낸다.

젊음: 자음 j, g, ch와 반모음 y, w는 젊음과 기쁨을 나타낸다(Joya와 Jovan에서처럼).

젠더: 남성성은 (tiger와 cougar에서처럼) 파열음과 후두음, 그리고 저모음과 후설 모음 소리와 연결된다. 반면 여성성은 부드러운 치찰음(sibilant)인 s와 c, 약한 f, 그리고 고모음과 설전 모음 소리(예 Silk-Ease, Zephyr, Cerissa)와 연결된다.

각각의 알파벳 글자 및 음소의 조합은 청각적 효과와 의미를 지니고 있고, 지역이나 국가에 따라 발음되는 방식도 달라질 수 있다. 예를 들어 homage나 herb에서 h는 발음이 될 수도 있고 안 될 수도 있다(영국식 영어에서는 보통 발음되지 않는다). r는 어떤 다른 자음 글자보다 다양한 소리를 지니고 있고 그래서 지역에 따라 발음도 많이 달라진다. 사실 지역 방언은 종종 rhotic(r를 발음함)과 그렇지 않은 non-rhotic(r를 발음하지 않음)으로 분류되기도 한다. z는 영국과 캐나다식 영어에서는 "제드"(zed)로 발음되는 반면, 미국식 영어에서는 "지"(zee)로 발음된다. 스튜어트 플렉스너^{Stuart Berg Flexner}는 이디시어에서 유래된 sch-로 시작되는 단어들이 혐오(repugnance)나 수축(deflation)을 함의한다고 지적한다(shmaltz, schlemiel, schmunk, schmo). 이것은 사람마다 달라지기도 한다. t라는 음소는 d와 똑같은 방식으로 만들어지지만 d는 성대가 바뀌는 반면 t는 그렇지 않다. 그러나 이것은 꽤 강력하여서 많은 이들이 하나를 다른 것으로 발음한다.

포드 사는 다르게 생각할지도 모르지만, 『Verbatim: The Language Quarterly』의 한 필자는 f라는 글자에서 "무언가 연약하고 어둡고 남자답지 못함"을 발견한다. 그는 f와 연결된 단어들 중 훨씬 많은 수의 단어들이 불쾌한 사물이나 속성을 가리키고 있고, 긍정적인 단어보다는 부정적인 단어가 두 배나 더 많다는 것을 발견했다. 여기에는 phobia, phoney, phlegm 등 음성학적으로 연결된 경우도 있고 defile, deformation, defect, refuse 등도 있다. f가 들어간 단어를 그 동의어와 비교해보면 이것은 더 뚜렷해진다. filthy 대 dirty, fickle 대 changeable, flee 대 run 등을 보라. 사전에서 f 섹션은 fussbudget(수다쟁이), flimflam(엉터리), flibbertigibbet(무책임한 사람) 등 많은 특이한 단어들을 포함한다. f는 무성 순치 마찰음으로서, 파열음과 반대된다. false, failure에서의 f와 f-word 등, 글쓴이는 결국 이렇게 결론을 짓는다. "f는 다른 어떤 글자보다도 실패와 죽음과 관련된 경험을 담아내고 있고, 마치 공중에 떠돌아다니는 유령처럼 수많은 음지의 단어들에게 이런 치명적인 기운을 가져온다.”

tip에서처럼 짧은 i 사운드나 teeny에서처럼 긴 e 사운드는 작음을 뜻하는 경우가 많다. 앤소니 버제스는 little과 같은 단어는 “혀의 앞부분과 입천장 사이의 통로를 좁힘으로써 형성되는데 이는 마치 매우 작은 것만 그 사이를 통과할 것 같은 인상을 만들어낸다”고 지적한다. 긴 e 사운드도 “혀와 입천장 사이의 공간을 매우 작은 것만 통과할 수 있을 정도로 줄인다. teeny-weeny에서 이 공간은 사라짐(invisibility)의 경계에 서있다.” 반면, omega의 o는 큰 소리를 만들어내고 broad, tall, large의 a도 마찬가지이다. 에이드리언 룸은 x 또는 그것의 대체물인 -cks와 -ks(가령 Daks, Horlicks, Volkswagen에서처럼)가 예리하고 민첩하다고 말한다. k의 경우, 영어 알파벳에서 k 소리를 내는 글자는 4개나 있다(Quink의 q, Black Cat의 경음 c, Maalox의 x, 그리고 k). 그리고 k의 가장 흔한 철자 변이형(spelling variants) 중 하나는 clock과 clack에서처럼 -ck이다. 이들은 왜 많은 브랜드 네임이 k로 시작되는지 충분히 설명해준다. Kleenex, Kodak, Kotex, Kit Kat 등에서 k는 쉬– 소리가 나는 치찰음(s, sh-)과는 매우 다르다. 후자는 종종 불쾌한 의미를 지닌다(“shuddering sinister snaker”). 그러나 그것들도 쓰임새가 있으니, 입술을 다시게 만드는 Hershey’s Kisses나, 나긋나긋한 Salon Selectives가 그것이다.

〈선샤인 보이스〉라는 코미디 영화에서 두 노년의 보드빌 연기자들은 코미디 자체에 대해 논의한다. “K가 들어간 단어는 웃음을 유발한다. Alka-Seltzer란 단어는 웃기다. Chicken도 웃기다. Pickle도 웃기다. 이들은 모두 K가 들어간다. 반면 L은 안 웃긴다. M도 안

웃긴다." 이 구세대들은 자신도 모르는 사이에 파열음에 대해 논하고 있었다. 파열음은 입에서 탁 터져 나오는 소리로 자신에게 관심을 집중시킨다. 파열음은 언어에서 일종의 "정지신호"이다. 그것을 발음하기 위해서 우리는 잠깐 멈춰 서서 그 음을 강조해야 한다. 파열음에는 힘이 있다. 마치 "ex-plosive"처럼 말이다.

b, c, d, k, p, t와 같은 자음들은 모두 파열음이다. 상위 200개의 브랜드 네임을 조사한 몇몇 연구들은 파열음으로 시작되는 브랜드 네임이 그렇지 않은 이름들보다 기억력이 더 높다고 지적한다. Big, Compaq, Coca-Cola, Kellogg, Pontiac 등은 모두 그들의 첫음절 혹은 마지막 음절에 있는 파열음 덕을 본다. Kodak에서 파열음은 단어의 양끝을 바치는 버팀목이 된다. 사실 월등히 많은 비율의 브랜드들이 세 개의 똑같은 파열음으로 시작하곤 한다. C, K, P가 바로 그것이다.

최근 몇 십년동안 가장 성공한 의약품 중에 하나는 항우울증치료제(anti-depressant fluoxetine)로서 프로작Prozac이란 이름으로 훨씬 더 많이 알려져 있다. 그 이름은 약품의 화학성분이나 사용법과는 아무런 관련이 없다. 대신 거기에는 다른 일들이 진행된다. 그 이름은 pro-라는 긍정적일 뿐 아니라 이에 못지않게 중요한 박력 있는 파열음으로 시작한다. 이렇게 힘을 쌓은 후에 그 이름은 스피드를 환기시키는 z(물론 "zzz"는 예외이다. 비록 그것도 이 약의 성공과 관련된 요소일 수 있겠지만)로 연결된 후 마지막에 또 다른 파열음인 k를 터뜨린다. 그 약은 마치 약효가 잘 들을 것 같은 소리를 내는 것이다.

의약 관련 브랜드 네임 중 v, x, z가 놀라울 정도로 많이 사용되는 것(Paxil, Zoloft, Nexium)도 완벽하게 합리적인 일이다. 이들은

(Five Alive에서의 f처럼) 마찰음들로서, 호흡이 좁은 구멍을 통과할 때 공기 흐름이 불안정해지면서 생기는 마찰을 통해 만들어지는 자음들이다. five의 v는 적극적인 아랫입술을 수동적인 윗입술 치아 가까이로 가져가면서 소리가 난다. v나 z와 같은 유성 자음은 성대의 두 성층(떨림판)이 서로 가까워지면서 이들의 진동에 의해 후두에서 윙하는 소리를 만들어낸다. 성대에 손가락 끝을 대고 v 또는 z를 크게 발음해보면 이 말의 뜻을 알게 될 것이다. 무성 자음(p. t. k. s)은 성대의 성층을 벌리고 공기가 아무런 장애 없이 그 사이를 통과하도록 한다.

이 요소들의 효과는 발기 부전 남성들을 위한 치료제 Viagra라는 이름의 성공과 많은 관련이 있다. Viagra는 나이아가라와 비슷한 운율을 가짐으로써, 왕성한 혈기와 자연적인 경이로움을 암시한다. 그 이름은 유성 마찰음인 v로 시작하면서 속력과 힘을 나타낸다 (velocity, vroom). g는 유성 정지음(voiced stop)으로서 일시적으로 공기의 흐름을 차단하는 자음이다. 그것은 파열음이나 파찰음 (affricative, choose의 ch-처럼)이 될 수 있다. 공명음 r은 유성음으로서 roundness, resonance, rolling의 충만함을 내포한다. 모음들도 역할이 있다. 첫 번째 i는 이중 모음으로 혀가 입 안의 한 위치에서 다른 위치로 이동하며 내는 사운드이다. 그것은 coin, loud, side, beer, bore, house, my와 같은 단어들에서처럼 한 음절에 두 개의 모음이 연속적으로 합쳐져 있다. 앤소니 버제스는 그것을 "한 음소에서 조금 다른 음소로 이동하는 소리 여행"이라고 부른다. Viagra에서 긴 i 사운드는 좀 더 미묘하지만 분명 들을 수 있는 긴 e 사운드로 바뀐다. 두 개의 a는 좀 더 느슨하고 둥근데, 긴장 완화의 의미를 만들어낸다. 이러한 음성학적 체조는 3부분으로 이루어진 리듬을 만들어내는데, Viagra의 네이머는 이것에 대해 약간 우쭐대면서 말한다. "〔이것은〕 준비, 활동, 이완 혹은 휴식을 암시하면서, 이 약이 바람직한 효능을 일으킬 때 일어나는 일의 순서를 재현한다."

강세와 길이는 남성과 여성 이름의 발음에서 중요한 역할을 한다. 여성의 이름은 남성보다 음절수가 더 많은 경향이 있다. 남성들은 단음절의 이름을 가질 확률이 훨씬 높고(Bob, Jim, Fred, Frank, John) 3음절 이상의 이름을 가질 확률은 낮다. 여성 이름에도 단음절로 된 이름들이 약간 있긴 하지만(Ann, Joan, May) 3음절이나 그보다 더 긴 경우가 많다(Katherine, Elizabeth, Amanda, Victoria). 여성친화적인 이름들은 남성 이름보다 보통 더 길다(Jackie는 양성에 모두 쓸 수 있지만 Jack은 남성이름을 뜻한다. Bill 대 Billie, Bob 대 Bobbie 등을 보라). 남성 이름은 압도적으로 많은 경우 첫음절에 강한 강세를 두는 반면, 여성 이름은 이런 경우가 드물다. 남성 이름이 두 번째 음절에 강세를 두는 경우는 드물다(Jerome과 Tyrone은 예외이다). 여성이름에서는 고모음 및 설전 모음에 강세를 두는 경우가 많다(Lisa, Tina, Celia). 반면 남성 이름 중에는 이런 현상이 훨씬 드물다(Steve, Keith, Peter). 여성이름은 Linda, Tracey, Patricia, Deborah, Mary, Barbara에서처럼 모음 발음으로 끝나는 경우가 많다. 마지막 소리가 모음이 아니면 계속음(continuant, 성도*를 완전히 막지 않고 내는 소리)일 것이다. 특히 비음(nasal)일 경우가 많다(Jean, Kathleen, Sharon, Ann 등). 파열음은 남성 이름의 마지막에 올 확률이 높다(Bob, David, Dick, Kurt).

자음의 반복은 자음운(consonance)이나 좀 더 느슨하게는 두운

* 성대에서 입술 또는 콧구멍에 이르는 통로 — 옮긴이

(alliteration)이라 부른다. 여기에는 Weight Watchers, Dunkin' Donuts, Roto-Rooter, Planters Peanuts, Brooks Brothers, Chris-Craft, Green Giant, Rice-a-Roni 등이 있다.

뜨거운 음료에 쓰는 카드보드 포장지의 이름은 Java Jacket이고 해충 구제 서비스의 이름은 Critter Control이다. 이 현상은 또 예전

의 tried-and-true(써보면 아는) 브랜드 네임 슬로건에도 등장한다. 가령 "Better Buy Buick"이나 Levi Strauss의 "Don't forget that Koveralls Keep Kids Klean." 등이 있다.

모음의 반복은 모음운(assonance)이라고 부른다. Toyota Avalon, Kal Kan 등이 있다. 많은 자동차 모델은 모두 a로 끝나는 3음절의 이름을 갖는다. 또 Fruit of the Loom에서는 모음이 유쾌하게 변화한다. 의성어는 buzz(윙윙거리는 소리)나 squawk(꽥꽥)처럼 지시대상이 내거나 제시하는 소리를 모방한 것이다. Wisks라는 세제와 Choo-Choo Nursery라는 탁아소 센터, Blah Blah Blah Wireless라는 휴대폰 가게이름이 바로 이런 경우이다.

브랜드 네임은 Rice Krispies, Jell-O처럼 종종 음성학적 철자법 (phonetic spelling)에 따라 표기되기도 한다. low 대신 Lo, true 대신 Tru, new 대신 Nu, light 대신 Lite, cool 대신 Kool을 쓰는 일은 비일비재하다. 이 중 eazy라는 단어는 주목할 만한 경우이다. 그 단어는 상품명 혹은 광고 등에 eazy, eezi, eazi, ezey, e-z, eezy, ezy, easi, ese, 심지어 eeez로 등장하곤 한다. Chef Boyardee는 자신의 창립자인 Hector Boiardi의 음성학적 표기인데, 그는 클리블랜드에 있는 이탈리아 레스토랑을 경영하면서 통조림 스파게티 및 미트볼 요리법을 만들어냈다. 쉽게 신었다 벗었다 할 수 있는 간편화인 슬

립 온 로퍼(slip-on loafer)는 clog(나막신)라 불리는 노르웨이 신발에서 발달했다고 한다. 메인주의 구두 수선공인 헨리 베이스^{Henry Bass}는 자신의 로퍼 이름을 노르웨이^{Norwegian}의 마지막 두 음절을 따라 Weejun이라 지었다.

영어에는 이상한 구(phrasal)의 범주가 있는데 사람에 따라 그것을 단어–사슬(word-chain)이나 연쇄어(concatenants 혹은 phono-pedes)라 부른다. 이것은 세 개의 단어 혹은 단어 비슷한 형태로 이루어져 있는데, 각 단어는 1에서 3음절까지 이루어져 있고 이 단어들은 운율, 두운, 단어 반복 중 두 가지에 의해 연결된다. 이 집단에는 "bag and baggage", "birds and bees", "dribs and drabs", "facts and figures"는 말할 것도 없고 "healthy, wealthy, and wise"나 코미디 버전의 함성인 "abba dabba doo"나 "hickory, dickory, dock", "kitchy, kitchy, koo" 등이 속한다. 우리는 껑충껑충 뛰면서 배운다(we live and learn by leaps and bounds). 이외에 또 하나의 매력적인 카테고리가 있는데 그것은 "hanky-panky", "fuzzy wuzzy", 그리고 이디시에서 유래한 "fancy-schmancy"처럼 운율을 이루는 반복어이다. 후자는 많은 브랜드 네임에 등장한다.

가령 Handy Andy, Humpty Dumpty, Piggly Wiggly, Pall Mall, Osh-Kosh B'Gosh를 보라. 좀 더 관습적인 운율은 Shake 'n Bake, Lean Cuisine, El Pollo Loco, 그리고 123 Mom and Me라는 이름의 어린이 가구점에 등장한다.

마지막 예는 대부분의 브랜드 네임들보다 좀 긴데, 광고 슬로건에서 운율이 얼마나 자주 사용되는지, 그리고 이따금씩 발음의 안내자로 기능하는지 보여준다.

"Aetna, I'm glad I met ya" (Aetna Life & Casualty 보험)

"An inch of Pinch, please" (스카치 위스키)

"A sweater is better if it's Huddlespun" (Herald Knitwear)

"Be sure with Pure" (Pure Oil Co.)

"Your Water Should be Pur" (물 필터)

"Be Wiser — Buy Keiser" (절단기)

"For all kinds of insurance in a single plan, call your Travelers man"

"You work hard, you need Right Guard" (질레트)

"Everything's better with Blue Bonnet on it."

"Fresh Up with 7 UP"

"Kitchenaid. For the way it's made." (Kitchenaid Appliances)

"Beinz Meanz Heinz"

Grabbajabba 커피하우스 체인점은 운율과 음성적 표기를 혼합한다. PayPal은 짧은 음절과 파열음, 두운의 혜택을 보고 있다. 콜게이트-팜올리브^{Colgate-Palmolive}에서 나온 비누제품인 Vel의 "Mar-VEL-ous"나 메릴랜드 제약회사^{Maryland Pharmaceutical Co.}에서 만든 치료제들의 "REMember this REMarkable REMedy … REM"이나 "RELy on REL for real RELief"과 같은 오래된 슬로건에서는 단순반복이나 특별한 강조, 약간의 말장난 등을 찾아볼 수 있다. 이런 전술은 스파이크 밀리건^{Spike Milligan}의 "He walked with a pronounced limp, pronounced l,i,m,p"라는 구절을 떠올리게 한다.

이상에서 살펴보았듯이, 영어는 동음이의어라는 바나나 껍질과 슬랩스틱 식의 몬더그린(mondegreen), 그리고 발음하기 매우 어려운 어구가 여기저기 흩뿌려진 미끄러운 언어이다. 유창한 영어 사용자도 끊임없이 실수를 한다. 프롬킨[V. A. Fromkin]은 12,000개의 자연 발생적 말실수(verbal slip)를 분석하고 다음의 카테고리를 만든 바 있다.

말실수 혹은 두뇌의 실수

오류의 종류	실제 의미	표현된 말
첫 번째 자음 미리 처리	reading list	leading list
첫 번째 자음 지속	black boxes	black bloxes
자음 도치	well made	mell wade
마지막 자음	king, queen	king, quing
자음 삭제	tumbled	tubbled
자음 이동	pinch hit	pitch hint
자음 덩어리	damage claim	damage dame
자음 덩어리 분리	fish grotto	frish gotto
모음	fill the pool	fool the pill
모음 + r	foolish	farlish
개별적 실수	spell mother	smell brother
단어내의 실수	whisper	whipser
강세의 변화	similarly	similarly
단어 도치	tank of gas	gas of tank
길이조절 실수	Nixon witness	nitness
파생적 접사	often	oftenly
혼합	person/people	perple

| 단어 대체 | chamber music | chamber maid |
| 다른 문법적 오류 | It looks as if | I look as if |

언어에서 음성의 특징과 특성 — 길이, 리듬, 고저, 음색, 크기 — 을 연구하는 학문은 미국 전문가들 사이에서 초분절 음운론 (suprasegmental phonology)이라 불린다. 그러나 우리는 영국 음성학에서 사용하는 운율론(prosody)이라는 용어를 더 선호한다. 브랜드 네임은 운율론을 좀 더 전통적이고 덜 전문적인 의미에서 사용하고 있는데, 이때의 운율론이란 특히 보격(meter 운율의 단위)과 운각 (metrical feet) 등의 운문 구조(versification)를 연구하고 사용하는 것을 의미한다. 여기서 우리는 다음과 같은 초기 TV 시대의 불후의 명작 시구가 아니라 브랜드 네임들 자체에 대해 이야기하고 있다.

You'll wonder where the yellow went

When you brush your teeth with Pepsodent

운각의 용어들은 그리스의 운율론으로부터 유래한다. 운각은 강세음절과 비강세음절의 혼합으로 이루어져 있는데, 가장 흔하게는 2음절로 되어있고, 때때로 3음절, 그리고 아주 드물게는 4음절까지로 이루어진다. 약강 5보격시(iambic pentameter)는 5개의 약강격 운각 (iambic feet)으로 이루어진 행시이다. 약강격(iamb)은 영시의 운율 체계와 사실 영어 회화에서 가장 흔한 운각이고 비강세음절 뒤에 강세음절이 따라온다. ("da DUM") 약약강격(anapest)은 두 개의 비강세음절 뒤에 강세 음절 하나가 따라온다. ("da da DUM") 약약강격은 드물다. "In the Mood"가 만일 브랜드 네임이라면 그것은 약약

강격일 것이다. 아래에 몇 가지의 운각 유형과 그것을 사용한 브랜
드 네임 목록이 있다.

Iamb(약강격)	da DUM	Cascade, Tercel
Spondee(강강격)	DUM DUM	Brylcreem
Trochee(강약격)	DUM da	Aga, DaimlerChrysler, Volvo
Amphibrach(약강약격)	da DUM da	Callixa, Zamboni
Bacchic(강강약격)	DUM DUM da	Turfmaster
Cretic(강약강격)	DUM da DUM	Pepsodent,Benadryl, Cadillac
Dactyl(강약약격)	DUM da da	Wurlitzer
Molossus(강강강격)	DUM DUM DUM	IBM

다른 많은 3음절 축약형 회사명처럼, IBM이란 거대기업은 강강
강격으로 되어 있다. Sara Lee, Sara Lee에서는 운율이 데굴데굴 굴
러간다. 어떤 면에서는, 브랜드 네임의 운율에 관한 이런 논의가 바
보처럼 보일 수도 있다. 시적 운율이란 그것이 다른 요소들과 보조
를 맞출 때만이 의미를 가지기 때문이다. 그러나 어쨌든 그것은 브
랜드 네임이 가지는 독자적 음악에 대해 환기시켜주는 유용한 도구
이다.

네이머들은 단순히 이름의 문자적 의미와 함의에 대해 알아야할
뿐만 아니라, 영어 사용자들이 소리와 의미 사이에 만드는 무의식적
연상 작용에 대해서도 의식하고 있어야 한다. 그리고 이름을 발음하
는 것이 쉬운지 어려운지 알아야 하며, 내적 운율과 흐름을 가진 이
름을 만들기 위해 힘써야 한다.

11

상징과 그 이점

우리는 먼저 감정을 느끼고 그런 다음 그것에 맞는 단어를 찾는다. 당신이 엄지손가락을 망치로 때리면 당신은 먼저 당신 자신이나 망치에 대해 충격과 분노를 느낄 것이다. 그리고 나서야 당신은 일련의 욕설을 퍼부으며 언어의 영역으로 들어가는 것이다.

브랜드 네이머들은 극도로 긍정적인 내적 그리고 외적 의미를 담으려 한다. 결국 강력한 브랜드 네임의 핵심은 그것들이 어떻게 고객과 소비자들에게 보상(reward)의 아이디어를 전달할 것인가에 달려있다. 이것은 부정적 요소가 출연하지 못한다는 말은 아니지만, 대부분의 경우에 네이머들은 부정적인 경험을 긍정적인 것으로 전환하려 할 것이다. 가령 죽음은 최고로 부정적인 의미를 담고 있기 때문에, 장례식장의 이름은 그 슬픔을 위엄과 애도로 번역하려 노력할 것이다. 게토 젊은이들의 분노는 브랜드 네임에서는 "꿋꿋한 태도"와 연결될 것이다.

부정적이든 긍정적이든 과정은 똑같다. 한 가정용 잡지가 게재한

슬로건으로 표현하자면, "상품을 움직이려면 감정이 필요하다 … 베터 홈스 & 가든스Better Homes & Gardens는 영원한 감정이다." 이 말은 가정과 정원 밖에서도 적용된다. 심리학자이자 광고회사들에게 조언을 제공하는 캐럴 무그Carol Moog는 이렇게 말한다. "이름을 짓는다는 것은 아직 형상을 갖추지 않은 감정적 반응을 인지적 제어 상태로 끌어오기 시작하는 것이다. 감정과 관련된 비언어적 상관물(correlative)이 없는 이름은 쓸모없다. 그것은 마음에 달라붙지 않는다." 감정적 내용을 응축하는 상징(symbol)과 이미지들은 무그가 "이름과 비언어적 상관물 사이의 공생 관계"라 부른 것을 만들어낸다. "사람의 이름을 기억하는 가장 강력한 방법은 그 이름을 이미지화하는 것이다." 가령 그녀는 절대 포기하지 않는 완고하고 끈질긴 사람을 캐릭터화하는 브랜드 네임으로 다이하드DieHard를 든다. "감정적 연결 조직이 결여된 브랜드 네임은 가치가 없다."

우리의 경험은 항상 브랜드 네임에 대한 우리의 견해에 영향을 끼친다. 미국 대법원 판사 펠릭스 프랑크푸르터Felix Frankfurter는 1942년 Mishawaka Robber & Woolen Mfg. Co.v.S.S.Kresge 케이스에서 이렇게 말했다. "우리가 어떠한 상징에 의하여 살아간다면, 우리가 그 상징에 의하여 물품을 구입하는 것도 사실이다." 상징은 일대일로 대응되는 특성이나 특징들이 아니다. 그것은 역동적인 관계다. 무그는 단어가 "그냥 글자 한 더미를 아무렇게나 짜 맞춘 완전한 구성물이 아닌 한, 항상 기존에 존재하는 심상과 경험에 기초하여 감정과 연상 작용을 만들어낼 것"이라고 말했다. 게다가 이름을 인식시켜주는 시각적 프레임 — 가령 그 이름과 함께 나오는 로고라든지 — 은 이름 자체보다 강력한 것이 아니라 같은 것의 한 부분이다. 마음은 시각적 요소와 언어적 요소를 모두 흡수한다. 그리고 어떤 제품의 이름이 가령 트리포드Tripod라고 한다면 그 단어는 자신의 형태를 시각화하지 않고서는 말해질 수 없다. "그 단어가 무엇을 뜻하는지 사용자가 이해하지 못한다면 마케터는 충분한 이미지와 충분한 특징과 충분한 경험을 만들어내서 그 단어가 감정적 연결고리를 가지도록 만들어야 한다. 사람들은 모르는 물건을 만나면 그것에 기존의 의미와 연상 작용을 끌어올 것이다"라고 무그는 말한다.

이러한 생각은 1981년 두 명의 시카고 사회학자 미하이 칙센트미하이Mihaly Csikszentmihalyi와 유진 로치버그-할턴Eugene Rochberg-Halton이 쓴 책 『사물의 의미』The Meaning of Things에서 강화된다. 그들은 "사람들이 사물에 의미를 부여하고 또 그것들로부터 의미를 끌어오는 데서 보여주는 엄청난 융통성"에 주목하였다. 사물에서 "적어도 잠재적으로, 각 개인은 자신의 경험으로부터 나온 의미의 망을 발견하고 배양할 수 있다."

사물에 적용되는 이것은 감정을 담고 있는 브랜드 네임에도 똑같이 적용된다. 그것을 이해하기 위해서는 자연과학만이 충분히 설명해줄 뿐이다. 알다시피 사람은 눈과 귀, 모두를 사용해서 읽는다. 또한 뇌 속에는 특화된 분야가 있어 그곳에서 언어를 담당한다. 측두엽에 있는 베르니케령(Wernicke's area)에서는 소리와 단어를 분석하고 해석한다. 전두엽에 있는 브로카령(Broca's area)은 단어의 배열을 분석하고, 입의 움직임을 조절하며, 글자를 소리로 바꿔 발화를 만든다. 두정엽에 있는 각회(angular gyrus)는 시각적 패턴을 소리와 단어로 전환한다. 신경외과 의사는 이 모든 것을 알고 있고, 인지 심리학자들도 기계적 언어를 통해 뇌가 정보를 처리하는 동안 일어나는 일을 묘사하려 한다.

브랜드 네임이 감정적 효과를 만드는 과정을 전체적으로 살펴보기 위해서는 지나간 시대의 위대한 심리학자들을 불러내는 것이 도움이 될 수 있을 것이다. 우리는 굳이 프로이트의 삼요소, 즉 이드(id), 에고(ego), 슈퍼에고(superego)는 물론이고 하물며 오이디푸스 콤플렉스까지 가지 않더라도, 우리가 우리 자신에 대해 모르는 부분이 많이 있으며, 또 알기를 거부하는 부분도 많다는 것을 안다. 우리는 또 융의 집단 무의식 이론에 동의하지 않더라도 종교와 신화, 민담, 우리의 꿈과 비전들이 우리의 역사와 전사(前史)에서 항상 존재해왔고 우리를 인간답게 만드는 보편자(universals)임을 알 수 있다. 심리학자들은 마음이 어떻게 작동하는지에 대한 메타포를 제공한다. 약학의 발달이 심리학자들의 통찰력을 구시대의 유물로 만들어버린 것처럼 보일지도 모르지만, 드러그 스토어(약국)에는 한계가 있다. 대략 뉴 에이지 영성(New Age spirituality)이라 불리는 것의 광범위한 인기는 우리가 행복해지기 위해서는 알약 하나만 가지고서는 안 된다는 것을 사람들이 본능적으로 안다는 것을 보여주는 하나의 징표이다.

우리는 욕구와 욕망(needs and wants)을 가진 생명체이지만 그 둘을 쉽게 혼동하곤 한다. 에이브러햄 매슬로Abraham Maslow의 인본주의 심리학은 사실상 욕구들인 것의 서열체계를 세우려했다. 프로이트와 달리, 신경증 환자를 연구한 비이성주의 학자이자 동물이 어떻게 자극에 반응하는지를 연구한 행동주의 심리학자였던 매슬로는 위대한 성과를 이룬 사람들이 어떻게 살았는지에 천착했다. 그는 인간이 욕구의 불만에 의해 동기를 부여받고, 낮은 욕구가 높은 욕구보다 먼저 충족되어야 한다고 생각했다. 그는 인간이 기본적으로 선하고 자기 제어적(self-governing)이라 생각했고 폭력은 인간의 욕구가 좌절되었을 때 생긴다고 생각했다. 그러나 인간이 이타적으로 행동하기 위해서는 어떤 욕구들이 먼저 충족되어야 하는데, 그것을 가로막으면 사람을 아프거나 악하게 만들 수 있다. 하나의 욕구가 충족되면, 더 높은 차원의 욕구가 나타나 그 자리를 대신한다.

욕구의 첫 번째 단계는 공기나 물, 음식, 수면, 성적 본능과 같은 생리적 욕구에 관련된다. 생존의 기초요소가 확보되면, 우리는 가령 집이나 가족, 인간관계 등의 안전에 대한 욕구로 이동한다. 우리는 학대나 두려움 없이 살길 원하는데, 사람들이 종교로부터 위안과 안정을 구하는 이유 중 하나도 이 욕구 때문이라고 그는 생각했다. 다음 단계는 소속감에 대한 욕구인데 그래서 사람들은 온갖 종류의 공동체에 합류한다. 종교 집회에서부터 클럽, 단체, 직장, 심지어 갱 조직까지. 우리는 다른 사람에게 인정받고 수용되고 싶어 하는 욕구를 가진다. 공연자들은 박수갈채를 열망하고 맥주 광고는 혼자 마시는 것보다 동료애를 강조한다.

자긍심(esteem)에 대한 욕구는 일에 대한 능력 및 숙달과 다른 이들로부터 오는 관심, 인정, 동경으로 구성된다. 이것은 물론 소속감의 욕구와 관계되지만, 또한 권력에 대한 욕구이기도 하다. 낮은 차원의 욕구가 충족된 사람들은 그들의 사적, 공적 자긍심을 높이기 위해 호화 자동차를 몰거나 여러 채의 집을 소유한다.

자아실현은 하위의 욕구가 다 충족되고 난 후 이 욕구 위계구조의 최상위에서 일어난다. 이제 사람들은 자신들이 될 수 있는 것을 이루고, 지식이나 평화, 예술적 표현, 신과의 합일 등을 추구하거나 세계 평화나 환경 보호와 같은 대의를 끌어안을 수 있는 여유가 생긴다.

여러 개의 브랜드 네임 중 선택을 내리는 것도 음식이나 물을 찾

기에 혈안이 되어있거나, 눈보라 속에서 피난처를 찾거나, 한창 총
알을 피하고 있는 사람에게는 전혀 관심사가 되지 못한다. 그러나
이와 정반대도 사실이다. 영적 깨달음을 추구하는 사람은 어떤 방취
제가 적절한지에 대해 무관심할 수가 없다.

상업이 욕구와 결합되는 다양한 방법들은 쉽게 찾아볼 수 있다.
브랜드 네임은 매슬로가 설명한 동경과 굶주림에 반드시 호소한다.
생리적 기본 욕구는 나이톨Nytol이나 (라틴어 somnus에서 유래한) 소
미넥스Sominex의 수면제에 의해 충족된다. 안전에 대한 욕구는 전기
서지(surge) 억제기(전류 · 전압의 급증, 급변을 억제하는 도구 — 옮긴
이)인 센트리Sentry나, 자물쇠 브랜드인 매스터–록Master-Lock, 릴라이어
블Reliable 등에서 주요 임무를 띤다. 사랑과 친목에 대한 욕구는 스위
트하트Sweetheart 식기류나, 로맨스Romance, 조이Joy, 이터니티Eternity와
같은 향수 브랜드들에 의해 속삭여진다. 인정
이나 수용에 대한 욕구는 보험회사 아미카Amica
나 브라보Bravo라는 신문 및 TV 채널로 손을 뻗
는다. 자아실현도 뉴 에이지이건 아니건 간에
영적 욕구를 충족시켜주는 상품들을 찾을 수
있다. 마케터들이 "뉴에이지"가 부르는 유혹의 노래에 면역되어 온
것은 아니다. 뉴 에이지라는 두 단어는 150개 이상의 미국 상표 출
원에 등장해왔다(그 중 우리가 가장 좋아하는 출원은 방글라데시의 New
Age Mime이다).

매슬로 식으로 바라보면, 우리는 특히 강력한 그래픽 심벌과 결합
한 제품이나 회사가 어떻게 매슬로의 위계구조에 나와 있는 욕구에
호소하는지를 알 수 있다. 그래서 우리는 보나미Bon Ami 세제가 이제
막 새로 부화한 병아리를 로고로 쓰는 것을 볼 수 있다. 알씨에이 빅

터RCA Victor 사의 충실한 개는 빅트롤라Victrola 축음기 나팔을 향해 귀
를 기울이고 있다. 쿠퍼스Coopers 사의 슬로건에는 "자키Jockey 소년이
없으면 자키 브랜드가 아니다"라는 비전이 서술되어 있다. 그래픽
심벌은 "I ♥ New York"에서처럼 훨씬 더 간단할 수도 있다. 이것
은 판촉 역사에서 가장 많이 모방된 도안 중 하나이다.

　매슬로의 위계구조 자체도 사다리 혹은 피
라미드 모양으로 제시되어 있다. 심벌은 욕구
들을 나타내고 심벌 메이킹은 그 자체가 하나
의 욕구이다. 심벌은 6각으로 된 다윗의 별
(Star of David, 유대교의 상징 — 옮긴이)처럼 긍
정적 의미를 지니거나 나치의 만자(swastika)
처럼 부정적 의미를 지닐 수 있다. 브랜드 네
임은 장점을 심벌화한다. 심벌은 원이나 사각
형, 삼각형과 같은 기본 도형의 형태로 광고
디자인이나 특히 로고에 많이 나타난다. 많은
브랜드 네임들이 원이나 사각형과 같은 그래
픽 도구에 의해 둘러싸인다. 텍사코Texaco와 메
르세데스-벤츠Mercedes-Benz는 별을 사용하고 델
타Delta 항공사는 삼각형을, 스프린트Sprint와 미
쓰비시Mitsubishi는 다이아몬드를 사용한다. 삼각
형 자체는 피라미드나 삼지창(trident), 또는 3
선형(trigram) 등의 형태를 취한다. 별로 사용
되지 않는 모양도 획기적일 수 있다. 셰브론

Chevron의 이름처럼 V자형 무늬의 수장이나, 후지쓰Fujitsu의 무한을
상징하는 8자 모양의 렘니스케이트(lemniscate) 등이 그런 예이다.

원 안에 사각형이 그려진 만달라(mandala)는 융을 매혹시켰는데 융은 그것이 자아의 완전함을 나타낸다고 생각했다. 십자가는 적십자사가 되고 초승달은 적신월사(Red crescent, 이슬람 국가의 적십자에 해당하는 조직 — 옮긴이)가 된다. 사각형은 입방체나 마방진(magic square, 수의 합이 가로, 세로, 대각선이 모두 같은 숫자 배열표 — 옮긴이)이 되거나 체스나 체커보드처럼 좀 더 복잡한 배열로 변형될 수 있다. 원은 타원이나 디스크, 고리, 체인, 바퀴, 지구, 돔, 커브, 나선형 등으로 변형될 수 있다. 매듭은 일본인을 매혹시키고 그물은 거의 모든 다른 이들을 물리적으로 사로잡으며 직사각형은 민족이나 국가의 상징인 깃발로 변형된다.

심벌을 이해하려면 지그문트 프로이트와, 처음에 그를 추종했던 사람들의 작업을 알아야 한다. 프로이트의 아이디어는 적어도 초현실주의라는 하나의 예술 사조에 영감을 불어넣었고 오늘날 우리의 문화 곳곳에 깊게 스며들어있다. 그러나 상징주의에 관해 우리가 가장 풍요로운 아이디어를 구하려는 사람은 프로이트 학파 중 최고의 변절자로 꼽히는 융Jung이다. 정신의학과 심리치료, 예술과 문학에 융이 미친 영향은 프로이트처럼 폭넓은 것은 아니지만, 그의 개념 중 일부는 놀라울 정도로 실용적으로 실현되고 있다. 보다 높은 권력에 대한 그의 개념은 "알코올 중독자들의 모임"Alcoholics Anonymous의 설립에 영향을 미쳤고, 그의 심리 유형 분류표는 MBTI처럼 너무나 널리 사용되는 성격 테스트와 질문지로 이어졌다. 그와 프로이트가 분석한 꿈들은 문화에서 큰 자리를 차지하게 되었는데 이는 자신의 꿈을 기록하거나, 꿈 워크숍 및 세미나에 참석하는 수많은 사람들에 의해 증명된다. 상징적 혹은 내적 여행이나 추구와 같은 융의 테마는 커다란 대중적 반향을 불러일으켰다.

융의 이론에서 개인적 무의식은 집단적 무의식에 기대어 있다. 집단 무의식은 대대로 전승되어 온 원형들과 그것이 작동시킨 과정들에 대한 거대한 저장소이다. 이미지와 메타포, 상징, 환타지 등이 그것의 언어를 구성한다. 융에 따르면, 인간의 무의식은 남성의 무의식 안에 있는 억압된 여성성인 아니마anima와 여성의 무의식 안에 있는 억압된 남성성인 아니무스animus 등과 같은 인물들이 등장하는 분주한 장소라고 한다. 아니마와 아니무스는 아프로디테나 아테나, 트로이의 헬렌, 성모 마리아, 또는 헤르메스, 아폴로, 헤라클레스, 알렉산더 대왕, 로미오 등과 같은 집단적 형태 혹은 인물들로 표현된다. 그것들은 또한 스포츠나 연예인에게 투사될 수도 있는데 팬들의 열렬함이 여기에서 비롯된다.

융의 도식(scheme)에 따르면, 무의식에서 억제된 부분은 환영(vision)이나 증후(symptom), 혹은 꿈의 형태로 분출할 수 있다. 꿈은 인과관계로 이해될 수도 있지만 목적을 지향하고 있을 수도 있으며, 비록 미숙한 청사진일 뿐이긴 하지만 무의식적으로 미래를 예견하기도 한다. 융에게 있어 상징적 원형들은 정적인 표상(emblem)이 아니라 구조를 만들어내는 양식(structuring pattern)을 뜻한다. 그 원형들은 민속담에 등장하여 영웅이나 여걸의 삶 속에서 전형을 만들어내고, 위대한 어머니나 대자연, 천신, 혹은 지혜로운 노인이나 노파, 이상에 부푼 젊은 연인과 같은 신화를 통해 현시한다. 이와 같은 인물들은 마나(mana)를 소유하는데, 마나는 멜라네시아 단어로써 영적 세계의 거주자들은 물론 어떤 인물이나 사물, 행동, 사건 등에서 흘러나오는 초자연적인 능력을 의미한다. 현대어로는 이를 카리스마라고 한다. 마나는 성장의 원초적 원천이나 마술적 치료의 존재를 암시한다. 무언가를 매혹시키거나 싫어하게 만들고, 파괴하거나 치료하는 능력에서 그것은 마술사, 목사, 성인, 카를로스 카스타네 다Carlos Castaneda를 통해 유명해진 돈 후앙과 같은 인물들이 소유하는 힘이다. 융 자신도 평생 필레몬Philemon이라는 그런 인물과 매우 가까 운 관계를 가졌는데, 그와 함께 그는 그림을 그리고 긴 대화를 나누 곤 했다.

원형은 신체와 심리, 그리고 본능과 이미지를 연결시킨다. 원형은 출생, 결혼, 모성, 죽음, 이별 등 기본적이고 보편적인 경험을 둘러 싸고 형성된다. 그것은 저항하기 힘든 강력한 에너지를 가지고 다닌 다. 상징의 원형적 특성들은 그것들이 지니는 매력과 유용성, 반복 성(recurrence)을 해명해준다. 신은 원형적 행동의 메타포이고 신화 는 원형적 재연(enactment)이다. 신의 이미지와의 만남은 초월적 힘 에 대한 믿음을 내포하고, 신학자 루돌프 오토Rudolf Otto의 저서 『The Idea of Holy』에 나타난 생각들과 일맥상통한다. 신학자가 아니라 휴머니스트인 에이브러햄 매슬로는 그런 만남을 "절정의 경험" (peak experiences)이라고 불렀다. 상품에 대한 믿음은 초자연적인 경험의 신성함으로부터 브랜드 네임의 통속성으로 뛰어드는 것처 럼 보일 수도 있지만, 그것은 반드시 신념과 신뢰의 차원을 필요로 한다.

알프레드 아들러Alfred Adler는 융보다도 먼저 프로이트와 결별하였 다. 아들러는 개인 심리학파를 창시하였는데 이는 일종의 잘못된 명 칭으로, 그는 인간의 심리(psyche)가 쾌락에 대한 욕망이 아니라 자 긍심(self-esteem)에 대한 욕구에 의해 추동된다는 것을 강조하게 되 었기 때문이다. 이러한 자긍심에 대한 욕구는 불안과 열등감 콤플렉 스의 영향 하에서 권력을 위한 추구로 변질될 수 있다. 아들러는 집 단적 그리고 개인적 질병을 치료하기 위해서는 사회적 존재로서 협동하고 소통하는 능력을 키워야 한다고 생각했다. 아들러는 여전히 정통 프로이트 학파이지만, 신체적 결함을 과대보상하려는 "기관 열등감"(organ inferiority)이라는 아이디어를 제안했다. 위대한 화가 중에는 놀라운 비율의 화가가 눈과 관련된 장애를 가지고 있고, 어떤 위대한 작곡가(가령 베토벤)는 중증 청각 장애를 가지고 있다. 이것이 시장의 심리에도 시사점을 가진다는 것은 몸이 왜소한 남자가 우락부락한 자동차를 몰고 다닌다거나 교외 거주자가 SUV를 타고 돌아다니는 것을 볼 때 분명해진다. 또는 보통 일반인이 선반 위에 놓인 특대 사이즈의 콘돔인 매그넘XL^{Magnum XL}을 흘끔 쳐다보는 것도 이와 같은 맥락이다(그는 "모두에게 맞는 사이즈"라는 격언을 거부하고 싶어하는 것일 수도 있다).

20세기 심층 심리학의 깊은 덤불을 이렇게 휘젓고 다니는 것은 어쩌면 실제적인 브랜드 네이밍의 세계로부터 너무 멀리 나아가는 것처럼 보일지도 모른다. 그러나 과연 정말 그런가? 스티브 매닝은 브랜드 네임이 감정적 연결 관계를 가져야 한다는 것을 강조하며, 융으로부터 한 용어를 가져온다. "의미를 가진 무언가를 꺼내놓을 때마다 누군가는 반대할 것이다. 그래서 아무런 뜻도 없는 것을 고르는 편이 수월하다. 우리는 사람들의 집단적 잠재의식에 이미 존재하는 단어나 이미지를 사용할 것을 추천한다."

『광고의 동기부여』^{Motivation in Advertising}라는 저서에서 피에르 마티노^{Pierrre Martineau}는 제품의 "심리적 라벨"의 중요성을 강조하는데, 이것이 상징적 해석을 만들어낸다고 지적한다. 그러나 킴 로버트슨은 "언어학자들은 모두 나이키의 그리스 어원이 '승리'를 의미하는데 동의할지 모르지만, 소비자가 이 나이키라는 운동화 브랜드를 보며 '승리'라는 개념을 자신의 의미 인식체계에 통합할 것이라는 보장은 없다"고 경고한다.

확실한 보장은 없을지 모르지만 그럴 가능성은 많다. 신화와 원형이 모든 문화를 포화시키고 있는 이 시대에 어떻게 그렇지 않을 수 있겠는가? 여기에는 호주와 태평양 제도, 아메리카 본토 원주민들의 전통은 말할 것도 없고 유럽과 중동 문화, 유대교 및 기독교, 그리스와 로마 역사, 그리고 아시아 및 아프리카의 문화, 종교, 전통을 아우른다.

스위스의 언어학자 소쉬르Fernand de Saussure는 기표(signifiant, 단어라는 기호)와 기의(signifie, 그 단어가 의미하는 사물)를 엄격히 구분한다. 심리학적으로, 사물은 상징적 가치와 시청각적 효과를 나타낸다. 이름으로 불려짐으로써 그것들은 대중문화에 이바지한다. 때때로 예술은 삶을 모방하고 그것은 다시 예술을 모방한다. 1987년에 설립된 제이 피터만 컴퍼니J. Peterman Company는 Windowpane 블레이저(운동선수들의 화려한 유니폼 상의 — 옮긴이), Dylan Thomas 터틀넥 상의, Indian Elephant 카프탄(근동 지역에서 입는 소매가 길고 띠가 달린 긴 옷 — 옮긴이)과 같은 고가 제품들을 홍보하는 카탈로그를 만들었다. 재정난에 허덕이던 제이 피터만 컴퍼니는 2000년 파산법 11조 보호를 신청했다. 그러나 엄청난 인기를 누리던 TV 시트콤 〈사인펠드〉Seinfeld가 이 회사와 그 창립자인 존 피터만John Peterman을 유쾌한 조롱의 대상으로 만들자 그 회사는 다시 활기를 되찾았고 2001년 여름이 되면, 피터만은 자신의 자서전 『다시 뜨는 피터만』Peterman Rides Again을 판매하고 〈사인펠드〉에서 제이 피터만을 연기한 배우 존 오헐리John O'Hurley를 모델로 기용한 광고를 게재하기 시작한다.

말보로 맨(Marlboro Man)은 완전한 발명물이다. 말 위에 올라타

말보로 담배 연기를 만족스럽게 내뿜는 이 남자는 1954년에 처음 출시되었고 1993년에는 역사상 가장 게재기간이 긴 광고 캠페인이 된다. 그 브랜드의 슬로건은 "말보로의 나라로 오라"였는데 이곳은 신화들이 에덴, 파라다이스, 엘리시움[1],

유토피아, 발할라[2], 카멜롯[3], 아 

발론[4]과 같은 용어들로 축복했던 땅과

사촌 관계에 있던 곳이었다. 그곳에 가기 위해 필요한 것은 담배와 어쩌면 말 한 마리에 불과하다. 말보로 맨은 또한 수많은 제품과 회사들의 많은 화신 중에 하나이다. 아래에 과거와 현재의 크고 작은 인물들의 목록이 있다.

Ann Page	Jolly Green Giant (Green Giant)
Aunt Jemima	Juan Valdez
Basset's Liquorice Allsorts	Littel Green Sprout
Betty Crocker	Mr. Bubble
Bibendum (Michelin Tire)	Mr. Clean
Cap'n Crunch	Mr. Peanut (Planters)
Charlie the Tuna (Star-Kist)	Mr. Whipple
Can · D · Man (Scott-Bathgate)	Old Grand-Dad
Chiquita Banana	Pillsbury Dough Boy

---

1 〈그리스 · 로마 신화〉에서 착한 사람이나 영웅들이 죽은 후에 사는 낙토 — 옮긴이
2 〈북유럽 신화〉에서는 발할라들에게 인도된 영웅의 영혼이 영원한 기쁨과 향응을 받는다고 한다 — 옮긴이
3 영국 엑서터[Exeter] 근처의 전설적인 도시, 아서 왕의 궁정이 있었다는 곳 — 옮긴이
4 아서 왕이 잠든 섬 — 옮긴이

Chef Boyardee

Count Chocula

Elmer the Safety Elephant

Elsie the Cow

Frito Bandito

Joe Camel

Joe Isuzu

Poppin' Fresh

Puffy Pete Popcorn

Quaker Puffed Pals

Ronald McDonald

Smokey Bear

Spuds MacKenzie

이런 창조물들은 전통 민담에 나오는 인물들을 암시한다. 영화와 TV 화면 안팎의 환타지, 공상과학 소설, 사변 소설(speculative fiction) 등에 나오는 안드로이드, 로봇, 외계인, 다른 상상물들도 마찬가지이다. 제품과 회사의 이름들은 일련의 창조물이나 허구적 인물들을 되살려낸다. 이와 마찬가지로 브랜드 네임들은 인본주의적 또는 심층 심리학의 현실적, 원형적 충동에 참여한다. "오늘날 우리들의 꿈에서는 자동차와 비행기가 먼 옛날의 괴물이나 전설상의 동물의 자리를 대체한다"고 융은 지적한다. SUV의 일부 자동차 이름들을 생각해보라.

Buick Rendezvous

Chevy Blazer, TrailBlazer,
  and Tahoe

Dodge Durango

Ford Escape, Explorer,
  Excursion, and Expedition

Jeep Liberty

Hyundai Santa Fe

Lincoln Navigator

Mercury Mountaineer

Nissan Pathfinder and Xterr

Oldsmobile Bravada

Range Rover Discovery

Toyota Highlander

이 이름들에 내재된 모험과 탐험의 테마는 매슬로의 생리적 · 사회적 욕구와 연결될 뿐 아니라, 조셉 캠벨Joseph Campbell이 자신의 이름이 붙은 책에서 "천 개의 얼굴을 가진 영웅"(The Hero with a Thousand Faces)이라고 부른 것과도 연결된다.

수많은 브랜드 네임들, 특히 비행기와 자동차 이름들에는 신화와 야생 동물들이 자주 등장한다. 쿠거Cougar(아메리카 라이온), 임팔

라Impala(아프리카산 영양의 일종), 재규어Jaguar(아메리카 표범), 무스탕Mustang(미국 남서부 평원에 사는 반(半) 야생마), 핀토Pinto(얼룩말), 스팅레이Sting Ray(노랑 가오리), 파이어버드Firebird(꾀꼬리), 선더버드Thunderbird(우레를 일으킨다고 북미의 인디언이 믿었던 거대한 새 — 옮긴이) 등이 그런 예들이다. 2002년 뷰익Buick은 정글을 벵골Bengal을 타고 어슬렁거렸는데 — 이는 호랑이를 탱크에 담는 또 다른 방법이다 — 〈오토위크〉Autoweek로부터 "베스트 컨셉 자동차"로 선정되었다. 동물 이미지는 보덴Borden의 소, 드레퓌스Dreyfus와 MGM의 사자, 〈플레이보이〉Playboy의 토끼 등에 나타난다. 어쨌든 소는 모성적 양육법을, 사자는 왕의 권위와 강함 그리고 지혜를, 토끼는 다산과 성적 식욕으로 유명한 것이다.

인류학적 관점에서 보았을 때, 동물들은 종종 수호자나 안내자로 여겨진 토템과 연결된다. 상징을 다룬 어떤 큰 사전도 떼나 무리와 같은 동물 집단이나 벌떼와 암초와 같은 동물 공동체를 포함하여 많은 동물들이 동물학적 의미 외에 가지는 다른 의미들을 보여줄 것이다. 수사슴, 암사슴, 수탉, 암

닭처럼 성별의 구분이나 뿔, 날개, 깃털, 조개 등 동물의 부위도 잊어서는 안 된다. 중요한 것이

숨겨져 있다는 상징으로 쉘Shell이라는 이름의 정유회사도 있다.

많은 종류의 동물들이 식량이라는 개념과 분리될 수 없는데, 그것들은 기본 생필품일 뿐 아니라 종교적·문화적 상징이기도 하다. 달걀, 꿀, 우유, 빵, 포도주 등이 그것들이다. 꽃 특히 장미는 정교한 언어를 가지고 있다. 그것은 단지 찬미의 대상일 뿐 아니라, 역사적 암시와 종교적, 지리적 충성까지 가진다. 상징적 의미들이 수많은 식물에서 꽃을 피운다. 백합은 순수를 상징하고 떡갈나무 잎은 용기를, 올리브 나뭇가지는 평화를 상징한다. 그것들은 아폴로 신의 월계관처럼 그리스나 로마 신들에 연결될 수도 있고 나르시서스(수선화)처럼 신화적 인물을 따라 이름이 지어질 수도 있다. 그것은 또 국가적 상징이 될 수도 있는데 웨일스는 리크(부추의 일종), 캐나다는 단풍나무, 아일랜드는 토끼풀, 스코틀랜드는 엉겅퀴와 연결된다. 많은 문화와 국가들이 과일과 견과류, 딸기류, 그 외 정원과 숲에서부터 손으로 쥘 수 있는 것, 또는 화환, 부케, 다발, 화관처럼 몸에 착용할 수 있는 것에 이르기까지 다양한 종들을 상징으로 사용한다.

소금과 같은 생활필수품에서부터 제철과 같은 산업품은 물론 광물과 그것들이 취하는 여러 가지 형태는 그들만의 언어와 상징을 가진다. 옥은 중국인들에게 가장 순수하고 신성한 자연광물로서 중요한 의미를 지닌다. 상아나 진주와 같은 어떤 유기체나 그로부터 나온 파생물도 특별한 의미를 지닌다. 그것들은 특정한 속성뿐 아니라 천체나 12궁을 지시하고 이것은 또 그들 나름대로 상징적 의미를 지니게 된다. 브랜드 네이밍에서 선두를 차지하는 것은 금이고 그 뒤를 크리스털과 다이아몬드, 루비, 사파이어, 토파즈, 자수정, 터어크와즈(Turqoise) 등과 같은 보석들이 뒤따른다.

동물과 식물, 광물 등의 테마는 빙산의 일각에 불과하다. 추상적이고 형이상학적인 카테고리들이 하늘과 천공, 무한의 공간에 등장한다. 인간의 성장 단계(youth나 young이라는 단어들, 가령 Youth Dew 향수)는 물론 계절의 순환(Spring, Summer)도 등장한다. 일부 직업들도 각각의 상징적인 직업 설명과 함께 곡예(Acrobat이라는 파일전환 소프트웨어를 생각해보라)나 마술사(Wiz나 Wizard는 소프트웨어 이름에 있어 상투어처럼 되었다) 등에 등장한다. 그런 사람들은 자신의 직업적 도구와 함께 등장할 것이다. 가령 음악가는 드럼, 플루트, 하프, 트럼펫을 들고 나올 것이다. 직장인은 워크메이트Workmate(직장 동료를 뜻하는 단어이자 사무용 가구 브랜드명 ─ 옮긴이)를 사용할지도 모르고, 학생은 매직 마커Magic Marker로 글을 쓸 수도 있다. 그들은 개성적인 복장이나 유니폼, 의상을 입거나 더 캐주얼한 복장의 경우, 윈드브레이커Windbreaker(스포츠용 재킷의 일종)를 입는다. 그들은 디폿Depot(창고), 팩토리Factory(공장), 마트Mart(매장)에서 열심히 일할 수도 있다. 그들이 일만 하는 것은 아니다. 그들은 클럽Club, 피에스타Fiesta, 서커스Circus, 페어Fair에서 즐거운 시간을 가질 수도 있다.

사람들이 거주하거나 일하는 건물과 그 안의 세간들도 브랜딩 심벌이 될 수 있다. 우리는 이미 암시형 브랜드 네임들이 왕(Rex)과 심지어 윈저와 요크 가(家)의 함의들에 많이 기댄다는 것을 살펴본 바 있다. 왕과 왕비, 황제와 여황 ─ 어쩌면 Dairy Queen 자신도 ─ 은 화이트 캐슬에 살고 있을지도 모른다. 다음은 왕족과 관계되는 이름들을 모아놓은 것이다.

Count or Countess	Monarch	Sovereign
Crown	Palace	Throne
Duke or Duchess	Prince or Princess	Tiara
Imperial	Royal	Viscount
Knight	Scepter	

가장 누추한 집조차도 "포근함"이나 "가정", "난로", 그리고 무엇보다도(Home Hardware, Home Depot에서처럼) "집"(home)이라는 개념을 간직한다. 심지어 막 지은 오두막조차도 창문이 있고 어쩌면 마이크로소프트 윈도즈^{Miscrosoft Windows}가 있을 수도 있다. 집은 열을 발생시키거나 전달하는 어떤 수단을 가진다. 불이나 불꽃은 그 자체가 중요한 상징으로서, 핫포인트^{Hotpoint}나 파이어스톤^{Firestone}과 같은 브랜드 네임에서 빛을 발한다. 집 밖에서는 정원이나 분수, 심지어 탑이 있을 수도 있다. 이 모든 것은 상징적 의미를 띤다.

가정용품과 도구들은 무언가를 담는 컨테이너인 경우가 많다. 박스(box)는 브랜드 네임에서 흔히 사용된다. 심지어 책, 그리고 더 나아가 도서관도 일종의 컨테이너이다. 만약 운이 좋으면 가정주부는 풍요의 뿔을 상징하는 원뿔 모양의 그릇(cornucopia)이나 포트 오브 골드(Pot of Gold, 금단지) 초콜릿을 가지고 있을 수도 있다.

무기는 그것이 방어용이든 공격용이든 일종의 도구로서 칼(윌킨슨 스워드^{Wilkinson Sword} 면도기)이나 화살(애로우^{Arrow} 셔츠)과 같은 브랜드 네임에 존재한다. 쉴드^{Shield}(방패) 방취제 비누는 악취 분자를 막아낸다. 일이나 놀이에서 다른 도구들을 사용할 수도 있다. 특히 집의 자물쇠를 여는 열쇠가 있다

(키뱅크Key Bank는 사실 주택 융자 서비스이다). 평화의 담뱃대(peace pipe)처럼 어떤 것은 의식(儀式) 또는 외교 목적으로 사용될 수도 있지만 대부분 그것들은 모루1, 도끼, 망치, 램프, 횃불, 멍에처럼 실용주의적 목적을 지닌다. 안전으로 따지면 앵커 저축은행Anchor Savings Bank만한 것이 없다. 어떤 것들은 무기의 외투를 쓰고 나오기도 하고 문장(紋章)은 자신만의 상징적 색과 형상을 가지고 있다. 프리메이슨단2이나 영지주의3에서 유래한 반(牛) 비밀결사단인 장미십자회4, 또는 형제애를 주창하는 로터리 클럽5이나 킨스멘 클럽, 라이온스 클럽6 등도 마찬가지이다.

인간 존재에 대해 알기 위해 우리는 심원한 상징주의로 응축되어 있는 위대한 문서나 지혜의 책(가령 성경, 탈무드, 구약성서, 코란, 역경(易經), 시크교의 경전 아디 그란트, 힌두교의 바가바드 기타), 우주의 영적 창시자나 종교 설립자들에게 기댈 수 있다. 알라는 코란에서 99

---

1 모루는 단조(鍛造)나 판금(板金) 작업 때 공작 재료를 얹어놓고 해머로 두드려 가공하는 대이다. 앤빌이라고도 한다. 주철 또는 주강제(鑄鋼製)이며, 한쪽만 뾰족한 것과 양쪽이 다 뾰족한 것이 있다. 모루는 기계력에 의하지 않는 손단조에 사용되며, 현재도 대장간이나 소규모 공장에서 볼 수 있다. ― 옮긴이
2 중세기 영국에서 시작된 교회나 수도원을 건축한 석공들의 친목단체로 18세기 유럽과 미국으로 확대되었고 현재는 약 600만 남성만으로 이루어진 국제적 종교운동단체이다. 비밀스런 의례를 행하며 자선사업과 사회활동에 참여한다고 전해지고 있다. ― 옮긴이
3 1-2세기 헬레니즘 시대에 로마, 그리스, 소아시아, 이집트 등지에 널리 퍼져 있던 그리스도교의 이단 ― 옮긴이
4 1484년 Christian Rosenkreuz가 독일에서 창설했다고 전해지는 연금마법의 기술을 부리는 비밀 결사 회원 ― 옮긴이
5 1905년 시카고에서 설립된 사회봉사와 국제 친선을 목적으로 하는 단체 ― 옮긴이
6 지역사회 발전과 세계 발전을 위하여 봉사의 영역을 넓혀야 한다는 신념으로 미국인 멜빈 존스(Melvin Jones:1879~1961)에 의하여 창설된 단체이다. 미국 내 9개 주 22개 클럽에서 36명의 대표가 모여, "Liberty, Intelligence, Our Nation's Safety"라는 슬로건 하에 머릿글자를 따서 단체의 이름을 정하였다. ― 옮긴이

개의 다른 이름으로 불리고 있고 예수도 성경에서 거의 같은 수의 이름을 가진다. 세계 시장을 위해 종교를 상품명으로 사용하는 것은 너무 예민하거나 제한적으로 보일지 몰라도, 한 감미로운 와인의 이름은 라크리미 크리스티Lachrymi Christi("예수 그리스도의 눈물")이다.

개인의 운명을 알기 위해서 손금이나 다른 형태의 예언, 혹은 역경의 신비로운 육각형 별의 상징 속으로 깊이 파고들 수도 있다. 특별한 심리학적 관심의 대상으로 78개의 밝은 색으로 이루어진 타로(Tarot) 카드가 있다. 타로 카드는 융과 다른 이들이 인생에서 공존하는 두 가지 갈등이라고 말한 것, 즉 사회적 지위와 직업을 획득하는 것과 자아의 내면을 실현하는 것 사이의 갈등으로 이루어진 정교한 상징주의를 나타낸다. 다른 식으로 말하자면, 그것은 행동과 사고 사이의 분열 혹은 균형이다.

흙과 공기, 불, 물이라는 그리스의 원소들은 가스통 바슐라르Gaston Bachelard에 의해 훌륭하게 정신분석 된다. 그것들은 전통적으로 체액과 기질을 연결시켰다(피=쾌활, 담=냉담, 황담즙=다혈질, 흑담즙=우울). 중국인도 그들만의 원소 체계(물, 불, 나무, 금속, 흙)에 숫자, 성격, 가축, 신체 기관, 색깔, 감정과 같은 속성들을 연결시킨다. 기관과 다른 신체부위들도 프로이트가 애호하던 남근 이미지들을 포함하여 상징적 의미를 가진다. 미디어가 인간 신체와 신경 체계의 확장이라는 것은 마셜 맥루한의 핵심 아이디어이다. 심장에서 시작하여 우리의 기관과 신체적 특징들 중 어떤 것들은 헤드 & 숄더Head & Shoulder나 바디숍Body Shop의 화장품들로 가꿔줘야 한다.

숨(breath)[1] 자체도 소리와 노래, 이름과 그것의 메아리라는 신비한 마법, 그리고 마술적 주문과 형식적 문구(수리수리마수리, 주문, 연도(連禱)[2], 저주, 파문)와 관련된다. 그리고 그것은 아멘(Amen)이나 힌두교의 만트라(mantra), 그리고 신성한 음절인 '옴'(om)과 함께 형이상학적 형태를 띨 수도 있다. 그것은 또한 행운을 가져오는 부적이나 악을 없애는 호신부(護身符)라는 물리적 형태를 취할 수도 있다. 그것은 아우라나 후광, 무리와 같은 초자연적인 모습으로 나타날 수도 있고, 인형, 마네킹, 꼭두각시 등으로 스스로의 삶을 살 수도 있다. 소비재를 우리 자신의 것으로 받아들이는 것은 성적 페티시(fetish)나 토템(totem)이 될 수 있고 그것들을 금지하는 것은 터부(taboo)가 될 수 있다.

날씨와 대기, 그리고 계속해서 모습을 바꾸는 밤하늘과 천체는 진정한 보편물이다. 그것들은 브랜드 네임에 정말 자주 등장한다(태양, 달, 별, 수성에서 명왕성에 이르는 행성들을 보라). 천둥과 번개는 우산이 필요한지를 결정하는 것 이상을 의미한다. 그것들은 범람, 대홍수, 그리고 인류가 대홍수에서 살아남도록 해준 방주라는 개념에서 형이상학적 차원까지 띨 수 있다. 그것들은 스카이돔[SkyDome](풋볼 경기장) 안에도 있고, 슈퍼마켓 선반 위에 스타키스트[Star-Kist] 참치로도 존재하며, 선버드[Sunbird]라는 자동차로 구매할 수도 있다.

친족관계도 보편적이다. 가장 강렬한 연결 관계는 어머니와 아버지, 아이 사이를 잇는 가족관계로서 이것은 친척과 부족까지 확대된다. 수많은 제품들이 마더[Mother], 앤트[Aunt], 엉클[Uncle]로 시작되는 이유는 궁극적으로는 여기에서 비롯된다.

인류학적 관점에서 볼 때, 많은 의식과 제례들은 이들이 시내와 도시로 이식되기 전까지 오랜 동안 전승된 농업의 일 년 리듬과 연결되어 있다. 일 년의 각 주, 월,

Uncle Ben's ®
Brand

---

1 호흡은 영혼, 정신, 생명력을 상징한다. — 옮긴이
2 호칭 기도. 사제가 읊은 기도문을 따라 신도들도 읊는 형식 — 옮긴이

계절에는 의미가 담겨있고 새벽부터 밤까지의 하루도 마찬가지이다. 유태교와 이슬람교, 힌두교는 연대기와 역사를 자신의 전통 달력에 따라 나눈다. 중국인과 일본인은 독자적인 12궁을 가지고 있고 서구의 12궁은 수많은 책과 일간지의 재료가 된다. 서구의 12궁은 태양과 달, 다른 주요 행성들이 지나가는 길을 포함하여 천체의 특정 영역을 나타낸다. 각 영역은 약 30도에 해당하고, 각각 하나의 성운을 구성하며, 기호로 상징되고 종종 동물의 이름이 주어지며, 흙, 공기, 불, 물로 분류된다. 여기 12궁과 그것들의 일반명, 또 탄생한 시간의 태양의 위치에 근거하여 그것들에게 일반적으로 주어지는 성격 유형이 있다.

12궁	일반명	성격 유형
백양궁	양자리	활동적, 열광적, 모험적, 이기적일 수 있음
금우궁	황소자리	공감적, 참을성, 끈기, 헌신, 질투하거나 소유적일 수 있음
쌍자궁	쌍둥이자리	활동적, 이야기하기 좋아하는, 박식한, 적응력이 뛰어남, 이중적일 수 있음
거해궁	게자리	다른 이들에게 매우 민감함, 감성적 사려 깊음, 보호적, 변덕스러울 수 있음
사자궁	사자자리	관대함, 경쟁적, 열광적, 창조적인 조직 능력 간섭적이거나 두목 행세를 할 수 있음
처녀궁	처녀자리	겸손한, 내성적, 실용적, 근면, 완벽주의자 우유부단하거나 불평불만, 비판적일 수 있음
천칭궁	천칭자리	사귐성 있는, 절충을 잘 하는, 타협적, 사교적, 쉽게 속을 수 있음

천갈궁	전갈자리	은밀함, 내적 동기와 목적을 추구함, 분석적
인마궁	궁수자리	사회적, 낙천적, 솔직함, 의존적, 부주의
		하고 무모하며 요령이 부족할 수 있음
마갈궁	염소자리	신중함, 조심성, 절제되고 정연함, 참을성,
		자신감을 결여할 수 있음
보병궁	물병자리	독립적, 친근함, 이상주의적, 낙천적, 미래
		지향적, 다른 이의 의견에 상관하지 않음
쌍어궁	물고기자리	풍부한 상상력, 직관적, 창조적, 비실용적,
		자기 헌신적, 꿈의 세계와 현실을 동시에 삶

10년이나 100년, 혹은 한 시대와 같은 좀 더 거시적인 연대기적 시기는 여러 함의들이 밀집해 있다. 수비학(numerology)의 복잡함은 제쳐둔다 하더라도, 기수(1부터 10까지)와 서수(첫 번째부터 열 번째까지) 그리고 0은 그들의 숫자적 혹은 수학적 가치보다 훨씬 더 많은 것을 의미한다. 두배(double), 이중(binary), 삼중(treble)과 같은 배수나 기술어도 마찬가지이다. 숫자의 위력이 1부터 10까지의 숫자들로 소진되는 것도 아니다. 다른 많은 숫자들도 추가의 의미들을 가진다. 숫자의 의미는 물론 문화마다 달라진다. 일본에서는 40번째, 61번째, 70번째, 77번째, 87번째 생일이 특별한 의식과 함께 기념된다. 서구의 결혼기념일인 경우, 각 기념일들은 그 기념일에 적절한 선물이라는 물건들과 밀접하게 연결되는데, 첫 번째 기념일은 종이, 25번째 기념일은 은, 70번째 기념일은 백금과 연결된다.

왕이나 성경 인물, 또는 성인과 연결되어 있는 어떤 인물명들은 상징적 조명을 받는다. 수호성인은 자신만의 기념일과 아이콘, 그리고 장소나 직업에 연관된 일련의 속성들을 가지고 있고, 우리는 그것들을 성 요셉이나 성 프란체스코처럼 병원이나 의학센터에서 발견한다. 브랜드 네임의 수호성인은 존재하지 않지만 광고에는 그런 존재가 한 명 있다. 그것은 흔히 상상하듯, 유명한 광고 회사 오길비 & 매더^{Ogilvy & Mather} 사를 창립한 성 데이비드 오길비^{St. David Ogilvy}가 아니라 설교와 개종력으로 유명한 15세기 프란체스코 수도회의 시에나의 성 베르나르디노^{St. Bernadine of Siena} 사제이다. 그는 또한 호흡기 질환이나 무절제한 도박벽을 가지고 있는 사람들의 수호성인이기도 하다.

신화, 특히 그리스와 로마 신화는 브랜드 네임의 위대한 원천이다. 아이아스^{Ajax} 세제나 마이다스^{Midas} 머플러, 또는 티타니아^{Titania} 변압기에서처럼 말이다. 브랜드 네임은 신화적 인물들과 연관된 우아함, 매력, 아름다움, 고귀함, 강함, 또는 지혜의 의미들을 끌어온다. 여기 흔히 발견되는 몇 가지 예들이 있다.

Achilles	Cupid(Eros)	Orpheus
Adonis	Delphi	Pan
Amazon	Diana(Artemis)	Pantheon
Ambrosia	Hercules	Pegasus
Apollo	Hero	Phoenix
Arcadia	Iris	Saturn
Argo	Juno	Titan
Ariel	Jupiter(Zeus)	Trident
Atlas	Mars	Tristan
Aurora(Eos)	Mercury(Hermes)	Triton

Bacchus(Dionysus)   Minerva   Venus (Aphrodite)

Centaur   Neptune(Poseidon)   Vesper

Cerberus   Olympic or Olympus   Vulcan

Cherubim   Oracle   Zephyr

다른 신이나 신화, 전설 및 민담에 나오는 존재들도 관심을 가질 필요가 있다. 아라비안 나이트나 성배의 전설, 니벨룽겐 무용담, 아더 왕의 로맨스, 그림 형제의 우화 — 신데렐라, 랜슬롯과 갈라하드, 로빈 후드와 그의 명랑한 친구들, 샤를마뉴 대제와 그의 열두 기사 — 는 잠재적인 브랜드 네임들이다. 이 중 일부는 Sea Nymph(바다의 요정)나 Aladdin Thermos(보온병 — 옮긴이)로 통하게 되었다. 많은 원천들로부터 난쟁이, 레프러콘leprechauns(아일랜드 민화에 나오는 장난을 좋아하는 작은 요정), 엘프(elves), 픽시(pixies), 작은 도깨비, 거인, 용이나 유니콘과 같은 가상적 존재라는 크고 작은 친구들이 나왔다. 비디오와 컴퓨터 게임의 이름 속으로 괴물이나 귀신, 흡혈귀, 늑대인간, 마녀 등의 밤의 존재들이나 악령 및 유령과 같은 심령현상, 그리고 마녀, 마법사, 점술사 등 각종 종교적 추종자들이 잠입하고 들끓는다.

예술과 대중문화에서 고유명사를 끌어올 수도 있다. 그 이름은 신화적 인물이 되었다가 브랜드 네임이 된다. 돈 후앙, 셜록 홈스, 미키 마우스 등이 그런 예들이다. 이 이름들은 그들의 역사적, 지리적 중요성을 훨씬 넘어 호소력을 갖는다. 물론 역사나 지리적인 의미를 크게 반영하지 않았더라면 지금의 그들의 지위를 얻을 수 없었겠지만 말이다. 인명은 이미 일반적 단어로 사용되고 있다(네루Nehru 재킷이나 셰익스피어식의Shakespearean라는 표현에서처럼). 속옷 업체 빅토리아 시크릿이 잘 알고 있듯이, 그들의 브랜드 네임은 상징으로부터 이점을 얻을 수 있다(비록 히틀러나 스탈린의 경우에는 그 이점이 무엇이 될지 상상하기 어렵지만 말이다).

일반적인 지리적 용어의 상징은 잘 알려져 있다. 섬, 사막, 강, 언덕 또는 산, 골짜기, 바다 자체뿐 아니라 위치(코너나 횡단보도, 중앙 또는 중심점, 천저, 천정(天頂))나 방향(동쪽, 서쪽, 남쪽, 북쪽, 위, 아래, 옆, 또는 오른쪽, 왼쪽)들도 선천적 의미들을 가지고 있다. 그러나 특정 명소나 주소, 위치는 특별한 상징적 차원이 담긴 이름을 가질 수 있다(가령 America나 American이 가진 모든 함의들을 생각해보라). 이렇게 브랜드 네임은 에베레스트 산을 등반하고, 아마존 우림을 탐험하며, 디트로이트를 모타운 사운드*로 채우고, 타운 스퀘어^{Town Square}와 빌리지 그린^{Village Green}의 정겨움을 찬양할 것이다.

국가, 민족, 종교 집단의 이름은 단순히 식별만 하는 것이 아니다. 왜냐하면 이 이름들은 비굴한 아첨에서 노골적인 인종차별주의에 이르기까지 여러 스테레오타입을 끌고 다니기 때문이다. 비굴한 아첨의 예로 파이야르^{Paillard Inc.} 사의 옛 슬로건을 들 수 있을 것이다. "헤르메스^{Hermes}는 스위스인의 정신(Swissmanship)을 의미한다. 그것은 장인정신(craftmanship)보다 한 발 더 나아간다." 이케아^{IKEA} 카탈로그에 수록된 수백 개의 제품명은 수많은 움라우트와 함께 북유럽의 지명색인과 전화번호부의 일부를 이룬다. Fägelbo (붙박이 침대용 소파), Poläng(안락의자), Skärpt(칼), Innervik(회전 의자), Ekeberg(여왕 침대프레임), Svala(아동용 가구), Jutta Ruta(커튼) 등.

---

* 모타운^{Motown}은 디트로이트 시의 별칭이다. 또한 모타운 사운드는 1950년대부터 흑인 노동자들 사이에 유행한 강한 비트의 리듬 앤드 블루스를 뜻한다. ─ 옮긴이

단어와 사물의 구분은 색상 이름의 경우에는 특히 민감하다. 블루는 매우 감정적인 단어이지만("Am I blue? 난 우울한가?") 또한 색채 배합(color scheme)의 일부이기도 하다. (약간 딴 얘기를 하자면 50개의 캔디가 든 M&M 봉지 속에는 일반적으로 15개의 갈색, 10개의 빨간색, 10개의 노란 색, 5개의 녹색, 5개의 주황색, 5개의 파란색 캔디가 들어있다.) 컬러는 문화적으로도 매우 상징적일 수 있다. 미국의 경우 빨강, 파랑, 흰색이, 아일랜드의 경우 녹색이 그러하다. 색상은 널리 사용되고 있는 루처 색상 테스트(Luscher Color Test)에서처럼 기질을 측정하는 데 사용되기도 한다. 이 테스트의 참여자는 다양한 색상의 카드 뭉치에서 여러 색상을 고른다. 여기서의 핵심은 정확히 말해서 감정을 나타내는 색 각각이 아니라 — 보라색은 감정적 불안정성을 나타낸다고 여겨진다 — 여러 색깔의 카드들을 어떻게 조합해내는가이다. 심지어 컬러 컨설턴트라는 새로운 직종도 생겼다.

1974년 미국 캐럴 잭슨^{Carole Jackson}이 세운 컬러 미 뷰티풀 시스템 Color Me Beautiful System은 사계절의 메타포를 사용하여 여성들에게 색을 통해 그들의 타고난 아름다움을 발견하도록 도와준다. 사람은 자신의 진정한 색과 조화를 이루어야 하고, "컬러 비타민"은 일련의 긍정적 또는 부정적 속성들과 연관된다. 이 시스템의 참여자들은 할 일이 많다. 어떤 색상 용어 사전은 3천 개가 넘는 목록을 보여주기 때문이다.

영어에서 흰색은 공정함과 안전함(white magic, 선의의 마술), 전문성(화이트칼라), 항복 또는 평화(백기), 그리고 백인의 피부색(백인 노예제, "백인 매춘부 매매")을 함의한다. 검정색은 보통 부정적 — 악, 거짓, 오류, 슬픔, 절망 등 — 이지만, 긍정적인 것들도 있다. 피부색으로서의 검정색은 말할 것도 없고 혹자나 검은 띠가 그렇다.
파란색은 경구를 잘 만들어내는 사람들 사이에서 극도의 인기를 누린다. 윌리엄 가스^{William Gass}의 책들 중 『On Being Blue』라는 제목의 소설도 있다. 붉은색 또한 거의 비슷한 사랑을 받는다. 피와 불을 뜻하는 보편적 색인 붉은색은 19세기부터 공산주의라는 문화적 함의를 얻는다. 중국인들에게 그것은 행운을 의미하기 때문에, 붉은 중국으로 알려진 국가의 국기에 이 색이 등장하는 것은 전혀 우연이 아니다. 녹색은 영어에서 전통적으로 질투의 색상이었으나 생태학과 환경보호주의를 뜻하는 정치적 색상이 되었다. 프랑스어와 이탈리아어, 독일어에서는 노랑색이 질투를 뜻한다.

색상은 모든 종류의 긍정적 — 그러나 가끔 매우 부정적 — 함의를 지닌다. 부정적 함의의 예로서 노랑색을 떠올려볼 수 있다. 노랑색은 겁쟁이를 의미하고 나치가 유럽의 유태인들에게 달도록 강요한 악명 높은 노란 별과도 연결된다. 색상은 문화 의존적이다. 검정색은 서구에서는 죽음을 암시하는 반면 흰색은 일본인에게 죽음을 의미하고, 힌두교도에게는 장례식복의 색깔이다. 금빛이 아닌 노랑색은 부정적 함의를 지니지만 텍사스의 노란 장미*는 물론 예외이다. 보라색은 다른 언어에서는 드물지만 영어에서는 화려함과 고귀함을 뜻하는 인기 있는 색이다. 운송회사 UPS는 자신의 기업 색상인 갈색을 별명으로 사용하기로 하면서, 손님이 오면 "브라운이 무엇을 도와드릴까요?"하고 답한다.

분홍색은 적어도 1차 세계대전 이후부터 여자 아이를 위한 색이 되었고, 파란색은 남자 아이를 위한 색이 되었다. 파란색은 역사적

---

* Yellow Rose of Texas는 1955년에 나온 팝송의 제목이다. — 옮긴이

으로 희망과 경건함, 성실함 등의 속성을 나타냈다. 펩시는 블루베리와 콜라의 새로운 혼합인 펩시 블루^{Pepsi Blue}를 선보였었다. 미국 레스토랑의 이름에서 파란색은 간판 컬러가 되었다. 여기 몇 가지 예들이 있다.

Amadeus Blue	Blue Chalk	Blue Moon	Deep Blue
Bistro Blue	The Blue Collar Grill	The Blue Owl	Dharma Blue
Black & Blue	Blue Grotto	Blue Peter's	French Blue
Bloo	Blue Heaven	Blue Sky	Le Blue
blu	The Blue Heron	Blue Smoke	Mt. Blue
Blue Agave	Bluehour	Blue Spruce	Red Hot & Blue
Blue Angels	Blue Iguana	Blue Whale	sixtyblue
Blue Bell	Blue Lagoon	Cactus Blue	Uni Blue
Blue Bird	The Blue Marlin	Cool Blue	Zanzibar Blue

상징어들은 명사와 동사, 형용사의 형태로 표어, 슬로건, 우화, 민담, 격언, 전설, 각종 풍문, 노래, 영화, TV 프로그램, 음악 그룹, 광고 테마 카피라인이나 태그라인(tagline) 그리고 물론 브랜드 네임 등 다양한 담론에 등장한다. 상징어들은 단 하나의 알파벳 글자("A라는 한 학생"이나 "이 지점을 X로 표기하자" 등에서처럼)처럼 작을 수도 있지만, 일종의 키워드로서 그 뒤에 자신과 관련된 파생적 무리들을 끌고 다닌다. 하나의 단어는 그 자체로 강력한 상징일 뿐 아니라, 다른 단어들과 연결되는 "단어"이기도 하다. 『Brewer's Dictionary of Phrase and Fable』은 수백 개의 그런 단어 무리를 보여준다.

변화무쌍함과 유연성 외에 상징이 지니는 또 다른 두드러진 특징은 그 영원성이다. 캐럴 무그Carol Moog가 말하듯이, "유산(遺産)의 심리적 중요성은 사람을 살아있을 권리와 연결시켜주고, 자신의 현재적 삶으로부터 죽음을 넘어 다음 세대로 연결되는 연속선상에 참여할 수 있도록 해주는 힘으로부터 유래할지 모른다. 이러한 연결고리는 불멸과 연결된다."

영원 회귀는 중요한 신화이다. 마케팅에서 이것은 여러 가지 방식으로 나타날 수 있다. 그것은 Chevette, Disprin, Electrolux, Kodachrome, Minolta, Polyfilla, Range Rover, Victoria에서처럼 새 브랜드 네임이 전통에서 유래되었음을 의미할 수도 있다. 쉐링-플라우Schering-Plough의 알레르기 치료제인 클라리넥스Clarinex는 유명한 약 이름 클라리틴Claritin을 다음 세대에까지 이어나갔다. 그것은 또한 포드Ford 사에서 내놓은 F- 이름들의 긴 역사에서처럼 브랜드 가족의 창조를 의미할 수도 있다. 선박 제조사는 일단 선크루저Suncruiser라는 의미심장한 신조어를 만들고 나서 개별적 선박마다 비미니Bimini, 타히티Tahiti, 트리니다드Trinidad처럼 섬 이름을 선택할 수도 있다. 그것은 또 기원으로 돌아가는 것을 의미할 수도 있다. 뉴 코크New Coke가 시장에서 실패하자 우리는 올드 코크old Coke의 이야기를 다시 듣게 되었다.

독자들은 이 글에서 우리가 무엇이든 상징이 될 수 있다고 말하는 것이라 생각할 수도 있다. 만약 그렇다면 독자들이 옳다. 상징이란 사물 그 자체라기보다는 우리가 그것에서 가져오는 연상 작용과 함의들이기 때문이다. 1984년이란 해는 왔다가 사라졌지만, 조지 오웰의 소설 『1984』를 통해 계속해서 상징적인 해로 살아간다. 인생을 그 충만함으로 이해하려는 자는 상징이 위험에 처한다는 사실을 무시한다. 마케터들도 마찬가지이다. 문신이나 피어싱(귀, 코, 혀 어느 것을 막론하고), 그리고 온갖 종류의 신체 장식이 누리는 엄청난 인기는 단순한 한때의 유행이 아니라, 고대 부족사회의 풍습과 그 진정성(authenticity)으로 회귀하는 것이다. 어떤 이는 상징을 상업적 목적으로 전유하는 것이 상징의 내용을 비하하고, 상징이 삶과 죽음, 영원에 대해서 전해주던 것에 사람들이 가졌던 깊은 믿음과 오랜 유산을 배반하는 것이라 주장할 수도 있다. 그러나 한편으로 브랜드 네임은 그것들이 다른 형식으로 재등장한 것이라고 주장할 수도 있다. 사람들은 자신들의 마음이 가는 곳에 돈을 쓰고 있는 것이다.

12

전 세계의 브랜드 네임

보기와는 달리 전 세계가 영어를 아는 것은 아니다. 안타깝게도 매년 그 숫자가 줄어들고 있긴 하지만 현재 약 6천 개 정도의 다양한 언어들이 사용되고 있다. 어떤 면에서 보면 언어는 동식물과 같은 유기체에 비유될 수 있다. 동식물의 경우처럼 언어의 사용인구도 너무 많이 줄어들면, 멸종하게 되는 것이다.

영어는 멸종 위기에 처한 언어는 아니다. 영어는 2번째로 많은 모국어 사용 인구를 가지고 있으면서, 세계 제1의 보조 언어(auxiliary language)이다. 2000년 12월에 실시된 조사에 따르면, 유럽 연합에 가입한 15개국의 56퍼센트가 영어를 쓰고 있고, 40퍼센트가 영어를 제2외국어로 사용하고 있다. 또 거의 모든 국가의 TV 광고가 영어를 부분적으로 포함하고 있다. 영어는 40개가 넘는 국가들에서 공용어로 사용되고 있고, 인도와 파키스탄에서는 "연합"(associate) 공용어로 쓰이고 있다.

미국과 영국을 비롯한 영어 사용국들은 언어 제국주의나 심지어 문화 대학살이라는 비난을 받기도 한다. 그러나 영어가 사업과 대중 매체에서 아무리 많이 사용되어도, 영어를 제2외국어로 쓰는 사람들은 가족이나 우정, 사랑에 관계된 일들은 그들의 모국어에 기대어 의사소통한다. 인터넷에서도 영어가 지배적인 언어이긴 하지만, 온라인 사용자의 60퍼센트 이상이 이와 다른 모국어를 지닌다고 추정된다.

그럼에도 불구하고, 19세기 폴란드 의사 루도빅 자멘호프^{Ludovic Zamenhof}의 꿈은 그가 바라던 방식은 아니지만 실현되었다. 자멘호프는 ("희망"을 뜻하는 로망스 어원으로부터) 에스페란토어를 발명했는데, 이 언어는 불규칙 동사가 전혀 없었고 까다로운 관용적 표현도 거의 없었다. 이 언어의 어휘 중 약 4분의 3은 로망스어로부터 유래하였다. (소비자들에게 유용한 에스페란토어 문장으로 다음이 있다. "Mi preferas plendi, dankon"은 "전 무척 까다롭습니다. 감사합니다"라는 뜻이다.) 에스페란토어는 약 5만 명의 유창한 사용자들을 가지고 있다.

1940년대에 오그덴^{C. K. Ogden}과 리처드^{I.A. Richards}는 850개의 단어로 이루어진 『기초 영어』^{Basic English}라는 단어 목록을 편찬하였다. 이 중 100개는 기능어였고(come, be), 400개는 일반 사물어(motion, mountain), 200개는 그림으로 형상화할 수 있는 단어들이었고(angle, sail), 100개는 일반 성질어(able, free), 50개는 반대어였고(bitter, loud, hard, soft), 몇 가지 간단한 규칙이 실려 있었다. 그러나 『기초 영어』가 언어 교육에 막대한 영향을 미치긴 했지만, 보편적 언어가 되기에는 에스페란토어만큼이나 성과는 저조했다.

영어는 ("세계의 주인"을 뜻하는 산스크리트어^{Jagannatha}에서 나온) 저거넛(juggernaut 엄청난 파괴력을 가진 존재라는 뜻 — 옮긴이) 이다. 그러나 영어를 모국어로 사용하지 못하는 인구수는 원어민 영어 사용자에 비해 훨씬 많다. 2000년이 되자 만다린어Mandarin(중국 표준어)가 모국어인 사람의 수는 8억 7천4백만 명이 되었고, 여기에 7천7백만 명의 우어[吳](상하이어라고도 한다) 사용자와 7천백만 명의 유에어(광둥어) 사용자 등 중국어의 다른 방언까지 포함시키면 전체 중국어 사용자 수는 더욱 놀라운 수치가 된다. 그 다음으로 3억 6천6백만 명의 힌두어 사용자들은 3억 4천백만 명의 영어 사용자 수를 능가하고 있다. 4위는 빠르게 부상하고 있는 스페인어인데 3억 2천2백만 명에서 3억 5천8백만 명 사이로 추정된다. 적어도 미국에는 약 1천8백만 명의 스페인어 사용자가 있다. 미국 내에서의 급속한 스페인어의 성장은(특히 플로리다와 뉴욕시, 남서부 지방) 캘리포니아 상원위원 하야카와S. I. Hayakawa(그는 캐나다 태생이다)에게 큰 경각심을 주었는데, 1981년 그는 영어를 미국의 공식어로 지정하자는 헌법 수정안을 제안하기까지 했다. 이 영어공식어지정 수정안English Language Amendment은 결렬되었지만, 그 이후로 몇몇 주에서는 이와 비슷한 조치를 취하였다.

이런 순서로 보면 세계 랭킹의 다음 순위는 벵골어, 아랍어, 포르투갈어 (주로 브라질), 러시아어(지난 수십 년 사이에 순위에 진입했다), 일본어, 독일어 그리고 한국어이다. 그 뒤를 프랑스어가 뒤쫓는다. 일찍이 외교의 언어이자 교양 있는 사람들의 필수 보조 언어였던 프랑스어는 지난 수 세기 동안 형편없이 순위에서 밀려나갔고 현재에는 주로 프랑스와 프랑스의 과거 및 현재 식민지령, 벨기에, 스위스, 캐나다의 퀘벡 및 다른 몇몇 지역, 그리고 미국 루이지애나 등지에서 사용되고 있다. 이들의 행렬을 뒤쫓고 있긴 하지만 적어도 7천만 명의 사용 인구를 가지고 있는 언어로 인도네시아의 자바어Javanese와 인도 동남부의 텔루구어Telegu가 있다. 오늘날 약 225개의 언어들이 적어도 각 언어당 200만 명의 사람들에 의해 사용되고 있다. 1985년 세계주의의 추세에 맞게 미 교육부는 "중요"하다고 생각되는 169개의 언어 목록을 발표했다. 그 언어들에 대한 지식은 과학적 연구 혹은 경제나 보안상의 이익을 증진시키는 것으로 여겨졌다. 비록 시오퀘어Ciokwe, 캄바어Kamba, 월로프어Wolof가 포함된 이유는 이해하기 힘들지만 말이다. 특이하게도 영어는 포함되어 있지 않았다.

언어가 문법을 다루는 방식은 언어를 분류하는 한 가지 방법이 된다. 분석어(analytic language)에서는 단어가 어형변화를 하지 않고 단어의 순서에 의해 문법적 관계를 표현한다. 중국어, 베트남어, 사모아어가 그런 경우이다. 굴절어(inflecting language)에서는 단어의 내적 구조를 바꿈으로써 문법적 관계를 표현한다. 보통 여러 가지 의미를 동시에 내보내는 종결어미를 사용한다. 고대 라틴어, 현대 그리스어, 그리고 아랍어가 여기에 속한다. 교착어(agglutinative language)에서는 단어가 단위들의 첨가에 의해 만들어진다. 각 단위는 문법적 기능을 나타낸다. 5개의 접사를 첨가함으로써 인칭, 숫자, 시제, 목소리, 분위기를 나타낼 수 있다. 터키어, 핀란드어, 일본어, 스와힐리어가 여기에 속한다. 집합어(polysynthetic language)에서는 단어가 종종 길고 복잡하며 교착어와 굴절어적 특징을 혼합하는 경우가 많다. 이것은 토착민 혹은 선주민의 언어인 경우가 많다. 이누이트어Inuktitut, 모호크어Mohawk, 호주 토착민어Australian Aborigine 등이 있다.

영어는 여러 언어가 혼합된 언어이다. 그것은 문법이라는 줄기와 가장 흔히 사용되는 어휘들은 게르만어에서 왔고, 대부분의 이파리는 그리스어, 라틴어, 프랑스어에서 온 나무에 비유될 수 있다. 그리고 매일 세계 곳곳의 다른 언어들에서 빌려 온 차용어의 형태로 새로운 새싹들이 돋아난다. 영어는 이따금씩 문법이 없다고 비판받기도 한다. 비록 랜돌프 쿼크[Randolph Quirk]와 다른 이들이 쓴 1020페이지에 달하는 『A Grammar of Contemporary English』에서는 그렇지 않다고 주장하지만 말이다. 영어는 비록 많은 어휘들과 일부 문법이 로망스어, 궁극적으로는 고대 라틴어와 그리스어로부터 나왔지만 일종의 게르만어이다. 그러나 영어는 또한 단어의 어형변화보다는 어순이 문법을 결정한다는 점에서 중국어처럼 분석어이기도 하다.

영어는 명사의 성별을 거의 무시하고 프랑스어의 tu/vous나 독일어의 du/Sie처럼 비칭과 존칭 형태의 구분이 없다. 많은 언어들이 시간을 나타내기 위해 공간적 용어를 사용하는 반면 영어에서 시간은 "We're behind schedule"이나 "Let's move the meeting forward"에서처럼 엄격하게 직선적이다. 중국어와 같은 성조 언어는 단어의 의미를 보존하면서 서구의 멜로디로 옮기는 것이 거의 불가능하다. 영어 사용자에게는 심지어 동족 언어 — 비슷해 보이는 어휘 — 를 많이 포함한 언어들도 가짜 친구들의 함정으로 가득차 있다. 프랑스어에서 demander는 영어의 demand(요구, 청구하다)가 아니라 request(청하다, 부탁하다)이고 libeller는 libel(중상, 비방하다)이 아니라 수표를 발행하는 것이며, sensible은 영어의 sensible(분별 있는)이 아니라 sensitive(민감한)이다. 독일어의 also는 "그러므로"(therefore)이고 스페인어의 constipado는 코감기에 걸리는 것이다.

데이비드 크리스털[David Crystal]은 영어에서 다양한 자동차의 크기와 유형, 사용법을 위해 사용하는 많은 단어들이 다른 언어에서는 없는 경우가 많다는 사실을 지적한다. 반면 영어에서는 mobilist나

wheelist가 시도되긴 했었지만 운전자를 가리키는 일반적인 단어가 없다. 영어에서는 doo-dad(거시기)부터 시작하여 (글보다는 말로) 일시적으로 화자의 머리에 떠오르지 않는 것을 의미하는 단어들이 많이 있다. 콘테스트와 전화연결 라디오 쇼에서는 종종 사람들에게 회의 전에 마시는 음료를 뜻하는 aginda나 고양이 싸움을 의미하는 catfrontation 등 새롭게 주조된 단어들로 "필요하지만" 기존 언어에는 없는 어휘적 빈칸을 채워 넣으라고 요청한다.

언어는 사회적 계급은 구분하지만, 국경은 무시한다. 가장 큰 언어집단의 인구 규모가 그 나라의 전체 인구의 절반에도 미치지 못하는 나라들이 많다. 영국에서는 100개 이상의 언어들이 사용되고 있다. 세계 곳곳에는 수백만 명의 사람들이 정치나 전쟁상의 이유로 망명생활에 내몰린다. 이보다 수백만 명이나 더 많은 이들은 이주 노동자들로서, 자신의 국가보다 더 많은 급여를 주는 일자리에서 땀 흘려 일하고 있다. 터키인들은 독일의 일자리를 가득 메우고, 아프리카인들은 프랑스에서, 인도와 파키스탄, 필리핀인들은 중동과 다른 곳에서 일자리를 찾는다. 서인도인과 라틴 아메리카 사람들도 미국 및 캐나다 등지에서 일자리를 찾는다.

모든 제반사항들을 다 살펴보았을 때 영어는 현대의 라틴어라고 할 수 있다. 그러나 그것은 과거 로마인이 해냈던 것보다 훨씬 더 도달력이 크다. 몇 가지 징후들은 이렇다. 일본에서 요시오 테사와라는 『부족한 영어실력이 우리나라를 망치고 있다』라는 책을 펴내 큰 인기를 끌었다. 중국에서는 약 3억 명으로 추정되는 사람들이 국가가 지원하는 영어 수업에 등록하였다. 미국에 근거를 둔 마켓 컨설팅 회사 RoperASW가 30개국에서 실시한 조사에 따르면, 표본 집단의 응답자 중 약 31퍼센트(거의 20억을 대표하는)가 "약간"의 영어

회화 실력을 갖추고 있다고 대답했는데 이는 2000년도의 27퍼센트에서 상승한 것이다. 철의 장벽의 붕괴로 뒤늦게 나타난 결과임에 틀림없지만, 상대적으로 가장 큰 증가는 중앙 유럽과 동유럽에서 일어났다. 영어는 사실상 유럽 연합의 공용어이다. 머지않아 거의 모든 네덜란드인들이 이중 언어 가능자가 될 것이고, 이와 똑같은 추세가 스칸디나비아에서도 일어나고 있다.

바벨탑을 무너뜨리는 또 다른 요인은 자동차와 전자제품을 위한 기술용어(technospeak)가 거의 보편적이 되었다는 사실이다. 적어도 유럽과 영국 전 지역에 분포해 있는 부츠[Boots], 맥피셔리즈[MacFisheries], 모벤픽[Movenpick], 비너발드[Wienerwald] 등과 같은 다국적 체인점들은 수많은 동일한 제품과 브랜드 네임들을 제공한다. 이 중 많은 브랜드 네임들이 영어로 되어있는 것은 전혀 우연이 아니다. 핀란드에서는 영어로 된 브랜드 네임을 번역하지 않는 것이 이득이 되기도 한다. 크리스털에 따르면 1960년에 한 핀란드 회사가 핀란드어로 된 라벨을 사용한 캔 커피를 유통시켰는데 판매량이 저조하였다. 그러자 회사는 같은 캔에 영어 문구를 사용하여 새로운 라벨을 만들어서 판매했는데 판매량이 급증하였다고 한다. 영어권 마케팅 회사와 다른 업체들도 특별한 효과를 만들어내기 위해 외국어를 활용하곤 한다. 가령 레스토랑이나 나이트클럽, 향수의 이름에 사용되는 프랑스어가 그렇다. 이미 많은 핀란드인들이 핀란드어와 스웨덴어, 영어 이렇게 3개 국어를 사용할 수 있고, 헬싱키 안팎에 있는 고속도로나 가게 간판에서는 이러한 3개 국어 표시를 많이 발견할 수 있다.

가게 간판은 언어적 마카로니(macaronics), 즉 언어의 혼합 정도를 측정하는 매우 좋은 척도가 된다. 한 연구자는 슬로베니아 크라니에서 "MURA European Fashion Design Boutique Elita"라는 간판과, 류블랴나에서 "BIG BANG melodiga"라는 간판을 발견한다. 비엔나에서는 "Last-Minute-Urlaub l'tur Software Dschungel"이라는 간판이, 트리에스테에서는 "Goielleria Orologeria Gold Emotion"이라는 간판이 걸려 있다. 런던의 리전트 가 일대에서는 프랑스어, 이탈리아어, 독일어, 그리고 영어와 불어의 혼합, 영어와 독어의 혼합, 영어와 슬라브어의 혼합으로 된 가게 간판들을 볼 수 있다. 일단 Esprit("영혼")와 Aigle이라는 프랑스어와 이탈리아어로 된 Blunauta("blue"의 blu와 "나룻배 사공"(ferryman)의 nauta를 합성한 단어)가 있다. Triumph House Carree Blanc와 Lloyds TSB Bureau de Change도 찾아 볼 수 있다. 그리고 물론 Gucci, Viyella, Scholl, Jaeger, Adolfo Dominguez 등 국제적 브랜드 네임들의 긴 행렬이 있다. 또 전화번호부에서 "레스토랑" 부문을 한 번 살펴보면 거의 절반에 가까운 이름들이 영어 외의 언어로 되어 있는 것을 볼 수 있다.

세계화와 그 불만. 막 20세기에 접어들 무렵 국제전신조약(International Telegraph Convention)은 전신 암호를 단지 네덜란드어와 영어, 프랑스어, 독일어, 이탈리아어, 포르투갈어, 스페인어, 또는 라틴어 혹은 이들의 혼합으로만 전송할 수 있다고 선포하였다. 오늘날, 영어가 직업과 사업, 커뮤니케이션, 대중문화 영역에서 지배적 언어가 되었다는 것을 의심할 사람은 없을 것이다.

브랜드 네이밍과 마케팅에서 영어와 다른 언어가 일으키는 갈등 중 가장 큰 충돌은 외국 시장에서 영어 브랜드를 사용하거나 영어 브랜드를 외국어로 번역하는 것에서 일어난다. 브랜드 네임은 단순히 제품이나 서비스를 넘어 훨씬 더 많은 것을 상징할 수 있다. 해외 관광객들에게 있어 친숙한 브랜드 네임은 고향을 상기시키는 지표가 될 것이다. 외국인 소비자에게 있어 그것은 사회적 지위나 명성을 함의할 수 있다. 외국인 사업자에게 그것은 이윤을 의미하고, 외국인 노동자에게 그것은 일자리를 나타낸다. 미국이나 서구 강대국에 대한 지정학적 반대자들과 비판적 지식인들에게 그것은 세계화, 제국주의 혹은 자본주의를 집약하는 것으로서, 소위 코카콜라 식민화(Coca-Colonization)라 불리기도 한다.

일부 정부들은 국가 정체성을 아끼고 보존하기 위해 각별한 노력을 기울이기도 한다. 캐나다의 퀘벡 언어법은 한동안 회사명을 포함하여 영어 단어를 그 지역의 상업 간판에서 제거하도록 규정함으로써 Wendys에서 아포스트로피(')가 빠지는 특이한 간판을 만들어내기도 했다. 이후 회사명은 이 조항에서 면제되었다. 2004년 올림픽 개최국인 그리스에서는 아테네 시 령을 통해 회사명을 그리스어로 번역하지 않으면 벌금형에 처하겠다고 정하기도 했다. McDonald는 MakNtonalts가 되었고, 네덜란드에 근거를 둔 가구업체 Habitat은 Xampitat이 되었으며 Wendy's는 가엾게도 Giouenti가 되었다. 언어를 바꾸는 것은 국가

정책의 한 수단이 되기도 한다. 1928년부터 1930년대에 이르기까지 터키의 대통령 케말 아타튀르크[Kemal Atäturk]는 터키어를 아랍 문자에서 로마 알파벳을 수정한 버전으로 전환시켰고, 페르시아어와 아랍어로 된 단어들을 터키어에서 제거하였으며, 문학 스타일을 단순화하여 일상어와 더 비슷하도록 만들었다. 아타튀르크의 언어개혁은

전례 없는 것이었다. 그러나 규모에서 보자면 그것은 20세기 중국에서 일어난 거대한 언어개혁과 비교해볼 때 소규모에 불과하다. 중국에서 실시한 많은 언어개혁 중에는 만다린어를 공용어로 추진하거나 음성 철자의 로마자 표기를 핀인(Pinyin)으로 정리하는 것 등이 있다. 이 핀인에 따라 이제는 더 이상 Peking이 아니라 Bejing으로 표기하게 된 것이다.

전쟁과 지정학적 사건들은 언어 일반, 특히 브랜드 네임에 일대 혼란을 일으키곤 한다. 프랑스와 독일, 캐나다는 2003년 이라크를 침공한 미국 주도의 연합군에 가담하기를 거부한 국가들이다. '프랑스 죽이기'는 미국에서 일종의 국내 스포츠가 되었다. 볼티모어의 Star Spangled Ice Cream Co.는 I Hate the French Vanilla와 Iraqi Road, Smaller Government 등의 제품을 출시하고 www.starspangledice cream.com에서 이 제품들을 광고하였다. 미국 소비자 중 약 10퍼센트가 독일과 캐나

다 제품의 대체품을 찾았다고 말했고, 약 15퍼센트가 프랑스 제품을 보이콧했다. 심지어 미국 소유 회사인 French's Mustard도 자신은 프랑스 빠리와 아무런 관련이 없다는 극구 부인에도 불구하고 판매량 감소를 경험해야만 했다. 같은 선상에서 2001년 9월 11일 이후로 America와 U.S.는 국내에서 다시 인기를 얻었는데 특히 보안 관련 기술 회사들에게 그러했다. 유럽 특히, 프랑스에서는 그 반대 현상이 일어났다. 프랑스인들은 그동안 미국을 항상 질투와 분노, 동경이 묘하게 뒤엉킨 감정으로 바라보곤 해왔다.

평화시에도 소비자들은 제품의 원산지를 혼동하는 경우가 많은데, 전시에는 이것이 더 심해진다. 워스린-힐리어드^{Wirthlin-Hilliard} 계

열사인 워스린 월드와이드Wirthlin Worldwide는 2003년 4월 초, 1천 명의 미국인을 상대로 인터뷰를 실시했는데, 브랜드 네임을 그 원산지 국가와 연결시켜보라는 요청에 응답자 중 약 80퍼센트가 피에르Pierre를 프랑스산으로, 약 62퍼센트는 크리스찬 디오르Christian Dior를 프랑스산으로 답하였다. 약 87퍼센트는 폭스바겐Volkswagen이 독일산이고 76퍼센트는 메르세데스-벤츠Mercedes-Benz가 독일산이라는 것을 알고 있었다. 꽤 높은 인지도이지만, 49퍼센트만이 무스헤드Moosehead가 캐나다산이라는 것을 알고 있었고 몰슨Molson의 경우에는 단지 25퍼센트만이 캐나다산임을 알고 있었다. 같은 수의 사람들은 그것이 독일산이라고 생각했다. 약 79퍼센트는 캐나다 클럽Canadian Club이 캐나다산이라고 생각하고 있었는데 이것은 맞기도 하고 틀리기도 하다. 왜냐하면 캐나다에서 증류 과정과 포장 과정을 거치지

만, 소유주는 영국인이기 때문이다. 캐나다 드라이Canada Dry도 이와 마찬가지인데, 약 68퍼센트가 그것이 캐나다산이라고 대답했다. 맥주 제조업체인 라바트Labatt도 단지 24퍼센트의 미국인만이 캐나다산으로 알고 있었다. 37퍼센트는 그것이 프랑스산이라고 생각했다. 몬트리올에 근거를 둔 제트기와 스키두Ski-Doo 제조업체인 봄바디어Bombardier의 경우에는 단지 12퍼센트만이 캐나다산이라는 것을 알고 있었고, 15퍼센트는 미국산, 14퍼센트는 프랑스산이라고 생각하고 있었다.

1990년부터 이라크의 콜라 애호가들은 제품을 펩시Pepsi에서 수입해 온 병에 담아 판매하는 바그다드 음료업체들의 유사품에 의존해야만 했다. 이라크 침공이 시작되자 펩시콜라Pepsi-Cola와 코카콜라

Coca-Cola는 이라크 시장 재진출에 대해 고려하기 시작했다. 그러나 그들은 2002년 프랑스와 중동에 문을 연 프랑스 소유의 메카콜라 Mecca-Cola와 영국에 본부를 두고 유럽에서 큰 성공을 거두었으며 방글라데시와 파키스탄에도 진출한 키블라콜라 Qibla-Cola와 경쟁을 벌여야 할 수도 있었다. 키블라 사의 대변인은 이렇게 말한다. "키블라는 인종과 민족, 종교, 언어를 초월한다. 키블라는 양심을 가진 모든 이들을 위한 콜라이다."

세계화에는 복잡한 이슈들이 얽혀 있다. 그것의 옹호자와 반대자들은 열띤 논쟁을 벌이고 이따금씩 자동차와 가게 정문을 파괴하기도 한다. 그러나 사람들이 만약 자신의 지역 공동체 밖에서 특히 외국에서 생산된 물건을 구매하길 원한다면, 그들은 그 물건들을 알아보게 해 줄 브랜드 네임과 로고, 그리고 이들을 공급할 광대한 커뮤니케이션 및 운송 시스템을 필요로 할 것이다. 어쨌든 세계화의 반대자들은 마케터들이 어떤 면에서는 그들과 한편일 수 있다는 사실에 놀라워할 것이다.

테오도르 레비트 Theodore Levitt의 중요한 논문 〈시장의 세계화〉The Globalization of Markets가 1983년 발표된 이후, 세계화라는 주제는 국제 비즈니스 전략을 지배하는 화두가 되었다. 이 개념만큼 과용, 오용, ― 그리고 그 반대자들에 의해 ― 남용된 것도 드물 것이다. 그 개념은 깔끔한 아이디어였다. 큰 회사가 미국의 애크론에서부터 뉴질랜드의 오클랜드에 이르기까지 하나의 큰 차별화된 아이디어를 가지고 글로벌 브랜드를 운영하는 것이다. 가게 선반 위에 놓인 그 회사의 브랜드는 여행객과 본토 토박이 모두에게 똑같은 인지도를 가진다. 하나의 마케팅 팀을 둠으로써 인건비와 시간을 절약할 수 있다. 하나의 글로벌 네임과 디자인은 생산비를 줄여줄 것이다. 또한 똑같은 광고 자원을 전 세계 곳곳에서 사용함으로써 생산비를 줄일 수도 있다. (그리고 이것은 광고회사에게 일을 줄여주기도 한다.) 이것이 레비트의 조언이었다.

그러나 전 세계에 단일한 메시지를 지닌 표준화된 제품을 판매한다는 아이디어는 아직도 이론에 불과하다. 제품의 컨셉트가 보편적일 수는 있지만, 그것은 지역마다 다른 문화와 제도, 심지어 생산력 등에 맞춰 각색되어야 한다. 소비자의 관심과 필요가 모든 곳에서 동일한 것은 아니기 때문이다. 심지어 그래픽 기호도 다르다. 북미에서 사용되는 그래픽 표지 중에는 "멈춤"을 뜻하는 정지신호와 이메일을 나타내기 위한 우편함 혹은 우편 봉투 기호, "도움"을 나타내기 위한 펼쳐진 손 기호, 주요 텍스트에 주의를 끌기 위한 느낌표 등이 있다. 그러나 이 모든 아이콘들이 다른 문화적 맥락에서도 적용되는 것은 아니다. 세계의 모든 우편함이 같은 모양을 가진 것은 아니다. 펼쳐진 손 아이콘은 불쾌감을 유발할 수도 있다. 모든 언어가 느낌표를 사용하는 것도 아니다.

언어적 기호와 마찬가지로 마케팅에서도 지방(local), 지역(regional), 국가적(national) 맥락이 매우 중요하다. 다국적 기업이 말레이시아와 브라질에 등장할 즈음에는 이미 그 지역의 토착 회사가 중요한 차별화 아이디어를 선점하고 있을지도 모른다. 글로벌 전략은 종종 신기루에 불과할 경우가 많다. 소비자의 관심과 필요가 모든 곳에서 동일한 것은 아니기 때문이다. "동질화"(homogenization)는 하나의 신화로써, 여기서 신화란 그 부차적 의미인 "오류"를 뜻한다. 모든 곳의 국내시장은 분화되고 있다. 정말이다. 오일오브 올레이^{Oil of Olay}는 여성이 어떤 나이에도 아름다울 수 있다고 주장한 최초의 미용제품으로, 그 아이디어는 전 세계 모든 여성들에게 호소

력을 갖고 있다. 그리고 회사들은 자신의 국적과 전통을 세계적인
정체성으로 바꿀 수 있다. 리바이스Levi Strauss와 디즈니Disney는 아메
리칸 드림을 수출한다. 샤넬Chanel과 루이 비통Louis Vuitton은 프랑스의
세련됨을 대표한다. 아르마니Armani는 이탈
리아의 스타일을 나타내고 버버리Burberry는
굳건한 영국식 가치를 나타낸다. 그러나 "단
일한 시장"과 "하나의 지구촌"을 꿈꾸는 대
부분의 한낱 인간일 뿐인 마케팅 종사자들에게 현실은 그들의 꿈과
다르다.

한 선구적인 글로벌 기업은 한계가 존재한다는 것을 발견했다. 하
이네켄Heineken은 세계적인 맥주 브랜드이자 세계 제2위의 맥주 제조
업자이다. 그 회사는 제품의 일관성에 각별한 주의를 기울인다. 그
들의 모든 양조장들은 동일한 제조법을 고수한다. 세계 어느 곳이나
동일한 맛을 내는 제품을 유지시키기 위해 2주마다 각 양조장들은
네덜란드의 전문 감별자들에게 샘플을 보낸다. 그들은 또 상하이에
있는 조그만 가게에서 맥주 몇 병을 사들여 맛을 테스트해 보기까지
한다. 직원들은 라벨의 단 한 줄도 바꿔선 안 되고 포장 색깔을 연하
게 하거나, 병 모양을 바꾸는 것도 금지되어 있다. 단 하나의 요소라
도 바꾸면 하이네켄 지옥으로 보내진다.

맛을 표준화하는 것과 마케팅을 표준화하는 것은 다른 일이다. 하
이네켄의 CEO인 카렐 브루스텐Karel Vuursteen은 그것이 불가능하다는
것을 인정한다. "우리는 모든 문화에 같은 방식으로 의사소통할 수
는 없다고 생각한다. 미국과 서유럽에서 맥주는 마치 목을 축이는
것처럼 생활의 한 부분과 같다. 호주와 뉴질랜드에서 맥주는 매우
마초적인 의미를 띤다. 반면 많은 동남아시아 국가에서 맥주는 거의

'여성적'인 제품이다. 정교함을 나타내는 것이다. 그래서 우리는 우리의 지사들에게 판매와 광고에 있어 많은 자유를 준다."

또 세계적 맥주업체가 되려 하는 다른 기업들은 실망스럽게도 자신의 맥주가 해외에서 전혀 먹히지 않는다는 것을 발견했다. 산 미구엘San Miguel은 필리핀 맥주 시장의 거의 80퍼센트를 차지한다고 한다. 이와 같은 국내 시장 점유율에서는 성장의 동인을 외부에서 끌어와야만 했다. 그래서 경영진들은 범아시아 브랜드가 되기 위해 중국과 홍콩에 양조장과 맥주 포장 공장을 지었다. 그러나 시장에서 포위된 것은 산 미구엘San Miguel 자신이었다. 그들은 필리핀에서 했던 것과 동일한 브랜드 이미지 — 즉, 전 대중이 마시는 노동계급의 맥주 — 를 홍콩에도 투사하였다가 큰 타격을 입었다. 그들의 한 광고는 먼지 나는 공사판에서 한 무리의 남자들이 산 미구엘 맥주를 마시며 젊은 여성에게 추파를 던지는 장면을 보여주었다. 그들은 홍콩이 엄청난 수의 젊은 도시 출신 전문직 종사자를 가지고 있다는 사실을 간과했다. 이 여피족들은 이 맥주를 한번 쓰윽 보고는 하이네켄 쪽으로 손을 뻗었다.

네슬레Nestlé는 창업 초기부터 글로벌 기업이었다. 1860년대 스위스의 약사 앙리 네슬레Henri Nestlé는 수많은 아이들이 죽어가는 것을 목격한다. 그 당시 스위스의 유아사망률은 오늘날의 개발도상국들보다 높았다. 그는 최초의 네슬레 제품을 개발해내는데, 그것은 어머니가 돌보지 못하는 아이들의 영양 공급을 위한 유아용 시리얼이었다. 앙리 네슬레에게는 두 가지 목표가 있었다. 첫째는 즉시 국제 시장에 진출하는 것이었다. 그 제품은 출시 후 4개월 만에 유럽 5개국에서 판매되었다. 두 번째는 자신의 브랜드를 전 세계 모든 곳에 진열하는 것이었다.

세계화를 향한 돌진에도 불구하고 네슬레는 글로벌 브랜드만으로
는 마케팅 전쟁에서 살아남지 못한다는 것을 깨닫게 된다. 매킨지
McKinsey 컨설팅 회사가 실시한 분석에 따르면 네슬레는 정기적으로
다른 코스에는 다른 말을 내보내는 방식을 택한다. 네스카페Nescafé
는 제1의 세계판매량을 자랑하는 네슬레의 커피브랜드이지만, 인도
에서 그 회사는 지역의 입맛을 충족시키기 위해 강하고 친숙한 향을
내도록 치코리를 혼합하여 선라이즈Sunrise라는 특별 인스턴트 커피
를 만들어내야 했다. 선라이즈는 네스카페의 판매량을 능가한다. 네
슬레는 Baci, Buitoni, Carnation, Kit Kat,
Maggi, Mighty Dog, Perrier 등 수십 개의 전
세계적인 브랜드를 가지고 있고 Alpo,

Contadina, Herta, Mackintosh, Vittel 등 100
여 개의 지역 브랜드를 가지고 있으며, Brigadeiro, Solis, Texicana
등 700개 이상의 로컬 브랜드를 가지고 있다. 그러나 여전히 그 회
사는 글로벌에 근접하지도 못했다.

미국에서 가장 많이 소비되는 식품은 유제품과 쇠고기 그리고 감
자이다. 그러나 엄청난 비율의 세계인구가 이 중 아무것도 먹지 않
거나 이것들을 어떻게 혼합하여 먹어야 하는지에 대한 규정을 가지
고 있다. 맥도널드는 인도에서 이것을 배웠다. 그 회사는 세계적으
로 생각하길 원했지만 지역적으로 행동해야만 했다. 인도에서 대부
분의 소비자들은 소를 신성한 동물로 여겨 쇠고기를 먹지 않는다.
그래서 맥도널드는 쇠고기로 된 빅 맥Big Mac 버거 대신에 두 개의
100퍼센트 양고기 패티에 특별 소스, 상치, 치즈, 피클, 양파를 넣어
참깨 빵으로 담은 마하라자 맥Maharajah Mac을 선보였다. 미국 외에 세
계에서 2번째로 큰 시장인 독일에서는 다른 도전들이 있었다. 메뉴

가 훨씬 더 다양해졌고 (오리엔탈 버거Oriental Burgers), 채식주의 음식들도 더 많이 제공되었다(베지 맥너겟Veggie McNuggets). 18개국에서 맥도널드 브랜드를 관리하는 광고회사 레오 버네트Leo Burnett사의 국제기획팀장은 이렇게 말한다. "요식업은 까다로운 산업이다. 왜냐하면 모두 좋은 음식이 어때야 하는지에 대한 생각을 가지고 있고 보통 그 생각은 사람마다 다르기 때문이다. 맥도널드 샌드위치가 담고 있는 미국적 느낌은 라틴 아메리카나 심지어 몇몇 아시아 시장에서는 동경의 대상이지만 유럽에서는 분노를 일으키고, 미국의 음식 문화 제국주의에 대한 불만을 불러일으킬 것이 확실하다."

세계에서 가장 커피를 많이 마시는 핀란드인들은 일년에 일인당 평균 약 160리터의 커피를 소비한다. 제너럴 푸드General Foods 사는 핀란드 시장을 잡기 위해 콜롬비아와 동아프리카, 인도네시아 커피  열매를 혼합하여 만든 자사의 스웨덴 커피 브랜드 제발리아Gevalia를 출시하고 그 라벨에 "스웨덴 국왕 폐하와 왕실을 위하여"라고 표기했다. 그러나 이 거대 기업의 시장 진출은 파울리그Paulig라는 수십년 된 로컬 브랜드에 의해 좌초되었다. 핀란드가 (1809년까지) 거의 700년 동안 스웨덴의 식민지였다는 사실도 이러한 실패와 연관되어 있을 것이다. 어쨌든 헬싱키에는 보편적 메시지를 담은 표준화된 커피 제품을 위한 자리는 없었다. 국내 양조업 브랜드인 파울리그가 계속해서 50퍼센트 이상의 시장점유율을 유지하며 위력을 떨쳤다.

맥주들의 속성도 다양할 수 있다. 멕시코에서는 코로나Corona가 보잘 것 없는 싸구려 맥주이다. 6개들이를 멕시코시티 supermercado (슈퍼마켓)에서 약 2.50달러에 살 수 있다. 그러나 미국에서는 코로

나가 봄방학과 야자수, 라임과 함께 마시는 고급 맥주라는 이미지를 가지고 있다. 똑같은 6개들이 상자가 애틀랜타에서는 2배 이상 비싸진다. 멕시코인들에게는 황당한 일이겠지만, 코로나는 현재 미국에서 가장 잘 팔리는 수입맥주이다. 또는 요구르트를 생각해보자. 미국에서 요구르트는 보통 건강식품으로 여겨지고 있고, 다농Dannon(국제적으로는 Danone으로 알려져 있다)은 그 사실을 널리 유포시킨다. 그러나 프랑스에서 Danone은 너무 방탕하고 쾌락지향적인 것으로 여겨진다. 그래서 그 회사는 Danone Institute이라는 식품 및 교육을 위한 연구 센터를 만들었다.

켈로그Kellogg는 오랜 전통의 자랑스러운 시리얼 이름이다. 그러나 인도에서는 이 미시건의 배틀 크리크 주민들이 별로 달갑지 않을 수도 있다. 인도는 아침식사로 매운 음식을 선호하는데 왜냐하면 열이 에너지를 준다고 믿기 때문이다. 결국 켈로그는 인도에서 참패하고 만다. 아시아 전역에 럭스Lux를 판매한 유니레버Unilever 사는 데미 무어와 브룩 쉴즈가 출연하는 광고를 통해 자사의 브랜드를 홍보했다. 그런데 럭스는 과연 무엇을 의미하는가? 인도네시아에서 그것은 비누를 의미한다. 중국, 대만, 필리핀에서 그것은 샴푸이다. 일본에서 그것은 비누에서 샴푸에 이르기까지 모든 것을 의미한다. 바로 이것이 획일적인 세계화의 문제이다. 취향과 선호, 사람들이 나라마다 다르다. 어느 곳에서든 차별화할 수는 있다. 그러나 같은 아이디어를 가지고 모든 곳에서 차별화할 수는 없는 것이다.

일부 다국적 문화 반대자들은 제품을 외국 시장에 맞게 조율하는 지역화(localization)가 새롭고, 좀 더 사악한 탈을 쓴 세계화일 뿐이라고 주장한다. 우리가 확실히 말할 수 있는 것은 세계화가 외국의 생활태도와 풍습, 감수성에 대해 매우 민감하게 만든다는 것이다.

　　언어적 유령의 집에서 헤매다. 해외 시장에 맞게 브랜드 네임을 다듬기 위해 가장 먼저 출발선을 끊는 것은 번역자들이다. 번역자들은 대기업에서 일하는 것 외에도, 국가 및 국제단체와 (UN국제연합, EU 유럽연합 등) 정부기관에서 직원으로 일한다. (대부분의 캐나다인은 영어를 사용하지만 연방정부는 모든 서류를 프랑스어로도 작성해야 한다.) 그들은 다양한 언어로 된 소프트웨어와 전자제품, 사용자 가이드를 만들거나 사용한다.

　　전산 언어학(computational linguistics)과 번역 전문 도구 — 이들은 냉전 시대에 진행된 연구의 후손들이 진화한 것이다 — 들은 디지털과 온라인 도구들을 만들어냈다. 2001년 9월 11일 이후 발생한 안전에 대한 두려움은 다중언어로 된 검색 소프트웨어를 만들어냈다. CIA와 미국 국가안전국(National Security Agency)은 언어분석 시스템(Language Analysis System)에서 나온 제품들을 사용해오고 있는데 그 중 하나인 NameClassifier는 이름의 문화적 기원을 찾아내고, 또 다른 제품인 NameHunter는 가령 -y나 de la와 같은 접사가 이름에 사용되는지에 따라 동일한 언어 조건을 지닌 이름을 검색한다. 매사추세츠 케임브리지에 위치한 또 다른 회사 베이시스 테크놀로지Basis Technology는 음성에 기초하여 라틴화된 이름을 다시 원래의 알파벳으로 번역하고 원래의 언어 목록에서 검색할 수 있도록 하는 언어 분석기를 개발하였다. 이것은 편리한 기능인데, 왜냐하면 "Quaddafi"는 라틴 알파벳에서 적어도 60가지 방식으로 쓸 수 있기 때문이다.

　　번역 도구는 단순한 용어 사전에서부터 최신 음성인식기에 이르기까지 다양하다. 이러한 기술의 미래에서, 기계에 의한 번역은 더글라스 애덤스Dauglas Adams의 『은하수를 여행하는 히치 하이커를 위한 안내서』Hitchhiker's Guide to the Galaxy에 나오는 "바벨 물고기"Babelfish, 즉 귀에 삽입되면 외계인의 말이 술술 번역되어 나오는 생물에 대한 현실적 실현이 될 것이다. 아니, 아니다. 전혀 그렇지 않다. 기계는 인간만큼이나 실수하는 경향이 있다. "정신은 기꺼이 하고 싶어하지만 육체가 따라주지 않는다"라는 격언을 러시아어로 "보드카는 훌륭하지만 스테이크는 형편없다"라고 번역한 것은 기계이다. "Rob Malkin"을 일본식으로 발음하면 "Robu Marukin"인데 음성인식 소프트웨어는 이를 rokumaruchin으로 구문 분석하기도 하였다. 이는 "여섯의 일본 스패니얼 개"를 의미한다. 숫자의 오역은 놀랄 만한 할인 혜택을 가져올 수도 있다. "오후 4시 40분에 루프트한자 비행편이 있습니다"를 말 그대로 "루프트한자 비행 침대가 40엔입니다"로 받아들여져 "루프트한자 항공의 비행편이 있습니다. 40엔입니다"라는 번역을 만들어냈다.

인간은 이보다 더 심하다. 포켓 사전에 의존해 최고를 얻길 기대하는 운 나쁜 사업가들은 관광 유머의 단골손님이다. (폴란드의 한 레스토랑 메뉴는 다음과 같다. "Salad a firm's own make, Limpid red beet soup with cheesy dumplings in the form of a finger, roasted duck let loose, beef rashers beaten up in the country people's fashion." 회사가 직접 만든 샐러드. 손가락 모양의 치즈 만두가 들어 있는 맑은 빨간 사탕무 수프, 자유롭게 풀어놓고 기른 구운 오리고기, 시골 사람들의 방식으로 팬 쇠고기 베이컨 햄) 영어 사용자가 이 말을 듣고 너무 웃어넘기기 전에, 우리는 각 지방이 다른 언어로 소통하기 위해 적어도 애를 쓰고 있다는 사실을 기억해야 할 것이다. 게다가 지역 호텔리어와 레스토랑 주인, 점원이 저지르기 쉬운 영어 실수들은 영어 방문객이 외국어에 저지를 수 있는 심각한 피해에 비교하면 아무것도 아니다.

라틴 아메리카에서의 실수. 피해야 할 브랜드 전략의 전설이 된 사건으로, 제너럴 모터스General Motors 사는 1972년과 1978년 사이 라틴 아메리카에서 Chevy Nova를 출시했는데, 이 차는 1962년에 미국 시장에서 Chevy II로 크게 히트한 상품이었다. (제너럴 모터스와 도요타가 합작하여 1985년에 만든 Nova라는 이름의 좀 더 작은 전륜 구동차와 혼동하지 말 것.) 그 회사는 스페인어로 no va가 "가지 않음"을 뜻한다는 것을 알지 못했다. 판매량이 저조한 이유를 알아내자, GM은 차 이름을 Caribe로 변경하였다. 적어도 공식적 이야기는 이렇게 진행되었다. 그러나 이것이 풍문 — 끊임없이 반복되는 호소력 있고 그럴듯한 이야기 — 일 뿐이라고 주장하는 사람들도 있다. 그들은 스페인어에서 nova와 no va의 발음이 다르다고 지적한다. (전자는 강세가 첫 음절에 있고, 후자는 두 번째 음절에 있다.) 게다가 사람들은 "no funciona"이나 "no marcha", "no camina"라고 말할 확률이 더 높다. 멕시코의 (국영 석유 독점 기업) Pemex는 휘발유를 Nova라는 브랜드로 판매하였지만 아무런 문제가 없었다. Chevy Nova도 적어도 베네수엘라와 멕시코에서 꽤 많이 판매되었다. 한 마케팅 분석가는 nova가 "새로움"을 뜻하는 것으로 충분히 받아들여졌기 때문에 ("Bossa Nova"에서처럼) 혼란은 있을 수 없다고 지적한다. 그는 "Coca-Cola가 어떻게 아무런 문제도 없을 수 있었는지는 항상 놀라운 일이다. Coca는 마약이란 함의가 있고 Cola는 '꼬리'를 의미한다. 그러나 아무도 그것을 나쁘게 생각하지 않는다"라고 덧붙인다.

일부 비판가들에 따르면, 네슬레가 라틴 아메리카에서 자신의 인스턴트 커피를 팔지 못한 이유는 사람들이 그 이름을 No es Cafe("이것은 커피가 아니다")로 생각했기 때문이라는 이야기도 사실이 아니라고 한다. 왜냐하면 네슬레는 스페인과 라틴 아메리카에서 자신의 브랜드로 인스턴트 커피를 판매할 뿐 아니라 동명의 커피숍들을 운영하고 있기 때문이다. 스페인어에서는 모음이 보통 하나씩 구분되기 때문에 Nes가 no es로 여겨질 확률은 높지 않다.

많은 경우, 풍문과 시사적인 실책을 구분하기 위해서는 국회 청문회나 국가 심의회가 필요할 것이다. 그러나 풍문보다는 실책이 더 많다고 말할 수는 있을 것이다. 포드 사는 브라질에서 곤욕을 치렀는데 그들의 Pinto가 문제가 되었다. 포드는 pinto가 브라질에서 "매우 작은 남성 성기"를 뜻하는 속어라는 것을 알게 되었다. 포드는 모든 간판을 걷어내고 "말"(horse)을 뜻하는 Corcel로 대체하였다. 도요타의 Fiera는 푸에르토리코에서 문제가 되었는데, 그 곳에서 fiera는 "못생긴 할머니"를 뜻했다. 미국과 라틴 아메리카에서 미쓰비시^{Mitsubishi}의 스포츠 다용도차의 이름은 Montero였는데, 유럽에서는 Shogun이란 이름으로 판매되었다. 이 차의 아시아에서의 이름은 Pajero였는데, 만일 스페인어를 사용하는 여행자가 봤다면 깜짝 놀랐을 것이다. 리브킨 & 어소시에이츠 네이밍 워크숍에서 한 남자는 웃으면서 이렇게 말했다. "어떤 스페인어 사전이라도 찾아보세요." 우리는 사전을 찾아보았다.

Pajero 〔속어〕 자위행위를 하는 사람

리브킨 & 어소시에이츠는 한 의뢰인에게 그들이 제안한 전동 공구의 이름 중 -gage라는 단어를 포함하는 이름(DynaGage, Power-Gage)은 직업 재해를 뜻하는 스페인어 gajes와 비슷하게 발음될 것이라고 경고한 적이 있다. 퍼듀 치킨스^{Perdue Chickens}는 멕시코 시장에 진출하여 "부드러운 닭고기를 만들려면 터프한 남자가 필요합니다"라는 광고 카피를 번역하려 하다가 "닭고기를 눈뜨게 하려면 혈기 왕성한 남자가 필요합니다"를 얻었다. 파커 펜^{Parker Pen} 사는 자신의 Jotter 볼펜을 라틴 아메리카 국가들에 출시했다가 그 이름이 "(남자 선수의) 국부 보호대"를 뜻하는 속어라는 것을 알게 되었을 뿐이다. 한 식품 회사는 자신의 대형 부리토의 이름을 Burrada로 지었는데 이것은 멕시코어로 "큰 실수"라는 뜻이었다.

　브라질에서는 '셀프서비스'와 '센터'라는 단어가 외래어로 널리 사용되고 있고, Diet Coke 대신 Coca-Cola Light라는 말을 사용한다. 이러한 사용은 전혀 해가 되지 않는다. 그러나 Stroke라는 옷가게나 Master Limp라는 이름의 세탁소(이 이름은 영어가 아니라 "깨끗이 하다"라는 포르투갈어 limpar에서 유래되었다), Donald Lanches라는 이름의 샌드위치 가게, Acne-aid라는 세안제를 보는 것은 브라질인들에게는 아무렇지도 않겠지만 영어를 사용하는 방문객들에게는 당황스러울 수 있다.

　라틴 아메리카에서는 트레이드마크가 아무런 보호 혜택이 없는 일반명으로 전환되는 일이 수십 년에 걸쳐 진행되어 왔다. 멕시코의 Industras Resistol SA의 트레이드마크인 Resistol은 "resist all"이라는 영어 단어에서 왔는데, 멕시코인들에게 이것은 풀(접착제)과 동의어로 사용된다. 그 회사는 다음과 같은 슬로건을 가지고 나올 수밖에 없었다. "이 제품은 접착제이고 브랜드 네임은 Resistol입니다." 마드리드에 위치한 Real Academia Espanola에서 발행한

『Dicionario de la Lengua Espanola』의 2001년 판본은 44개의 브랜드 네임과 트레이드마크를 추가시켜 총 76개의 상표명을 수록하였다. 2003년에 그 사전은 프록터 & 갬블^{Procter & Gamble}의 탐팩스^{Tampax}와 질레트^{Gillette}의 수동 면도기를 추가시켰다. 질레트는 라틴 아메리카 면도기 시장의 80퍼센트를 점유하고 있고 부에노스아이레스 사람들은 면도기를 찾을 때 질레트를 달라고 한다. 사전에서는 gilette를 "일회용 면도기"로 정의한다. 자쿠지^{Jacuzzi} 사도 아르헨티나, 브라질, 우루과이에서 쓰는 방식인 yacuzzi로 수록되었다. 캘리포니아의 월넛 크리크에 위치한 자쿠지는 비록 yacuzzi는 아니지만, 라틴 아메리카의 월풀(whirlpool) 욕조 시장을 실질적으로 장악했다. 듀퐁^{Dupont} 사의 Teflon은 사전에 'teflon, 코팅 처리되어 달라붙지 않는 와플 틀과 전기 그릴'로 기재되었고, Lycra는 '신축성 소재의 속옷과 수영복 브랜드'로 수록되었다. 브랜드 인지도를 강화하기 위해 듀퐁 사는 브라질의 상파울로에 Lycra Hotel을 열었는데 이 곳은 숙박 서비스를 제공하는 곳은 아니었지만 사람들에게 브랜드를 인식하도록 했다.

칠레에서는 어떤 종류의 접착테이프이든 "스카치 테이프"를 달라고 말한다. 스카치 테이프^{Scotch Tape}의 제조업체인 3M은 칠레 시장의 60퍼센트를 점유하고 있다. 멕시코에서 접착 테이프를 뜻하는 단어인 diurex는 1947년 3M의 멕시코 지사로 설립된 Durex Mexico SA의 제품들에서 유래하였다. 그 회사에서는 한 번도 "Durex"라는 테이프를 판매한 적이 없지만, 소비자들은 그 제품을 회사 이름으로 식별하였다. 1980년대에 그 회사는 기존의 이름을 버리고 3M Mexico로 개명하였다. 회사는 Durex의 상표 등록을 고려해보았으

Scotch 나 diurex가 너무 흔히 쓰여서 대문자화된 브랜드 네임으로 부활시킬 수 없다는 것을 깨닫고 계획을 접었다. 1990년대가 되면 그 회사는 Scotch 브랜드 접착 테이프를 "Real Diurex"라는 이름으로 판매하게 된다.

유럽에서의 실책. 불가리아와 같은 일부 유럽 국가들에서 광고는 이따금씩 아무런 텍스트 없이 단지 이미지와 브랜드 네임으로만 나타나기도 한다. 이럴 경우 잘못된 브랜드 네임은 매우 심각한 결과를 초래할 수 있다. 당신이 만약 Powergen이라는 배터리 충전기를 만드는 이탈리아 제조회사였다면 웹사이트의 이름을 뭐라고 짓겠는가? 아마도 www.powergenitalia.com로 짓지는 않았을 것이다. 그러나 실제 회사는 그렇게 이름을 지었다. 영국 에너지 회사의 이름도 Powergen이었는데, 그 회사는 이 일로 너무나 화가 나, 두 회사 사이의 연관 관계를 부정하는 보도 자료를 배포하기도 하였다.

에이드리언 룸은 Silver Ghost나 Silver Wraith, Silver Phantom과 같은 롤스로이스^{Rolls-Royce}의 브랜드 네임들을 "신비로운 영적 존재들"이라 부른다. 그러나 Silver Mist가 독일에 등장했을 때 그것은 전혀 신비롭지 않았는데, 왜냐하면 der Mist는 독일어로 "분뇨 또는 쓰레기"를 뜻했기 때문이다. 결국 그것은 Silver Shadow로 개명하게 된다.

에스테 라우더^{Estee Lauder}도 뭔가 문제의 소지가 있다는 것을 직감했다. 이 회사는 Country Mist라는 메이크업 제품을 수출하려 하고 있었는데 독일의 직원들이 퇴비 판매에 관한 문의를 받고 있다고 밝혀왔다. 결국 그 회사는 Country Moist로 이름을 변경하였다. 이에 굴하지 않은 또 다른 화장품 회사는 독일에 Mist Stick이라는 이름의 퍼머기(curling iron)를 선보였다. 이것이 분변기호증(copro-philia)의 마지막은 아니었다. 몇 년 전 코카콜라가 Nordic Mist라는 이름의 탄산음료를 유럽에 출시한 것이다. 북유럽의 고대 신들은 울음을 터뜨렸을 것이다.

독일도 SAP이라는 다국적 기업을 가지고 있다. 그러나 모든 독일 인들, 아니 대부분의 독일인들이 바보 멍청이인 것은 아니다. 2003년에 그들은 스웨덴에 근거를 둔 이케아^{IKEA}가 Gutvik이라는 이름으로 새 아동용 2단 원목 침대를 유럽 전역에 판매하는 것을 알게 되었다. 이 이름은 독일어로 "good fuck"과 발음이 비슷했다. 깜짝 놀란 이케아 대변인은 이렇게 말했다. "그것은 조그만 스웨덴 마을의 이름이다. 우리는 그것이 저속한 것을 나타낼 수 있다는 것을 알지 못했다." 그녀는 또한 이케아 카탈로그에 있는 만여 개의 품목들이 전 세계적으로 동일한 이름을 사용한다고 말했다. 어쩌면 바로 이 순간에도 이케아는 외국어로 저속한 말을 하고 있는 것일지도 모른다. 또한 맥도널드의 노르웨이 지점은 스칸디나비아 지역에 McAfrika라는 새로운 햄버거를 선보였는데 이 햄버거는 피타 빵 사이에 쇠고기 패티와 슬라이스 치즈, 야채가 들어 있었다. 이 햄버거는 아프리카 포커스 그룹이 맥도널드 사에게 말해준 아프리카 전통 음식으로부터 유래하였다고 한다. 노르웨이인들은 아프리카를 초토화시키는 만성적인 기근 현상을 떠올리며, 이 햄버거에 빠져들기를 거부하였다.

독일인들도 잘못이 없는 것은 아니었다. 호화로운 아이스크림은 때때로 "죄악"이라 일컬어지기도 하지만, Langnese라는 한 독일 회사가 2003년 일련의 아이스크림을 출시하며 기독교의 7대 죄악을 따라 그 아이스크림들의 이름을 지었을 때는 도가 지나친 것이었다. 폭스바겐Volkswagen의 Vento는 독일어에서 잘 지나갔지만 이탈리아에서 그것은 "방귀"를 뜻했다. 폭스바겐의 2003년도 SUV는 가혹한 환경에서 살아남는 능력으로 유명한 사하라 유목 민족을 따라 Touareg라는 이름으로 지어졌다. 이것은 자동차로서는 좋은 이름이다. 그렇지 않은가? 그러나 그 유목 민족은 불과 100년 전까지만 해도 악명 높은 노예 소유자들이었고 이는 미국의 일부 폭스바겐 딜러들에게 문제를 일으켰다. 모호하고 발음하기 힘든 이름 자체도 문제였다. 포덴Foden이란 제조업체는 자신의 창립자 에드윈 포덴Edwin Foden의 이름을 따라 회사 이름을 지었는데, 그 창립자는 증기 트랙터 사업을 시작해 1876년에 업계를 장악했다. 그러나 그 이름은 독일의 Fokker 비행기나 네덜란드의 Fokink 증류주가 영어에서 갖고 있는 것과 같은 함의를 포르투갈어에서 갖고 있었다. 그것은 결국 포르투갈에서 Poden이 되었다. 1980년 그 회사는 청산되었고 미국 회사에 인수되어 좀 더 품위 있는 이름인 Paccar로 변경되었다.

핀란드어는 항상 언어적 별종이었다. 그것이 속한 핀-우그르 (Finno-Ugric) 어족의 또 다른 주요 언어로는 헝가리어가 있다. 영어에 대한 낯섦 때문인지, 핀란드의 방빙용 잠금 장치의 이름은 Super Piss로 지어졌다. 이 제품의 북미 수출 전망은 어두워 보인다. 그러나 미국인들이 이보다 나은 것은 아니다. 퀘벡 시장에 진출한 Hunt-Wesson 사는 자신의 Big John을 Gros Jos라 개명하며 번역에 모험적인 요소를 감행하였는데, 이것은 퀘벡어로 "큰 가슴"을 뜻하는 슬랭이었다. 그러나 판매에 타격은 없었다. SC Johnson이 네덜란드에 자신의 미국 브랜드명인 Pledge라는 이름으로 가구 광택제를 판매했을 때, 그들은 그 단어가 약속이 아닌 소변(urine)을 뜻한다는 것을 알고 깜짝 놀랐다.

수출과 수입 과정에서 생기는 언어적 문제들은 셀 수 없이 많다. 성공적인 로컬 제품으로 Bimbo bread(얼간이 빵, 스페인), Zit(여드름 음료수, 그리스), 그리고 프랑스의 음료수 Pschitt(대변)가 있다. 스페인에서는 국영 은행기업이 '은'을 뜻하는 라틴어에서 유래한 자신의 이름 Argentaria(이후 BBVA Bank로 합병됨)를 바꿔야만 했다. 그 이름을 아르헨티나로 오해하는 사람들이 많았기 때문이다. Cona라는 커피머신은 영국인 설립자 알프레드 콘^{Alfred Cohn}을 따라 붙여진 이름이다. 그러나 포르투칼어에서 cona는 여성의 외음부를 뜻하는 속어였기 때문에 Acolon으로 이름을 변경해야만 했다. 게다가 영어를 포함해 다른 언어에서도 그것과 비슷한 발음의 속어들이 있었다. 사람들은 항상, 특히 발음에 있어서는 그들이 가장 잘 아는 것을 기준 값으로 정하려는 경향이 있다. 바이로^{Biro}의 제조업자들은 처음에 영국인들에게 그 이름을 "비로"(beero)라는 헝가리 식 발음으로 말하도록 만들려다가 실패하고 말았는데, 왜냐하면 그것은 마치 오토자이로(autogiro)처럼 영국인들이 이미 익숙해져 있는 단어들과 조화를 이루지 않았기 때문이다.

자동차 이름은 특히 많은 오해를 불러일으키는 듯 보인다. 대부분의 사람들이 라틴어를 모르는 것은 다행일지도 모른다. 왜냐하면 Volvo는 "나는 구른다"(i roll)라는 뜻이기 때문이다. 2004년에 뷰익^{Buick}은 Regal의 대체 모델로 LaCrosse라는 모델을 캐나다에 출시하기로 했다. 그러고 나서 그 회사는 퀘벡 불어로 "se crosser"라는 동사가 "자위하다"라는 뜻의 속어라는 것을 알았고, LaCrosse는 "ils nous ont crossés"(그들이 우리를 엿먹였다)라는 좀 더 일반적인 표현에 가깝게 "얼간이"라는 뜻으로 번역될 수 있다는 사실을 알게 되었다. 스페인 자동차 브랜드인 세아트^{Seat} 사는 도시명과 동명인 Malaga라는 모델명을 가지고 있었는데, 그리스에서는 이 이름을 스페인 산맥의 이름인 Gredos로 변경해야만 했다. 그리스어에서 그것은 자위 행위자를 일컫는, 가장 많이 쓰이는 경멸어 malaika와 발음이 비슷했기 때문이다. 제너럴 모터스는 새 시보레의 모델명을 이탈리아 무기 제조업자의 허락 없이 Beretta로 지었다가 법적 합의금으로 50만 달러를 내야 했다. 포드는 컴퓨터를 통해 선발된 자동차 모델명(Copreta)을 결국 Corsair로 바꿔야 했다. Copreta라는 그 이름은 그리스어의 kopros가 독일어의 Mist와 같은 뜻을 지녔다는 사실이 밝혀지자 폐기되었다.

때때로 브랜드 네이밍은 자욱한 안개로 가득 찬 사업이다.

아시아의 대답. 영국연방 내의 자치령이던 파키스탄이 1949년 정치적 독립을 이루었을 때, 그 나라는 자국의 모든 제품에 사용하기 위해 Pakmark라는 라벨을 고안해냈다. Pakmark는 국가적 식별자(identifier)로 확립되지는 못했다. 그러나 이 추하고 골치 아픈 브랜드 네이밍 실패담 중에 여기 두 가지 성공담이 있다. 두 이름은 모두 미소를 자아내지만 자세히 살펴보면 올바른 재료들로 이루어져 있다.

인도에서 가장 애호되는 차 중 하나는 Wagh Bakri라는 특이한 이름으로 되어 있는데, 이는 "호랑이 염소"라는 뜻이다. 이 브랜드는 특별히 선별된 아삼 티^{Assam tea}로 만들어진 100년 된 브랜드로서 이 나라에서 차가 가장 많이 팔리는 지역에서의 시장 점유율이 90퍼센트에까지 이른다.

아흐메다바드 시내에 있는 Wagh Bakri의 본사 회의실 한 벽면에는 마하트마 간디가 이 회사의 창립자에게 수여한 인증서 사본이 걸려 있다. 그 인증서는 마하트마는 "나란다스 데사이Narandas Desai가 남아프리카의 정직하고 숙련된 차 농장 소유자임을 안다"는 사실을 증명한다. 이러한 인증서가 실제로 데사이 씨가 인도로 돌아와 차 사업을 시작했을 때 도움을 주었는지는 알려지지 않았지만, 이 브랜드 네임이 가지는 간디적 특성에 대해서는 실마리를 제공한다. 그 이름은 약자와 강자, 대범한 자와 소심한 자, 부유한 자와 가난한 자를 차 한 잔을 통해 하나로 통합되는 것을 상징한다. 처음에 그 이름은 너무 토착적이라고 여겨졌지만 오늘날 그것은 이 브랜드가 내세우는 공존과 조화의 전통을 상징한다. 그 이름은 — Wagh Bakri 창립자의 65세 된 손자의 말로 하자면 — "쿨"하다.

새로 신설된 두 인도 은행은 Yes와 Egg라는 이름을 사용한다. 2003년 6월 인도의 파트너들과 네덜란드의 라보뱅크Rabobank는 합작으로 은행을 설립하기로 선언하고, 그 이름을 Yes Bank라고 칭하였다. 라보뱅크라는 이름은 인도에서 별로 브랜드 가치가 없었다. 그 회사는 몇 년간 인도에서 활동하였지만, 그 활동은 금융의 수도인 뭄바이(이전의 봄베이)에서의 기업 및 금융 서비스에만 국한되어 있었다.

Yes라는 이름을 채택하기로 한 결정은 1998년 개업한 프루덴셜Prudential의 에그Egg라는 온라인 은행으로부터 영감을 받은 것일지도 모른다. 에그는 프루덴셜에게 자신이 별로 알려지지 않은 곳으로 신속하고 효과적으로 진출할 수 있는 길을 제공하였다. 에그가 취급한 서비스에는 모기지, 저축예금, 개인 융자, 신용 카드 등이 있었다. 에그 온라인 은행은 첫 주에만 175만 번의 히트수를 기록했다. 8개월 만에 그것은 55만 명의 부유 고객을 유치하였다.

"문화적 차이에 주의하지 않으면 정말 어처구니없는 일이 발생한다"라고 랜도 어소시에이츠의 네이밍 디렉터 러스 메이어^{Russ Meyer}는 말한다. "우리는 (한 회사의 이름으로) Telemon이라는 이름을 지어냈다. 그것은 훌륭한 이름이었지만, 태국에 가자 우리는 그것이 "자신의 어머니와 성관계를 맺다"라는 뜻이라는 것을 알게 되었다. 광고 회사 레드 버네트^{Led Burnett}는 또 한 의뢰인에게 그들이 자동차 오일을 위해 제안한 이름의 발음이 태국에서는 Tight Virgin을 뜻한다고 경고하기도 했다. 브랜드 네임에서는 해부학적인 것으로부터 벗어날 길이 없다. 걸프 오일^{Gulf Oil} 사는 인도네시아에 판매할 휘발유 브랜드로 자신의 No-Nox라는 브랜드를 사용하길 원했다. 어쨌든 미국인들은 그 브랜드를 엔진에 "노크가 없을 것"(no knock)이라고 이해했던 것이다. 그러나 그 이름을 인도네시아에서 사용하기 시작한 후 걸프 사는 No-Nox가 인도네시아 바하사어^{Bahasa}의 nonok이라는 단어와 비슷한 발음이라는 것을 발견했다. 그것은 여성의 성기를 뜻하는 속어였다.

중국어 선택. 언어의 어머니인 중국어는 원래 일본과 한국에 문자를 제공해왔다. 일본어를 제외하고 중국어만큼 음역(transliteration)과 번역(translation)의 문제가 많은 언어도 없을 것이다. 중국 한자는 부수(radical)라 불리는 획으로 이루어져 있다. 문자와 부수 모두 의미를 지닌다. 5만 개의 중국 한자들 중 보통 7천 개 정도가 일상적으로 사용된다. 중국어에서 각 문자는 그 글자의 소리와 딱히 상관관계가 없는 어떤 의미를 나타낸다. 게다가 중국어는 단어를 구별하기 위해 4성을 사용하는 성조 언어이다. ma라는 단어는 "어머니", "말", "대마", "저주하다"를 의미할 수 있다. gong이란 발음은 적어도 10개의 독자적인 글자에 상응하는데, 이들은 모두 서로 다른 의미를 지녔다.

영어로 된 브랜드 네임을 번역하려면(가령 Coca-Cola), 여러 가지 가능한 글자들 중에서 어떤 의미를 담을지 결정하면 된다. 적절한 글자를 선택해야만 한다. 아마 최선의 번역은 "코카콜라"와 전혀 다른 소리를 가진 것이 될 것이다. 음역(transliteration)의 경우, 원 브랜드 네임과 가장 비슷한 소리를 내는 글자들을 고르는 것이 목표이지만, 여기에도 문제가 생길 수 있다. 그 글자들이 부적절한 의미를 나타낼 수 있기 때문이다.

코카콜라가 처음 중국에 진출하여 브랜드명을 만다린어로 바꾸었을 때 바로 그런 일이 발생했다. 가게 주인들은 "코-카-코-라"(ko-ka-ko-la)나 "케-코우-제-라"(ke-kou-je-la)라는 발음을 내는 글자들을 모아 간판을 만들었다. 수천 개의 간판을 찍어낸 후, 코카콜라는 이 어구가 대략 "밀랍 올챙이를 깨무세요"라는 뜻이라는 것을 알게 되었다. "라"라는 발음을 내고 "밀랍"이라는 뜻을 지닌 글자가 바로 문제였다. 이후 코카콜라는 4천 개의 중국 한자를 연구한 후 음성학적으로 가장 가까운 것을 찾아냈는데(코-코우-코-레 ko-kou-ko-le), 그 뜻은 대략 "인간의 입을 즐겁게 한다" 또는 "입의 즐거움"이었다. 펩시콜라Pepsi-Cola의 출발은 이보다 운이 좋았는데, 그것의 음역은 "수백 개의 즐거운 일들"이라는 뜻을 나타냈다.

"너무 맛있어서 손가락을 빨게 될 것"이라는 켄터키 프라이드치킨Kentucky Fried Chicken의 슬로건인 'Finger-lickin' good'은 그렇게 운이 좋지 못했다. 대만에서 펩시의 "펩시 세대와 함께 살아나세요"라는 슬로건은 "펩시가 돌아가

신 조상들을 다시 살아나게 할 것"이라고 해석되었다. M&Ms의 제조사인 마스터푸드, 유에스에이^{Masterfoods, USA} 사는 W&W 캔디가 중국 중부에서 큰 인기를 끈다는 것을 알고 당황하였다. 번역이 아닌 것이 분명한 밝은 노란색의 한 대만 음료는 놀라울 정도로 경제적인 "P"라는 이름으로 유통되고 있었다.

세계에서 가장 인구가 많은 중국은 언젠가 세계 최대의 시장이 될 것이다. 마케터들은 입맛을 다시며 큰 횡재를 기대하지만 문화적 그리고 의미적(semantic) 호랑이들이 그 보물을 보호하고 있다. 만다린어에서는 시간의 개념이 수직적이다. 미래를 가리키기 위해서는 손가락을 곧장 앞으로 가리키는 것이 아니라 아래로 향해야 한다. 또 이름 자체가 하나의 예술작품으로 이해되는데, 이것은 글자를 쓰는 예술인 서예(calligraphy)가 고대 시대부터 존경받아 온 역사적 사실에 의해 강화된다. 캘리포니아 프레스노 지역에서 www.Goodcharacters.com이라는 중국어 네이밍 및 언어학적 평가를 전문으로 하는 회사를 둔 앤디 추앙^{Andy Chuang}은 미국인들이 일반적으로 아이의 이름을 John이나 David, Mary처럼 기존에 나와 있는 이름들 중에서 고른다고 지적한다. 그러나 중국인들은 "좋은" 글자를 고르고 그것들을 합쳐 "좋은" 의미를 만들어낸다. Ze라는 글자는 "저수지"나 "선행"을 뜻한다. 그래서 혹자는 Ze와 Guo("나라" 또는 "국가"를 의미)를 합치면 "나라에 이익이 된다"라는 의미가 될 것이라고 생각할 수도 있다. 그러나 Ze-Guo는 "침수 지역"을 뜻한다.

추앙의 한 의뢰인은 John이라는 이름의 친구에게 줄 선물로 중국 도장을 주문하고 싶어했다. John은 중국어에서 전통적으로 Yue Han으로 음역되던 성경적 이름이다. 그것은 영어에서 "John"이 발음되는 방식과 다르게 발음되지만, 성경이 처음 번역되었을 때의 발음 방식과는 비슷하다. Yue라는 글자는 "약속"을 뜻하고, han은 "글쓰기"를 뜻한다. Yue Han은 그런대로 괜찮은 듯 보였다. 그러나 나중에 의뢰인이 자신의 친구가 매우 운동을 좋아하는 친구라는 것을 밝히자 추앙의 회사는 비록 사용빈도는 훨씬 낮지만, 더 나은 음역을 생각해냈다. 그들은 "John"을 위해 Chiang(편인으로는 qiang)이라는 글자를 선택했다. Chiang은 중국어로 "강함"을 뜻한다. 그것은 "John"의 영어식 발음과 훨씬 더 비슷했을 뿐 아니라, 운동이라는 의미에 더 다가서 있었다.

회사명을 짓는 데 있어서는 소리를 바탕으로 한 음역이 의미를 바탕으로 한 번역보다 더 많이 쓰인다. 중국인은 새로운 영어 이름을 만났을 때 그 소리를 중국어로 "전환"하여 기억하고 싶어할 것이다. 가장 이상적인 음역은 원 브랜드와 발음도 가장 비슷할 뿐 아니라 긍정적인 함의를 지닌 중국어 이름을 짓는 것이다.

휴렛-패커드Hewlett-Packard의 중국 브랜드는 Hui-Pu이다. Hui는 "친절함"이고 Pu는 "보편적임"을 뜻한다(Pu-Tien이란 중국어 구는 "보편적"과 "하늘"로서 "전 세계"를 뜻한다). 그래서 Hui-Pu는 "모두에게 이익이 되는"이란 뜻이 될 수 있었고, 이것은 휴렛-패커드에게 적절한 메시지였다. 어떤 브랜드들은 음역보다는 번역되는 것이 더 나은 경우도 있다. 도시바Toshiba는 중국에서 일찍이 "도시바, 도시바 …"로 시작되는 상업용 광고 노래를 만든 적이 있다. 그러나 "도-시-바"라는 소리가 만다린어로 "훔치자"(tou-chu-ba 토-추-바)와 같은 발음이 난다는 사실이 드러났다. 그러나 Toshiba는 일본어로 된 이름이었고 그것에 상응하는 글자인 Dong-Zhi는 "동쪽"과 "고귀함"을 의미했다. 오라클Oracle도 중국에서 Jia Gu Wen라는 이름을 사용했다. Oracle과 전혀 다른 발음이었지만, 신기하게도 이것은 3000년도 더 거슬러 올라가는 중국 초기 형태의 문자 언어 이름과 같은 이름이었다. 그것은 그 당시 정보를 저장하는 가장 진보된 방식이었을 뿐 아니라 예언이나 예측에 사용되었다. 어떤 이름도 오라클 사가 제공하고 싶어 했던 회사 소개에 이보다 더 잘 어울릴 수는 없었다.

추앙은 중국에 제품을 출시할 계획이 없는 회사라도, 새로운 브랜드 네임을 결정하기 전에 중국어로 저속하거나 부정적인 — 정치적, 사회적, 역사적 혹은 심리학적으로 — 함의를 지니는 이름을 가능한 만들지 않도록 중국어 테스트를 실행해봐야 한다고 충고한다. 그가 보기에, 적어도 이름을 만다린어와 대만어(이는 밍(Ming) 또는 호키엔(Hokkien)으로 불리기도 한다), 광둥어(Yeuh)로 테스트해 볼 필요가 있다. 이 언어들은 중국에 사는 중국인들과 백만 명 이상의 중국인 거주자를 가진 국가들 — 미국, 캐나다, 말레이시아, 인도네시아, 싱가포르, 태국 등 — 에서 가장 널리 사용되는 세 가지 언어이다.

브랜드 신참자는 또한 중국 이름이 두세 글자 이내로 이루어져야 하고 절대 다섯 글자를 넘겨서는 안 된다는 사실을 명심해야 한다. 중국어에서는 글자수가 많은 이름일수록 소리가 약해지고 기억성이 떨어진다. 또 행운의 이름이 되기 위해서는 이름이 음양의 조화를 이루어야 한다. 음의 글자들은 짝수의 획으로 이루어져 있고, 양의 글자들은 홀수의 획으로 이루어져 있다. 행운의 이름은 행운의 획수와 같다. 어떤 이에 따르면, 자신의 성격 유형과 반대의 이름을 가져야 균형이 맞는다고 한다. 자신이 음기이면 이름은 양기를 사용해야 한다. 획수를 따지는 것은 일본에서도 마찬가지이다. 그러나 문제가 복잡해지는 것은 같은 글자라도 약간 다른 방식으로 쓰여질 수 있음으로 해서 일본과 중국, 대만에서 획수가 달라질 수 있다는 점이다. 즉 나라마다 획수가 달라지는 것이다.

일본식 영어의 위험. 어떤 익살꾼은 일본어를 배우지 않는 것에 대한 가장 좋은 평계는 스페인어라고 라고 말한 적이 있다. 이것은 불공평한 말일 수 있지만, 스페인어는 사실 간단하고 일관된 문법 체계와 주로 표음식 철자법(phonetic spelling)을 가지고 있는 반면 일본어는 별로 그렇지 않다. 그러나 제조업과 기술에서 일본이 가지는 중요성은 부정할 수 없을 것이다.

현대 일본어는 4가지의 표기체계(writing system)를 가지고 있고 회사명과 브랜드 네임은 이들 중 아무 것이나 사용할 수 있다. 가장 오래된 표기체계인 간지(kanji)는 가령 차(茶)와 같은 전통과 관계된 제품에 어울린다고 여겨진다. 대부분의 최첨단 기술 제품들은 가타가나(katakana)를 사용하는데, 이는 외국어를 다루기 위해 발달된 음성 표기체계로서 외국 제품에 더욱 적합하다. 도쿄의 주거지에서는 맥도널드를 한국이나 홍콩, 이스라엘 등처럼 로마자(일본의 로마지 romaji)로 표기하는 것이 아니라 가타가나로 일본화하여 표기한다. 일본산 표기체계인 가타바나(katabana)는 종종 새로운 조합과 의미를 만들어낸다. 가령 "종이 운전수"(paper driver, 운전면허증을 소지하고 있지만 운전은 거의 하지 않는 사람), "황금 시간"(golden time, TV 프라임 타임), "무료 다이얼(free dial, 무료 전화번호)" 등이 그런 예이다. 간지에서 유래된 초서체인 히라가나(hiragana)는 미용제품과 미용실에 흔히 사용된다. 어떤 이는 영어 차용어가 일본어의 약 10퍼센트를 차지한다고 추정한다. 가게 간판들을 대상으로 한 샘플 조사에 따르면 24퍼센트가 영어 및 일본어로 된 이름을 게재하였고,

26퍼센트가 영어로만 된 이름을 게재하였다고 한다. 간지를 로마어로 음역한 Manpuku라는 이름의 한 술집 이름은 배가 불렀을 때 배를 두드리는 소리와 "1만"과 "행복"을 의미한다. 로마어로 우회할 필요가 있었다.

데이비드 크리스털은 일본어가 비즈니스와 광고에서 외국어를 가장 많이 활용하는 문화라고 지적한 바 있다. 자동차 이름에서 영어는 높은 품질과 신뢰성을 담기 위해 사용된다(Crown). 한편 우아함을 나타내기 위해서는 프랑스어가 사용된다(Ballade). 이탈리아어로 된 스포츠카도 있다(Leone).

TV 광고에서는 외국어가 번역되지 않은 채로 사용된다. 이런 외국어의 범람과 복잡성을 고려해 볼 때, 서구의 브랜드 네임이 암초에 부딪히는 경우가 많은 것은 전혀 놀라운 일이 아니다. 게스Guess 청바지는 아시아 잡지 광고에 실린 모델 옆에 "Guess"를 의미하기 위해 ge와 su라는 일본 글자를 써놓았다. 그러나 gesu는 사실 "천박함"이나 "저속함" 또는 심지어 "비열함"이라는 의미를 지녔다. 결국 게스는 이름을 바꾸었다. 일본에서 인기 있는 Mos Burgers는 북미에서는 소화불량증을 초래할지도 모른다. 일본의 선두적인 커피 크리머의 브랜드 네임은 Creap이다. 일본 관광회사인 Kinki Nippon Tourist Company(일본 중서부에 위치한 긴키 지방에서 이름을 따왔다)도 영어권 시장에 진출하였을 때 특이한 섹스 투어요청을 받기 시작했다. 1989년에 이 지방에서 가장 큰 도시인 오사카의 행정관들은 이 단어의 함의가 불러일으킨 패배를 인정하며 더 이상 Kinki를 해외에서 사용하지 말 것을 선포하였다. 대신 이에 대한 대안적 지명으로 간사이Kansai를 사용하기로 했다. 결국 Kinki Research Complex라는 이름은 변경되었고 Kinki라는 영어 관광 잡지도 마찬가지였다.

다음은 일본 식료품 가게에서 발견할 수 있는 오해의 소지가 있는 쇼핑 목록이다.

Trickle (껌)

Angel Relief (작은 초콜릿 케익)

Slash (껌, 광고 문구는 "입에 충격을 주세요!"이다.)

Naturot (저칼로리 캔디바)

Baked Chunk

Creamy Ball

Mother Stick

Coming (씹는 과일바)

Eye Power (블루베리 알약)

서구인들은 이런 이름들에 씩 웃을 것이다. 그러나 이 브랜드들은 서구인들을 대상으로 하는 것이 아니다. 그것들은 일본에서 판매되고 있다. 이름의 모양이나 소리가 자신의 시장 밖에서 우습게 보인다고 해서 그 시장 내에서 효과를 발휘하지 않는 것은 아니다.

외국어로서의 영어. 영어는 심지어 영어 사용자에게도 가끔씩 외국어로 느껴진다. 지역 방언이나 속어는 물론 무역과 기술, 전문 직업분야에서 사용되는 특수용어들이 그러한 혼란을 가중시킨다. 그것의 언어적 사용형태도 마찬가지이다(누가 무엇을 말하고, 어디서 그것을 말하느냐에 따라 그것이 얼마나 공식적 혹은 비공식적이 되는지의 문제). 어떤 어휘들은 특정한 계층 표지(class marker)가 되기도 하다.

가령 A.S.C. Ross가 처음 만들어내고 낸시 미트포드^{Nancy Mitford}에 의해 널리 알려진 영국 영어에서의 "상류층 영어 U"와 "비상류층 영어 Non-U"의 구분이 그러하다. 상류층 영어를 쓰는 사람들은 디저트 대신에 '푸딩'(pudding)이라고 말한다. 비상류층 영어를 쓰는 사람들은 대신 '스위트'(sweet)라고 말한다. 상류층 영어를 쓰는 사람들은 '루킹 글래스'(looking glass)에서 자신을 바라보지만, 비상류층 영어를 쓰는 사람들은 '미러'(mirror)를 사용한다.

때때로 고급영어와 저급영어 사이의 차이 혹은 흑인 영어와 백인 영어 사이의 차이는 인도의 브라만(Brahmin) 계급과 비브라만 계급의 언어 차이만큼이나 뚜렷해 보인다. bad가 good을 의미할 수도 있는데, 마이클 잭슨의 1987년 앨범 판매량이 그것을 말해준다. 그러나 bad가 good일 수 있는 데에는 더 상업적인 이유가 있다. 그 개념은 서아프리카의 만디고어^{Mandigo}에서 건너왔다. a ka nyhi ko-jugu는 문자 그대로의 의미로 보면 "나쁘게 좋다"(it is good badly)이지만 "매우 좋다"라는 뜻이다. 이러한 의미의 bad는 수천 개의 "흑인 영어"(Black Talk) 단어와 용법에 등장한다. 아프리카계 미국인 학자인 제네바 스미더만^{Geneva Smitherman}은 이것을 "흑인 영어의 역동적인 범위"(dynamic span)라고 동명의 책에서 부른다.

영어의 국가별 차이도 또한 많은 혼란을 낳는데 그 중에는 웃음을 선사하는 것도 있다. 한 캐나다 운동선수 팀은 2000년 시드니 올림픽에서 가끔씩 웃음을 선사했는데, 그것은 그들의 뛰어난 운동 실력 때문도 아니고, 한 멤버가 z를 "지"(zee)가 아니라 "제드"(zed)로, "frosting"이 아니라 "icing"으로, "candy bar"가 아니라 "chocolate bar"로 발음하고 피자를 "all-dressed" 해달라고 요청했기 때문도 아니다. 대신 그들의 유니폼이 스폰서사인 루츠 캐나다

Roots Canada 의류업체의 이름과 로고로 장식되어 있었기 때문이었다. 호주에서 "to root"은 성 관계를 갖는 것을 의미한다.

캐나다인들이 저지른 실수 못지않게, 호주인들도 실책이 발견된다. 1970년대에 호주 맥주가 국제 시장에 진출하기 시작했을 때, XXXX("four ex"라고 발음한다)라는 한 유명한 호주 국내 브랜드 맥주업체는 왜 그들의 경쟁자인 프로스터Froster가 미국에서 큰 성공을 거두는 반면 자신들은 계속 실패하는지 의아해 했다. 문제는 슬로건이었다. "Four Ex가 먹고 싶어"라는 슬로  건은 맥주보다는 섹스를 환기시켰던 것이다.

보스턴 차 사건이라 알려진 불쾌한 광경을 목격하기 훨씬 전부터 미국 영어는 영국 부모로부터 벗어나려고 바쁘게 움직이고 있었다. 현재의 차이는 뉴요커가 영국식 영어를 위그스톡Wigstock 페스티발에서 이성의 복장을 한 사람(cross-dresser)이 할 법한 영어라고 생각할 정도로 큰 것은 아니지만, 그래도 책 한 권 이상의 분량은 된다. 특히 숙어와 관용적 표현에서 차이가 나는데, 가령 take the cake(영국식에서는 take the biscuit)과 roll the aisles(또는 영국식으로는 fall about laughing) 등이 있다. 한정절에서 영국인들은 "which"를 사용하길 좋아하는 반면, 미국인들은 "that"을 선호한다.

모든 어휘가 미국과 영국 영어에서 가장 비밀스럽고, 애매모호하며, 웃음을 주는 이름과 용어들로만 이루어진 어떤 초현실적인 행성을 한번 상상해보자. 식당에서 어떤 이는 버팔로 윙 이후에 얼룩이 딕(spotted dick) 푸딩을 주문한다. 가정주부는 J-cloth와 Fairy 세제로 설거지를 한다. 편지 봉투에 주소를 쓸 때에는 ME, IN, MO 외에도 Beds, Bucks, Wilts를 쓰기도 한다. 세미 트레일러를 모는 운전

사가 sleeping policeman(과속 방지 턱)을 치고, 야구 방망이가 grounds out하고(땅볼을 치며) out leg before wicket(타자가 발로 공을 받아 아웃하며) (각 경우마다 포수나 그냥 silly한 필드 포지션을 차지하며) (성룡이 출연했던 — 옮긴이) stage-door Johnny(무태제매)는 옛 친구를 knock up하기(문을 두들겨 깨우기)로 결심한다. 이들은 주로 그 나라에 특정한 것을 가리키는 단어들이다. 그러나 같은 것을 가리키는 단어에도 많은 차이가 있다. 미국에서는 pharmacist(약사)가 영국에서는 chemist이고, 영국에서는 shopwalker(백화점 등의 매장 감독)가 미국에서는 floorwalker이다.

속어를 별도로 하면, 미국인들은 영국인보다 완곡어법을 더 많이 사용하고, 정치적으로 더 올바르며, 계급이나 그 외 과거로부터 전승된 사회적 구분의 영향으로부터 자유로우며, 이 국가의 전 세계적 도달력에 걸맞게 그들의 조어를 더 효과적으로 유포시킨다. 각 국가는 그에 상응하는 편견을 지닌다. 영국식 영어는 미국인들에게는 잘난 체하는 것처럼 보일 수 있고, 미국식 영어는 영국인들에게 저속해 보일 수 있다.

이들 중 많은 부분이 오린 하그레이브스[Orin Hargraves]의 저서 『Mighty Fine Words and Smashing Expressions: Making Sense of Transatlantic English』에서 논의된다. 그는 영국 영어에서의 merchant bank가 미국 영어에서는 investment bank를 의미하고 영국 영어에서의 high street는 미국 영어의 main street와 일부 공통점을 가지고 있으며 영국 영어에서의 launderette는 미국 영어의 laundromat과 같다고 지적한다. 더 미묘하게는, 영국인은 "밀크 커피"(coffee with milk)가 아니라 "화이트 커피"(white coffee)를 주문한다.

여기 대서양을 사이에 두고 영국과 미국의 브랜드 네임과 일반명
이 어떻게 상응하는지 비교한 예가 있다.

영국	미국
Autocue	TelePromTer
Bulldog clip	종이를 고정시키는 스프링 금속 클립(상표등록되어 있지 않음)
Calorgas	포터블 탱크의 프로판 액체
Chubb lock	데드볼트 자물쇠
캠핑용 조명	Coleman lantern
광차	Dumpster
Erector set	Meccano
Mills & Boone	Harlequin romance
최루 가스(상표등록되어 있지 않음)	Mace
Rexine	Naugahyde
Perspex	Plexiglas
Portaloo	Porta Potti
놀이용 찰흙	Silly Putty
Strimmer	Weed Whacker
폴리스티린	Styrofoam
Tannoy	공공 주소 체계
나무 장난감	Tinkertoy
Tipp-Ex	Wite-Out

그러나 이러한 차이에도 불구하고, 위성 TV와 인터넷 덕분에 미

국과 영국의 영어는 그 어느 때보다 비슷해졌다는 것도 사실일 것이다. 노아 웹스터[Noah Webster]가 잘하기로 유명한 언어 교정(가령 -our이나 -re보다는 -or나 -er로 철자를 적는 것)은 간결함과 합리적인 음성 표기라는 근거에서 이루어진다. 어떤 국가는 미국식 영어 철자법을 따르는 반면 어떤 국가는 영국식을 따르고 몇몇 국가는 둘을 혼합하여 사용한다. 컴퓨터와 의약분야에서 미국식 영어 철자가 점점 지배적인 언어가 되어가고 있지만 통일성을 획득하기에는 아직 멀었다. 어떤 형태는 다른 것보다 더 많은 인정을 받겠지만, 각 지역의 정치, 경제, 문화, 직업, 자연사 영역에서 쓰이는 특화된 용어에서는 항상 어느 정도 어휘적 상이성이 있을 것이다. 억압적으로 합리화되고 동질화된 세상에 대한 교정책으로서 영국식 영어의 특이함과 변화에 대해 많은 말들이 있다. 똑같은 것이 세계의 다른 언어들에 대해서도 말해질 수 있다. 브랜드 네임은 언어들의 차이와 더불어 살 수 있을 뿐 아니라 그 차이들 위에서 번성한다.

다른 언어들 사이에서 뿐 아니라 심지어 기술적으로 동일한 언어 내에서도 그런 큰 차이의 간극에 부딪혔을 때 네이머는 어떻게 해야 하는가? 대답은 간단하다. 절대로 가정하지 말고 항상 맡은 바 숙제를 충실히 해나가며 하나의 언어가 만병통치약은 아니라는 것을 깨닫는 것이다.

제3부

브랜드 네이머

"하느님, 제발 좋은 이름이라는 상품을 살 수 있는
그런 어떤 곳을 알았으면 좋으련만."

— 셰익스피어, 『헨리 4세』, 1부 1막 2장 80절

그럴듯하지 않은 직업

곤충 잡기, 닭 부리 뽑기와 더불어, 제품 및 서비스, 그리고 회사의 이름을 짓는 직업은 분명 생계를 유지하는 특이한 방법 중 하나일 것이다. 어떤 면에서 보면 직업적인 브랜드 네이머들은 자본주의적 데카당스의 징후이다. 기생충과는 달리 실제 세계에서 실제적인 물건들을 만들어내며 열심히 일하는 사람들과 그들의 정직한 고용주의 피와 땀, 눈물을 빨아먹고 사는 응석받이들 말이다. 분명 회사는 탐욕스런 사이비 단어 — 과학자 패거리들에게 한 푼의 경비도 지출하는 일 없이 자신의 이름을 Joe's Plumbing이라고 지을 수도 있다.

이러한 시각에 반대하는 인물이 캘리포니아 버클리 대학의 마케팅 전략 교수이자 『브랜드 자산 관리』Managing Brand Equity의 저자인 데이비드 아커David Aaker이다. 그는 다음과 같이 경고한다.

이름을 창조하는 일은 몇몇 내부 직원들이 부엌 식탁이나 회사 식당에 앉아 브레인스토밍으로 처리하기에는 너무나 중요한 일이다. 참신한 제품이나 광고와 관련된 결정을 내리는 자리에 참견하는 것은 꿈도 꾸지 않는 훌륭한 경영인들도 이름과 관련된 결정과정에는 몇 가지 이유로 해서 끼어들고 싶은 강한 유혹을 받는다. 그것은 종종 이름이 당장 필요하기 때문이기도 하지만, 또한 부분적으로는 이름을 만들어내는 일이 기업가의 특권영역처럼 보이기 때문이기도 하다. 그러나 이름은 마케팅 프로그램의 다른 요소들보다 훨씬 더 효과가 오래간다. 포장이나 가격, 광고홍보 주제는 이름보다 훨씬 수월하게 바뀔 수 있다.

브랜드 네이밍을 전문으로 하는 회사들은 1980년대와 1990년대에 단지 인식 차원에서가 아니라 실제적인 필요로부터 생겨나기 시작하여 널리 퍼져나갔다. 새롭게 생겨난 회사들과 제품들의 쇄도는 고객들과 소비자들에게 너무나 많은 선택권을 주었다. 컨설팅 회사 J. D. 파워 & 어소시에이츠의 보고에 따르면, 자동차 산업에서만 2004년 한 해 동안 61개의 신형 혹은 재디자인 자동차가 나왔다고 한다. 이는 2003년의 48개와 2002년의 17개보다 훨씬 증가한 수치이다. 많은 이들이 새로운 이름을 요구했다. 2002년 10월 리브킨 & 어소시에이츠가 실시한 조사에 따르면, 미국 회사 중 87퍼센트라는 기록적 수치의 회사들이 이전 2년 동안 제품이나 서비스, 회사, 또는 부서를 위해 새로운 이름을 도입했다고 한다. 3분의 2는 새로운 이름을 창조해내는 일이 과거보다 더 어려워졌다고 보고했다. 경제는 침체에 빠져있을지 모르지만, 회사들은 새로운 이름을 기록적인 비율로 계속해서 도입했다. 그것은 12년간의 조사 기간 동안 가장 높은 새 이름 도입 비율이었다. 점점 더 호소력 강한 브랜드 네임을 가질 필요가 있었다. 상품과 서비스들로 넘쳐나는 시장에서 마치 횃불처럼 빛날 이름을.

윌리엄 사파이어William Safire에 의하면 고대 로마에서 명명자(nomenclator)는 "집에 도착하는 손님들의 이름을 크게 알리는 노예"였다고 한다. 이러한 전통에 맞게, 브랜드 네이밍 회사를 시작한 사람들은 광고와 마케팅, 홍보 관련 업계에서 나왔다. 비록 그들이 고용한 이들은 언어학 출신이 많았지만 이들 중에서 언어학 훈련을 받은 이는 소수에 불과했다. 피고용자들은 정식 직원이거나 프리랜서, 혹은 대부분 그 둘의 혼합형태로 일하였다. 네이밍 회사들은 광고회사의 한 부서이거나, 혹은 이보다 더 흔하게는 단독 회사를 이루었다. 그들이 다루는 모든 일이 고객들에게 영향을 미쳤지만, 그들의 작업방식은 회사-대-회사 원칙이었다. 그 회사들은 유럽과 아시아, 북부 및 중남미 아메리카, 호주 등지에서 발견되었다. 미국에서 그들은 전 지역에 걸쳐 분포했지만, 샌프란시스코 베이 지역에 한 무리가 특히 융성하였다. 그들은 곧 자신만의 전문용어를 갖추기 시작했다. 예를 들어 "네이밍 모듈"(naming modules), "스피치스트림 가시성"(speechstream visibility) (고객들이 메시지를 어떻게 읽을 것인가?), "음성적 투명성"(phonetic transparency)", 그리고 "다중 언어적 기능성"(multilingual functionality) 등이 있다.

고객을 끌기 위해 그들은 어떤 간판을 내걸었을까? 기이하게도 그들의 이름은 특별히 참신한 것도 아니었다. 어떤 이름들은 회사의 창립자나 대표 또는 동업자의 이름을 사용했다(Addison, Landor Associates, Ashton Bran Group, Rivkin & Associates, Master-McNeil 등이 그런 예들이다). 캘리포니아 버클리에 소재한 매스터-맥닐Master-McNeil 사의 창립자 매스터S. B. Master는 리포터에게 말하길, 자신이

McNeil을 덧붙인 이유는 "뭔가 중요해 보이는 음감 때문이었다. 개업 첫날부터 고객들은 우리가 처음 시작할 당시에는 그렇지 않았음에도 불구하고 항상 우리를 크고 중요한 회사라고 생각했다"라고 말했다. 일부 회사들의 이름은 정성이 담기지 않았거나, Luxon Cara, Igor, 또는 Interbrand처럼 외국어로 되어있거나 베일에 싸여있었고, Enterprise IG와 웹사이트 주소가 www.remarkable.be인 벨기에 회사 Remarkable처럼 대놓고 자신을 칭찬하기도 했다. Lexicon이나 Idiom, Metaphor, 파리의 Nomen, 스톡홀름의 Skriptor처럼 일부 이름들은 마치 대학의 어문학과에서 빌려온 것 같기도 했다. 2003년의 한 웹 리스팅에 따르면 거의 70개의 회사가 NameTrade, NameLab, Name-It, Namestormers, The Naming Company를 포함하여 "브랜드"나 "브랜딩", 또는 "네임", "네이밍"을 회사명에 사용하였다. 그 목록은 Absolute Brand와 ABC Namebank 사에서 시작하여 Trading Brands와 Wise Name 사까지 수록하고 있었다.

네이밍 회사의 이름 중 가장 상징적 함의가 풍부한 이름은 캘리포니아 소살리토의 헌드레드 몽키스A Hundred Monkeys이다. 이 회사는 Raindance(화상 회의), Jamcracker(정보기술), 그리고 Ironweed(벤처 캐피탈) 등의 이름을 지었다. 몽키스의 회사명은 다음의 출처가 의심스러운 아이디어에 근거해 있다. 즉, 백 명의 원숭이를 백 대의 타자기 앞에 앉혀 놓으면 결국 그들은 모두 셰익스피어에 버금갈 것이다. 아니면 적어도 햄릿은 될 것이다. 그도 아니면 적어도 좋은 이름을 생산해낼 것이다. 광고 회사와 마찬가지로 네이밍 회사들은 높은 출생률과 이혼율을 가진다. 2002년 스티브 매닝은 몽키스를 떠나 제이 주리시치Jay Jurisich와 함께 이고어Igor라는 회사를 차렸다.

Ashton Brand Group, Enterprise, Mater-McNeil, Landor,

Interbrand와 같은 일부 회사들은 규모도 크고 역사도 길다. 인터브랜드Interbrand 사는 네이밍과 기업 아이덴티티, 디자인, 브랜드 가치 평가 기능을 통합한 회사이다. 1941년 샌프란시스코에서 월터 랜도Walter Landor가 설립한 Young & Rubicam의 한 계열사인 랜도Landor 사는 전 세계에 직원을 두고 있고 고객으로 프랑스 텔레콤France Telecom, 마이크로소프트Microsoft, 펩시콜라Pepsi-Cola, 피자헛Pizza Hut은 말할 것도 없고 수많은 항공사들을 가지고 있다. 그러한 회사들은 독창적인 이름을 넘어 브랜드 정체성의 다양한 측면들을 다룬다. 그리고 그들의 고객은 〈포춘〉지가 선정하는 500대 기업의 대표적인 기업들이다.

각각의 네이밍 회사는 자신의 고유한 활동방식과 문화, 취향을 가진다. 헌드레드 몽키스는 가장 곤조적인(gonzo, 취재 대상에 적극적으로 개입하고 참여하는 곤조 저널리즘에서 나옴 — 옮긴이) 경향이 있다. 그들이 창조한 브랜드 네임인 세븐Seven을 보라. 2000년 12월 빌 응구웬Bill Nguyen이라는 사업가는 자사의 소프트웨어를 사용하여 모든 휴대폰과 PDA, 호출기, 그리고 다른 무선 장치들을 하나로 통합하는 전 세계적 정보 네트워크를 구상했다. 그는 회사의 성공적인 투자 유치로 많은 벤처 캐피탈과 직원들은 끌어모을 수 있었지만 이름이 없었다. 그의 개업 일자는 2개월밖에 남지 않았다.

응구웬은 그 업무를 맡을 회사로 몽키스를 선택했다. "비행기의 이름을 지으려는 회사에 가서 Trans-Atlantic Air와 Virgin 둘 사이에서 고르라고 하면, 그들은 Trans-Atlantic Air를 선택할 것이다. 왜냐하면 그래야 사람들이 진지하게 받아들일 것이기 때문이다." 스티븐 매닝은 말한다. "문제는 그 이름과 함께 그들이 숲의 한 나무로 변한다는 것이다." 그는 회사명을 Mobile-무엇이라고 붙인 십여 개의 무선업체들의 이름을 찾아냈다. 이렇게 하여 Mobile은 후보에서 제외되었다. 몽키스는 Ironbit, Snafu, Gargoyle, Alpharay, Carbon8, Blowfire를 포함하여 약 51개의 이름들을 제시하였다.

"모두 특이한 걸 원한다고 말한다." 몽키스의 일원인 대니 앨트먼Danny Altman은 말한다. "고전적인 반응은 '우리는 Yahoo와 같은 이름을 원한다'이다. 그러나 실제로 그 문제에 직면하면 항상 두려움이 장애요소가 된다. 우리는 그들의 두려움이 실제로 세상 브랜드들이 겪는 일에 근거하여 일어난 것이 아니라는 것을 볼 수 있도록 도와준다. 그것은 마치 바나나 리퍼블릭Banana Republic의 경우와 같다. 사람들은 그 이름을 보고 '우와, 정말 추악한 인종 비하 발언이군. 난 거기서 절대 쇼핑하지 않을 거야' 라고 생각하지 않는다. 모두 다 맥락에 달려있다." 나중에 알고 보니 회사 내에서는 Blowfire와 Ironbit을 선호하였지만, 몽키스는 Gargoyle를 밀고 있었다. 그러다가 외부의 후보가 등장하였다. 그것은 세븐Seven이었다. 응구웬은 그것의 자의적이지만 추상적인 특성과, 행운 및 "세계 7대 불가사의" 등과 연관된 함의가 맘에 들었다. 통신 업계의 데이터 언어 중 하나는 SS7이라 불린다. 응구웬에게 세븐Seven은 7만5천 달러의 가치가 있었다.

고객을 항상 옳게 보는 네이머들이 있는가 하면 어떤 네이머들은 고객의 의견에 전혀 신경 쓰지 않기도 한다. 후자는 고객이 원하는 것이 아니라 고객이 필요로 하는 것을 제공하는 것이 그들의 의무라고 생각한다. 루스 샬릿Ruth Shalit은 네임랩NameLab 사의 이라 바흐라치Ira Bachrach가 자신의 회사는 "고객들의 희망사항을 무시"하는 경향이 있다고 말한 것을 인용한다.

이디엄Idiom 사의 릭 브래그던Rick Bragdon은 말하길, "우리는 사실 고객들이 이름과 사랑에 빠지지 않기를 선호한다. 만약 그들이 이름과 사랑에 빠진다면 그것은 이름이 뭔가 잘못됐다는 좋은 신호이다."

엔터프라이즈Enterprise 사의 론 카펠라Ron Kapella는 기준에 의존한다. "기준들을 세우고 그 기준들에 맞춰 이름들을 발전시켜 나가면서 우리는 그 과정에서 임의성을 제거한다. 그래서 어떤 고객이 '난 그 이름이 좋지 않아요' 라고 말하면, 나는 '당신이 좋아하는지 아닌지는 중요하지 않습니다. 문제는 그것이 기준을 충족시키는가하는 점입니다' 라고 대답한다."

네이밍 회사들은 종종 이름을 생성하기 위해 소프트웨어를 활용한다. 엔터프라이즈 사는 자사의 Namemaker라는 소프트웨어로 수천 개의 이름을 뽑아낸다. 랜도 사는 자사의 BrandAsset Valuator를 사용한다. 이디엄 사는 "Blind Man's Brilliance", "Imagineering", "Synonym Explosion", "Leap of Faith" 등의 네이밍 실행법(exercises)들을 사용했다. 전문성들이 발전하기 시작했다. 브랜드 피델리티Brand Fidelity 사는 브랜드 네임을 기획 및 선발하고 등록할 수 있는 온라인 인터랙티브 툴을 만들어냄으로써 틈새시장을 공략했다. 네임베이스NameBase 사의 한 계열사인 메디브랜드Medibrand는 신약과 신의약 제품의 네이밍에만 주력해온 몇 개 회사들 중 하나이다.

얼마나 믿음을 갖든, 네이밍 과정에 드는 비용은 비싸다. 한 의약 제품 회사는 하나의 제품명을 위해 225만 달러까지 써야 할지도 모른다. 루슨트Lucent와 애질런트Agilent의 경우 랜도 어소시에이츠는 각각 100만 달러 이상의 비용을 청구했다. 럭슨 카라Luxon Cara 사는 단 한 음절의 비용으로 7만 달러를 청구했고, 1997년 4월 US Air는 US

Airways가 되었다. 네임랩^{NameLab} 사는 인피니티^{Infiniti} 사에게 알파벳 관련 아이디어를 제공하는데 7만5천 달러를 청구했다. 자동차 모델의 차별성을 위해 그것은 그 제조업자에게 별로 사용되지 않는 글자들, 가령 q와 i를 모델명에 사용할 것을 권유했고, 결국 인피니티 사의 한 모델은 J30이 되었고 다른 모델은 Q45가 되었다.

"우리가 근사한 이름을 짓는데 있어 GM이 방해만 하지 않는다면 우리는 GM의 자동차 이름을 무료로 지어줄 수도 있다"라고 스티브 매닝은 말한다.

대니 앨트먼은 덧붙이길, "아무도 더 이상 자동차 이름을 Mustang 이나 Thunderbird 또는 Monte Carlo라고 짓지 않는다. 대신 Acura, Alero, Xterra, Integra라는 이름으로 짓는다. 모두 철저한 조사에 기초한 위원회의 결정들이다. 하지만 모두 감정이 결여되어 있다."

1990년대 말이 되면, 네이밍 서비스의 비용은 상당한 차이를 보이게 된다. 몽키스가 메디카로직^{MedicaLogic}이라는 의료 전문 웹사이트를 위해 만든 프로젝트인 98point6의 경우, 그들은 일반적으로 이름당 6만5천 달러와 한 달간의 네이밍 작업에 대한 비용을 청구했다. 그와 반대로 7일간의 작업 기간을 위해 네임-잇^{Name-It} 사는 고객이 작은 지방 영세업체인지 아니면 지역적 혹은 전국적 혹은 전 세계에 시장을 가진 회사인지 그 회사의 규모에 따라 2천 달러에서 3만5천 달러까지 청구했다. 네이밍 컨설턴트가 1일간 실시한 워크숍은 7천5백 달러(경비 제외)까지 비용이 들 수 있었다.

네이밍 회사들이 모두의 승인, 특히 광고회사와 기업 내 마케팅 부서들의 승인을 얻어낸 것은 아니었다. 한 광고 회사 중역은 몽키스의 이름들에 대해 "이 참신한 진주들을 그들은 우리가 보는 앞에서 돼지로 만들어놓았다"라고 말한다. 뉴욕 광고 회사 커셴바움, 본드 & 파트너스Kirshenbaum, Bond & Partners의 브랜드 플래너인 마크 바비Marc Babej는 이렇게 말한다. "이름들은 점점 모두 똑같아지기 시작했다. 처음에는 Livent가 뭔가 새롭고 참신한 이름이라고 생각되었다. 그러나 이제 우리에게는 Lucent, Aquent, Avilant, Agilent, Levilant, Naviant, Telegent 등이 있다. 다음은 무엇인가? Coolent 인가?"

네이머들은 종종 그들 라이벌의 가장 신랄한 비판자가 된다. 에이비씨 네임뱅크ABC Namebank의 대표이사인 나짐 자베드Naseem Javed는 일부 "회사들이 이 바보 같은 이름을 위해 5백만, 1천만, 1천5백만, 2천만 달러를 쓸 것이라고 생각하는가? 그리고 또다시 그보다 더 바보 같은 이름으로 바꿀 것이라고 생각하는가? 내가 보기에 이건 정말 직무 태만과 관련된 문제이다. 위대한 스테레오 시스템을 개발한 회사라면 Sony와 같은 훌륭한 이름에 백만 달러를 지불할 수 있다고 생각한다. 그러나 같은 네이밍 회사를 다른 프로젝트에 고용했는데 그들이 들고 나온 이름이 Bonye Cony, Donye Zony라면 어떻게 하겠는가? 도대체 어떤 시점에서 "이제 그만 됐다. 이것이 백만 달러의 가치가 있는 이름인가? 5달러의 가치도 없는 이름이다"라고 말할 수 있는가?

웹에 기반을 둔 야후!Yahoo!처럼 일부 회사들은 자신의 이름을 지어내는 것에서 기쁨을 찾기도 한다. "나는 우리의 이름을 사랑한다." 야후!의 대표이사이자 최고경영자인 제프 말레트Jeff Mallett는 업계 뉴스레터에서 이렇게 썼다. "그것은 재밌고 무례하며 고객 중심적인 이름이다. 그리고 그것은 랜도나 어떤 거대한 네이밍 회사가 만들어낸 것도 아니다."

온라인 예약 및 티케팅 서비스 회사인 www.TixToGo.com의 대표이사 루 코도바Lu Cordova는 이렇게 말했다. "우리는 이 거대한 네이밍 회사들에 누가 있는지 안다. 그 중 일부는 우리와 함께 대학을 다녔다. 그들은 자신들이 이런저런 분야에 전문가라고 말한다. 그러나 그들은 단지 우리와 동료일 뿐이다. 그들이 무슨 특별하고 신비한 능력을 지닌 것은 아니다."

1999년 코도바Cordova는 그녀의 회사를 위해 새 이름을 찾아다녔다. 몇 개월이 지난 후 그녀가 고용한 네이머가 YourThing.com을 추천해주었다. "그 이름을 처음 들은 10명의 사람들은 모두 '너의 거시기처럼 들린다' 라고 대답했다." 코도바는 말한다. "그래서 우리는 '우리가 잘못했군, 이 이름은 아니다' 라고 결정했다." 그 네이머를 쫓아낸 다음 그녀의 회사는 네이밍 콘테스트를 열었다. 12만8천 개 이상의 응모작들 가운데 최종 승자는 Acteva로 결정되었다. 이 이름을 지어낸 소프트웨어 엔지니어는 상금으로 포르셰 복스터Porche Boxter를 받았다. Acteva에 대해 코도바는 다음과 같이 말한다. "우리는 그 이름을 사랑한다. 그리고 특히 그것이 일반인에게서 나왔다는 사실이 더 기쁘다. … 어느 한 네이밍 회사 사람은 나에게 어떻게 비전문가로부터 이름을 얻기를 기대하느냐고 물은 적이 있다. 그는 정확히 이렇게 말했다. '나는 재채기를 하는 데만 15만 달러를 청구한다.'"

네이밍 회사들이 청구하는 비용을 고려하면 회사들이 다른 방법으로 이름을 지으려고 노력하는 것은 충분히 용서될 수 있는 일이다. 가장 빠르고 저렴한 (그러나 꼭 가장 효과적인 것은 아닌) 방법은 사장의 기분이나 영감에 의존하는 것이었다. 보통 사장의 힘은 별로 절대적이지 않았다. 2002년에 리브킨 & 어소시에이츠가 실시한 조사에 따르면, 새로운 이름을 개발하는데 가장 흔히 사용되는 방법은 내부인력을 사용하거나(응답자의 78퍼센트), 기존의 이름을 확장하거나(50퍼센트), 광고회사(36퍼센트)에 의뢰하는 것이었다. 네이밍 컨설턴트는 최하위를 차지했다. 그러나 회사의 관점에서 보았을 때, 가장 효과적인 성과는 내부 인력(66퍼센트)으로부터 나왔고 그 뒤를 광고 회사(15퍼센트)와 네이밍 컨설턴트(12퍼센트)가 뒤따랐다.

이것은 비록 네이밍 회사를 이용하는 고객들의 숫자가 비교적 적었기 때문에 왜곡된 결과일 수 있지만 네이밍 전문가들에게 그리 빛나는 성적표는 아니었다. 만약 더 많은 고객들이 시도했다면 더 많은 고객들이 좋아했을 수도 있다. 직원을 대상으로 하건 소비자를 대상으로 하건 콘테스트를 여는 것은 횟수로 보았을 때 마지막에서 두 번째 순위를 차지했고(15퍼센트) 그 효과 면에 있어서는 최하위인 단지 3퍼센트만을 얻었을 뿐이다. 콘테스트에는 한 가지 문제가 있었다. 콘테스트에는 당선작을 판단할 규칙과 수상자에게 주어질 포상이 있기 마련이다. 그런데 만약 회사가 분명한 참가 절차와 참가작들을 평가할 규칙을 마련하지 못한다면 그 콘테스트는 가장 주요한 목표에서 실패한 것이 된다. 심지어 이보다 더 중요한 것은 콘테스트 참가자들이 열성적일지는 모르지만 훈련을 받지 못한 아마추어라는 점이다.

이따금씩 콘테스트를 통해 잿더미들 사이에서 횡재를 하기도 한다. 호비스Hovis와 같은 일부 유명 이름들은 콘테스트에서 나왔다. 1978년 영국 자동차 제조사인 오스틴 모리스Austin Morris의 마케팅 직원들은 신형 소형차의 명칭을 위해 8천5백 개의 후보 목록을 만들어낸다. 그리고 이것들로부터 3개를 추려서 1만9천 명 이상의 직원들

Crayola® 에게 제시하였다. 수상작은 Metro로 결정되었고 포상으로 그 신형차가 주어졌다. 크레욜라 Crayola 제품의 제조사인 비니 & 스미스Binney & Smith 사는 이름 짓기 콘테스트를 정치적 실수(political incorrectness)를 만회하는 홍보 및 마케팅의 기회로 삼았다. Indian Red는 인기 있는 크레욜라 색상이었지만 그 색상은 학생들에게 미국 네이티브 인디언들의 피부색을 묘사한다고 생각하게 만든다며 선생님들이 불만을 제기한 후에는 이름을 변경해야 했다. (Indian red는 실제로 인도 아대륙에서 발견된 적갈색 염료를 따라 붙여진 이름이다.) 크레욜라의 콘테스트에는 25만 개의 이름이 접수되었다. 신중한 기준을 따라 심사한 뒤 회사는 Chestnut이라는 이름을 채택했다. 각각의 수상자들은 모두 "Certificate of Crayola Crayon Authorship"과 크레욜라 제품 일체를 포상으로 받았다. 그 새 이름은 매년 1억5천만 개의 크레용에 등장하기 시작했다. 그것은 회사를 즐겁게 해준 컬러였다.

뉴멕시코 라스 크루체스Las Cruces 지역의 한 병원은 의료 선택권이라는 개념을 새로운 차원으로 끌어올렸다. 그들은 새로 지을 병원에서 치료를 받을 환자들에게 그 병원의 이름을 결정하도록 하기로 했다. 지역 주민들이 이름과 로고를 선택하는데 도움을 주었고 심지어 병원의 건물 디자인에까지 영향을 미쳤다. 지역 신문 광고들은 콘테스트를 알렸고 지역 월마트에 있는 테이블은 투표구가 되어주었다. 심지어 리조트에서 보낼 주말 여행권과 자선 기부금 사이에서 선택하는 제비뽑기까지 등장하였다. 1000명 이상의 지역 주민들이 참여하였고, 수상자는 Mountain View Regional Medical Center가 67퍼센트의 투표율을 얻으며 선택되었다.

2003년 보잉Boeing 사는 회사 사상 처음으로 일반들에게 자신의 최신형 비행기의 이름을 짓도록 장려했다. 이 과정에서 회사는 홍보라는 수확을 거둬들였다. 160여 개국 이상에서 50만 개의 투표를 얻은 후, 보잉 사는 Paris Air Show에서 수상자를 발표했다. Dreamliner가 보잉 7E7의 새 이름이 되었다. Dreamliner는 네이밍 컨설턴트들이 작성한 100개의 이름 목록에서 골라낸 eLiner, Global Cruiser, Stratoclimber 등을 제치고 승리했다. AOL Time Warner와의 마케팅 제휴를 통하여 사람들은 이 신형 제트 여객기를 위해 설립된 웹사이트에 투표하였다. 사람들의 선택은 초기의 보잉 여객기 이름들인 Boeing Clipper나 Stratoliner, Stratocruiser 등으로 돌아갔다. 707로 시작하여 747 점보제트를 거쳐 가장 최근에는 777에 이르기까지 보잉의 제트기들은 7-시리즈의 이름들만을 사용했었다. 그 콘테스트는 250개 좌석의 신형 연료 절약형 비행기의 홍보에 필요한 소란을 일으키기 위해 기획된 것이었다. 그런데 과대 보도가 일어났다. 보잉 사의 고향인 시애틀의 신문들은 물론 〈비즈니스 위크〉와 통신사들, 라디오 방송국들, 그리고 전 세계의 미디어들이 이 이야기를 다루기 시작했다. 이들은 숨가쁘게 일거수일투족을 보도했다. "어제까지 9만 명의 사이트 방문자들이 투표에 참여했고 Global Cruiser가 현재 근소한 차이로 1위를 차지하고 있습니다."

어떤 면에서 콘테스트와 네이밍 회사의 활용을 비교하는 것은 민주주의와 엘리트주의 사이의 오래된 갈등을 재현하는 것과 같다. 그러나 민주주의가 꼭 그 겉모습과 같은 것은 아니다. 라스 크루체스의 (엘리트주의자들이 아니라면) 시민들은 적어도 그 반대 의견을 지지했다. 리브킨 & 어소시에이츠가 천 명을 상대로 실시한 설문조사에 따르면 소비자들은 Medical Center보다는 Hospital이라는 이름을 더 선호했는데 왜냐하면 후자가 더 폭넓은 양질의 의료 서비스와 좀 더 최신의 기술 및 치료 절차를 제공할 것이라고 여겨졌기 때문이었다. 그러나 일반적인 통념은 Hospital을 지겹고 구식이라고 여기고 있었다. 많은 병원들이 사업을 확장하고 하나 이상의 건물을 사용하기 시작하였으며, 외래 진료와 가정 건강 사업을 확대하고 의사들과 동업관계를 맺기 시작하면서, 그들은 스스로를 그 지역의 의료 "센터"로 여기게 되었다. Medical center는 또한 학문적 혈통도 지니고 있었기 때문에 일부 의사들에게는 좀 더 권위있는 것처럼 여겨졌다. 그 결과 수백 개의 병원들이 hospital이라는 단어를 버리고 자신을 Medical Center라 부르기 시작했다. 그러나 종종 그렇듯이, 일반 통념은 틀리게 마련이었다. HMO(Health Maintenance Organizations, 건강관리기구)가 설립되면서 수천만 명의 미국인들은 의사를 선택하도록 훈련받기 시작했고, 그러므로 점점 더 많은 환자들이 자신의 병원을 선택하게 되기를 기대하고 정확히 그런 이름의 병원을 선호하게 된 것은 놀라운 일이 아니었다.

라스 크루체스 콘테스트에 참가한 사람들과 리브킨 & 어소시에이츠의 설문조사에 참여한 사람들에게는 모두 제한된 선택권만이 주어졌다. 그러나 네이밍 과정에 참여하는 사람들이 직면하게 되는 진짜 딜레마는 그와 정반대의 상황이다. 즉, 선택권이 너무 많다는 것이다. 네이밍 회사들은 대부분의 골치 아픈 일을 대신 맡아주었다. 물론 대가를 받고 말이다. 이름을 선택한다는 것이 이름 목록을 모으고 그 중 하나를 고르듯이 간단한 일처럼 보일지도 모른다. 그러나 그것이 끝은 아니다. 그것은 아직 시작이라고 말할 수도 없다.

14

목록 작성하기

새로운 이름을 만들어야 할 필요성은 많은 원인에서 비롯될 수 있다. 브랜드 피로감(brand fatigue)과 저조한 판매실적, 신제품 등 이 모두는 새로운 이름을 필요로 한다. 이름 변경은 자연적인 진화과정에 따라 일어나기도 한다. 팜Palm 사는 자신의 Palm Pilot과 함께 휴대용 컴퓨터 시장을 만들어냈다. 그러나 그 모델은 단종되었고 이후 그 이름은 그와 비슷한 장치들을 뜻하게 되었다. 그 장치들은 이제 간단히 Palms라고 불린다. 자신의 회사명을 바꾼 회사들 중 거의 절반은 회사의 합병이나 인수로 인한 새로운 기업 아이덴티티의 필요성 때문에 이름을 변경한 경우였다. 새로운 경쟁자가 등장하여 위로부터의 변화를 유도했을 수도 있다.

린트 리무버lint remover와 삼나무 천으로 만든 공(cedar clothing balls), 포푸리 향기 주머니 외 기타 가정용품을 만드는 성공적인 가

족회사 헬맥 프로덕츠Helmac Products는 창립자의 아내이자 사업 동업자인 헬렌 매케이Helen McKay로부터 이름을 따왔다. 그녀가 죽고 3M과의 경쟁에 직면하자, 회사는 랜도 어소시에이츠에게 찾아가 이름에 관한 조언을 구했다. 랜도는 헬맥에게 한 설문조사 결과를 보여주었는데 거기에는 12퍼센트가 헬맥 사를 헬멧과 연결시키고 있었고, 11퍼센트는 마요네즈와, 9퍼센트는 불과 유황과 연결시키고 있었다. 50만 달러의 용역비를 받고 랜도는 Evercare를 내놓으면서, 소비자들이 그 이름을 위생품 및 세제 제품과 연결시킨다는 것을 보여주었다. 비록 7퍼센트는 록 밴드와 싸구려 술인 Everclear와의 유사성을 지적하긴 했지만 말이다. 그 회사는 1999년에 브랜드 네임을 변경하였고, 2002년에는 트레이드 네임을 변경하였다. 손실과 결합된 경쟁도 일련의 연속적인 이름 변경을 가져올 수 있다. 울워스Woolworth 사의 전설적인 5센트-10센트짜리 소매 체인점은 자신의 이름을 Venator로 바꾼다. 그리고 2001년부터 그 회사는 스포츠 의류에 집중하기로 하면서 자신의 자회사명인 풋로커Foot Locker로 이름을 변경한다.

회사의 대외 이미지를 무너뜨리는 재앙적 사건이 일어날 수도 있는데 1980년대에 존슨 & 존슨에게 일어난 일이 바로 그런 경우였다. 한 정신병자가 타이레놀에 독약을 탄 것이다(이 사건에서 그 회사는 자신의 브랜드 네임을 가까스로 구해냈다). 세계적 사건들도 이름의 흥망성쇠에 영향을 줄 수 있다. 2003년 봄, 미국이 이끄는 연합군의 이라크 침공이 시작되던 초기에 미국방부는 "Shock and Awe"(충격과 공포)라는 군사작전에 대해 이야기한다. 침공 하루 뒤 소니Sony 사는 Shock and Awe라는 비디오게임에 관한 상표등록을 출원했다. 이후에 소니는 이것이 "후회스럽고 잘못된 판단"이었다며 출원을 철회한다. 사람들도 Shock and Awe라는 이름으로 소스, 불꽃놀이, 티셔츠, 범퍼 스티커, 펜, 장난감, 스포츠 용품, 안경, 가정용품, 레스토랑, 오디오 녹음기, 컴퓨터 음악 파일 및 소프트웨어 등의 상표등록을 출원하였다. 이라크 해방 작전(Operation Iraqi Freedom)이라는 군사 작전명으로부터도 두 개의 상표가 출원되었는데 하나는 컴퓨터 게임 소프트웨어였고 다른 하나는 전기 모델 장난감 기차였다. "Shock and Awe"에 대해 디처트^{Dechert} 법률회사의 저작권 그룹 공동대표인 글렌 건더센^{Glenn A. Gundersen}은 이렇게 말했다. "뭔가 이라크와 연관하여 그 말을 사용하는 것이라면, 군대와 관련이 있지 않는 한 그것은 오해의 여지를 살 뿐이다. 또 그 단어가 단순히 그곳에서 일어난 군사행동을 가리킬 뿐이고 독자적인 브랜드 네임이나 트레이드 마크로서의 중요성이 크지 않는 경우에도 마찬가지이다."

건더센은 걸프전에서 "사막의 폭풍"(Desert Storm) 작전이 전개되던 때와 밀레니엄 전환기에도 사람들이 그와 관계된 상표등록을 시도하였다고 말한다. "그들은 이 문구들을 상업적으로 사용함으로써 시장을 곧 장악할 것이라 생각하지만 그러나 곧 그럴 수 없다는 것과 이 문구들의 수명이 극도로 짧다는 것을 알게 된다. 그래서 이들 출원의 대부분은 철회된다." 그에 따르면 2001년 9월 11일 사건이 일어난 후 약 24개의 신청서가 "Let's roll"이란 문구를 위해 제출되었는데, 이 문구는 테러리스트가 납치한 4개의 비행기 중 하나에 타고 있던 토드 비머^{Todd M. Beamer}가 몇 명의 승객들이 테러리스트들에게 반격하기로 했을 때 했던 말이라고 한다. 2002년 2월 토드 비머 기념 재단^{Todd M. Beamer Memorial Foundation}은 자선 기금마련행사를 위해 "Let's roll"이란 트레이드마크를 사용할 수 있게 되었다.

　새로운 이름은 경제적 주기에 따라, 그리고 산업과 주식시장에서의 등락과 함께 출렁이기도 한다. 건더센 회사의 보고에 따르면 나스닥 지수가 (대부분 기술주를 중심으로) 정점을 이루던 2000년도에 컴퓨터 관련 제품과 서비스는 약 8만1천백 개의 새로운 상표를 출원하였다고 한다. 이듬해에 그 수치는 4만3천 건으로 떨어졌고 2002년에는 2천 건으로 곤두박질친다. 2000년도 인터넷 관련주 명칭에 대한 상표 출원은 총 4만1천9백 건이었는데 반해 그 다음해에 이는 1만7천3백 건으로 줄어들었고, 2002년에는 단지 1만1천4백 건만이 이루어졌을 뿐이다. 2002년도는 뮤추얼 펀드와 투자, 그리고 보안 브로커 서비스에게 있어서는 나쁜 한 해였지만 의약제품 및 의약서비스 부문의 출원 건수는 꾸준히 이루어졌고 향수, 화장품, 의류, 식품, 주류는 약간 성장하였다.

　이름을 바꾸거나 새 이름을 찾는 동기가 무엇이든 간에 네이머들이 제품에 대해 가장 먼저 알아야 할 것은 그들이 무엇의 이름을 짓는가이다. 그들은 또한 어떤 회사가 제품의 명칭을 짓기 위해 그들을 고용하고 있고, 어떤 내용을 일반 대중에게 팔길 원하는지도 알아야 한다. 그들은 정보를 구하고 그것을 지식으로 압축시킨 후 원하는 브랜드 네임을 위해 몽타쥬를 만들어야 한다. 이것은 의뢰 회사가 이미 실시한 시장 조사를 활용하는 것도 포함한다. 리브킨 & 어소시에이츠의 2002년도 설문조사에 응한 회사들의 절반 이상이 새로운 이름이 공개되기 전에 그 이름을 테스트하는 조사를 실시하는 것으로 드러났다. 새 이름을 테스트하지 않는 회사들의 경우에는 보통 신속한 결정을 내려야 한다거나 제품 및 서비스를 빠르게 시장에 내놓아야할 압박 때문인 것으로 나타났다.

　새 이름을 테스트하고 평가하는 시간을 내는 회사들의 경우 그들은 다양한 방법을 사용할 수 있었다. 일단 선발과정이나 여과장치를 통해 타깃 고객을 골라내고, 온라인 포커스 그룹이나 개인들에게 한 번 혹은 여러 번에 걸쳐 이미지에 대해 조사하는 질적 조사방법이 있다. 또 콜센터를 통한 전화 인터뷰나 일대일 인터뷰, 쇼핑 몰이나 모임에서 실시하는 무작위 인터뷰도 있다. 전화나 웹, 이메일을 통해 설문조사를 실시할 수도 있고 고객으로 구성된 패널과 엔지니어나 의료진 등 산업 전문가들로 구성된 패널, 혹은 여러 언어의 원어민들로 구성된 패널을 만들어볼 수도 있다. 좀 더 규모가 큰 네이밍 회사들은 이해도와 기억의 용이성, 발음의 난이도, 긍정적 혹은 부정적 연상 작용과 의미들, 마케팅 컨셉트와의 조화, 경쟁자와의 비교 등에 대해 조사했다.

각각의 방법은 나름대로 장점이 있지만 모두가 같은 기대를 충족시키는 것은 아니다. "포커스 그룹 테스트는 완전한 시간 낭비이다." 스티브 매닝은 이렇게 말한다. "나는 포커스 그룹에서 맨 마지막에 나온 이름이 무엇이든지 간에 그것을 선택하게 될 것이다."

네이밍 회사를 포함하여 일부 기업들은 이름이 진짜 소비자, 즉 대중을 만족시키는 것 보다는 내부 위원회를 통과하는 데에 더 목적을 두기도 한다. 포커스 그룹은 장점과 단점을 모두 가지고 있다. 여러 목록에서 하나를 선택해야 할 때 포커스 그룹은 가장 설명적인 이름이 가장 효과적인 제품 소개일 것이라고 생각하며 그 이름을 고를 수밖에 없다. 실물 크기의 광고 모형이나 그래픽, 로고, 패키지 디자인, 가격대 등의 요소를 추가한 상태에서 이름을 테스트해 볼 때 일반적으로 더 유용한 결과가 나왔다.

럭슨 카라Luxon Cara 사는 이름이 "Air"로 끝나는 항공사들이 비주류로 여겨지는지 판단하기 위해 100에서 150시간의 인터뷰를 실시했

다. 그래서 US Air가 아니라 US Airways라는 이름이 나오게 되었다. 1998년 80억 달러의 가치가 있는 컴퓨터 하드웨어회사 휴렛-패커드 사가 자신의 계측기 부서를 독자적인 회사로 분사하기로 결정했을 때, 그들은 랜도 어소시에이츠에 새 이름을 의뢰했다. 랜도의 직원들은 4개월 동안 주요 중역들을 인터뷰한 후 Agilent라는 이름을 만들어냈다. 그러나 그들은 그 이름을 다른 조사와 함께 기업간(business-to-business) 비즈니스의 의사결정권자들로 이루어진 포커스 그룹에게 시험해보기로 했다. 그들은 맘에 들어했고 회사 직원들도 마찬가지였다. 이름에 대한 감정 반응을 시험해보기 위해 랜도 사는 전화인터뷰를 실시하기도 했다. 이 인터뷰에서 인터뷰실시자는 빡빡하게 쓰여진 대본을 따라 "1에서 10까지의 단계 중 Agilent라는 이름은 다음의 특성들을 얼마나 나타낸다고 보십니까? '좋은 품질', '고객 중심(customer focus)', '내 필요에 적합하다', '진정으로 소비자들에게 신경을 쓴다' 등. 인터뷰 결과는 차트와 그래프로 통합되어 의뢰인에게 제공됐다.

이따금씩 회사들은 자체적인 테스트를 실시하기도 한다. 독일 의약품 제조업체 쉐링Schering AG 사는 새로 나온 피임 알약을 다른 경구피임약들과 차별화하고 여성적인 느낌을 전달할 수 있는 이름을 원했다. 미국 지사인 벌렉스 레버러토리스Berlex Laboratories를 통하여 회사는 환자와 약사, 의료진들에게 100개 이상의 이름을 테스트해보았다. 결과는 야스민Yasmin으로 정해졌다.

네이밍 회사는 어떻게 새 이름이 제품과 조화를 이룰 것인지를 항상 명심해야 한다. 바로 이것이 브랜딩 평가가 필요한 부분이다. 기존 제품들은 재포지셔닝 되어야 할지도 모른다. 어떤 제품들은 숫자가 아니라 이름을 필요로 할지도 모른다. 어떤 서비스나 부서, 자매품 등은 브랜드를 갖춰야 하고 각각의 브랜드가 트레이드 네임 배너 아래 얼마나 조화를 이루느냐에 대해 결정을 내려야 할지도 모른다. 가끔 이것은 새로운 가족 이름을 채택하는 일이 될 수도 있다. 매스터-맥닐Master-McNeil사는 기존의 Noordam과 Westerdam라는 선박명을 보충하기 위해 홀란드 아메리카Holland America 사의 관광선에 -oost(동쪽)와 -zuid(남쪽), -dam(배)라는 접미사를 부여했고, 매킨토시의 피핀Pippin을 포함하여 애플Apple 사 제품 전체에 접사 붙이기를 했다. 선 마이크로시스템Sun Microsystems 사를 위해서는 Sun Ray enterprise appliances, Sun Blade 워크스테이션 그리고 Sun Fire 서버 등을 만들어냈다. 디즈니를 위해서 네임트레이드NameTrade 사는 일련의 학교 용품들을 가족으로 묶기 위해 잘 알려진 설치류에 기대기도 했다. Stick-With-Mickey Glue, Mickey's Chuckle Chalk, Mickey's Cooler Ruler, Mickey Clicky Pen 등이 그것이다.

  네이밍 팀이 작성하는 프로필은 잠재적 소비자와 관련된 어떤 사실이든지 포함할 수 있다. 회사가 기대하는 마케팅과 판매, 그리고 판촉의 특징, 제품이 유통될 기간의 길이, 타깃 연령층과 성별, 라이프스타일에 대한 인구통계학적 자료, 주요 경쟁자들의 목록, 판매 지역, 고객들이 좋아하거나 싫어하는 회사의 기존 이름 등. 이보다 좀 더 모호하지만 똑같이 중요한 것으로는 의뢰 회사가 자신이 어떻게 인식되기를 바라는가이다. 문제는 대부분의 회사가 똑같은 특징들을 가지고 찾아온다는 것이다. "우리는 수백 개의 회사들에게 이 과정을 실시했다." 랜도의 전무이사인 데이비드 레드힐David Redhill은 루스 샬릿Ruth Shalit에게 이렇게 말했다. "그들은 모두 이렇게 말한다. '우리는 강하고, 혁신적이며, 역동적이면서도 자상하게 인식되기를 원하다.'"

이 프로필 제작 과정을 실제로 살펴보도록 하자. 전적으로 허구인 다음의 예에서 "Meerkat"은 이 네이밍 프로젝트의 암호명을 뜻한다.

Meerkat 이름 개발 프로젝트

배경과 개요

그리스, 터키, 중동, 그 외 세계 여러 곳에서는 긴장을 푸는 염주를 흔히 볼 수 있다. 그것은 스트레스나 지루함, 걱정을 달래기 위해 사람들이 만지작거리는 염주이다. 한 신생 회사는 이 염주를 미국 주류 시장으로 진출시키려 하고 있다. 문제는 그 제품의 이름을 무엇으로 짓느냐이다. 이 회사는 캘리포니아 퍼시피아에 본점을 두고 자신의 브랜드로 염주를 제조하고 마케팅하며 판매할 것이다. 염주는 약국과 슈퍼마켓, 할인점 등에서 판매될 것이고 그 제조업자의 슬로건은 "걱정을 문질러서 날려버리세요"가 될 것이다. 그 염주는 다양한 사이즈의 구슬과 매력적인 색상으로 판매될 것이다.

진통제와 항불안제들은 수십억 달러의 시장을 형성하고 수년에 걸친 고비용의 연구와 제품개발을 필요로 하며, 이는 고객에게 엄청난 의료비용을 부담시킨다. 염주는 화학약품에 의존하지 않는 실용적이고 저렴하며 친환경적인 대안을 제공한다. 비록 그것에 중독될 수도 있지만, 위험한 부작용은 없다. 염주는 일반인들뿐만 아니라 직원들에게 제공할 생각이 있는 기업 인사부에게도 어필할 것이다.

제품 출시일

2004년 11월 15일

이미지 기준

이름은 다음과 같은 브랜드 이미지 특성을 자신의 타깃 시장에 알려야 한다.

- 올인원(All In One) 기능
- 견고함
- 낮은 수준의 기술
- 뛰어난 효과
- 사용자 중심적
- 촉각성
- 높은 반응성
- 경제적
- 효과적
- 다목적
- 간단함
- 튼튼함
- 통합성
- 건강

제품은 다음과 같은 효과를 지닐 것이다.

- 두려움과 걱정, 스트레스, 지루함을 덜어준다.
- 사고를 집중시켜준다.
- 짜증나거나 불안한 행동을 피하도록 해준다. 가령 다리를 떨거나 엄지손가락을 만지작거리거나, 펜을 돌리거나, 담배를 피는 행동 등
- 약을 사는 데 쓰였을 돈을 절약해 준다.
- 기분이 좋아진다.

이름은 다음과 같아야 한다.

- 암시적

- 차별적
- 간단함
- 발음과 쓰기, 환기가 쉬워야 한다.
- 영어와 스페인어, 불어, 독어, 이탈리아어, 포르투갈어, 아랍어, 일본어, 중국어, 한국어 등과 같은 타깃 언어에서 나쁜 의미를 담고 있으면 안 된다.
- 지역적, 전국적, 국제적으로 어필해야 한다
- 상표 등록이 수월해야 한다
- 웹 도메인으로 사용할 수 있어야 한다
- 경쟁사의 브랜드와 혼동되지 말아야 한다

고객 프로필

걱정이 있는 사람은 누구나 해당된다. 특히 직장 면접을 앞두고 있거나 치과 또는 병원에서 차례를 기다리고 있거나 비행기, 기차, 버스 공포증이 있는 사람들

경쟁자

What, Me Worry? Beads (Fretting Corp.)

Beadles (Beadworks Inc.)

Fingerlings (Laid Back Co.)

의뢰인이 선호하는 이름

Prozac

Viagra

Halcion

의뢰인이 싫어하는 이름

Chiclets

Hula-Hoop

Tastee-Freez

이 이외의 다른 방법으로 만들어진 프로필은 길거나 짧은 이름의 목록을 형성하는 바탕이 된다. 일부 네이밍 회사들은 자신만의 이름 생성 프로그램을 사용한다. 그 프로그램들은 자연 언어 처리과정(natural language process, NLP)에 기초하여 기존 형태소들을 혼합하고 영어사전에 나오거나, 에스페란토어^{Esperanto} 혹은 볼라퀴크어^{Volapuk}와 같은 인조어 어휘 목록에서 가져온 듯한 이름을 만든다. 좀 더 정교한 소프트웨어는 발음이 가능한지, 또 여러 언어에서 사용이 가능한지, 의미가 적합한지를 가려내는 기능을 첨가하기도 한다.

물론 한 가지 문제는, 모든 소프트웨어에 적용되는 GIGO(Garbage In Garbage Out, 쓰레기를 입력하면 쓰레기가 나온다) 원칙은 별도로 하더라도, A+B, B+A 식의 단순 결합 프로그램도 수많은 이름을 만들어낼 수 있다는 것이다. 1963년, 코카콜라가 자신의 첫 번째 다이어트 음료를 만들었을 때, 모음을 하나씩 포함하는 4글자로 된 모든 단어를 산출하는 IBM Model 1401 프로그램이 만들어졌다. 그 프로그램은 25만 개의 단어를 만들어냈다. 이 중 600개만이 사용 가능했고, 24개만이 기존에 나온 트레이드마크들과 충돌을 일으키지 않았다. 그 중 하나가 Tabb였는데 그것마저도 손을 봐야했다. 결국 그것은 Tab이 되었다.

다행스럽게도, 대부분의 네이밍 회사들은 하나의 팀을 구성하여 이름 목록을 작성하는데, 프리랜서나 정직원의 형태로 일하는 그들은 고객에 대한 프로필로 무장하여 이름을 만들어낸다. 이중 어떤 멤버들은 특정 분야에 전문가들일 수 있고, 어떤 이는 직관력이 뛰어나거나 창조적, 즉흥적이며, 또 어떤 이는 지나치게 방법론적이거나 합리적일 수 있다. 일을 성격에 맞게 적절히 배치해 주는 것도 디렉터가 갖춰야할 능력 중 하나이다. 어떤 이는 미리 데이터베이스로 쌓아놓은 토픽이나 이름들 목록에 의존하고, 어떤 이는 단지 브레인스토밍만으로 모든 것을 해결할 것이다(제5장을 참조하라).

네이밍 회사를 고용하여 전적으로 일을 맡기는 것과 회사 내부에서 이름을 지어내는 것 사이의 한 가지 절충안은 컨설턴트가 주관하는 네이밍 워크숍을 갖는 것이다. 네이밍 워크숍은 사실상 많은 네이밍 회사들이 개별적으로 하는 일들을 집중적으로 하는 것과 같다. 사전에 제공되어야 할 것으로 회사와 이름을 지을 제품 및 서비스에 관한 배경 자료와 소비자 프로필, 마케팅 조사, 그 제품 및 서비스가 속한 분류 목록을 다룬 언론 기사 스크랩, 경쟁사의 주제별 자료 사진 등이 있다. 그런 다음 제품이나 서비스에 대한 지식이나 좋은 팀원이 될 능력, 또는 언어 구사력에 근거하여 약 8명에서 12명 사이의 인원들을 선발하고 워크숍에 참여시킨다. 그들은 제품 관리부와 영업부, 마케팅과 커뮤니케이션부, 그리고 종종 제품 개발부(R&D)와 엔지니어링, 그리고 경영진 출신으로 이루어진다. 그들은 제품 샘플이나 서비스 데모, 경쟁사 제품, 이미 나와 있는 이름 후보들과 여러 권의 사전 및 시소러스로 무장된다. 리브킨 & 어소시에이츠가 진행하는 방식대로 하자면, 그 팀은 네이밍 전략과 전술, 기법에 관해 2시간 동안의 트레이닝을 받은 후 사용자 시나리오나 상징, 메타포 각색, 사고 연상 작용 등을 동원하며 6시간 동안 이름 만들기 혹은 브레인스토밍 세션에 돌입한다.

소비자를 겨냥한 사보(newsletter)의 이름 짓기를 할 경우 다음과 같은 이름들이 나올 수 있다.

Action Plan	Game Plan	Power Tools
Benchmarks	Getting Ahead	Priorities
Best Bets	Going Places	Productivity
Best Results	Good Company	Right Course
Better Ideas	Hands On	Success Maker
Building Profits	In The Black	Take Charge
Business First	Know How	To The Point
Capital Gains	Leading Edge	Up To Speed
Capital Ideas	Net Worth	Vantage Point
Cutting Edge	On Course	Ways & Means
Decision Maker	On The Money	Winning Edge
Foresight	Performance	Working Smart

보통 수백 개의 이름들이 만들어질 것이고, 각 그룹의 아이디어들을 분류하고 가령 최상위 5개 이름들이 상표나 회사명, 또는 인터넷 도메인명으로 사용가능한지 여부를 예비적으로 심사하는 절차에 대해 간단히 논의하면 일과가 끝이 날 것이다. 그러나 네이밍 회사를 고용하든 워크숍 세션을 활용하든 어떤 방법을 사용하든 간에, 이렇게 생긴 긴 리스트의 이름을 짧게 추려내는 일은 불가피한 일이다.

15

항상 두 번 체크하기

긴 목록의 이름을 얻은 후에도 아직 갈 길은 멀다. 일단 선택된 이름들은 법적으로 합법적이어야 한다. 상표의 사용을 둘러싼 법정공방은 긴 역사를 가지고 있다. 1618년 영국에서는 부적절한 상표 사용에 관한 소송이 제기된 바 있다. 또 미국 최초의 상표법은 1842년 미시건 주에서 처음 통과되었으며 첫 연방법은 1870년에 통과되었다. 아버릴 페인트Averill Paints는 상표권 보호를 얻어낸 최초의 회사이다. 그 후로 수많은 상표법 및 특허법들이 발달해 왔는데 그들의 신조 중 하나는 전(前) 미대법원 판사 펠릭스 프랑크푸르터Felix Frankfurter가 말한 바 있는 "상표의 보호는 상징물들의 심리학적 기능을 법적으로 인정하는 것"이다.

19세기 영국의 심미주의자 월터 페이터Walter Pater는 모든 예술이 음악의 상태를 동경한다고 쓰고 있다. 모든 자본주의는 독점의 상태를 동경한다고 말할 수도 있을 것이다. 그러나 자본주의의 역설 중 하나는 독점이 자본주의의 죽음을 뜻할 수도 있다는 것이다. 정부는 소비자를 보호하기 위해 반독점법을 강화한다지만 독점의 한 종류인 상표는 너무나 명백하게 선하고 합법적인 일이라는 사실을 떠올려보자.

상표의 주요 기능은 제품이나 서비스를 그 경쟁자들로부터 구별해주는 것이다. 그것은 제품을 가리키는 브랜드 네임일 수도 있고 서비스의 서비스마크 또는 회사의 상호일 수도 있다. 그것은 또한 맥도널드의 아치형처럼 입체적인 대상일 수도 있고, NBC 텔레비전을 의미하는 음악 선율이나 코닝Corning사의 핑크색 유리섬유 절연체일 수도 있다.

캘리포니아의 고양이 사육자 앤 베이커Ann Baker는 래그돌Ragdoll이라는 커다랗고 게으른 고양이 품종을 상표등록하고 시장을 장악한 후, 시장에서 판매되는 매 고양이마다 로열티를 요구할 수 있었다. 아침식사용 시리얼 제조업자인 켈로그 사는 석유회사인 엑손Exxon을 자신의 주유소를 선전하기 위해 토니Tony(프로스티드 플레이크스, Frosted Flakes 상자 겉면에 나오는 호랑이)를 사용했다는 이유로 고소했다. 켈로그는 또한 위타빅스Weetabix로 하여금 2002년까지 캐나다에서 Fruit Dots를 판매하지 못하도록 만들기도 했는데 이유인 즉, 형형색색의 작은 시리얼 알을 가리키는 이 이름이 1964년부터 켈로그가 사용하던 Fruit Loops라는 이름과 혼동을 일으킬 정도로 비슷하기 때문이라는 것이었다(영국 최대의 시리얼 제조업체인 위타빅스는 Fruit Dots를 1988년에 미국에 상표 등록한 바 있다). 그러나 캐나다 연방법원은 그 브랜드들이 비슷하지도 않을 뿐더러 또한 소비자들에게 혼동을 일으키지도 않는다고 말하며 그 주장을 기각하였다. 법원은 Fruit Rings, Fruit Whirls, Fruit Bran, Tootie Fruities 등 일부

시리얼 상표들이 이미 fruit라는 단어를 포함하고 있으며 그 단어 혹은 그의 음성적 등가물(Froot)은 단지 제품의 향(flavoring)을 설명할 뿐이라고 말했다. "Dots와 Loops는 단지 제품의 모양을 설명할 뿐 그 상표들의 어떠한 내재적 특성도 고양시키지 않는다."

점박이이든 아니면 고리 모양이든, 상표는 가치가 있다. 미국 특허청(U.S. Patent & Trademark Office, PTO)에서 근무했던 한 심사관은 상표가 "기업의 다른 모든 자산을 합친 것보다 더 가치 있는 자산인 경우가 많다"고 말한다.

미국 특허청은 화학품에서 시작하여 공공서비스에 이르기까지 전 세계에서 통용되는 45가지의 제품 및 서비스 목록으로 상표를 분류한다(상표 분류 목록은 부록을 참조하라). 이것은 한가한 분류 작업이  아니다. 제품의 유형은 그것이 어떤 보호를 받을 것인지를 결정할 수 있다. 보호는 보통 상표를 등록시킨 제품 및 서비스 분류 목록에만 한정하여 적용된다. 컴퓨터 제조업자인 Apple과 레코드 음반 상표인 Apple이 동시에 있을 수 있는 것이다. 한 유명한 소송사건에서는 도밍고Domingo라는 설탕을 제조하는 암스타Amstar Corp.사가 도미노 피자Domino Pizza를 상대로 트레이드마크 침해 소송을 낸 적이 있다. 1980년 미연방법원은 그 피자 체인점이 법을 위반하지 않았다고 선고한다. 우리는 맥도널드McDonald라는 이름으로 구두수선가게 체인점을 열 수 있지만, 그 이름을 햄버거 가게에 쓰는 것은 법으로 금지되어 있다. 빅맥Big Mac은 더더욱 사용해선 안 된다. 그러나 이것마저 논란의 여지가 있다. 캘리포니아의 한 소송 사건에서 패스트푸드 체인점인 맥도널드McDonald가 한 컴퓨터 회사에게 그 이름을 더 이상 사용하지 못하도록 만드는 데 성공한 적이 있기 때문이다. 이것은 그 컴퓨터 회사의 소유주가 심지어 맥도널드라는 성을 가지고 있었고, 식품업과 컴퓨터업 사이에 전혀 혼동의 여지가 없음에도 불구하고 일어난 일이었다. 이런 식의 압력 행사는 법률 용어로 "유명한 상표"를 소유한 대기업들의 특권이라 할 수 있다.

2003년 맥도널드 사는 영국 버킹엄셔, 밀턴 케인스 근처의 페니 스트래트포드에 위치한 맥먼치스McMunchies라는 샌드위치 가게의 스코틀랜드 출신 소유주 메리 블레어Mary Blair에게 간판을 제거하든지 아니면 소송을 걸겠다고 말하며 압력을 행사한 적이 있다. 맥도널드 사는 블레어에게 Mc-을 접두사로 사용할 수 있는 권리가 맥도널드에게 등록되어 있다고 말했다. 햄버거나 포테이토칩을 판매하지 않았던 블레어 씨는 자신이 그 이름을 선택한 이유가 일단 munchies라는 단어가 마음에 들었고, 또 샌드위치 소비자들에게 스코틀랜드에 대해 환기시키고 싶었기 때문이라고 설명하였다. 이는 간판에 달린 스코틀랜드의 국화인 엉겅퀴와 성 앤드류 깃발에 의해 강화되었다. 〈인디펜던트〉The Independent 지의 한 신문기자는 이 사건을 두고 다음과 같이 적었다. "스코틀랜드인에게 Mc이란 접두사를 사용하지 말라고 말하는 것은 인도에서 Singh이라는 이름을 등록해놓고서 사람들에게 사용하지 말라고 하는 것과 똑같다."

특정한 국제 분류의 경우에 법적 보호는 제품 및 서비스의 범주를 넘어서기도 한다. 또한 법적 보호는 한 기업의 제품 및 서비스의 "자연스런 확장 영역"에 있는 제품 및 서비스로 확장되기도 한다. 간단히 말해서 이것들은 처음의 제품 및 서비스와 연관된 제품 혹은 서비스이며 기존 시장의 자연스런 확장이다. 상표법 전문 법률가인 타라 벤슨Tara L. Benson이 지적하듯이, 이러한 개념은 왜 상표를 알아볼 때 단순히 동일한 분류 목록만이 아니라 관련된 제품 및 서비스

까지도 알아보아야 하는 한 이유이다. 스포츠 장비는 운동화의 자연스런 확장으로 여겨질 수 있고(나이키), 포장되지 않은 알코올 음료는 레스토랑 서비스의 자연스런 확장으로 여겨질 수 있다(TGI Friday).

앞서 지적했듯이, 컴퓨터 회사의 상표인 Apple과 레코드 회사의 상표인 Apple은 공존한다. 그러나 애플 컴퓨터가 사업을 확장하여 자사의 기기와 iTune이라는 온라인 음악 가게를 통해 소비자들에게 음악을 제공하기 시작하거나 또는 애플 레코드 사가 자사 가수들의 음악을 들을 수 있는 기기들을 제공하기 시작하는 경우 이들의 상표가 갈등을 일으킬 것이라는 점은 충분히 예상해 볼 수 있는 일이다. 이러한 사업 확장으로 비록 중복과 혼란이 일어나더라도, 서로 자신의 "영역" 내에서 이루어진 것이라고 주장할 수 있기 때문이다.

랜함법^{Lanham Act}이라는 미국 상표법은 트레이드마크 갈등이 존재하기 위해서는 다음과 같은 조건을 충족시켜야 한다고 공표한다.

a. 두 트레이드마크 소유주가 제공하는 제품 및 서비스에 대해 소비자가 혼동을 일으킬 가능성이 있어야 함
b. 한 트레이드마크 소유주가 제공하는 제품 및 서비스의 기원 및 출처에 대해 소비자가 혼동을 일으킬 가능성이 있어야 함
c. 사용맥락이 소비자에게 혼동을 불러일으키지 않더라도 다른 이의 사용으로 인하여 잘 알려진 브랜드의 명성이나 퀄리티가 훼손됨으로써 브랜드가 "희석"될 가능성이 있어야 함

상표권은 단지 상표를 채택 또는 청원하기로 결정함으로써가 아니라 실제로 제품 및 서비스와 관련해 상표를 사용함으로써 발생한

다. 실제 사용만이 상표에 대한 권리를 만들어낸다. 하나의 관습법적 조치로서, ™ 심벌은 모든 이에게 소유주가 상표권을 주장하고 있다는 사실을 알리는데 사용된다. ®은 상표가 연방법에 등록되어 있고 전국적인 상표권을 인정받았을 때만 사용할 수 있다. 그러므로 회사가 한 주(州)에서 사업을 시작하였다 하더라도 연방 상표등록은 미래의 사업 확장에 대비시켜주고, 다른 이들이 혼동을 줄 수 있는 비슷한 상표를 사용하지 못하도록 막아주며, 분쟁이 생겼을 경우 주 법원보다 결과가 좀 더 예측가능하다고 여겨지는 연방법원으로 갈 수 있도록 해 준다. 서비스의 경우 ᔆᴹ은 그것의 서비스마크가 아직 특허청에 등록되지 않았음을 표시한다. 등록되었다면 ® 또는 "Reg. U.S. Pat & Tm. Off."가 상표 뒤에 붙는다.

랜함법이 다양한 해석의 여지를 갖고 있지 않았더라면, 미국에서 상표법 변호사들이 그렇게 많은 수입을 올리지는 못했을 것이다. 그것은 그들에게 찾아온 뜻밖의 횡재와 같았다. Office Max는 Office Depot과 쉽게 혼동되는가? 화장품명인 Moonglow와 Moonglaze는 또 어떤가? 또 Xsre(엑스에스알이)라는 브랜드 네임은 액세서리라는 브랜드 네임과 혼동되는가? 바로 이런 문제들이 상표법이 다루는 혼동들이다.

여기 몇 가지 대표적인 케이스들이 있다. Play-Doh라는 상표를 소유한 케너 파커 토이스^{Kenner Parker Toys Inc.} 사는 1986년 모형 조립 장난감의 상표로 Fundough를 등록하려한 로즈 아트 인더스트리 ^{Rose Art Industries Inc.} 사를 고소했다. 법원은 play와 fun이 "의미가 밀접하게 연관된 단음절 단어들이다. 특히 어린이의 장남감이라는 맥락에서 fun과 play의 개념은 혼동될 가능성이 높다"고 말했다. 게다가

-doh와 -dough는 발음이 똑같았다. "-gh로 끝나는 단어의 철자를 간소화하려는 현대적 추세를 고려해볼 때 소비자들은 둘이 서로 교환하여 사용할 수 있는 축약의 관계에 있다고 인식할지도 모른다."

한 유명 소송사건에서는 다른 결과가 나왔다. 하겐 다즈^{Häagen Dazs}

는 또 다른 아이스크림 브랜드인 프루젠 글라제^{Frusen Glädje}의 생산업자 및 유통업자를 상대로 소송을 걸었다. 하겐 다즈는 프루젠 글라제가 "자신의 고유한 스칸디나비아 마케팅 테마를 침범했다"고 주장하면서 그 회사의 컨테이너 사용을 중단시키는 금지령을 요구했다. 원고의 주장은 강력해 보였다. 프루젠 글라제의 컨테이너는 하겐 다즈의 어투를 모방하였고, 아이스크림의 맛을 높이기 위해 어떤 식으로 먹어야 하는지 설명하고 있었으며, 두 단어로 되어 있고 a 위에 움라우트가 있어 북유럽과 게르만어의 느낌을 내고 있었으며, 스칸디나비아 지도를 사용하고 있었다. 그러나 법원은 하겐 다즈의 상표권은 이름에 대한 것이지 "원고가 자신의 제품을 판매하기로 선택한 수단"일 뿐인 "고유한 스칸디나비아 마케팅 테마"에 대한 상표권은 있을 수 없다고 선언하며 금지령 요구를 기각하였다. 법원은 두 브랜드가 분명히 구별될 수 있다고 말했다. 물론 두 이름 모두 아이스크림 제품명으로 두 단어를 사용하고 있었다. 하지만 이것은 흔한 일이다. 두 이름 모두 스웨덴에서 온 것처럼 보이고(사실 둘 다 만들어낸 이름이다) a 위에 움라우트가 있지만 이것은 단지 문법상의 문제일 뿐(사실 맞춤법 상의 문제이다)이며, 컨테이너의 색상과 디자인, 형태가 매우 다르기 때문에 "단지 관찰력이 현저히 떨어지는 부주의한 소비자들만이 둘을 혼동할 것"이라고 선언했다.

이따금씩 자신의 브랜드 네임을 보호하려는 대기업들의 열망은 약자를 괴롭히는 차원에까지 이른다. 캘리포니아 산타클라라에 기반을 둔 인텔Intel Corporation 사는 2003년 브랜드 가치 평가에서 세계 5위에 랭크되었는데, 브랜드 가치를 만약 회계 상의 대차대조표로 나타낼 수 있다면 이는 310억 달러에 이르는 것이다. 그 해에 그 회사는 캐나다의 브리티시 콜럼비아, 켈로우나에서 10명의 직원으로 이루어진 금융회사 인텔 파이낸셜Intel Financial Inc. 사를 상표권 침해로 고소했다. 인텔 파이낸셜 사는 맞고소를 걸었고, 인텔 사가 "어떤 유명한 상표"의 소유자라는 것도 부정하였으며, 인텔 사가 "Intel"을 금융서비스나 금융 분석과 관련하여 사용하지 말도록 판결해줄 것을 요구했다. 인텔 파이낸셜 사는 이름의 일부 형태를 캐나다에서 1970년부터 사용해 오고 있었다고 말했다. 게다가 그들은 전혀 다른 시장에 있었다. "우리의 고객들은 대출을 받기 위해 전화를 거는 것이지 컴퓨터를 사려는 것이 아니다."

인텔 사의 변호사들은 분주했다. 2002년 그들은 뉴욕 버팔로에 있는 인쇄업체인 인텔-데이터Intel-Data가 자사의 브랜드 네임을 모방했다고 고소했다. 1980년대부터 사업을 해온 인텔-데이터 사는 법정 소송비에 파묻히기 보다는 차라리 이름을 바꾸기로 결정했다. 워싱턴 주의 또 다른 인텔-데이터Intel-Data라는 회사도 항복하고 IDG Resources로 이름을 바꿨는데 이 회사는 인텔 사가 고용한 8만6천1백 명의 직원에 비해 단지 5명의 직원을 두고 있었을 뿐이었다.

그 컴퓨터 칩 제조업체는 또한 자신의 "Intel Inside"라는 슬로건을 보호하는 데도 최선을 다했다. 인텔은 매사츄세츠, 셸본 폴스에 있는 6명의 예술인 단체 아트 인사이드Art Inside를 고소하겠다고 협박했다. 〈보스턴 글로브〉 지는 이를 "어처구니없는 행동"이라고 불렀다. 3년째 감옥에 있는 십대들을 대상으로 요가를 가르쳐 오고 있는 로스앤젤레스의 요가 그룹 요가 인사이드^{Yoga Inside}가 상표 등록을 신청하자 인텔 사의 변호사들이 그들을 찾아갔다. 그 요가 그룹은 Yoga on the Inside Foundation이 되었다.

상표권 침해 소송에 관해서는 스타벅스^{StarBucks}도 비록 효과는 적었지만 똑같이 열성적이었다. 2003년 봄에 스타벅스는 캐나다의 퀸 찰로트 섬 끝자락에 있는 브리티시 콜롬비아의 마셋이라는 조그만 마을에 위치한 하이다벅스^{HaidaBucks} 레스토랑을 상대로 고소장을 냈다. 그 까페의 원래 소유주 중 3명은 하이다인이었고, 한 명은 하이다인과 결혼한 사람이었다. 그들은 1달러에 커피 한잔 씩 팔았다. 캐나다에서는 어업권 및 벌목권은 물론 토지권에 관한 소송이 끊이지 않기 때문에 캐나다 선주민들은 법정 출석에 단련되어 있었다. 하이다벅스는 뒤로 물러서려 하지 않았다. 그 레스토랑은 bucks가 하이다족 젊은 남자들 사이에서 (dudes-멋쟁이 남자와 같은 의미로) 일상적으로 쓰이는 표현이라고 주장하였다. 하이다벅스가 웹에서 자신의 정당성을 알려나가는 캠페인을 벌이기 시작하자 스타벅스는 소송을 철회하였다.

때때로 선주민이나 그들의 지지자들이 원고가 되기도 한다. 1992년 스트로 양조사^{Stroh Brewing Company}는 시장에 Crazy Horse라는 이름의 맥아주를 내놓았다. 거센 항의가 한바탕 빗발친 후에 그 양조업체는 유명한 시우족 전사의 훌륭한 이름을 보호하려는 사람들로 구성된 Crazy Horse Defense Project에게 사과해야만 했다. 과학 및 기술에 관한 책을 써오고 있는 제임스 클레이크^{James Gleick}는 Crazy Horse가 다른 곳에서는 "프랑스의 선두적인 누드 댄스 공연이나 나이트클럽을 의미한다. 파리지앵이 Crazy Horse 야구모자와 티셔츠, 라이터 또는 드레싱 가운을 살 때 이것은 미국 선주민의 전통과는 아무런 관계가 없다"고 지적한다.

Crazy Horse의 옹호자들과는 달리 빅토리아 시크릿Victoria Secret 사는 법적 싸움에서 패소하였다. 1998년 이 맵시 있는 란제리 제조업체는 켄터키 섹스용품 가게인 빅토리아스 리틀 시크릿Victor's Little Secret이 포르노 물건들을 팔면서 자신의 트레이드마크 위신을 손상하고 있다며 고소했다. 그 소송은 미국 대법원까지 올라갔고, 2003년 10월 법원은 미국 연방상표희석법U.S. Federal Trademark Dilution Act 하에서 책임을 묻기 위해선 단지 손해의 가능성이 아니라 실제적인 손해가 요구된다는 데 만장일치로 동의했다.

기업뿐 아니라 개인들도 상표권 때문에 소송을 걸 수 있다. 출판업체들의 반복되는 악몽 중 하나는 독자들이 자신의 이름이 소설 캐릭터에 사용되는 것이 자신의 명예를 훼손한다며 공격해 오는 것이다. 상표권의 소유자들도 이따금씩 이와 비슷한 공격을 당한다. 2003년 우르게Urge라는 이름의 한 스웨덴 가족은 코카콜라의 카페인성 감귤 음료수 Urge(미국에서 이 음료는 Surge라 불렸다)가 그들의 이름을 침해했다고 주장했다. 그러나 스웨덴 법원은 urge라는 영어단어가 그 가족의 이름보다 더 널리 알려졌다고 선고했다.

크고 작은 기업 모두에게 소송은 많은 비용을 뜻한다. 캐나다의 라바트 양조Labatt Breweries 사는 미국의 거대 양조회사인 안호이저-부시Anheuser-Busch가 아이스 드래프트Ice Draft라는 브랜드를 도입하자 6천1백만 달러를 요구하는 소송을 걸었는데, 그들의 주장에 따르면 ice beer와 ice brewing, ice brewed라는 용어는 그들의 상표로서, 얼음 결정을 형성해 맛을 향상시킨다고 여겨지는 저온 양조법은 바로 자신들이 개발한 것이라고 주장하였다. 1995년 초 미주리 세인트루이스의 지방법원 배심원은 라바트 사의 소송을 기각하였다.

상표권을 침해한 회사는 그로 인해 발생한 손해와 판매수익 일체를 모두 책임져야 할 수도 있다. 1996년 의류 디자이너 타미 힐피거 Tommy Hilfiger는 Star Class라는 이름과 심벌로 스포츠웨어를 판매함으로써 법을 어겼다는 법원의 판결을 받았다. 그 이름과 심벌은 모두 비영리 요트 그룹의 소유였다. 타미 힐피거는 카운슬러의 조언에도 불구하고 충분한 상표 조사를 하지 않았고 심지어 그 요트 그룹의 상표라는 사실을 알게 되었을 때도 자신이 법정에서 승리할 것이라 생각하며 계속해서 제품을 판매하였다. 그러나 그의 판단은 틀렸다. 미국 항소법원은 그 회사가 소송비를 포함해 400만 달러를 배상해야한다고 선고했다. 타미 힐피거는 2002년 8월에도 패소하였다. 네이처 랩스Nature Labs라는 이름의 회사는 티미 홀디거Timmy Holedigger라는 애완견용 향수를 만들어오고 있었는데, 제품의 포장이 힐피거처럼 노랑색과 빨강색 삼각형이 나란히 놓인 라벨을 사용하고 있었다. 이것은 타미 힐피거의 콜롱 네임 저작권자들에게는 뭔가 잘못된 일처럼 보였지만, 연방 법원 판사는 티미 홀디거 향수의 타미 힐피거 패러디는 상표권 침해가 아니라고 선고했다. 판사는 티미 홀디거가 보노 스포츠Bono Sports(랄프 로렌Ralph Lauren의 폴로 스포츠Polo Sports를 생각해보라)와 미스 클레이본Miss Claybone(리즈 클레이본Liz Claiborne)을 포함하여 다른 패러디 애완동물용 향수들도 판매하고 있다는 사실을 강조했다. 그 향수들은 "사람도 충분히 사용할 수 있지만 치와와를 위해 만들어졌음"이란 선전 문구를 달고 있었다. 폴로와 리즈 클레이본은 애완견의 향수 이름을 걸고 넘어지지 않을 만큼의 머리는 있었다. 판사는 다음과 같이 말했다. "고가의 향수를 판매하는 대부분의 회사들은 이 패러디에 대한 암묵적인 찬사를 수용하거나 — 그들의 고가 브랜드 네임을 동물용 제품과 연결짓는 것 자체가 미소를 자아내는 일이라는 사실 — 아니면 공격을 받았다하더라도 조용히 침묵 속에서 견디기로 했다." 대신 판사는 다른 잘못들을 따져 물었다. "아무리 어떤 꽉 막히고 유머감각 없는 소비자가 원고 회사에서 유머러스한 향수 제품을 스폰서했다고 생각하게 될지라도," 그 제품은 서로 다른 장소에서 다른 가격으로 판매되고 있었다. 판사는 힐피거의 입장이 "융통성 없는" 입장이라고 말하면서 디자이너의 상표권은 애완동물과의 관련으로 아무것도 잃을 것이 없다고 주장했다. "특히 그 연상 작용이 비록 서투른 패러디일진 몰라도 가벼운 장난일 경우에는" 더욱 그렇다.

어떤 소송들은 수년 간 지속되기도 하고, 똑같은 형식의 고소와 항소가 많은 나라에서 일어나기도 했다. 모든 국가는 상표에 관한 독자적인 법과 해석 형식을 가지고 있다. 아스피린Aspirin은 20세기의 단 하나뿐인 진정한 기적의 약이라고 불려왔다. 아세틸살리실산이라고도 불리는 이 약의 효과는 단순한 두통 진정을 훨씬 넘어 뇌졸중, 심근 경색, 심지어 일부 암 형태까지 예방해준다. 그 약의 이름은 "아세틸살리실산"acetylated salicylic acid을 뜻하는 독일어 acetylerte Spirsaure에서 비롯되었는데, 여기에 –in이라는 접미사가 첨가되었다. "-spir-"라는 요소는 Spiraea(조팝나무 혹은 버드나무)라는 식물로부터 나왔는데, 북미 선주민들은 오랫동안 의학적 용도로 그 나무의 껍질을 벗겨왔다고 한다. "일단 버드나무의 껍질을 씹고 그 다음날 아침에 나를 찾아와라"라고 예전의 의사들은 말하곤 했을 것이다.

1914년 아스피린 알약이 시장을 강타하였지만 영국과 프랑스는 바이엘Bayer 사에 의한 그 이름의 사용을 상표로 인정해 주지 않았다. 그 당시 독일과 전쟁 중에 있지 않던 미국이 그 상표권을 처음으

BAYER 로 인정한다. 1917년 미국이 전쟁에 참전하게 되자, 미국은 적대국가의 기업인 바이엘 사의 모든 미국 자산을 몰수하고 경매에 붙였는데 여기에서 스털링 드러그Sterling Drug 사가 바이엘의 미국 시설과 상표권을 사들이게 된다. 전쟁이 끝난 후 바이엘 사는 다시 미국 판매 허가를 받게 되었지만 Bayer이나 Aspirin이란 단어는 이제 스털링 사의 소유였기 때문에 더 이상 사용할 수 없게 된다. 스털링 사가 미국에서 팔았던 바이엘 아스피린Bayer Aspirin은 바이엘 사가 만든 것이 아니었던 것이다. 1921년 아스피린이 브랜드로서의 독자성을 잃었다고 미 대법원이 선고함에 따라 스털링 사는 그 브랜드 네임에 대한 독점권을 잃게 된다. 그 후 이야기는 또 한번 반전을 겪는다. 1990년대에 바이엘 사는 스털링 사를 사들였고 자신의 이름을 사용할 권리를 회복하게 된다. 이것은 바이엘Bayer이라는 이름에는 맞는 말이다. 하지만 Aspirin의 경우에는 어떻게 되는가? 수 년 전에 이 회사의 라벨에 대해 진행된 한 법원 판결에서 바이엘은 자신의 알약이 aspirin이라 알려진 약의 일종이라고 진술하였고 그렇게 함으로써 그 이름을 일반명으로 만들었다. 그러나 모든 국가에서 그 판결이 적용되는 것은 아니었다. 캐나다에서 Aspirin은 여전히 상표로서 보호를 받고 있었고, 이와 비슷한 약을 만드는 제조업자들은 그들의 지끈거리는 머리를 진정시키기 위해 ASA(아세틸살리실산)로 만족해야 했다.

캐나다에서 연방 상표등록은 캐나다 지적재산권청Intellectual Property Office, IPO에 의해 처리된다. 1997년 커피 타임Coffee Time 체인업체는 경쟁회사인 커피 팀Coffee Team 사에게 이름을 바꾸도록 강요하였다. 지적재산권 전문변호사인 패트리지아 반두치Patrizia Banducci는 이렇게 말했다. "단어 하나만 바꾸는 것으로는 불충분하다. 여기에 놓인 핵심 원칙은 평균적인 고객이 어떻게 생각할 것인가이다." 법원은 이따금씩 평균적인 소비자의 머릿속으로 들어가 보는데 어려움을 겪곤 한다. 1988년 선라이프 보험회사Sun Life Insurance가 온타리오 사람들이 그들의 보험 정책을 과일 주스와 혼동할 것이라는 주장을 펼친 후 선라이프 후레시 주스Sunlife Fresh Juice는 온타리오 고등법원으로부터 이름을 바꿀 것을 명령받았다. 반면 한 청바지 제조업체가 F.B.I Blue Jeans라는 브랜드를 선보였을 때는, 미 정부가 이에 대항하여 고소했다가 패소하였다. 판사는 아무도 미연방수사국이 청바지 사업에 뛰어들었을 거라 생각하지는 않는다고 선고했다.

상표권 보호에 신중을 기하는 회사는 당당한 길을 걸어야 한다. 이 중 몇 가지 단계는 상표 검색 회사인 톰슨 & 톰슨Thomson & Thomson's 사가 내놓은 비록 제목은 오해의 소지가 있지만 내용은 소중한 『상표의 수명주기』Life Cycle of a Trademark라는 소책자에 잘 나와 있다. 이 제목이 오해의 소지가 있는 이유는 "수명주기"가 출생과 성장, 성숙, 쇠퇴, 죽음의 과정을 포함하기 때문이다. 모든 마케터들은 그들의 트레이드마크가 영원하기를 바란다.

브랜드 네임을 개발한 후에는 온라인 상표 검색 시스템을 통해 이미 사용되고 있는 이름을 제외시킴으로써 가능한 이름의 목록을 줄여나가야 한다. 회사와 개인은 그들이 앞으로 수개월이나 수년 후에 사용하고자 하는 상표를 미리 출원해 두기도 한다. 그러므로 상표 출원 건수는 단지 현재 사용되는 브랜드 네임 뿐 아니라 앞으로 출시될 신제품과 신생회사의 개업 계획도 반영한다. 〈National Law Journal〉에 따르면 1990년대는 "새로운 상표에 대한 출원건수가 곧 새로운 제품과 서비스 사업에 대한 대중들의 낙관주의 혹은 비관주의를 측정하는 지표임을 보여주는 10년이었다"고 한다. 2002년 한

해 동안 미국에서는 213,000개 이상의 상표 출원이 이루어졌다. 2003년 중반이 되면 미국에서는 약 160만 개의 상표가 이미 등록되었거나 출원 중이었고, 또 다른 180만 개가 폐기, 취소, 만료되었다.

　미국 밖에서도 그 수치는 인상적이다. 유럽의 상표 수는 총 3백만 개로 추정된다. 그리고 매년 상표를 향한 행렬은 계속된다. 세계지적재산권기구The World Intellectual Property Organization(WIPO)는 95개국의 상표권 관련 활동을 기록하고 있다. 2001년 WIPO 데이터에 따르면 1,240,000개의 새로운 상표가 그 해에 승인되었고 그 중 10위권 국가들의 순위는 다음과 같다.

중국	192,549	멕시코	49,741
일본	94,832	베네룩스 (3국)	34,266
스페인	79,861	한국	33,683
영국	67,362	호주	31,244
독일	66,245	스위스	25,112

　프랑스와 스페인 사이의 저 높은 피레네 산맥에 위치한 안도라(Andorra)라는 작은 국가도 2001년 한 해 동안 1,494개의 새로운 상표가 등록되었는데 이는 국민 44명당 하나씩을 의미한다.

　미국에서의 상표 사전 검색은 생각해두고 있는 이름의 90퍼센트를 제외시킬 수 있는데, 연방정부나 주 정부에 출원되었거나 등록된 상표들의 정보를 담은 CD-ROM이나 온라인 데이터베이스를 사용하여 실시할 수 있다. 온라인 검색 서비스나 상표 검색 회사를 이용할 수도 있다. WHOIS 데이터베이스는 웹 도메인명을 다루고 있고, 미국 특허청은 USPTO.gov에서 무료 검색 서비스를 제공하고 있

다. 그곳에 가면 메뉴에 TESS(Trademark Electronic Search System)
라는 서비스가 있다. 회사명을 등록시키고자 하는 경우라면 이름을
등록시킬 지역 법인청에 가서 확인해보아야 한다. 이는 회사가 갖추
어야 할 최소한의 신중함이다. 또한 전국 기업 명부에서 같은 이름
이 다른 지역에 등록되어 있는지 확인해 보는 것도 반드시 해야 할
일이다. 가령 던&브래드스트리트Dun & Bradstreet 사는 천만 개 이상의
회사명 데이터베이스를 갖추고 있다.

이 외에도, 회사가 사용 가능한 상표들의 목록을 좁힌 후에 의뢰
하는 외부 검색 서비스는 보통 미국 주립법, 연방법, 관습법 데이터
베이스와 던 & 브래드스트리트 사의 목록, 전화번호부, 기업 연감,
그리고 외국의 목록에 이르기까지 회사가 제안한 이름이 있는지 총
괄적인 조사를 해준다. 외국의 상표를 확인해 보려면 WIPO와
ECT(European Community Trademark), WISS(Worldwide Identi-
cal Screening Search) 등의 데이터베이스를 사용할 수 있다.

이후 상표법 전문 변호사들은 관련된 제품 및 서비스 분류 목록에
서 혼동을 줄 수 있는 비슷한 브랜드 네임이 있는지 확인한 후 아직
도 살아남은 이름들이 등록될 가능성이 있는지에 대해 알려준다. 이
러한 사항에는 동음어나 유의어, 동음이의어(모양이 비슷하거나 발음
이 비슷하지만 의미가 다른 단어), 똑같거나 비슷한 접두사나 접미사,
어근을 사용하는 상표, 심지어 외국어로 전환했을 때 어떻게 달라지
는지 등이 포함된다. 그 과정은 또한 미국의 모든 상표뿐만 아니라
해외의 회사명과 디자인, 로고 조사 작업을 포함할 수도 있다. 생각
하고 있는 이름과 충돌 관계에 있는 듯 보이는 상표가 여전히 사용
중인지, 그리고 어떤 종류의 문제가 제기되는지 등이 조사된다.

국제적 협약 혹은 논쟁이 장애를 일으킬 수도 있다. 2003년 8월

유럽연합(EU)은 WTO(세계무역기구) 체제 아래에서도 전 세계적으로 상표권 보호를 받을 수 있도록 하려는 41개의 지역 식품 및 음료 목록에 합의하였더. 이런 EU의 동료들로 인도(다즐링 차^{Darjeeling tea})와 과테말라(안티구아 커피^{Antigua coffee}), 모로코(아르간^{Argan} 올리브 오일) 등이 있다. EU의 리스트는 다음과 같다.

와인과 주류

Beaujolais	Graves	Ouzo
Bordeaux	Jerez (Xerez)	Porto
Bourgogne	Liebfrau(en)milch	Rhine
Chablis	Madeira	Rioja
Champagne	Malaga	Rhone
Chianti	Marsala	Saint-Emilion
Cognac	Medoc	Sauternes
Grappa	Moselle	

치즈

Asiago	Grand Padano	Pecorino Romano
Comte	Manchego	Queijo San Jorge
Feta	Mozarella di Bufala	Reebochon
Fontina	Campagna	Roquefort
Gorgonzola	Parmigiano	Reggiano

콜드 컷[1]과 기타 제품

Azafran de la Mancha (사프란[2])

Jijona y Turron de Alicante (아몬드 캔디)

Mortadella Bologna

Prosciutto

　남미로 가보면, 페루는 칠레가 피스코^Pisco라는 이름을 칠레산 포도에서 증류된 40도짜리 술에 사용하는 잘못을 저질렀다며 고소하였다. 이 술의 대부분은 수출된다. 페루는 자신들의 국민 음료인 pisco가 페루의 Pisco강 연안에 있는 Pisco라는 마을에서 기원한 것이라고 주장하였다. 미국과 캐나다, 멕시코를 아우르는 북미자유무역협정(NAFTA) 조약에는 제품의 이름을 "부정확한 지리적 브랜드 네임"으로 정하는 것을 금지하는 조항이 포함되어 있다. 이 조항의 결과 중 하나는 아이다호의 보이시 지방에서 나온 감자가 아닌 한 더 이상 "Boise Brand Mashed Potato"라는 브랜드를 사용할 수 없으며, 따라서 아이다호 감자에서 나오는 신비스러움에 기댈 수 없게 되었다는 점이다.

　미국 의약품 시장에는 약 1만2천 개의 약들이 나와 있다. 제약회사는 새로운 의약품의 이름을 찾고 등록시키는데 으레 겪어야 할 고난 외에도, 비임상학적 시련에 마주친다. 미국 특허청 외에도 제약회사들은 그들이 검토하는 이름 중 3분의 1을 떨어뜨리는 미국 식품의약청^FDA과 싸워야 한다. 2001년도에 FDA는 패혈증 치료제의 이름으로 엘리 릴리^Eli Lilly & Co. 사가 사용해오던 조반트^Zovant의 사용을

---

1 Cold Cuts, 각종 얇게 저민 냉육(冷肉)과 치즈의 모듬요리 — 옮긴이
2 외떡잎식물 백합목 붓꽃과의 여러해살이풀. 16세기 이후부터 요리와 약용으로 많이 사용하였고 머리 염색제로도 썼다. — 옮긴이

중지시켰는데, 이유는 그것이 다른 약의 이름들과 너무 유사하기 때문이었다. 이제 그것은 지그리스Xigris라고 불린다. 출원 건수 중 약 3분의 1을 탈락시키는 FDA는 ultra, max, new와 같은 단어가 들어가는 이름들과 일반어와 비슷한 발음이 나는 이름들을 차갑게 바라본다. 프로작Prozac과 팍실Paxil의 일반명은 플루옥세틴fluoxetine과 파로세틴paroxetine이다. 그러므로 -oxetine은 의약품명의 고려대상에서 제외된다. SR(서방형 제제(sustained release)라는 의미인가? 혹은 상급(senior)이라는 뜻인가?)이나 XL(엑스트라-롱을 뜻하는가? 혹은 뛰어남(excellent)을 뜻하는가?)처럼 멋있어 보이지만 애매모호한 접미사들도 불쾌감을 유발한다. 또 과장된 표현도 피해야 한다. 로게인Rogaine의 원래 이름은 "머리카락이 돌아오다"처럼 Regain(회복)이었으나 FDA는 그 이름이 사실상 탈모증 예방제가 탈모증을 치료할 수 있다는 뉘앙스를 풍긴다며 탈락시켰다. 미국 외부에서는 의약품 복제에 대한 규제가 좀 더 완화된다. 인도의 시플라Cipla 사는 비아그라와 비슷한 제품을 만들어 Silagra라는 이름으로 판매하는데 이는 실데나필 구연산염sildenafil citrate이라는 자신의 일반명을 환기시키고, 비아그라와 발음이 비슷하기도 하다. 라틴 아메리카에서 그것은 Eviva라는 이름으로, 중동에서는 단도직입적으로 Erecto라는 이름으로 판매된다.

1995년과 2000년 사이에 미국에 보고된 모든 투약 오류(medication errors) 중 약 15퍼센트는 일종의 이름 혼동 문제와 관련되어 있었다. Celebrex라는 진정제는 항우울 치료제인 Celexa와, 경련방지제인 Cerebyx 등과 발음이 비슷했다. FDA 조사원들은 의사의 처방전이 글로 쓰여졌을 때 어떻게 보이거나 들리는지 조사하고 너무 과장된 듯 보이면 그 이름들을 탈락시킨다. 때때로는 혼동을 일으킨다는 이유로 회사에게 이름을 변경할 것을 강요하기도 했다. 1994년에 갑상선 관련 약인 레복신Levoxine이 심장약인 레녹신Lenoxin과 혼동을 일으켜 결국 입원치료를 초래한 적이 있다. Levoxine은 Levoxyl로 이름을 변경하였다. 셰링Schering AG 사가 결국 자신의 피임약 이름을 야스민Yasmin으로 결정하기로 했을 때, 그들은 모두 안도의 한숨을 내쉬었을 것이다. 그 때까지 FDA에 등록된 의약품 목록에 Y는 없었기 때문이다.

변호사가 은총을 선고한 후에는 상표를 실제로 사용하고 있거나 앞으로 상업적 목적에 사용하겠다는 의도를 바탕으로 미국 특허청에 상표를 출원하게 된다. 이중 사용의도에 의한 출원은 1989년 상표법이 자유로워지면서 생겼다. 출원서는 Principle Register나 Supplementary Register, 둘 중 하나로 들어간다. 이 중 Principle Register의 경우가 더 좋은데 왜냐하면 Supplementary Register는 그 상표가 이미 사용 중일 경우에만 상표 출원자에게 통보하고, 비록 10년간 지속되고 추가로 10년씩 더 갱신할 수도 있지만 제한된 법적 보호만을 제공하기 때문이다. 상표가 Supplementary Register에 등록된 지 5년이 지난 후에 상표 소유주는 그것을 Principle Register로 옮길 것을 청원할 수 있다.

미국 특허청은 출원자들이 이미 실시한 조사에 의존하지 않고 자체적으로 갈등의 가능성을 조사한다. 갈등의 가능성이 없는 듯 보이면, 출원된 상표를 〈관보〉에 싣고 아무도 이의를 제기하지 않는지 알아본다. 이의가 제기되면 상표 재판 및 항소 위원회Trademark Trial and Appeals Board가 분쟁을 해결한다. 만약 이의가 제기되지 않거나 해결되면, 출원서는 다음의 절차를 밟는다. "사용 의도"(Intent-to-Use)에 근거한 출원인 경우, 상표로 등록되기 위해서는 서면상의 상표 사용이 존재해야 한다.

트레이드마크가 승인을 받으면 그것을 보호하고 유지하며 가치를 높이는 것은 소유주의 책임이다. 그것은 종종 타인에 의한 브랜드의 사용이 그 브랜드의 고유성과 가치를 침해하거나 희석시킨다는 것을 보여주는 감시나 경계 활동을 포함한다. 이것은 〈관보〉나 트레이드마크 저널, 데이터베이스, 업계 간행물 등을 조사해보는 과정과 관련된다. 일부 서비스 회사는 이런 일을 전문적으로 한다. 만약 갈등의 소지가 있는 상표가 발견되면 그것은 변호사들이 해야 할 일이 아직 더 남아있다는 것을 뜻한다. 상표권 보호는 또한 상표가 회사 내부와 대중들에게 어떻게 제시되어야 하는지에 관한 기준과 가이드라인에도 적용된다. 일부 전문 회사들은 이것도 다룬다.

국제상표연합International Trademark Associatio (INTA)은 일종의 스타일 가이드를 발행하였는데, 거기서 그들은 상표가 동사나 명사가 아니라 고유 형용사나 부사라고 지적하였다. 여기서 명사는 그 제품의 일반명으로서 상표의 수식을 받는다. 가령 Kodak 다음에 오는 카메라가 그런 경우이다. 일반명은 각 문서상의 커뮤니케이션에서 적어도 한 번 이상은 사용되어야 하고, 방송의 경우 방송 상 적합하다면 상표가 처음 등장할 때 한 번 사용해주는 것이 좋다. ®이나 ™의 경우도 마찬가지이다. 서체 디자인(typography)은 상표가 쉽게 인식되도록 사용되어야 한다. 모든 글자를 대문자화하거나 혹은 적어도 첫 글자를 대문자화할 수 있고 이텔릭체나 볼드체, 또는 다른 색상 등을 활용할 수도 있을 것이다. 상표 뒤에 브랜드라는 단어를 사용함으로써 추가로 강조할 수도 있을 것이다. 가령 "SCOTCH ® Brand"(투명 테이프)와 같은 경우는 이상적인 경우라 할 수 있다. 반대로 최악의 경우는 "저 xerox(복사기)들로 xerox(복사)하실 건가요?"가 될 것이다.

상표는 명사가 아니므로 복수의 형태로 쓰여서도 안 된다. 물론 s로 끝나는 상표들을 단수나 복수 형태의 일반명사들과 함께 사용할 수 있다. 그러나 상표를 단수로 만들기 위해 s를 제거해서는 안 된다. "Baggies 비닐봉지 하나(A Baggies plastic bag)"나 "Baggies 비닐봉지들(Baggies plastic bags)"이지 "Baggie 하나(a Baggie)"라고 말해서는 안 된다. (데니스 바론에 따르면 McDonald's는 복수형의 문제로 너무나 골치를 썩어서 한번은 홍보회사를 고용해 Egg McMuffin의 올바른 복수 형태를 공고하기까지 했다고 한다.) 소유를 의미하는 ('s) 형태는 Levi's 청바지나 Johnson's 베이비 샴푸 등 상표 자체가 소유형일 경우를 제외하고는 절대 사용해서는 안 된다. 비록 많은 회사들이 자신의 상호(trade name)를 상표(trademark)로 사용하고 있지만, 둘은 많이 다르다. 기업의 명칭을 뜻하는 트레이드 네임은 고유명사이고 소유형으로 사용할 수 있으며 일반어를 필요로 하지 않고 TM이란 심벌을 필요로 하지 않는다. 다음은 INTA(국제상표연합)의 예시이다.

- Reebok International Ltd.가 만든 운동화
- 이 운동화는 Reebok이 만들었습니다.
- Reebok의 최신 운동화 제품 (Reebok's newest line of athletic shoes)
- REEBOK 운동화를 신고 있습니까, 아니면 다른 브랜드를 신고 있습니까?

INTA는 일관성을 유지하는 것이 매우 중요하고, 축약이나 철자

변경, 하이픈의 삽입 혹은 삭제나 다른 단어와의 결합과 같은 어떤 변형도 가능한 피해야 한다고 말한다. 『Technobabble』이라는 책에서 존 배리John A. Barry는 "기업의 형용사적 용법에 대한 고집은 쓸데없는 명사와의 중복을 일으킨다. 가령 MS-DOS operating system은 실제로 Microsoft Disk Operating System operating system을 뜻한다"고 지적한다.

또한 서체 디자이너들은 그들의 고용주에게 최악의 적이 될 수도 있고, 미디어가 나서서 그들의 작품을 표준화해야할 때도 있다. 신문이나 잡지, 도서의 편집자들은 보통 첫 글자의 대문자화(capital-and-type) 스타일을 좋아한다. 가령 pop-tarts 대신에 Pop-Tarts를, SCRABBLE 대신에 Scrabble을, adidas 대신에 Adidas를, TelePrompTer 대신에 Teleprompter를 선호하는 것이다. (그러나 AtEase나 TrimSoft처럼 잘못이 고쳐지지 않고 그대로 남아있는 경우도 있다.) eBay나 iMac과 같은 이름 때문에 문장이 소문자로 시작되는 문제는 문장을 다시 손봄으로써 처리된다.

형식적 변화는 상표의 지위를 위협할 수도 있는데 왜냐하면 소비자들은 그것들이 서로 다른 단어라고 생각할 수 있기 때문이다. 이것은 상표 소유자들이 피하고 싶어하는 바로 그 경우이다. 어떤 이들은 자신들의 이름을 제대로 사용하는 법에 대해 광고를 내기도 했다.

- "Kelly는 Kelly Services Inc.가 독점 제공하는 임시 도우미 서비스의 브랜드 네임입니다. Kelly Services Inc.가 소유한 등록상표에는 다음이 있습니다. Kelly®, Kelly Girl®, Kelly Services®,

Nobody Puts Temporaries to the Test like Kelly®.

- "weedeater(잔디 깎기 기계)를 Weed
  Eater®와 혼동하지 마십시오. 사람들은 때
  때로 Weed Eater® 브랜드를 원하는 말로
  'weedeater'를 달라고 말합니다 … 그것은
  미국 제1의 잔디깎기 브랜드입니다. 사람들이 계속해서 찾는
  트리머이지요."

- "Formica®는 특별한 브랜드입니다 …
  Formica 브랜드를 제대로 사용할 때만이
  진짜 Formica 제품을 얻을 것입니다."
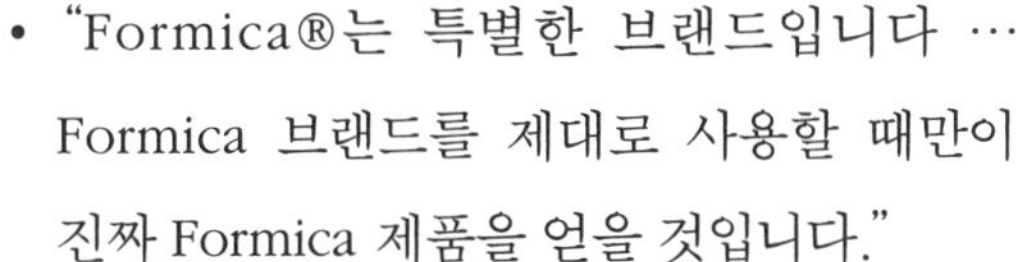

한 번은 제록스^{Xerox}가 신문기자와 편집자들을 대상으로 광고를 내건 적이 있다. 그 헤드라인은 "Xerox에는 두 개의 R이 있습니다"였다(두 번째 R는 ®이었다). 제록스는 또한 〈뉴욕 타임스〉가 발행한 단어 맞추기 퍼즐의 힌트에 대해 약간 냉소적이지만 재치 있는 항의 편지를 〈뉴욕 타임스〉 편집자에게 보내는 광고를 실었다.

〈뉴욕타임스〉에게: 우리는 세로 8번을 모르겠습니다. 가로 6번은 W-A-X-Y입니다. 그러면 이제 "복사하다"라는 뜻의, X로 시작하는 5글자의 단어를 찾아야 합니다. 물론 X-E-R-O-X는 될 수 없습니다. 왜냐하면 Xerox는 동사가 아니기 때문입니다. 사실 그것은 우리의 상표입니다. 그 단어는 상표이기 때문에 Xerox 복사기나 Xerox 프린터, Xerox 타자기처럼 설명어가 뒤따라오는 고유 형용사로만 사용되어야 합니다. 하지만 당신은 이미 이 사실을 잘 알고 있을 겁니다. 당신을 비롯한 모든 신문들은 이런 종류의 일에 매우 간깐하기

때문입니다. 그래서 우리는 문제가 잘 풀리지 않습니다. "복사하다"
를 뜻하고 "X"로 시작하는 5글자의 단어라 …

편집자들에게 편지를 보내는 일만 있는 것이 아니다. 등록 상태를
계속 유지하기 위해서는 선서진술서(affidavit)나 다른 서류들을 항
상 최신의 것으로 업데이트시켜야 한다. 상표권은 일단 등록했다고
해서 영원히 지속되는 것이 아니라 계속해서 사용되는지에 의해 유
지된다. 처음 10년의 등록 기간 중 5~6년 사이에 회사는 상표가 제
품 혹은 서비스와 계속 관련해서 사용되고 있다는 선서진술서를 제
출해야 한다. 그런 다음 회사는 상표등록일로부터 매 10년마다 서류
를 갱신해야 하고 그와 함께 상표가 어떻게 상업상 사용되고 있는지
를 증빙해야 한다.

상표등록 서류에는 다음의 세 가지 유감스러운 단어들이 종종 등
장하곤 하는데 포기(abandoned), 취소(canceled), 만료(expired)가
그것들이다. 상표 포기는 상표를 신청하는 회사가 여러 가지 이유로
해서 그 이름의 등록을 중단하기로 결정하는 경우를 의미한다. 특허
청이 상표 출원서 중 일부를 문제삼거나 뭔가 수용할 수 없는 점을
발견했을 수도 있다. 신청자가 추가정보를 요구하는 질문에 응답하
지 못했을 수도 있다. 상표 취소는 회사가 5년이 지난 후 상표가 계
속 사용 중임을 나타내는 선서진술서를 제출하지 못할 경우 생긴다.
또한 상표의 법적 소유권이 도전받은 경우에도 상표 취소가 일어날
수 있다. 한편 회사가 자신의 상표를 갱신하지 않기로 결정하면 그
상표는 활동 중인 상표 목록에서 만료 목록으로 넘어갈 것이다.

상표를 유지하는 중요한 요소 중 하나는 그 가시성(visibility)이다.
상표권 생성의 마지막 단계를 의미하는 상업적 이용은 원래의 제품

및 서비스와 관련이 없는 상품에도 그 브랜드 네임이나 트레이드 네임, 로고의 사용을 허락할 수도 있다. 그 이름은 의류나 장난감, 식품, 머그잔이나 열쇠고리와 같은 기념품, 출판물 등에 나타나기도 한다. 이 모든 것은 트레이드마크를 더욱 견고하게 해 준다.

모든 브랜드 네임이 평등한 상표권 보호를 받는 것은 아니다. 참신한 이름을 지으려는 이유 중 많은 부분이 서술적 브랜드 네임이 갖는 취약성에서 비롯되었다고 할 수 있다. 일반적으로 서술적 브랜드 네임은 그것이 이차적인 의미를 수립하지 않는 한 미국 정부의 상표등록 지위를 취득할 수 없고 법적 보호의 대상이 되지 못한다. 이차적 의미의 수립이란 소유주가 상당한 규모의 소비자들이 그 상표와 어떤 대상 간에 일정한 연상관계를 만들어내고 있음을 보여줄 수 있을 때 일어난다. 선천적이기 보다는 후천적인 이 현상은 상표를 제품과 서비스에 계속해서 사용함으로써 발달하는데(이는 어느 정도의 판매실적과 광고 등을 통해 알 수 있다) 오랫동안 그 이름을 사용함으로써 그 이름이 연관된 제품이나 서비스와 동의어가 되는 것이다. 서술적 브랜드 네임은 이차적인 의미를 수립해야 하기 때문에 보통 영업권을 갖추는데 시간이 더 오래 걸린다.

간단한 서술적 네임은 법적 보호를 거의 혹은 전혀 받지 못할 수도 있다. West End Auto Sales나 Bud's Appliances, Lo-Cal Diet Drink 등이 그런 예이다. Chair와 같은 일반명은 그것이 가령 음료수처럼 가구가 아닌 상품의 브랜드를 나타내기 전까지는 전혀 보호를 받지 못한다. Cola도 콜라넛kola nut으로부터 만든 음료수 전체를 나타내기 때문에 법적 보호를 받지 못한다. (그러나 1930년에 미 대법원은 Coca-Cola가 Coke라는 이름에 대한 독점사용권을 가진다고 선고하였는데, 회사 초창기에는 별로 사용을 꺼렸던 이 축약형 브랜드는 1945년에 상표로 등록된다. 그러나 1938년에 있었던 대법원 판결에서는 Coke machine을 일반명이라고 선고하기도 하였다.) 서술적 브랜드 네임은 만약 그 용어가 보통의 의미와는 다른 이차적 의미를 정립하고, 또 제조업자나 공급업자를 나타내는 단어가 되면 법적 지위를 얻게 될 수도 있다. 가령 McDonald가 햄버거와 프렌치 프라이즈와 관련하여 이런 이차적 의미를 정립하게 되자, 그 이름은 상표권 보호를 받을 수 있게 되었다. 그러나 유명한 상표가 전혀 다른 사업을 위해 사용될 수도 있는데 Nissan Dry Cleaners가 그런 경우이다. 도서 제목은 보통 상표권 보호를 받지 못하지만 『바람과 함께 사라지다』Gone with the Wind나 『곰돌이 푸』Winnie-the-Pooh 등 몇 가지는 예외이다. 잡지의 경우, 서술적 이름의 사용을 금지하는 법칙에 대한 한 가지 예외로 〈TV Guide〉가 있는데 이 상표가 계속 보호를 받는 데에는 그 소유자의 부지런함이 한 몫 했다. 때로 서술적 브랜드 네임은 회피의 대상이 아닐 때도 있는데 가령 소매품이 인포머셜(infomercial)을 통해 판매되는 경우가 그러하다. 그런 제품들은 값비싼 TV 광고를 통해서든 아니면 서술적 네임을 포장지에 싣는 식의 훨씬 더 저렴한 방법을 통해서든 소비자들에게 제품에 대해 학습할 기회를 제공해 주어야 한다. 상표는 강력하고 보호받을 수 있어야 하며 견고할 필요가 있다. 반면 약하고 설명적인 상표는 소비자들을 교육시킬 수 있다. 이 둘 사이의 현실적인 타협안 중 하나는 이 둘을 혼합한 하이브리드(hybrid) 상표를 만드는 것이다. 강력한 마크를 메인 상표로 사용하고 미약하고 설명적인 마크를 설명어나 꼬리표로 쓰는 것이다. 그러나 이런 예외에도 불구하고 서술적 브랜드 네임들은 경계해야할 대상이다. 인명이나 별명, 성, 이니셜, 속성, 지리적 위치들은 모두 문제를 일으킬 수 있다. 나쁜 번역 이름이나 동음이의어로 된 이름, 의도치 않은 함의를 지닌 이름, 또는 잘 알려진 다른 상표와 너무나 흡사한 이름들도 마찬가지이다. 법률적인 견지에서 말하자면 고유한 트레이드마크가 더 강력하다.

사전 편찬자들은 상표의 일상적 용법과 법적 보호 사이의 요구를 충족시키느라 특히 더 곤란한 시간을 겪는다. 일반명의 지위를 획득한 브랜드 네임의 경우 사전 편찬자들은 보통 두 개의 정의를 싣는다. 먼저 그들은 상표를 그 회사의 공식 형태에 따라 대문자화하거나 구두점을 찍고 싣는다(Levi's, Band-Aid). 그리고 두 번째 정의에서는 일반적 사용법에 따라 대문자를 쓰기도 하고 그렇지 않기도 한데, 여기에서는 그 단어의 일반적 혹은 비유적 의미를 다룬다(Ronald Reagan, the Teflon President, day-glo pink). 그러나 문제는 끊임없이 일어난다.

1961년 메리엄-웹스터Merriam-Webster는 자신의 기념비적인 사전, 『Webster's Third New International Dictionary of the English Language』를 출간했다. 거기에는 비브이디B.V.D. 속옷, 스쿠바Scuba, 힛 퍼레이드Hit Parade, 필립스Phillips 스크루, 팝시클Popsicle, 엘피LP 레코드 포맷, 블루 크로스Blue Cross, 타미 건Tommy Gun 등 수많은 상표가 수록되어 있었다. 그 사전은 다음과 같은 공고문을 실었다. "이 사전에 수록된 어떤 정의도 상표권의 유효성에 영향을 미친다고 여겨져서는 안 된다." 그 브랜드 네임들은 다른 단어들과 마찬가지로 일상어라는 꼬리표를 달았다. 어원을 표시하는 경우에만 제대로 대문자 처리된 상표명이 실렸다. 이것은 자신들의 상표가 죽음과도 같은 일반어로 전락하는 것을 두려워한 기업들로부터 격렬한 항의를 일으켰다. 미국상표협회U.S. Trademark Association도 항의를 표시해왔다. 상표협회의 한 실무진은 다음과 같이 불만을 털어놓았다. "대문자로 된 유일한 단어는 'God' 뿐이었다."

상표협회의 예의바른 정예부대가 사전 편찬자 필립 고브^{Philip Gove}의 집 앞으로 찾아와 수정을 요구하기도 했다. 상표협회의 요구는 관철되었고 약 300개의 단어들이 새 판본에서 수정되었다. 허버트 모턴^{Herbert C. Morton}이 말한 것처럼, "이후의 발행본부터는 기업 생산성의 작은 신들인 수백 개의 상표들도 대문자로 처리되었다." 이것은 언어 순수주의자(lexical purist)들의 눈살을 찌푸리게 했는데, 이들은 분명 God을 대문자 처리하는 것도 망설였을 것이다.

수정본 사전에서는 첫 글자가 대문자로 처리되었고 전체 단어를 볼드체로 표기한 후 트레이드마크라는 꼬리표를 표시하였다. 가는 활자의 대시 표시는 단어 설명이 정의라기보다는 사용법임을 나타냈다.

Kleenex ⋯ 트레이드마크 — 클린징 티슈를 지칭함

사전편찬자 시드니 랜도^{Sidney Landau}는 모든 사전 중에 메리엄-웹스터 사전이 "가장 교묘하게 상표 용어의 일반적 의미를 기록하지 않는 사전"이라고 결론지었다.

사전들은 영국에서 발행된 『콜린스 영어사전』^{Collins English Dictionary, 2000}의 다음의 공고문처럼 공고문을 통해 자신을 보호하려 한다.

"상표라 여겨질 근거가 있는 단어들은 그렇게 표시하였다. 그러나 그런 표시의 존재여부가 어떤 상표의 법적 지위에 영향을 미친다고 여겨져서는 안 된다."

『엔카르타 세계 영어사전』Encarta World English Dictionary, 1999처럼 일부
는 상표를 꼬리표와 정의 모두에 표기하며 특별한, 심지어 정도를
지나친 주의를 기울이기도 하였다.

Kleen-ex/klée nèks/*tdmk*. 부드러운 안면용 티슈를 가리키는 트
레이드마크

우리는 이 정의의 뜻을 충분히 파악할 수 있다.

16

인터넷 세계의 이름

엄격히 말해 인터넷 상의 도메인명은 제품이나 서비스 제공자에 대한 식별이라기보다는 길거리 주소나 전화번호처럼 위치에 대한 힌트와 같다. 도메인의 잠재성을 마케터들이 깨닫는 데에는 그리 오랜 시간이 걸리지 않았다. 수백만 개의 웹사이트가 생겨났고 매일 수천 개씩 추가되고 있다. 웹 마케팅은 모두가 컴퓨터로 연결되어 있고 두툼한 수입원을 가진 사람들의 세상으로 진입하려 했다.

엄청난 규모의 사람들이 제품이나 서비스에 대한 정보를 알 수 있었을 뿐 아니라 직접 주문할 수도 있었다. 마케터들은 넷을 서핑하는 사람들이 제품에 대해 더 많이 알게 되고 구매하게 되길 원했다. 그래서 제품명에 대응되는 도메인명은 웹 브라우저에 www.상품명.com을 치고 들어가는 웹 서퍼들에게 유리한 이름이었다. 이러한 도메인명은 웹 주소를 기억하기에도 편리했는데, 이것은 사람들이 800- 전화번호로 1-800-FLOWERS를 외우는 것과 비슷한 방식이었다. 검색 엔진이 생기기 전까지는 제품명과 URL 사이의 일대일 대응이 최상의 모델이었다.

그러나 구글이 나온 이후부터는 이름의 길이가 덜 중요해졌다. 검색엔진을 사용하기 시작하면서 도메인명은 그 사이트가 발견되는 데에 미치는 효과가 거의 또는 전혀 없었다. 처음 방문자는 검색 엔진으로 검색한 후 원하는 사이트를 찾은 다음 그 URL을 즐겨찾기에 추가하면 되었기 때문에 그 도메인을 다시 쳐넣을 필요가 없어졌다. 검색엔진 페이지들은 많은 랭킹 형식을 사용하는데 각 검색엔진마다 사용하는 형식들도 다양하다. 키워드 검색에 랭킹이 잘 배치되도록 하는 것이 관건이다. 성공적인 사이트들은 보통 좋은 디자인과 기억에 남는 도메인명, 좋은 검색 엔진에서의 배치, 온라인 배너 프로모션, 그리고 인쇄매체와 같은 전통 매체에서의 프로모션을 혼합시킨다.

처음에 마케터들은 www.jewelry.com이나 www.flowers.com 등 설명적인 상표를 사용하는 도메인명을 차지하려고 미친 듯이 달려들었다. 그러나 상표권 보호의 측면에서 보면, 이 이름들은 도메인명으로 등록된다 하더라도 본질적으로 취약한 상표들을 뜻했다. 게다가 비슷한 상표의 존재는 도메인명의 사용을 차단시킬 수도 있다. 설명적인 일반어 상표는 쓰이는 곳이 따로 있었다. 가령 Procter & Gamble은 수백 개의 도메인명을 등록시켰는데, 키보드로 www.oldspice.com나 www.deodorant.com를 치면 Procter & Gamble 사이트로 이동하도록 만들어 놓았다.

1985년에는 단지 여섯 개의 회사만이 그들의 제품을 서술하는 데 web을 사용하길 원한 반면, 430개의 회사들은 net을 선호했다. 그러나 이것은 곧 바뀐다. 1990년대 들어 net, tech, power, cyber, link, web이 들어간 상표를 출원하려는 기술 기업들의 신청 건수가 매년 30퍼센트씩 증가했지만 1990년대 중반 이후에 이 현상은 갑작스런 추락을 경험한다. 환호가 야유로 바뀐 것이다. 그들 자리에는 이제 (Yahoo!처럼) 파격적인 의미나 (E*Trade, eBay처럼) 특이한 서체 디자인, 또는 (PSINet처럼) 알파벳 수프 같은 인터넷 네임의 뉴웨이브 시대가 찾아왔다. 마치 일반명은 너무 모호해졌다는 듯이, 다른 종류의 서술적 네임들이 돌아왔다. 반도체 칩에서부터 뉴에이지 방송에 이르기까지 빠른 수익 성장률을 보여주는 인터넷 기업들에 대해 보고한 시큐러티데이타^{Securities Data Corporation}의 보고서가 이것을 보여주었다. 이 그룹에 속한 많은 소매업체들이 CDNow나 Pre-view Travel과 같은 이름을 선택했다. 그 이름들은 인터넷 기업 못지않게 전통 기업의 이름으로도 논리적이었다.

도메인명의 사용가능성 여부는 상표등록 가능 여부만큼이나 상표에 관한 결정에서 중요해지기 시작했다. 인터넷 이름과 주소들은 ICANN(The Internet Corporation for Assigned Names and Numbers, 국제인터넷주소관리기구)이라는 미국 기업에 의해 관리된다. 여기에 신청된 도메인명 등록을 ICANN은 다시 100여 개의 민간 기업에게 위임하는데, 이 회사들은 분쟁을 해결하기 위해, 180여 개 국가의 인준을 통해 설립된 WIPO(World Intellectual Property Organization, 세계지적재산기구)의 방식을 따르는데 동의한다.

인도 뭄바이에 기반을 둔 대기업인 타타그룹^{Tata Group}은 "성적으로 노골적인 것"이라고 법원이 불렀던 것을 제공하는 뉴저지의 한 웹사이트 www.bodacious-tatas.com가 자신의 좋은 이름을 훼손하고 있다며 소송을 제기했다. 1999년 인도에서 타타 그룹은 그 사이트를 상대로 법원의 사용금지령을 얻어냈고(이는 뉴저지에서는 아무런 법적 효력이 없었다) 이후 WIPO에 이 사건을 제소하며 도메인명의 취소를 요청했다. WIPO 심판관은 tata와 bodacious-tatas가 "혼동을 일으킬 만큼 유사한지"를 가늠해보며 bodacious(훌륭하고 동경할 만하며 매력적인 것을 뜻하는 일상어)라는 단어와 tata뒤에 붙은 s가 첨가된다고 해서 "이 도메인명이 트레이드마크 혹은 서비스마크와 혼동을 줄만큼 동일하거나 비슷하지 않게 되는 것은 아니다. 사실은 이와 정반대라 할 수 있다. 특히 "bodacious"라는 단어에 부여된 대부분의 의미를 생각해볼 때 더욱 그러하다"고 선고했다. 그는 타타 그룹이 포르노그래피를 판매한다고 인터넷 사용자들이 충분히 생각할 수 있다며 뉴저지의 도메인명을 취소시켰다.

회사는 무엇이 인터넷 주소로 사용되고 있고, 실제로든 가상으로든 그것들의 각색이 어떤 법적 반향들을 불러일으킬 수 있는지 알 필요가 있다. 주소를 검색하는 도구로, 특히 세 가지 주요 도메인(.com, .net, .org)을 포함한 주소를 검색할 경우, WHOIS라는 온라인 데이터베이스를 사용할 수 있다. 이 데이터베이스에서는 만약 당신이 widget(작은 부품)을 넷에서 판매하기 위해 widgets.com을 검색해보면, 그 이름 뿐 아니라 누가 그것을 등록했는지(당신이 그들과 접촉하고 싶거나 구매하려 할 경우)도 나올 것이다. 만약 "widgets.com 검색 결과 없음"이 나온다면, 그 이름은 사용할 수 있는 이름을 뜻한다. 만약 어떤 도메인들이 뜬다면 좀 더 자세히 살펴볼 필요가 있다. 그냥 가상의 주소를 브라우저에 쳐 넣었을 때 아무것도 뜨지 않는다고 해서 그것으로 충분한 것은 아닌데, 왜냐하면 도메인명이 비활동 중이지만 여전히 등록된 상태일 수 있기 때문이다.

단순히 등록만 할 것인지 아니면 그 도메인을 완전히 장악할 것인지에 따라, 새로운 URL의 가격은 100달러 미만에서부터 5만 달러 이상까지 달라질 수 있다. 도메인명의 수는 가히 폭발적이라 할 수 있다. 1992년에 도메인명은 단지 7천 개밖에 없었다. 1995년이 되면 이것은 17만 개가 된다. 그러고 나서 인터넷 붐이 찾아왔다. 150만 개 이상의 URL이 1997년까지 신청되었고, 2년 후 선두에 있는 도메인 등록업체인 네트워크 솔루션^{Network Solutions} 사는 이전 6년을 합친 것보다 더 많은 도메인 이름을 그 해에 등록시켰으며, 지금까지 총 810만 개의 이름을 등록시켰다고 발표했다. 2003년에 나온 한 추정수치에 따르면 총 등록된 도메인 수는 2천2백만 개가 된다. 도메인명 등록업체이자 .uk 주소를 관리하는 영국의 비영리단체 노미넷^{Nominet}은 1996년부터 2003년까지 .uk 도메인 등록이 2만5천 개에서 350만 개로 늘어났다고 추정했다.

외국 도메인은 도표화하기가 더 복잡하지만, 네트워크 솔루션^{Network Solutions Inc} (InterNIC) 사의 웹페이지(www.internic.net)에서 그 등록현황에 대한 지표를 발견해 볼 수 있다. InterNIC는 인터넷 톱 레벨 도메인(인터넷 주소에서 마침표 다음에 오는 마지막 두 글자 혹은 세 글자)들을 위한 도메인명 시스템을 관리한다. 도메인명은 각 나라에서 등록할 필요는 없지만, 다른 사람이 사용하는 것을 원치 않거나 그 지역에서 사업을 많이 벌인다면 그렇게 하도록 권장되고 있다. 어떤 경우이든, 소수의 톱 레벨 도메인^{Top Level Domain, TLD}을 사용하는 엄청난 주소의 수는 뭔가 이에 대한 조치가 있어야 한다는 것을 의미했다. 2001년 ICANN은 7개의 새로운 인터넷 확장자를 승인했다. 익숙한 도메인인 .com, .net, .org 외에 .aero, .biz, .coop, .info, .museum, .name, .pro 등이 추가되었다. 회사들은 ICANN이 승인한 등록업체나 서비스 제공자를 통해 이 새 확장자들을 신청할 수 있었다. 그러나 이 새 확장자들에는 한계가 있었다. .aero,

.coop, .museum, .pro 등의 TLD는 항공사나 협동조합, 박물관, 의사나 변호사와 같은 전문가들을 위한 것이었다. .name TLD는 www.JohnSmith.name처럼 개인적인 웹사이트를 위한 것이었다. 이렇게 해서 일반 기업들에게는 오직 .biz와 .info만이 남게 되었다. 그러나 이 새 확장자들은 그 중 어느 것도 .com, .net, .org의 인기를 따라오지 못했다.

닷-비즈(.biz) 도메인의 경우, 초기상표권보호정책Start-Up Trademark Opposition Policy(STOP)은 .biz 등록업체인 뉴레벨Neulevel 사가 실제로 기록하기 전에 트레이드마크 소유자들이 지적재산권 주장을 등록할 수 있도록 허용하였다. 지적재산권 주장을 등록함으로써 트레이드마크 소유자들은 도메인 네임이 부당하게 등록된 것으로 확인되면 그것을 자신에게 이전시킬 자격을 부여받았다. 이것은 www.airport.biz나 www.brands.biz, www.paint.biz, www.parents.biz 등과 같은 너무나 일반적인 스타일의 도메인들에게 일어났다. 오타와Ottawa라는 기업 도메인은 트럭 트랙터와 관련해 오타와라는 상표를 지니고 있던 미국 텍사스 주의 칼마 인더스트리스 유에스에이Kalmar Industries USA라는 회사에게 다시 이전되었다. 칼마 인더스트리스 사는 오타와가 한 나라의 수도라는 사실은 별로 관련이 없다고 주장하였다. 한 젊은 대학 졸업생이 한 온라인 회사 도메인명으로 www.Canadian.biz를 등록하자 맥주와 관련해 Canadian이라는 상표를 보유하고 있던 몰슨 양조Molson Breweries 사가 제기한 소송에서 판사는 "단지 도메인 이름이 상표와 동일하거나 비슷하다고 해서 도메인명을 상표 소유자에게 이전해야 하는 것은 아니다"라면서 "도메인명의 사용이 상표의 사용을 침범한다는 증거가 있기 전에는 상표 소유자 이외의 다른 사람도 그 도메인명을 계속 사용할 수 있어야 한다"라고 선고했다. 게다가 몰슨 사만이 합법적으로 www.
Canadian.biz를 등록할 수 있게 된다면, 그것은 그 회사에게 모든
Canadian 관련 온라인 사업을 독점하도록 허용하는 것이 될 것이
다. 이것은 STOP의 상표분쟁 해결 정책을 반대하는 주장에 힘을 실
어주었다. 그 상표권보호정책에 대해 지적재산권 전문 변호사인 마
이클 가이스트Michael Geist는 "그 정책은 상표 보유자들에게 오프라인
보다 온라인에서 훨씬 더 많은 권리를 부여했고 그 과정에서 새로운
슈퍼-트레이드마크를 효과적으로 만들어냈다"고 말했다.

회사 이름으로 상표를 소유하는 것은 도움이 되겠지만, 이것이 꼭
그와 관련된 웹사이트 이름을 얻는다고 보장하는 것은 아니었다.
WCI Cable 사가 처음 웹사이트를 만들었을 때 그 회사는 아직 사용
되지 않은 www.WCICable.com라는 도메인명을 등록시켰다. 그러
나 3년 후 그 회사가 WCI.com로 변경하려고 했을 때는 너무 늦었
고 회사는 .biz나 .info를 사용할 수밖에 없었다. 심지어 거대한 소
비재 제품 회사들도 장벽에 부딪혔다. 존슨 & 존슨 사는 "&"이라는
기호가 허용되지 않아서 자신의 사이트를 www.J&J.com으로 등록
시킬 수 없었다. 그 후 www.jandj.com가 이미 조던 & 조던Jordan&
Jordan이라는 금융컨설팅 회사에 의해 등록되었다는 사실이 밝혀졌
다. 존슨 & 존슨 사의 웹사이트는 결국 www.JNJ.com이 되었다. 숙
박시설이 수천 개나 되는 홀리데이 인Holiday Inn 사도 www.holiday
inn.com을 등록시킬 수 없었는데 왜냐하면 나이아가라 폭포에 있
는 홀리데이인 바이 더 폴스Holiday Inn by the Falls가
그 도메인 이름을 먼저 차지하고서는 모회사에
게 양보하기를 거절했기 때문이었다. 홀리데이
인은 하이픈을 사용하여야 했고 결국 사이트 주

소는 www.holiday-inn.com이 되었다.

이 회사들은 그나마 .com의 가치가 떨어질 가능성이 희박하다는 사실에서 위안을 찾을 수 있었는데, 왜냐하면 새 확장자가 생겨도 소비자들은 .com 회사들이 .biz 회사들보다 아마 더 오랫동안 사업을 해 왔다고 생각할 것이기 때문이다. 어쨌든 회사들은 어떤 방법으로든 자신을 지키기 위해 자신의 회사명이나 제품명을 모든 가능한 새로운 확장자를 동원하여 등록시켰고, 심지어 그들 이름에서 흔히 일어나기 쉬운 철자 오류까지 서둘러 등록시켰다. 그들은 회사의 별명까지 등록시켰다(캘리포니아 마이크로웨이브California Microwave 사는 Calmike로 널리 알려져 있었다). 심지어 주식 심벌까지도 포함되었다.

인터넷 자체는 상표가 아니다. 혹은 전 세계적으로 연결되어 있는 네트워크와는 아무런 관련이 없는 인터넷Internet Inc.사의 경우에서는 상표라 할 수 있을지도 모르겠다. 1984년에 현금 자동 인출기 네트워크를 운영하던 버지니아의 레스턴Reston 사는 연방정부에 '인터넷'이라는 이름을 등록시켰다. 이것은 인터넷이 가정용 단어가 되기 훨씬 전의 일이었다. 1997년 인터넷 소사이어티Internet Society와 CNRI (Corporation for National Research Initiatives)는 미국 특허청에게 Internet이 더 이상 특정 제품과 연결되기에는 너무 광범위하게 사용되고 있고 누구든지 자유롭게 그 단어를 사용할 수 있어야 한다고 주장하였다.

어떤 경우에는 법적 권위보다 사람들의 분노가 더 중요해진다. 1992년 벨 캐나다Bell Canada 사는 자회사 월드링크스 텔레커뮤니케이션즈Worldlinx Telecommunications를 통해 자신의 소프트웨어와 서비스 패키지의 상표명으로 The Net이란 이름을 출원했다. 인터넷 사용자들은 격분했고 곧 출원서는 철회되었다. 그러나 미국에서는 다른 회사와 합병하여 아너 테크놀로지스Honor Technologies가 된 인터넷Internet Inc.사가 그 이름에 대한 독점사용권과 허가권을 보유하고 싶어했다. 특허청이 심의하는 동안, 자신들의 제품에 Internet이라는 이름을 사용하고 싶어하는 수백 개 회사들의 요청은 연기되어야 했다.

법원도 이 복잡한 상태에 또 다른 요인을 추가시켰다. 그들은 'sucks'를 도메인명의 일부로 사용하는 것과 관련한 한 온라인 분쟁을 재판하였는데, 이는 www.LinuxSucks.com에서처럼 전형적으로 잘 알려진 상표에 따라다니는 현상이었다. 법원은 그런 도메인명은 상표 소유자의 권리를 침해하지 않는다고 선고했는데, 왜냐하면 "sucks"가 붙은 웹사이트가 원래 도메인명과 혼동될 가능성은 희박하기 때문이었다. 사실상 법원은 일부 웹사이트들은 훌륭하지만 어떤 웹사이트들은 형편없다고(sucks) 말하고 있었다.

17

네이밍 이후

상표로 등록된 브랜드 네임은 여느 자산(property)과 마찬가지로 사고, 팔고, 임대할 수 있다. 브랜드 네임은 부동산과 마찬가지로 하나의 자산이다. 사실상 웹 주소는 "부동산"이라 불린다. 웹에서든 아니든, 브랜드 네임의 상업행위에는 수많은 선례들이 있다. 1999년에 개인용 컴퓨터 제조업체인 게이트웨이Gateway는 자신의 아미가Amiga라는 브랜드를 살리지 않기로 결정하고 이를 아미노 개발회사Amino Development Corp.에게 판매한다. 맥주제조업체 쿠어스Coors 사도 자신의 고급 맥주제품인 아이리시 레드Irish Red를 오래전에 문을 닫은 양조업자로부터 허가받아 사용해왔다. 이브생로랑Yves St. Laurent은 자신의 오피엄Opium이란 향수 이름을 두 명의 나이 든 향수 제조자들로부터 단지 200달러를 주고 사들였다. 이후 그들은 샴페인Champagne이라는 이름의 사용권을 위해 100만 달러를 지불했는데, 그 이름은 이미 저작권이 소멸된 상태였고 많은 국가에서 등록되어 있었다. 1980년에 판아메리칸 항공Pan Am에 의해 매입되기 전까지 서니 오렌지 페인트작업과 플로리다항공사로 알려진 내셔널 항공 National Airlines은 판아메리칸 항공이 파산 세일(bankruptcy sale)에서 그 이름을 17만5천 달러에 매각한 후 1999년에 재등장한다. 판아메리칸 항공은 심지어 자신의 이름까지도 130만 달러에 판매하였다.

　상표의 이전은 단지 이름의 변동만을 뜻하지 않는다. 상표가 대표하는 기업의 영업권이 이 패키지의 중요한 부분을 이룬다. 상표는 또한 다른 사람에게 양도될 수도 있다. 그러나 경쟁자들이 항상 경쟁상태에 있는 것은 아니고, 또 양도된 권리도 그 영토와 양도기간 면에서 많이 달라질 수 있기 때문에, 때때로 그들은 보통 중개업자를 통해 서로에게서 권리를 사들인다. 브랜드 네임 뿐 아니라 도메인명에도 그것들을 중개해주는 브로커들이 있고, 브랜드 네임은 심지어 eBay에서 경매되기도 한다. 리브킨 & 어소시에이츠는 〈포춘〉지가 선정한 500대 기업에 드는 한 회사가 일본 경쟁사로부터 자동화 소프트웨어 네임(automation software name)에 대한 사용권을 얻는 데 도움을 준 일이 있다.

　경쟁은 또 선제 상표등록 공격(preemptive registration strike)으로 이어지기도 한다. www.About.com이란 웹사이트는 이전에 여러 모습으로 등장한 적이 있는데, 2005년 5월이 되면 세계에서 9번째로 가장 많이 방문하는 도메인이 된다. 이것은 전혀 놀라운 일이 아니다. 왜냐하면 그 회사는 About.com이라는 도메인을 통제하기 위한 노력으로 이 이름의 모든 가능한 조합과 4천 개 이상의 도메인명을 사들였기 때문이다. 또, 화학 회사들이 제품을 사고파는 인터넷 사이트를 운영하는 켐커넥트ChemConnect 사는 회사를 보호하기 위해 그들이 생각해낼 수 있는 모든 chem과 connect으로 이루어진 합성어와 파생어들을 등록시켰다. 그러나 그 회사는 -dex를 확보할 생각은 미처 하지 못했는데, 이후 한 신생기업체는 정당하게 자신의 이름을 켐덱스^{Chemdex}라고 붙였다. 켐커넥트 사는 그것을 간과하는 실수를 범한 것이다. 그러나 캐나다의 전국일간지 〈글로브 앤드 메일〉^{The Globe and Mail}을 소유한 다국적 미디어 및 데이터베이스 기업인 톰슨 코퍼레이션^{Thomson Corporation}의 경우에는 그렇지 않았다. 경쟁 일간지의 창간을 준비하고 있던 홀링거 코퍼레이션^{Hollinger Corp}의 독자층 및 광고 시장 잠식을 미리 차단하기 위해 톰슨 코퍼레이션은 일련의 신문 이름들을 등록시켰다. 그 전술은 효과가 있었다. 홀링거 사는 첫 번째 선택안인 Times of Canada을 포기하고 National Post로 이름을 정해야했다.

이름을 사용하기 위해서는 회유 정책도 써야 했다. 1994년 월마트^{Wal-Mart}가 울워스 코포레이션^{Woolworth Corporation}으로부터 122개의 매장들을 사들이며 캐나다 시장에 진출했을 때 그 회사는 위니펙 출신의 기업가인 에드워드 닉^{Edward J. Nych}과 두 명의 다른 동업자들이 이미 월마트를 특허와 법인등록 및 사업등록을 관장하는 그 지역 자치부에 등록시켰다는 사실을 발견했다. 자신의 회사가 하는 일을 밝히기 주저하던 닉은 그 회사 이름이 최근 우크라이나에서 폴란드로 이주한 자신의 사촌 월터^{Walter}와 마티나^{Martina}를 따라 지어진 이름이라고 했다. 닉은 그들에게 이름의 주인들에 대해 말하지는 않았다. 우크라이나에서 월터는 물론 흔한 이름은 아니었지만 블라디미르^{Vladmir}를 영어화한 것이라 할 수 있다(Vlad-Mart라고 하는 것은 어떨까?) 월마트는 월터와 마티나는 물론 닉과 그의 동업자들에게 그들의 회사명을 포기하도록 얼마간의 돈을 지불했다.

인터넷의 부상은 엄청난 수의 도메인 등록을 가져왔는데, 이중에는 이름 외에는 아무것도 판매할 것이 없는 사람들도 있었다. 2000

년도에는 총 2천2백만 개의 도메인 등록명 중 약 300~400만 개만 이 실제로 사용되고 있었고, 200만에서 400만 개의 이름은 흔히 일 어나는 잘못된 철자나 이름의 변형으로서 판매에서 제외되어 인벤 토리에 처박혀 있었다. 또 다른 수백만 개는 www.greatdomains .com이나 www.register.com, www.afternic.com과 같은 웹사이 트에서 활발하게 거래되었고 100달러에서 1000달러에 이르기까지 매일 판매되었다.

상황이 항상 이랬던 것은 아니다. 가격이 하늘 높은 줄 모르고 치 솟던 때도 있었다. 나중에 회사나 개인들에게 그들의 이름을 높은 가격에 다시 매도하려는 바람에서 웹사이트의 이름을 미리 차지하 거나 등록시키는 관행은 사이버 무단 점유자라는 신조어를 탄생시 켰다. 2000년도에 제리 바이스^{Jerry Buys}라는 한 순진한 오레건 출신 의 남자는 100만 달러를 예상하며 www. globaldotcom.com이라 는 이름을 eBay에 올려놓았다. 언론자료에 따르면 바이스는 .com 이 인터넷 최고의 TLD이고 globaldotcom com이 "세계 최고 .com 도메인"이라고 주장했다고 한다(바이스는 어쩌면 자신을 셀스^{Sells}라고 불렀어야 했을지도 모른다).

1999년에 오레곤 포트랜드에 설립된 도메인명 보호회사 스냅네 임스^{SnapNames}의 CEO인 론 와이너^{Ron Wiener}는 어쨌든 기자에게 기존 에 판매된 도메인명의 1,000배가 넘는 이름들이 현재 판매중이라고 말했다. 제리 바이스는 어쩌면 전설적인 인물인 마크 오스트로프스 키^{Marc Ostrofsky}에게 영감을 받았을지도 모른다. 마크는 www. business.com을 1997년 영국 인터넷 서비스제공자로부터 15만 달 러의 특별 가격으로 사들였다. 약 100개의 도메인명을 소유한 그는 그 이름을 750만 달러에 캘리포니아 산타클라라에 위치한 이컴퍼니스eCompanies에게 팔았다. 이컴퍼니스는 그 구매가 "신중한" 선택이었다고 주장했다. 제임스 글레이크James Gleick는 하이 프레리의 조그만 도시 알버타에 사는 제프 버거Jeff Burgar의 이야기를 들려준다. 자신이 사이버 무단 점유자가 아니라 자유주의 의식을 지닌 출판가 혹은 수집가라고 주장하던 버거는 1994년쯤 도메인명들이 무료로 등록될 수 있음을 발견하였다. 이후 10년 동안 그는 다른 사이트들과 함께 jrrtolkien.com과 brucespringsteen.com라는 사이트를 등록시킨다. WIPO 패널은 후자의 경우 같은 이름의 유명 록 가수가 이름에 대한 권리를 지니지만, "Bruce Springsteen Club"을 위해 도메인명을 등록시킨 버거가 법을 어기고 있지는 않다고 선고했다. 글레이크는 상표보유자들과 사이버 무단 점유자 사이의 갈등에 대해 WIPO는 보통 전자의 편을 들어준다고 지적한다.

타임워너Time Warner 사는 해리 포터를 소재로 한 108개의 변이형 도메인명에 관한 사건에서 승소했다. 스웨덴 통신회사인 텔리아Telia는 자신의 이름을 변형한 204개의 이름들 중 하나만 빼고 모두 철회시킬 수 있었다. 가수 마돈나 치코네Madonna Ciccone는 madonna.com의 도메인 소유자가 비록 자신의 도메인명과 가톨릭교회, 마돈나 대학Madonna College, 마돈나 병원Madonna Hospital, 네브라스카 주 링컨에 위치한 마돈나 재활병원Madonna Rehabilitation Hospital, 그리고 가수 마돈나와의 연관 관계를 부정했지만 그 도메인을 철회시키는 데 성공했다. 그러나 조르지오 아르마니Giorgio Armani가 벤쿠버의 그래픽 아티스트인 아난드 람나스 마니Anand Ramnath Mani가 소유한 armani.com을 빼앗아오려고 했을 때, WIPO는 원고의 요구를 기각시켰고 심지어 마니 씨가 그 이름을 사용하여 웹사이트를 만들지 않았음에 불구하고 아르마니 사가 재판과정을 남용하고 있다고 선고했다.

.biz나 .info 등과 같은 새로운 톱레벨 도메인의 도입은 사이버 무단 점유자들에게는 큰 선물이었다. 일부 소규모 국가들은 그들 도메인의 국가 확장자가 지닌 편리한 함의 덕분에 예상치 못한 수확을 거둬들이기도 했다. 투벌라Tuvulu와 몰다비아Moldavia가 그런 경우이다. 구 소련 위성국이었던 몰다비아는 자신의 TLD인 .md를 사이버 무단 점유자들에게 매년 299달러와 로열티를 받는 조건으로 사용 허가를 내주었다. 사이버 무단 점유자들은 그것을 의사나 의료관련 회사들, 혹은 누구든 멋지고 깔끔한 두 글자 도메인을 원하는 사람들에게 되팔 수 있었다. 플로리다 주의 한 성형외과 의사는 www.facelift.md를 등록시켰고 안과 진료소는 www.eye.md를 등록시켰다. 투벌라의 .tv도 통가Tonga의 .to와 함께 시장에 나왔다. 캐나다 인터넷 등록청Cananda Internet Registration Authority(CIRA)이 합병으로 더 이상 존재하지 않는 마을이나 도시, 지역 이름의 등록을 유보하지 않겠다고 발표함에 따라 새로운 기회가 생겨났다. www. rocky-mountain-house.ca와 같은 이름이 약 2천 개의 다른 이름들과 함께 선착순으로 20달러에 판매될 수 있었다.

사이버 무단 점유는 점점 경계의 대상이 되었고 그런 막무가내식 자본주의를 진압할 조치들이 취해졌다. ICANN(국제인터넷주소관리기구)은 사이버 무단 점유를 금지하는 규정들을 두고 있었지만 이 무단 점유자들에 대한 결정적인 조치는 1999년 사이버 무단 점유 반대 소비자 보호법Anticybersquatting Consumer Protection Act이 국회를 통과하면서 본격적으로 이루어졌다. 이 법안에 따르면 특정한 웹사이트 이름을 등록시켜놓고 다른 사람에게 정당하게 속해있는 상표를 "이윤에 대한 불순한 의도"로 무단 점유하는 것은 불법이 되었다. 이와 비슷한 방식으로, 잘 알려진 상표의 철자오류나 왜곡을 이와 같은 목적으로 등록시키는 것도 금지되었다. 이 중 후자의 경우는 영어에 "오철자 무단점유"(typo-squatting)라는 새로운 단어를 추가시켰다.

글로벌 커뮤니케이션 시대에는 개별 국가의 법률은 한정된 효력만을 가질 뿐이다. 사이버 무단 점유에 대한 상표 소유자들의 항의에 대해 WIPO는 상표 소유자들에게 해적질과 온라인 사기를 중단시킬 수 있도록 해주는 통일분쟁해결정책Uniform Dispute Resolution Policy, (UDRP)이란 메커니즘을 마련하였다. 모든 도메인명 등록자들은 도메인명을 등록시킨다는 이유만으로 계약서상에 UDRP에 따를 것에 동의하도록 되어 있었다. 상표 소유자는 도메인명이 자신의 트레이드마크 혹은 서비스마크와 동일하거나 혼동을 초래할 만큼 비슷하다는 것을 증명할 수 있거나, 또는 도메인 등록자가 그 도메인명과 관련하여 정당한 법적 권리나 이해관계가 없거나, 혹은 그 도메인 이름이 정당치 못한 신념(bad faith)에 근거하여 등록되었고 사용되고 있다는 것을 증명할 수 있으면 UDRP에 따라 소송을 걸 수 있었다. "정당치 못한 신념"에는 사이버 무단 점유, 등록자의 웹사이트로 사람들의 접속을 이동시키려는 의도, 또는 상표 소유자의 기업 활동을 방해할 의도 등이 포함되었다. UDRP 재판은 중재자들이 증거를 검토하는 방식으로 진행되었다.

브랜드 네임이 판매, 임대, 비축되는 것과 상관없이, 브랜드 네임은 다 실현되기는 어려운 엄청난 내재적 가치를 지니기도 한다. 스파이더맨이나 X-맨, 헐크The Incredible Hulk, 데어데블Daredevil, 캡틴 아메리카Captain America 등의 캐릭터가 실린 만화책과 카드를 출판하던 마블Marvel 사는 1980년대와 1990년대 초까지 주로 수집가들 덕분에 70퍼센트의 시장점유율을 유지할 수 있었다. 그 회사는 1억5천만 권의 만화책을 찍어냈는데 점점 공급이 수요를 엄청나게 초과하기 시작했다. 1996년 마블 사는 12억 달러의 빚을 선고하며 파산 보호 신청을 낸다. 1998년 새로 회사를 인수한 장난감 제조업체 이케 페를무터Ike Perlmutter는 스파이더맨이나 X-맨, 그리고 2003년 여름에는 헐크The Incredible Hulk를 포함하여 약 4천7백 개의 캐릭터들을 영화제작업자들에게 대여해 주기 시작했다. 2002년 그 회사는 226만 달러의 흑자를 기록했고 더 높은 수익이 기대되었다. 비디오 게임에 있어 선구자적인 브랜드인 아타리Atari(그것의 아케이드 게임 Pong은 너무 인기가 좋아서 가끔 25센트 동전이 폭주하는 바람에 오락 기계가 멈춰서기도 했다)는 1996년에 문을 닫았지만 최근 부활하였다. 2003년 하스브로Hasbro 사로부터 그 이름의 저작권을 사들인 프랑스-미국 합작 회사는 번뜩임이 덜한 이전 이름인 인포르그라메스Inforgrames를 버리고 그 브랜드를 자신의 새 이름으로 채택하겠다고 발표했다. 그 회사는 자신의 유명한 게임인 〈고질라〉에 이어 〈매트릭스 2〉 영화와 함께 발매된 컴퓨터 게임인 〈엔터 더 매트릭스〉Enter the Matrix를 새롭게 출시하려 하고 있었다.

네이밍은 제품과 서비스를 제조 및 공급업자들로부터 다른 기업이나 소비자들에게 전달하는 마케팅이란 복잡한 과정에서 단지 한 단계를 차지할 뿐이다. 소비자의 반응을 측정하는 것은 너무나 복잡한 일이기 때문에, 새로운 브랜드 네임이 경험하는 고문 테스트는 상표등록 확인으로 끝나는 것이 아니다. 이름들의 짧은 목록을 선별하고 확인한 후에는 처음으로 대중들을 만나야 한다. 그것은 포장과 로고, 슬로건, 그래픽 등과 연결되어 테스트된다. 모든 새 이름들이 신속하게 수용되는 것은 아니다. 사실 어떤 소비자들은 새 이름을 싫어할 수도 있다. "우리는 의뢰인들에게 부정적 반응에 대해 준비해두라고 말합니다." 샌프란시스코에 위치한 브랜딩 회사 아디스

Addis의 최고 경영진인 스티브 아디스Steven Addis는 이렇게 말한다. 아이덴티티 컨설턴트인 토니 스피스Tony Spaeth는 "최고의 이름들은 처음에는 그 독특함 때문에 별로 안 좋게 들린다"고 말한다.

성공적인 새 이름을 위한 한 가지 열쇠는 조직이 자신의 정체성을 변경할 때 느끼는 자긍심에 있는 경우가 많다. 새로운 이름이 당황스런 이름으로 전락하는 것은 종종 조직들이 소심하기 때문이다. 자긍심이 강한 회사는 자신의 새 이름을 열성적으로 알리기 위해 시간과 돈을 기꺼이 투자한다. 그러한 회사는 소비자와 투자자들보다 먼저 직원들에게 자신의 새 정체성과 그 근거들을 공개하며 새 이름을 선보인다. 회사는 직원들의 동의를 얻어내야 하므로 단번에 그들의 맘에 들게 하는 것이 중요하다. 이를 위해 새 이름과 그 의미를 팡파레와 함께 발표하는 직원회의를 열 수도 있다. 또한 새로운 이름을 홍보하는 인쇄물을 배포하고 커피 머그잔과 열쇠고리를 주어 만져볼 수 있도록 해야한다.

이러한 유형성(tangibility)의 문제는 잠시 살펴볼 필요가 있다. 그것이 단지 하나의 이름이 사용될 수 있는 수많은 방법들을 고려해보는 것일지라도 말이다.

서식류

레터헤드	메모지	이메일 주소
봉투	보도자료	인터넷 주소
우편 라벨	우편요금별납표시	전보 암호장
명함	팩스 용지	

명부와 증명서

주식 증명서	인명 명부
법인 설립 증명서	신용증명서
주식 티커 심벌	라이선스
기업연감	허가서

직원 커뮤니케이션

채용 양식	신용조합 자료	서비스 시상
복리후생기록	연금 계획	
ID 카드	의료 계획	

비즈니스 양식

청구서	스테이트먼트	회사 수표
구매 주문	급여 수표	메시지 양식

비즈니스 업무

임대계약서	컴퓨터 입력 코드
보험 정책	외환 계약서

광고 및 판촉

광고물	전화 번호부	의복
판촉물	포장	기타 품목들
프리젠테이션 포맷	바인더	

건물	쇼윈도	전시장 부스
현관	부서표식물	차량

이러한 가시적인 면은 전체 교육 과정의 일부일 뿐이다. 미디어에는 이름 변경에 관한 이유와 배경을 전달한다. 만약 기업의 이름이 변경되면, 투자 분석가들이 기업의 새 이름을 가능한 신속히 사용하기 시작하고, "전(前) Blickstein Company"와 같은 표현은 피하도록 하는 것이 중요하다. 보도 자료와 광고에 새 이름을 발표하고 난 후 회사들은 소비자와 고객, 공급업체들을 안심시키고, 이들이 새 이름과 친숙하도록 만드는데 만전을 기해야한다. 일부 CEO들은 각각의 주요 고객들에게 직접 편지를 쓰기도 하고, "이전 이름의 문제가 무엇인지 전혀 모르겠다"고 불평하는 고객들은 즉각 회신을 받는다. 사려 깊은 회사들은 새 이름과 로고를 사용하는 간단한 가이드라인을 담은 매뉴얼을 만든다. 이름 사용에 관한 갈등을 계속 놔두면 그것들은 이전의 이름을 계속 유지하려는 주장의 근거가 된다.

이름 변경을 조율하는 좋은 방법과 나쁜 방법 모두 노스캐롤라이나의 한 은행인 퍼스트 유니온First Union 사가 보여주었다. 퍼스트 유니온 사는 1958년부터 이 이름을 사용하기 시작했는데, 자신의 경쟁사인 와코비아Wachovia를 2001년 4월에 사들인 후 자

신이 사들인 은행의 이름으로 브랜드 변신을 감행했다. 1980년대 초반부터 1997년까지 퍼스트 유니온은 동부해안의 수많은 중소 은행들을 매입하며 번성기를 구가하였지만 펜실베이니아에서 두 번째로 큰 은행인 코어스테이트 파이낸셜CoreState Financial을 매입할 때는

너무 많은 돈을 지출하며 타격을 입는다. 그들은 지점들을 없애고 임원을 줄이는 방법을 통해 만회해보려 했지만 고객도 잃고 주가도 떨어졌다. 그러자 퍼스트 유니온의 두음자어인 FU가 뭔가 다른 것을 의미한다는 농담이 퍼져나갔다. 새로 매수한 은행에 대해 그들은 다른 전술을 취하는데, 즉 인터브랜드Interbrand 사를 고용해 이름과 로고, 디자인의 모든 면을 변경하고자 했다. First, Commerce, Community등 은행에 흔히 쓰이는 이름들을 경멸의 눈초리로 쳐다보며 그 은행은 뭔가 독특한 것을 원했다. 인터브랜드는 직원과 고객, 상부 경영진 등을 대상으로 심층 면접을 실시한다. 이렇게 하여 그들은 새로운 슬로건을 만들어낸다. "모두의 성공을 위한 특별한 지혜"라는 이 슬로건은 청색과 녹색바탕에 은색 라인이 한쪽에서 다른 쪽 끝으로 흐르는 상자로고와 연결된다. 이것을 만드는 동안 인터브랜드는 와코비아의 역사적 기원에 관심을 갖게 된다. 물의 장소를 뜻하는 Wachau라는 단어의 라틴어 형태인 이 이름은 18세기 정착민들이 힘찬 다뉴브 강이 아름답게 펼쳐져있는 오스트리아의 Wachau 지방을 따라 노스캐롤라이나의 토지에 지어준 이름이다. 이름과 로고에는 강과 커뮤니케이션 및 자본의 흐름에 의해 성장하는 공동체라는 아이디어가 연결되어 있었다.

마케팅은 브랜드 네임이 단지 제품 자체에만 연결되는 것이 아니라 마케팅의 다른 요소들, 즉 Polo pony나 Izod Lacoste alligator와 같은 로고나 슬로건, 태그라인 등과 끊임없이 상호 작용하는 공생적인(symbiotic) 과정이다. 마케팅은 또한 서브 브랜딩을 포함할 수도 있는데, 이는 제품 부분을 커다란 활자체로 나타내고, 제조업체 부분을 작은 활자체로 나타내는 것과 관련된다. (가령 Dustbuster는 큰 글씨로, Black & Decker는 작은 글씨로 나타낸다.) 이런 방법은

기업의 이해관계와 소비자에게 모두
어필할 수 있는데, 이는 혼동을 줄

가능성이 있는 이름(Black & Decker는 전동공구로 더 잘 알려져 있다)
이 더 낮은 순위로 내려갔기 때문이다. 광고에서 V8 Juice는
Campbell보다 더 크게 부각되고, Courtyard와 Residence Inns는
Marriott보다 더 강조된다. 어떤 이름들은 제품 자체와 동의어가 되
기도 하는데 1998년에 도입된 아이맥iMac 컴퓨터 시리즈의 투명 플
라스틱과 파스텔 쉐이드, 브라운Braun 생활용품의 심플하고 현대적
인 유선형의 윤곽선, 허만 밀러Herman Miller의 어고노믹(ergonomic)
사무 가구 등이 그런 예이다.

　애플Apple, 브라운Braun, 허만 밀러Herman Miller는 모두 친숙한 이름들
이다. 새로운 이름은 보다 선명하게 마음으로 가는 길을 만들 수 있
다. 그리고 이미 무언가 다른 것을 의미하는 오래된 이름을 새로운
제품과 서비스에 연결시키는 실수를 피하게 한다. 언제나 목표는 브
랜드를 분리시키는 것이지 일반어로 만드는 것이 아니다. "'매니큐
어'가 아니라 브라이트 라이트Brite-Lite를 요구하세요"나 "이스트만
Eastman 제품이 아니면 코닥Kodak이 아닙니다", "포스터스Foster's. 맥주
를 뜻하는 호주어입니다", "대충 말하지 마십시오. 하이그 앤 하이
그Haig and Haig라고 정확하게 요구하십시오" 등과 같은 과거의 슬로건
들은 그 점을 잘 말해준다.

　자신의 상표와 서비스마크를 열거해놓은 아메
리칸 익스프레스American Express의 웹사이트에서는
오래된 브랜드 네임과 새 브랜드 네임 모두 눈에
확 띄고 혼동을 일으키지 않는다.

AMERICAN EXPRESS®

AMERICAN EXPRESS Box Logo®

AMERICAN EXPRESS Card Design®

AMERICAN EXPRESS BUSINESS Card Design®

AMERICAN EXPRESS CORPORATE Card Design®

AMERICAN EXPRESS CORPORATE PURCHASING Card Design®

AMERICAN EXPRESS Travelers Cheque Design®

AMERICAN EXPRESS WORLD SERVICE & Design®

AMEX®

AMEXMAIL SERVICES®

BLUE FOR BUSINESS℠

BLUE FOR STUDENTS℠

BLUE FROM AMERICAN EXPRESS℠

BLUE FROM AMERICAN EXPRESS Card Design℠

BLUE TOOLS®

BLUE ZONE®

BLUELOOT®

CENTURION®

CHEQUES FOR TWO®

COOLBLUEOFFERS®

DATAMEX®

do more®

DO YOU KNOW ME?®

DON'T LEAVE HOME WITHOUT IT®

DON'T LEAVE HOME WITHOUT THEM®

DON'T LEAVE HOME WITHOUT US®

DON'T LEAVE HOMEPAGES WITHOUT IT®

EXPRESS®

EXPRESS APPROVAL Design®

EXPRESSNET®

FOOD & WINE®

Gladiator Head Design®

GLOBAL ASSIST®

ID KEEPER

IDS®

MAKE LIFE REWARDING

MEMBERSHIP B@NKING®

MEMBERSHIP REWARDS®

OFFER ZONE®

OPTIMA®

OPTIMA Card Design®

OPTIMA TRUE GRACE®

PLATINUM CARD®

PLATINUM Card Design®

Private Payments^{SM}

PRIVILEGED ASSETS®

REWARDSMANAGER®

SHOPAMEX

SIGN & TRAVEL®

SKYGUIDE®®

SMARTDATA®

SMARTPARTNERS®

SMARTSOURCE®

TRAVEL + LEISURE®

TRAVEL IMPRESSIONS®

TRUE GRACE®

Wall Street Wise. Main Street Smart.®

YOUR COMPANY®

이 사이트는 이중의 임무를 수행한다. 일단 아메리칸 익스프레스의 브랜드들을 홍보하면서 부주의한 자 ― 또는 잠재적 위반자 ― 들에게 여기에 나열된 상표들이 주인이 있다는 것을 경고하는 것이다.

아메리칸 익스프레스의 사이트는 방어적인 측면이 있다. 그러나 이 브랜드 네임들은 공격적인 마케팅 캠페인에 연결되기도 하는데 이는 때때로 상호작용적이기도 한다. 시카고에 처음 문을 연 나이키 타운^{Niketown}은 존 헤스켓$^{John Heskett}$이 말한 "소비자 테스트 극장"이

되었다. 다른 지역에서는 ATM이라 알려진 것을 일부 미국 북동부 은행에서는 MAC(Money Access Center)라 부르며 "MAC 보러 가자!"에서처럼 이 기술을 의인화했다. 브랜드 홍보는 루스 샬릿$^{Ruth Shalit}$이 말한 "대변인 캐릭터"(spokescharacter)를 포함시킬 수도 있다. 졸리 그린 자이언트$^{Jolly Green Giant}$("호호호! 그린 자이언트) 없이 그린

자이언트^{Green Giant}를 떠올리거나 필스베리 도우 보이^{Pillsbury Dough Boy} 없이 필스베리^{Pillsbury}를 떠올리는 것은 물론 어려워졌다. 형형색색의 마케팅 세계에서는 새로운 색감이나 형태와 연관된 이름들이 등장하기도 한다. 나이키는 한 대학생이 1971년 35달러에 만들어낸 아포스트로피(apostrophe)처럼 생긴 스우시(Swoosh)와 연결되었다.

알약에도 새로운 모양이 찾아왔다. 비아그라^{Viagra}는 밝은 청색(아마도 장년층용)이었고 심장약인 지베타^{Zibeta}는 심장모양이었다. 콜레스테롤을 억제하는 조코르^{Zocor}는 방패모양이었고 발륨^{Valium}은 각 알약마다 V자 모양이 새겨져 있었다. 의약품들은 단지 의학적 필요 뿐 아니라 라이프스타일의 선택을 반영하는 이름들을 쓰기 시작했다. 특히 일반 의약품의 경우에 그러했는데, 이런 제품들을 서로를 구분하기가 쉽지 않을 수 있다. 이름은 어린이용 비타민인 플린트스톤^{Flintstones}에서처럼 어린이에게 약을 삼키도록 하는 설탕이 되었다. 디자인까지 합세한 플린트스톤은 동명의 유명한 만화를 이용하여 거의 캔디처럼 판매되었다. 어린이들은 그 약이 너무 맘에 든 나머지 비타민이 몸에 좋다는 사실을 잊기까지 했다.

네이머들은 마케팅 유행의 최첨단을 걷고 패션과 스타일을 파도타기한다. 나이키는 1960년대부터 신발을 팔기 시작했지만 조깅의 유행과 함께 앞서나갔을 뿐이다. 1980년대 중반 조깅이 점차 잠잠해지기 시작하자 리복은 에어로빅 신발로 시장을 장악하기 시작했고 아디다스도 세일에 들어

갔으며 나이키는 스포츠와 의류 회사로 전환했다. 나이키는 자신을 하나의 라이프스타일로 브랜드화했고 갭The Gap도 마찬가지였다. 갭은 The Gap, Baby Gap, Gap Kids, Old Navy, Banana Republic, Gap Body 등 다양한 브랜드로 시장을 집중 공략했다. 1980년대에 바디숍The Body Shop은 친환경적인 화장품을 나타내는 슬로건이 되었다. 대기업들은 자신들의 생산 부문을 외부하청을 주든지 분사시키기 시작했다. 1997년 냉동식품 회사인 사라 리Sara Lee는 헤인스Hanes 속옷, 원더브라 **Wonderbra** Wonderbra, 챔피언Champion 스포츠 의류, 키위 Kiwi 구두광택제, 볼파크 프랭크Ball Park Franks(냉동 핫도그)도 판매하고 있었는데, 자신의 공장을 하청업자에게 매각하고 그들로부터 물건을 공급받았다. 이 사실을 모르는 소비자들도 있겠지만 마사 스튜어트Martha Stewart와 마이클 조던Michael Jordan, 오프라Oprah 등 일부 유명인들이 광고모델의 역할을 넘어 그들 자신이 브랜드 네임이 되었다는 사실은 모르는 사람은 없을 것이다. 〈마사 스튜어트 리빙〉Martha Stewart Living이나 〈O:오프라 매거진〉O: The Oprah Magazine처럼 그들의 이름을 내건 잡지들도 등장하였다.

1990년대에는 두 경향이 경합했다. 한 쪽에서는 로블로Loblaw의 President's Choice나 월마트의 Great Value, 그리고 마크스 앤 스펜서Marks and Spencer의 St. Michael 등과 같은 자사 브랜드나 노브랜드들이 차지하는 대형 할인매장들이 북미와 유럽에서 시장을 빠르게 확대해가고 있었다. 다른 한쪽에서는 캘빈 클라인Calvin Klein이나 베네통Benetton과 같은 "애티튜드"(attitude) 라이프스타일 브랜드들이 있었다. 소규모 양조업이나 포도주 양조업과 같은 수공업 가게나 부티크의 확산은 대기업들의 시장 판매에도 크게 영향을 미쳤고, 이에 대기업들은 가짜 인디 라벨(indie label)을 만들어내기 시작했다.

크래프트Kraft는 인디 라벨이라 부르기 힘들다. 그 회사는 네슬레 다음으로 세계에서 가장 큰 식품 및 음료 회사이고 미국 가정의 99퍼센트가 그 제품을 사용하고 있다고 주장한다. 수십 년간 그 회사

가 만들어낸 유명 브랜드 네임들로는 크래프트 미라클 윕Kraft Miracle Whip과 크래프트 디너Kraft Dinner(1930년대), 크래프트 프로세스드 치즈 슬라이스Kraft Processed Cheese Slices와 탕Tang 아침 음료(1950년대), 그리고 런처블스Lunchables(1980년대)가 있다. 2003년도에 소비자 단체가 소송을 제기하자 그 회사는 자사 제품의 지방과 설탕을 줄이고 법적 요구가 없더라도 영양소 라벨을 붙일 것이며, 오레오Oreo 쿠키들로부터 전이 지방산(trans fatty acids)를 제거하겠다고 맹세했다. 그 소송은 크래프트가 자신의 모든 제품들에서 전이 지방 함유량을 개당 0.5미만으로 줄이겠다고 맹세한 뒤 철회되었다. 전이 지방은 많은 식료품에서 사용되는 경화유(hydrogenated oil)와 쇼트닝에서 나오는데, 심장병의 위험을 높인다고 알려져 있다. 이 최근의 건강 공포는 식품 회사들로 하여금 그것을 없애는데 열을 올리도록 만들었다. 대중들의 압력이 점점 거세지자 켈로그Kellogg는 자신의 제품을 2006년까지 다시 만들어내겠다고 약속했다. 매케인McCain의 슈퍼프라이스Superfries, 펩시코PepsiCo의 프리토레이Frito-Lay 포테이토 칩, 러플스Ruffles, 도리토Dorito, 치토스Cheetose들이 그들의 제품을 "무(無) 전이 지방"(trans fat free)으로 홍보하기 시작했다. 영국에서는 마스 앤 스니커스Mars and Snickers 캔디 바가 경화유를 빼고

만들어지기 시작했고, 네슬레 사와 캐드버리 트레보 바셋Cadbury Trebor Bassett 사는 그들의 캔

디 바에서 전이지방을 없애기로 결정했다.

제조업자들의 동기는 두 가지로 보였다. 1990년대와 2000년대 초를 강타하는 한 가지 큰 유행은 지방 및 설탕이 감소된 식품과 음료수를 소비하려는 것이었다. 이것은 켄터키 프라이드 치킨Kentucky Fried Chicken이 자신을 KFC로 부르기로 결정한 것과 부분적으로 연관되어 있을 것이다. 동시에 비만이 대중의 건강문제로 떠오르면서 담배의 암유발 성분에 대한 우려의 뒤를 이었다. 맥도널드를 상대로 제기된 1,250만 달러의 소송에서 원고 측이 승소했는데, 왜냐하면 이 햄버거 체인점은 고객들에게 프렌치 프라이스를 식물기름으로 튀겨내기 시작했다고 발표한 이후 10년 동안이나 그것에 쇠기름을 넣었다고 말할 수는 없었기 때문이었다. 게다가 대규모 담배 기업들을 상대로 낸 수십억 달러의 배상 소송사건들도 모두 승소하였다. 담배가 건강의 적이라면 지방과 설탕은 어떻겠는가?

일부 마케팅 메가 트렌드는 쉽게 설명가능하다. 〈타임〉지는 미국의 애완동물 용품과 서비스 산업이 2003년도에 310억 달러까지 치솟을 것으로 예상했는데, 10년 전에는 이 수치가 170억 달러였다고 한다. 심지어 우프스톡Woofstock이라는 이름의 트레이드 쇼도 있었다. 그러나 어떤 경향들은 이해하기가 쉽지 않다. 차와 병에 담은 생수에 대한 청소년 시장이 커질 것이라고 누가 상상했겠는가? 1980년대 동안 일어났던 미니밴의 커다란 인기는 완벽하게 이해가능하다. 어느새 아이들을 낳은 베이비붐 세대는 그들의 아이들을 축구 경기나 토요일 아침 쇼핑몰에 데려갈 충분한 공간의 차가 필요했던 것이다. 그러나 그 다음 10년 동안 값비싸고 연료도 많이 들며 가끔씩 불안정하고 사실상 장갑차와 같은 외관의 SUV가 엄청난 인기를 끌 것이라는 것을 누가 예상했겠는가? 그 차들은 마치 원래는 산악 도로에서 큰 바위를 밀쳐내며 주행을 해야 하는데 실제로는 쇼핑몰의 주차장 밖으로는 별로 데리고 나가 본 적이 없는 것처럼 보였다. 그 차들은 익스플로러Explorer나 네비게이터Navigator, 패스파인더Pathfinder, 트레일블레이저TrailBlazer 등과 같은 이름을 지녔다. SUV는 도시의 캠핑 현상과 연결될 수도 있을 것이다. 즉, 십대들은 에베레스트 산 등정을 막 시작하려는 듯 자갈로 가득 찬 것처럼 보이는 책가방을 매고 다녔고 장년층들은 마치 외국의 사파리로 출발할 것 같은 복장을 하고 다녔다. 누가 이것을 예상할 수 있었겠는가? 그러한 변화를 추적하는 마케터와 네이머들에게 성공은 종종 15분 동안 유명해지는 것이 아니라 시대를 15분 앞서가는 것에 있었다.

브랜드 네임에 미래는 있는가?

제기랄, 내 형제의 아버지를 아버지라 불러본 후로
이렇게 충격적인 말은 처음이군.

– 셰익스피어, 『존 왕』 2막 1장

"절대 예측하지 마라. 특히 미래에 대해서는." 미국 영화계의 거물 새뮤얼 골드윈Samuel Goldwyn은 현명하게 충고한다. 골드윈의 말에는 일리가 있다. 그것이 정치적 선거운동이든, 경마 경주이든, 신제품이든 심지어 네이밍 트렌드이든, 예측의 트랙 레코드는 줄타기처럼 위태롭다. 역사는 겁 없는 예측들의 실패로 가득하다. 로열 소사이어티Royal Society의 회장인 윌리엄 톰슨William Thomson, Lord Kelvin(1824~1907)은 공기보다 비중이 큰 항공기는 불가능하고, X-레이는 조작 사건으로 끝날 것이며 라디오에는 미래가 없다고 예측했었다. "누가 배우가 말하는 것을 듣고 싶어 하겠는가?"라고 1927년 워너브라더스의 해리 워너Harry Warner는 묻는다. 1962년 데카 레코드Decca Records 사는 비틀스를 거절하며 기타 그룹은 한물갔다고 말했었다. 1977년 디지털 이퀴프먼트 코퍼레이션Digital Equipment Corporation 사의 창립자인 케네스 올슨Kenneth Olsen은 사람들이 그들의 집에 컴퓨터를 들여놓을 이유가 없다고 생각했었다.

탁월한 과학자, 은행가, 사업가들도 이렇게 실패했는데, 네이밍 업계의 종사자들도 미래를 들여다보는 것을 두려워해야하지 않겠는가? 그러나 우리의 대답은 "아니다"이다. 왜냐하면 영어처럼 변화무쌍하며 유동적인 것에는 항상 미래가 존재하기 때문이다. 사실 후기(afterword)란 것은 있을 수 없고 단지 전체적인 정리(overview)만이 있을 뿐이다. 이것은 브랜드 네임의 경우에도 마찬가지이다.

우리는 이 책에서 이름의 유형을 나눠보았다. IBM, GM, Alcoa등의 이니셜 및 두음자어의 세계와, 인물과 장소, 그리고 긍정적 속성을 담는 서술적 네임의 가계도. 또 상상력 풍부한 암시적 네임들의 생생한 집단(마하 3 면도기로 면도한다고 해서, 음속 3배의 스피드로 면도하는 것은 아니다)과 그들의 황당한 사촌들인 자의적 네임들(애플은 깨무는(bite) 게 아니라 컴퓨터로 바이트(bite)하는 것이다) 그리고 모든 언어적 자원을 활용하며 100퍼센트 인조물을 만들어내는 조어적 네임의 무리.

우리는 일단 거시적인 차원에서 어떻게 브랜드 네임이 우리의 전 사회와 문화 곳곳을 에워싸고 스며들면서 우리의 자연 풍경을 브랜드의 풍경으로 바꾸어놓았는지 살펴보았다. 미시적인 차원에서는 브랜드라는 단어의 구성요소를 살펴보았다. 우리는 그것들이 어떤 종류의 언어학적 단위이며 그것들이 어떻게 언어들을 빼앗아 오고 또 풍요롭게 하는지 보여주려 하였다.

우리는 영감과 땀을 모두 필요로 하는 새로운 이름을 만드는 과정에 관여하는 실제적인 기법들을 논의하였다. 우리는 미국의 9번째 상표인 스타Star 비누가 여전히 스타로 남는다는 점에 주목하며 어떤 브랜드 네임들이 좋은 브랜드 네임이고 어떤 브랜드 네임들이 나쁜 브랜드 네임인지, 브랜드 네임의 천국과 지옥 모두를 방문해 보았다. 우리는 브랜드 네임을 분리하고 다시 결합하면서 어떻게 접미사와 접두사, 그리고 다른 결합 형태들이 서로 혼합하고 어울리는지 살펴보았다. 우리는 브랜드어의 수사학을 심사했고 또 한편으로는 그 소리들의 음악성과 운율을 감상하였다. 이 책의 가장 심오한 — 좋은 의미로 — 장에서는 브랜드 네임의 상징과 감정적인 효과 및 장점들을 살펴보았다. 우리는 전 세계를 돌며 가져온 브랜드 네임들의 가방을 풀고 거기서 가깝거나 먼 나라들의 기념품을 골라냈다.

우리는 브랜드 네이머들이 어떤 일들을 하고 어떻게 고객들과 소통하는지 그들의 기묘한 직업세계를 대략적으로 그려보았다. 우리는 브랜드 네임과 트레이드 네임들의 길거나 짧은 후보목록을 만드는 과정과, 어떻게 이름이 상표로 등록되고 보호받는지, 그리고 어떻게 판매되고 구매되며 매점되는지, 그리고 그것들이 월드와이드 웹을 만나면 어떤 분쟁에 휘말리게 되는지 스케치하였고, 어떻게 그것들이 수많은 브랜드들이 북적이는 시장에서 자신의 정체성을 유지하는지 살펴보았다.

그러나 이 후기의 제목처럼 질문은 여전히 남는다. 브랜드 네임의 미래는 무엇인가? 위험을 무릅쓰고 감히 미래에 대해 추측해보기 위해서, 우리는 과거를 돌아볼 수 있을 것이다. 과거는 미래의 서막이자 지표가 될 수 있기 때문이다. 다른 모든 분야에서와 마찬가지로, 회사와 제품의 네이밍도 유행과 스타일을 따라가는데 둘 다 그것들이 성행했던 시대를 반영한다.

처음에 브랜드 네임들은 세 가지 기본 동기, 즉 소유주나 창립자의 이름, 회사의 위치, 또는 제품이나 서비스에 대한 설명을 결합하며 서술적인 경향이 있었다. 20세기에 들어서면서 십여 개의 자동차 회사들은 Motor나 Motors를 그들 가족의 성에 덧붙였다. 세계 1차대전이 일어나던 시기에는 점점 넓어지고 있던 유럽 시장에도 번역될 수 있는 라틴 어원 때문에 -ine이 적어도 또 다른 세계 전쟁이 일어나기 전까지는 인기를 얻었다. 마케팅과 광고가 점점 정교해지면서, 회사들은 긍정적이고 구체적인 속성을 표현하는 이름들을 선택하기 시작했다. 그레이하운드 버스라인Greyhound Bus Lines은 신속한 서비스를 암시했고 피델리티 인베스트먼트Fidelity Investments는 믿을 수 있는 금융 정보를 내포했으며, 테이스티-프리즈Tastee-Freez는 사람들이 아이스크림에서 원하는 것을 정확히 집어냈다.

네이밍 분야에 있어 혁명적인 변화들은 회사들이 확장하고 사업을 다각화되기 시작하는, 합병과 거대기업화의 시대인 1960년대에 찾아왔다. 1959년, 인터내셔널 텔레폰 & 텔레그래프International Tele-phone & Telegraph은 자신이 국제적인 통신 회사라는 점을 암시했다. 이후 20년 동안 그 회사는 수많은 회사들을 인수하면서 세계에서 가장 큰 대기업이 되었고 ITT로 변모하게 된다. 인수와 합병의 물결이 오랫동안 사랑받아 온 브랜드 네임들을 휩쓸기 시작했다. 그 중 한 가지 네이밍 경향은 AOL Time Warner처럼 확장을 지향했고, 그와 반대의 경향도 존재했다. 가령 Citibank는 Citicorp이 되었다가 이후 다시 Citigroup이 되었다.

엔지니어들과 소프트웨어 프로그래머들이 들어보지도 못한 제품들로 새로운 산업을 만들어냄에 따라, 그리고 그들도 이에 걸맞는 새로운 이름을 지어내어야겠다고 마음먹음에 따라, 네이밍의 진화 속도는 첨단기술 분야에서 점점 가속화되기 시작했다. 1960년대와 70년대의 우주경쟁 시대에 많은 회사들은 -tron이 거부할 수 없는 매력을 지녔다고 여겼다. 1968년, 세 명의 엔지니어들은 전자 기계가 좀 더 지능적으로 기능하도록 도와주는 반도체 회사를 만들었는데 그 회사의 이름은 바로 인텔이었다. 1975년 빌 게이츠[Bill Gates]와 폴 알렌[Paul Allen]이 소형컴퓨터를 위한 소프트웨어를 만드는 회사를 차렸을 때 그들은 이 두 단어를 혼합하여 마이크로-소프트[Micro-Soft]사를 만들었다. 다음 해에 그들은 하이픈이 구식이라는 것을 깨닫고 하이픈과 대문자 S를 버렸다.

1990년대에 가장 인기를 끈 상표 분류 목록은 "전기 및 과학 장치들"로 구성된 9번 목록이다. 수많은 회사들이 월드와이드웹에서 자신들을 재창조했는데, 특히 통신과 전자상거래 회사들이 대표적이다. 아마존[Amazon]과 이베이[eBay], 야후[Yahoo!]의 시대가 찾아왔다. 1999년도에 한 도메인명 등록업체는 810만 개의 이름을 등록시켰다. 이것은 새로운 복잡함을 만들어냈다. 네이머들은 온라인과 오프라인 모두에서 이름을 생각해내야 했다. 온라인 이름도 오프라인 이름만큼이나 중요했고 둘은 꽤 다를 수 있었다. 기억에 남는 한 단어의 이메일 주소, 즉 URL로 등록되기 위해 수많은 이름들이 만들어졌다. 많은 일상어(common word)들은 이미 누군가가 점유해버렸기 때문에 많은 회사들이 새로운 단어를 만들어냈다. 이것은 또 아직 점유되지 않은 URL에 대한 권리를 주장하기 위해서이기도 했다. 일부 오래된 공식들은 다시 고려되어야 했다. 이제 사람들은 단어를 쳐넣기보다는 클릭만 하면 되었기 때문에 짧을수록 좋다는 공식은 힘을 잃었다. 어떤 네이머들은 이름에 숫자를 넣어 미래지향적인 느낌을 만들어 내거나, Unisys와 같은 일련의 접미사 이름들을 만들어냈다. 또 어떤 이들은 기술과 친숙한 젊은 세대를 겨냥하며 별난(whimsical) 이름을 추구하거나 유행을 쫓아가는 이름들을 만들어냈는데 이들은 록 밴드의 이름들과 비슷해 보였다. 첨단 기술 회사들의 이름은 그 회사들처럼 빠르게 잊혀져가기도 했다.

현대사회를 이루는 다음의 네 가지 초석이 사람들에게 갖는 매력을 생각해보자. 정보를 뜻하는 info, 시스템을 뜻하는 sys, 통신을 뜻하는 comm, 그리고 data. 이들은 의미 있는 단어들인가? 그렇다. 그렇다면 이들은 차별적인 단어들인가? 아니다. 미국 특허청은 이들을 사용하는 회사명 및 제품명 상표 출원으로 북새통을 이룬다.

각 단어의 출원건수

| INFO | 8,819 | DATA | 7,850 |
| SYS | 1,866 | COMM | 18,317 |

InfoSysDataComm이라는 이름의 회사도 존재할까? 그렇다면 그 회사는 진부함의 그랜드슬램을 달성할 것이다.

이와 똑같은 군중심리가 유전공학에서의 눈부신 혁신을 등에 업은 생명공학 회사들에게도 나타난다. 1990년대 내내 고혈압에서부터 우울증에 이르기까지 모든 병을 다루는 의약품들이 시장에 쏟아졌고, 의사와 환자들은 이들의 바다를 항해할 새로운 방법을 필요로 했다. 회사들은 의약품이 허가 승인 자격을 갖추기 수년 전인 임상실험 초기 단계부터 제품명을 개발하기 시작했다. 알약(과 이름)들은 단지 입으로 삼키는 형태의 합성물이 아니라 라이프스타일 선택의 일부가 되었다. 임상실험 결과에서 회사의 흥망성쇠를 의존하던 의약품 회사들은 이제 자신을 차별화시켜야 했고, 특히 유전공학 제품들의 경우 더욱 그러했다. 비임상학적 사항에 있어서의 조그만 차이들이 부각되어야 했다. 똑같은 약의 너무나 많은 버전이 시장에 나왔기 때문에, 회사들은 자신의 버전을 돋보이게 할 방법을 찾아다

넜다. 동시에 새로운 약들이 점점 더 큰 숫자로 시장에 나오기 시작했다. 이제 초점은 전문성이 아니라 소비자의 기호에 맞추어졌다. 갑자기 알약들, 적어도 플린트스톤과 같은 비타민 알약들은 재미의 영역이 된 듯 보였다.

신생회사들은 새로운 이름을 필요로 했고, 기존 회사들도 새로운 모습을 추구하며 새로운 이름을 갖길 원했다. 그러나 기존의 회사명을 바꾸는 것은 브랜드 인지도를 약화시킬 수 있다. 겉으로 보기에는 지루해 보이는 보어랜드Borland 소프트웨어 업체는 자신의 이름을 Inprise로 바꿨는데 이것이 Internet과 enterprise를 나타내줄 것이라 생각했다. 2년 반 후 회사는 다시 이름을 보어랜드로 바꿨다. 2000년대 초가 되면 이름들은 이니셜과 기술 중심의 혼합물 — 어디서나 볼 수 있는 i-, e-, .com, .net, -sys- — 에서 벗어나 좀 더 대중에게 다가가는 현실적인 단어나 신조어로 이동하게 된다. 주식시장에서 닷컴 회사들의 몰락은 인터넷과 연관된 이름들에게서 그 후광을 앗아갔다.

시장에서의 지각변동이 이름들을 뒤흔들어놓기도 했다. 루슨트 테크놀로지스Lucent Technologies 사는 원래 벨 래버러토리스Bell Laboratories였고, 노텔Nortel은 노던 텔레콤Northern Telecom, 혹은 그 이전에는 노던 일렉트릭Northern Electric이었다. 두 회사는 모두 최근 주식시장에서 텔레콤 회사들의 붕괴와 함께 막대한 손해를 입었다. 네트워크 솔루션Network Solution을 210억 달러에 매입한 지 4년이 채 안 되는 2003년 베리사인VeriSign 사는 그것의 도메인명 등록 사업을 1억 달러에 매각했다. 1989년 타임Time은 워너 브라더스 영화사의 스튜디오를 소유한 워너 커뮤니케이션스Warner Communications과 합병했는데 그리고 나

서 몇 년 후 이들은 또 전(前) 아메리칸 온라인American Online이던 AOL
과 합병했다. 2002년도에 AOL Time Warner는 540억 달러의 자산
손실을 경험하는데 이는 사상 최대의 연간 기업 손실을 기록한다.
이듬해 그들의 이름은 2000년 AOL과 합병하기 전에 불렸던 타임
워너Time Warner로 되돌아간다. 그들의 주식 심벌도 AOL에서 TWX로
변화한다. 같은 해에 미국 통신 재벌기업인 월드컴WorldCom도 파산을
막기 위해 이름을 MCI로 변경하는데, 그것은 그들이 1997년에 합
병한 장거리 전화회사에서 나온 이름이었다. 에드거 브론프만 주니
어Edgar Bronfman Jr는 주류 및 엔터테인먼트 회사 시그램Seagram을 프랑
스의 수도회사 비벤디 유니버설Vivendi Universal에게 2000년에 매각하
고 주식과 교환했는데, 곧이어 주식가치가 수십억 달러 상승했다.
그것은 마치 유니버설 스튜디오에서 나온 1985년 히트작 〈백투더퓨
처〉의 제목 같았다.

　이 모든 것에서 우리는 어디로 갈 수 있으며 과연 어디든 갈 수 있
기는 한 걸까? 진정한 지식은 자신이 무엇을 모르는지 알고 자신이
안다고 생각하는 것이 꼭 그렇지만도 않다는 것을 아는 것에서부터
시작한다. 우리는 현재 선진국의 평균연령이 제3세계의 평균연령보
다 더 높다는 것을 안다. 우리는 또 몇몇 주요 유럽 국가들의 인구가
감소하고 있고 세계 인구도 마침내 안정상태가 되었다는 것도 알고
있다. 그러나 앞으로 수십 년 동안 이것이 어떻게 바뀔지는 아무도
모른다. 우리는 또 지구 온난화가 지속되거나 증가하여 생태계에 대
재앙을 불러일으킬지 어떨지 알지 못한다. 아마도 당장 화석연료가
고갈되지는 않겠지만 신선한 물은 고갈될지도 모른다. 우리는 심지
어 우리가 내년에 무엇을 먹게 될 것인지도 모르고 어떤 이는 우리
가 음식을 먹을 수 있을지 자체도 의심스러워한다. 누가 담백함으로

유명한 영국인들의 식성이 강렬한 카레를 선호하게 될지 예상했겠는가? 또 누가 미국에서 살사(salsa) 소스가 케첩을 이길 것이라고 예상했겠는가?

스튜어트 버그 플렉스너Stuart Berg Flexner는 일찍이 다음과 같이 쓴 바 있다. "금주법이 통과된 후 700개의 회사들이 맥주를 만들었다. 그러나 많은 합병이 일어났고 1976년이 되면 단지 54개의 양조업자들만이 살아남는다. 우리는 앞으로 얼마나 오랫동안 로드아일랜드의 나라간세트Narragansett나 뉴욕과 뉴저지의 발렌타인Ballantine에 대해 이야기할 수 있을까? 이제 세인트루이스 팔스태프Falstaff가 두 회사를 모두 사들인 것이다. 또 이제 세인트폴 함스Hamms의 소유가 되어 버린 워싱턴 주의 올림피아Olympia와, 블라츠Blatz가 소유하게 된 슈미츠Schmidt's에 대해서는 어떤가? 오늘날에는 다섯 개의 거대 맥주 기업들이 '빅 파이브'를 형성하고 있는데 안호이저–부시Anheuser Busch(버드와이저Budweiser와 미켈롭Michelob), 조세프 슐리츠Joseph Schlitz, 팝스트Pabst, 쿠어스Coors, 밀러Miller가 그들이다." 그러나 플렉스너와 우리 모두는 소형 맥주회사들과 스스로 술을 담는 술집들이 증가할 것이라거나 거대 맥주기업들이 종종 자신의 제품에 이름만 새로 바꾸기 위해 소형 업체의 제품처럼 보이는 라벨을 만들어낼 것이라고는 예상치 못했다.

우리가 과거에도 그것들을 예상치 못했다면, 우리는 분명 유전공학과 생명공학에서 앞으로 일어날 진전, 가령 인간 복제가 흔한 일이 될지도 알지 못한다. 우리는 서구사회의 권력에 대항하는 테러리즘이 증가할지 혹은 감소할지 알지 못한다. 우리는 우리가 우주에서 무엇을 발견하고 그것이 우리에게 얼마나 영향을 미칠지 알지 못한다. 반면 우리는 비록 상위 90개 브랜드들의 가치가 5퍼센트 감소했지만 2002년 세계 최고의 가치를 지닌 브랜드로 코카콜라가 마이크로소프트를 앞지른 것은 알고 있다. 그러나 우리가 만일 경제가 언제 침체 혹은 불경기에 빠질 것인지 알았다면 우리는 모두 지금쯤 부자가 되어있거나 적어도 곧 부자가 될 것이다.

적어도 우리가 확신할 수 있는 20세기의 한 혁명은 앞으로 강화될 것이다. 그것은 두 성간의 사회적, 정치적, 법률적, 그리고 경제적 관계에서의 급격한 변화이다. 선거권의 획득에서 시작하여 2차 세계대전동안에는 가정주부 여성들의 사회진출로 강화된 이 변화에서 우리는 반대 혹은 같은 성에 대해 새롭게 사고하는 방식을 배웠다. 우리는 페미니스트가 되었고 이후에는 포스트페미니스트가 되었다. 그러나 남녀양성을 뜻하는 이름들 — "Gary"가 여성의 이름이 된 것 — 과 유니섹스 헤어스타일에도 불구하고 남성들은 여전히 남성적인 이름을 선호하고 여성들은 여성적인 이름들을 선호한다. 차이는 심지어 무엇이 남성적인 이름 혹은 여성적인 이름을 매력적으로 만드는지에 대한 사고방식에까지 확장된다. 〈교육심리학 연구저널〉 Journal of Educational Psychology에 실린 "이름의 스테레오타입과 교사들의 기대"Name Stereotypes and Teachers' Expectations라는 제목의 한 연구에서 두 명의 심리학자들은 "지난 주 일요일에 내가 한 일"이라는 에세이 시험에서 "데이비드"David와 "리사"Lisa라는 학생들이 쓴 에세이라고 말한 경우 "엘머"Elmer나 "버사"Bertha가 썼다고 말한 경우보다 일관적으로 더 높은 점수를 받았다는 사실을 보여주었다. 1980년 툴레인 대학교Tulane University의 연구자들은 여성의 이름이 타인이 여기는 그들의 매력에 미치는 효과에 관한 연구를 발표했다. 연구자들은 이전 조사에서 똑같은 매력을 지녔다고 판정된 6명의 여성들 사진 위에 무작위로 세 개의 "바람직한" 이름(케이시Kathy, 제니퍼Jennifer, 크리스틴Christine)과 세 개의 "바람직하지 못한" 이름(에델Ethel, 해리엇Harriet, 저트루드Gertrude)을 붙였다. 그리고 나서 툴레인 대학 학생 센터에 부스를 마련한 뒤 지나가는 학생들에게 이 중 미인대회에 참가할 대표를 뽑으라고 했다. 부스에는 "모두 너무 예뻐서 고를 수 없어요. 여러분이 뽑아주세요"라는 간판이 붙어있었다. 케이시와 제니퍼, 크리스틴이 뽑혔다.

양성 간에는 의미심장한 차이도 많았다. 〈사이콜로지 투데이〉 Psychology Today는 여성들이 "더 일찍 말하는 것을 배우고 더 많은 단어를 알며, 더 잘 회상해내고, 중간 휴지가 짧으며 발음하기 힘든 단어들도 더 잘 발음한다"고 보고한다. 더 놀라운 것은 여성들이 남성들보다 타액(침)을 절반밖에 만들어내지 않는다는 것이다. 물론 마케팅과 네이밍이 인류의 반을 무시하거나 침을 질질 흘리는 사람들에게만 자신을 한정지울 수 없다는 것은 당연하다.

우리가 던진 사회적 질문들에 대한 대답은 대중들에게 제공되는 제품 및 서비스의 종류와 그것들이 어떻게 판매되고 어떤 이름으로 불릴 것인지에 깊은 영향을 미친다. 몇 명의 사람들은 앞으로의 경향에 대해 대범한 예상을 했다. 2002년 인터브랜드 사는 www.brandchannel.com에서 세계의 다양한 업계에서 마케팅과 브랜딩 업에 종사하는 사람들을 대상으로 온라인 설문조사를 실시했다. 참가자들은 대부분 네이밍 프로젝트에 직접적으로 관련된 종사자들이었다. 네이밍 경향에 대한 주관식 질문에서 그들은 다음과 같은 대답을 얻었다. "문화 간 교류와 법적 문제가 증가함에 따라 외부 전문가의 전문성을 필요로 하게 될 것이다", "현실적인 이름들이 더 많이 사용되고 별난 이름들이 줄어들 것이다", "고객들이 원하는 것에 귀를 기울이는 회사들은 이름을 단순화할 것이다", "이름이 제품 및 서비스를 식별해주는 동시에 시장에서는 차별화를 유지할 수 있게 해 주어야 한다" 등의 대답이 나왔다. 좀 더 구체적으로 들어가서, "마케팅 종사자로서 당신은 브랜드 네임의 미래가 어디에 있다고 생각하는가?"라고 묻자 다음과 같은 예언들이 나왔다. 퍼센트는 반올림 처리했다.

만들어냈지만, 의미 있는 복합어 네임
(jetBlue, MasterCard)   38
더 "실제적인" 네임(Target, Apple)   19
더 "조어적인" 네임(Accenture, Verizon)   19
더 "유산적인" 네임(Wyeth, Braxton)   9

영국의 언어학자 토니 톤Tony Thorne이 말했듯이, e-와 .com 경향에 대한 반발이 여기에서 분명하게 확인된다. eDistrict와 eCentric과 같은 회사들이 각각 umedia와 Capital Management로 이름을 변경하였다. 네이머들과 그들의 의뢰인들은 밀레니엄을 맞아 변화를 도입하도록 압력을 받는 동시에, 텔레콤과 e-com 회사 주식들의 거품이 꺼지기 시작하고 Enron이나 WorldCom(혹은 MCI) 등 너무나 잘 알려진 대기업들이 재정적 파탄을 겪음에 따라 걱정에 휩싸이고 이마를 찌푸릴 수밖에 없었다. 심지어 활자상의 술수(trickery)나 알파벳 수프(alphabet-soup)를 활용한 도메인명도 생각보다 별로 많지 않았다. 익사이트Excite나 인포시크Infoseek와 같은 게이트웨이(gateway) 회사들은 서술적 혹은 암시적 네임을 선택했다. 체크포인트CheckPoint나 실링크Cylink와 같은 보안 소프트웨어 회사들은 적절한 단어조합과 신조어를 채택했다. 콘센트릭 네트워크Concentric Network,

어스링크EarthLink, 메트리콤Metricom과 같은 네트워크 서비스 회사들도 거의 마찬가지였다. 다른 분야에서도 회사명은 안전과 수비의 경향으로 후퇴하였다. 영국에서는 오래된 구식의 우표 기업인 스탠리 기본스Stanley Gibbons가 예전의 이름으로 돌아갔고 다이아몬드 채굴 및 판매회사인 드비어스DeBeers도 이름을 바꾸지 않기로 결정했다.

누구도 앞으로 무슨 일이 일어날지 모르지만, 영향을 미치는 몇 가지 상수들이 존재한다. 그 중 한 가지는 법규로서 그것은 네이밍에 계속해서 영향을 미친다. 2003년 11월 2일부터 미국은 '마드리드 협정에 관한 마드리드 의정서'에 가입하였다. 이로 인해 상표 소유주가 외국에 대한 상표 출원 및 등록을 유지하는 것이 편리해졌는데 이 의정서에 따라 미국 상표 출원자는 자신의 상표를 동시에 57개 회원국에서 보호받을 수 있게 된다. 이와 마찬가지로 마드리드 의정서는 회원국의 상표 출원자들에게 같은 시스템 하에서 자신들의 상표를 미국에서 보호받을 수 있도록 해 준다. 이것이 가져올 결과는 아마도 미국에서 외국 상표 출원의 범람일 것이다.

매장 브랜드 네임(store brand name)도 점점 더 강력해지고 있다. 미국 매장에서 판매되는 5개 품목 중 하나는 매장 브랜드이다. 유럽에서는 이 비율이 더 높다. 월마트의 애완견 식품 브랜드인 올로이Ol'Roy(창립자의 푸치견 이름을 따라 지은)는 세계에서 가장 잘 팔리는 애완견용 개껌으로 애완식품 제조회사인 퓨리나Purina를 조용히 앞질렀다. (그레이트 밸류Great Value 표백제, 샘스 초이스Sam's Choice 참치, 스프링 밸리Spring Valley 비타민, 이쿼이트Equate 진통제 등 월마트의 다양한 브랜드들은 총 매장 판매실적의 40퍼센트를 차지한다.) 거대 식료품 가게인 크로거Kroger에서는 4천 개 이상의 자사 브랜드 식품과 음료수들이 있다. 세븐-일레븐7-Eleven은 멕시코 수입품인 코로나Corona의 시장을 나눠 갖기 위해 산티아고^{Santiago}라는 이름의 맥주를 출시했다. 프랑스 판매회사인 까르푸^{Carrefour}에서는 주요 내부 브랜딩 프로그램을 통해 품질, 이미지, 혁신을 강조한다. 이 매장 브랜드들은 단순히 가격정책에 기대어 판매하도록 고안된 것들이 아니다. 그들은 다른 제품들을 선반으로부터 밀어내기 위해 신중하게 이름 붙여지고 배치된다. 더 나은 자사 브랜드 네임들이 더 많이 나오길 기대해보자.

영향을 미치는 세 번째 상수는 네이밍에서의 유행이 다른 모든 종류의 유행과 마찬가지라는 사실이다. 예를 들어 글로벌 대기업의 거대브랜드와 그들의 획일적인 광고에 대한 소비자들의 반발이 점점 더 거세지고 있다. 이것은 아마 기존에 존재하는 "가족" 브랜드 네임에 덜 의존하는 네이밍 전략을 고무시킬 것이다. (새로운 형태의 "맥샌드위치^{McSandwich}" 대신에 맥도널드는 독립적인 이름을 고안해내야 할지도 모른다.)

예상 가능한 형태의 마케팅 주기 외에 더 중요한 상수들이 있다. 약 20만 년 전 호모 사피엔스가 사하라 이남 아프리카 지역에서 진화하였다. 직립 보행을 했던 그들은 복잡한 언어능력을 포함하여 새로운 신체적 능력을 취득했다. 그들은 비록 그 당시에는 간단해보이지 않았지만 간단한 도구들을 사용하기 시작했다. 약 4만 년 전 유럽으로 이주한 그들은 그 곳에서 냉담한 환대를 받았는데, 왜냐하면 그 당시 유럽대륙은 한창 빙하기의 막바지에 놓여있었기 때문이다. 그들은 라이벌 인종인 거대하고 느리며 유감스럽지만 멍청한 네안데르탈인들을 물리쳤다. 영국의 학자인 로빈 던바^{Robin Dunbar}가 말했듯이, "그 혹독한 시기에 우리가 살아남을 수 있었던 핵심적인 능력은 복잡한 데이터 — 주거와 식량의 위치 — 를 동료 인간들에게 교환하는 우리의 능력이다." 이후에 지구는 인간의 것이 되었다. 약 1

만 년 전 우리는 농업을 발명했고 추수와 가축을 기록하기 위해 단어들을 쓰기 시작했다. 그것과 함께 사회적 지위를 만들어내고 사유재산을 소유하며, 물건을 사고팔고, 조직적인 전쟁을 벌이는 경향이 나타나기 시작했다.

항상 지속되는 것은 서로에 대해 참견하기 좋아하는 우리의 관심이다. 로빈 던바는 리버풀에 있는 자신의 대학에서 휴게실 대화를 모니터한 결과 — 적어도 영국 — 일상대화의 86퍼센트는 개인적 관계와 경험에 대한 얘기들 — 사람들의 연예 관계, 가장 좋아하는 TV 프로그램, 농담들 — 이라는 것을 발견했다. 리버풀의 학생들은 양자역학이나 자크 데리다Jacques Derrida의 해체주의에 미래가 있는지 여부에는 별 관심이 없는 것처럼 보인다. 우리 대부분과 마찬가지로 그들은 잡담과 소문, 그리고 어떤 브랜드 네임을 살 것인지에 열중했다.

언어는 이 휴게실 안과 밖에서 일어나는 모든 활동의 분리할 수 없는 일부이다. 우리가 상기했듯이, 영어는 이제 더 이상 멈출 수 없는 세계(공용)어가 되었다 해도 과언이 아니다. 대영제국이 남긴 한 가지 유산은 영어가 많은 나라의 국가기관과 공무, 법률 제도, 종교 집단, 학교 및 대학, 그리고 모든 종류의 교과서 및 계약 기록들에 널리 보급되었다는 것이다. 공용어로서 영어는 다양한 인종 집단 사이의 중립적인 커뮤니케이션 수단이 되었고, 영어의 지역적 다양성은 국가적 혹은 심지어 국제적 단합의 상징이 될 수 있다. 1970년에 한 문법학자 랜돌프 쿼크Randolph Quirk는 "1990년이 되면 유럽의 모든 이들은 일상의 한 부분에서 영어를 사용하거나 영어에 노출될 것이다"라고 예상했다. 그는 옳았다. 1980년대의 연구들은 외국어 간행물에 등장하는 영어 차용어의 급격한 빈도수 증가를 보여준다. 데이비드 크리스털이 『케임브리지 영어 백과사전』에 보고한 바에 따르면, S. A. Vesterhus는 독일 자동차 광고 브로셔와 모델 설명서를 조사한 결과 8,459의 페이지에서 7,190개의 영어 단어가 있다는 것을 발견했다고 한다. 두 개의 선두주자는 Design(디자인)과 Cockpit(운전석)이었고 이 뒤를 Spoiler, Styling, Limit, Star, Display, Power, Know-how, Output, Tuning이 뒤따랐다. 출판물, 방송, 인터넷 매체에서의 영어 사용은 국제 경제 및 상업에서 미국이 차지하는 지배적 위치에 의해 더 확대된다. 관광 및 광고 산업도 영어에 의존하고 있고, 국제 항공 교통을 관제하는 언어도 영어이며, 그것은 또한 해상 운송과 치안 및 보안, 그리고 비상 서비스 영역으로 꾸준히 확장되고 있다. 영어는 다국적 기업과 학회의 선두 언어이다. 전 세계 대부분의 과학적, 기술적, 학문적 정보는 영어로 되어있고 전자 정보검색 시스템에 저장된 막대한 양의 데이터도 마찬가지이다. 영어는 모든 다른 언어의 저자들에게 접근할 수 있도록 해 준다. 그것은 대중문화와 위성방송, 가정용 컴퓨터, 비디오 게임의 주요 언어이다. 이보다 덜 유익한 것으로 영어는 포르노와 불법마약거래의 주요 언어이기도 하다. 〈리더스 다이제스트〉의 칼럼 "당신의 어휘력을 풍부하게 하는 방법"(It Pays to Enrich Your Word Power)이 1954년부터 꾸준히 게재된 것은 놀라운 일이 아니다.

그러나 영어의 과소평가할 수 없는 영향력을 정리하면서도 데이비드 크리스털은 다음의 사항을 지적한다. "영어가 모국어인 모든 나라는 그들의 언어적 정체성을 가지고 있고 그것을 외부의 영향력으로부터 보호하려고 애쓴다. 뉴질랜드인은 호주인이 되고 싶어 하지 않고 캐나다인은 미국인이 되고 싶어 하지 않는다. 그리고 미국주의는 (미국을 제외하고) 어느 곳에서나 국어 수호자들에 의해 위험

신호로 인식되고 있다." 영어에 대한 아직 해결되지 않은 질문은 이미 결론이 난 영어의 번성여부가 아니라 영어가 라틴어처럼 각각의 지방어들로 분화할 것인가이다.

다른 언어로부터 빌려 온 수많은 단어를 고려해볼 때 영어는 이미 다국어적이다. 전 세계적 커뮤니케이션의 신속함은 이 과정을 단지 가속화할 뿐이다. 1957년 10월 4일 소련연방은 최초의 인공위성인 스푸트니크^{Sputnik}를 우주로 발사했다. 10월 3일까지 스푸트니크라는 단어는 소련 우주 과학자들 사이 외에는 알려져 있지 않았다. 10월 4일 저녁이 되면 그 단어는 수백 개의 언어 속으로 들어가게 된다.

30년 전 있었던 산업 및 기술 분야에서의 "일본의 침략"에 대한 두려움은 이제 줄어들었지만, 일본은 여전히 특히 대중문화에서 언어적 침입을 하고 있다. 이러한 것들로는 세일러 문^{Sailer Moon}이나 디지몬^{Digimon}과 같은 제목의 흑백 만화 소설들인 망가(manga)나, 보통 공상과학을 주제로 하는 영화 및 TV 애니메이션, 또 이 둘을 노골적인 성 묘사와 함께 혼합하는 헨타이^{hentai} 등이 있다. 히타치^{Hitachi}와 도시바^{Toshiba}는 모든 길거리와 쇼핑몰에서 볼 수 있다. 사실상 일본어의 음절적 발음과 표기법은 아모코^{Amoco}나 텍사코^{Texaco}처럼 두음자어로 된 회사명에도 영향을 미쳤다. 일본어의 영향력은 앞으로도 더 커질 것인가? 다시 한번 우리는 알지 못한다.

그러나 우리는 그 국가적 기원이 어디이든지 간에 브랜드 네임이 뭔가 보편적 언어가 되었다는 사실을 알 수 있다. 비벤디^{Vivendi}와 빈치^{Vinci}라는 브랜드 네임을 만들어낸 프랑스 회사 노멘^{Nomen}이 2003년에 행한 연구의 일부 결과에 따르면 평균적인 프랑스인들이 아는 세 단어 중 두 단어가 브랜드 네임이라고 한다. 노멘의 연구팀은 프랑스 사전에 나온 10만 개의 단어와 2만 개의 브랜드 네임으로 된 짧은 발췌문을 읽었다. 노멘Nomen의 최고 경영자인 마르셀 보통Marcel Botton에 따르면 "브랜드 네임과 보통 단어 사이의 경계가 점점 무너지고 있다. 이것은 제품의 브랜드에 많은 돈을 투자한 회사들에게는 나쁜 소식이지만 일반 대중들에게는 좋은 일인 것 같다. 브랜드 네임은 일반 단어보다 더 국제적이고, 새로운 에스페란토어를 만들어내고 있다. 난 이 언어가 더 좋다." 보통Botton이 보기에 "사람들은 점점 더 많은 브랜드를 알아가는 반면 일반 단어는 점점 더 적게 알아가는 듯 보였다."

최고의 인터넷 검색엔진 중 하나인 구글은 매년 다양한 카테고리에서 인기 검색 순위 10위를 발표한다. 이 중 회사명 부문에서 다국적 회사명이 얼마나 많이 차지하는지 주목할 만하다.

브랜드 네임 부문

2003	2002	2001
Ferrari	Ferrari	Nokia
Sony	Sony	Sony
BMW	Nokia	BMW
Disney	Disney	Palm
Ryanair	IKEA	Adobe
HP	Dell	Dell
Dell	Ryanair	Oracle
easyJet	Microsoft	Ferrari
Last Minuit	Porsche	Honda
Wal-Mart	HP	Canon

어떤 시장에서나 글로벌 브랜드 네임이 차지하는 상대적인 중요
성은 토론토의 57번 채널 CITY-TV에서 저녁 8시와 10시 사이의 프
라임 시간대에 방영되는 광고에 등장하는 브랜드 네임들을 샘플링
해보면 더 자세히 알 수 있다.

로컬 브랜드

Bad Boy(가구 및 가전제품 가게)

Bridlewod Mall(중고자동차 판매처)

Leon(가구 및 가전제품 가게)

Oliver Jewellery(보석가게)

지방 및 전국적 브랜드

LCBO(온타리오의 주류관리국)와 MADD(음주운전 반대 어머니모임)

Millionaires Month(복권)

Molson Canadian(맥주)

Optimax Gold

Six Flags(놀이공원)

Swiss Chalet(레스토랑 체인)

글로벌 브랜드

Always(위생 냅킨)

Bacardi Superior(럼주)

Budlight Collections(인사 카드)

Coors Light(맥주)

Febreze(공기청정제)

Ford Focus and Windstar(자동차)

Heineken(맥주)

Hyundai Accent GS, Elatia GL, Turbitron(자동차)

Nissan Sentra(자동차)

Palmolive Aroma Therapy and Softsoap Aroma Therapy(스킨케어)

Smirnoff Ice Triple Black(보드카)

Volkswagen Touareg(자동차)

Wal-Mart(할인점)

Whirlpool(가전)

어느 정도 규모를 갖춘 어떤 시장에서나 이와 똑같은 브랜드 네임 비율이 발견된다. 우리는 그 사실을 안다. 우리는 또 이따금씩 네이밍의 해답이 해외로부터 온다는 것도 알고 있다. 하겐다즈^{Häagen-Daz}가 판매를 높일 수 있는 새로운 아이스크림 향을 원했을 때, 그 회사는 요리사들을 고용해 새로운 이국적인 향을 개발하는데 1년을 보내지 않기로 했다. 또 회사는 수천 번의 시식 테스트를 거치지도 않기로 했다. 대신 회사는 다음과 같은 간단한 질문을 했다. "미국 밖에서 가장 잘 팔리는 아이스크림 향은 무엇인가?" 이 질문의 답은 부에노스아이레스에서 왔다. 그것은 설탕과 우유 혼합물에 카라멜 향이 섞인 둘세데레체^{Dulce de Leche}였다. 이제 하겐다즈의 제품 중에는 바닐라만이 아르헨티나와 우루과이의 이 최고 애호품보다 판매량이 높다. 둘세데레체를 영어 어휘목록에 추가시키도록 하자.

우리가 매년 우리의 언어에 추가하는 5천~6천 개의 단어들은 대부분 다른 단어로부터 유래한 것들이다. 네이머들이 활용할 수 있는 전체 어휘목록의 규모는 얼마나 될까? 그것은 누가 말하는가에 달려있다. 사람들이 알고 사용하는 어휘들에 대한 얘기인가 아니면 사람들이 실제로 사용하는 어휘들, 즉 개개인의 언어에 대한 얘기인가? 몇 개의 수치들이 제시되어 있다. 알려진 바에 따르면 6살짜리 아이의 어휘에는 약 1만3천 개의 단어가 있고, "보통 사람"의 목록에는 약 2만5천 개의 단어가 있다고 한다(그러나 한 18살짜리 학생의 어휘에는 6만 개의 단어가 있다고 한다). (만약 이 마지막 수치가 믿을 만한 것이라면, 그 18살짜리 아이는 셰익스피어를 능가하는 것이다. 1968년의 연구에 따르면 셰익스피어는 2만 개 미만의 어휘소 ― 단어 변형이나 동사의 다른 형태를 제외한 기본 단어 ― 만을 사용하였다고 한다.) 어쨌든 여기서 "보통 사람"이란 누구를 말하는 것인가?

누구든 활용할 수 있는 어휘 목록은 크고 또 점점 커지고 있다고 말하는 것으로 족할 것이다. 일반적인 대학 사전은 약 12만5천 개의 단어를 수록한다. 『옥스퍼드 영어사전』의 1992년 통합 판본은 50만 개의 단어를 수록한다고 주장하고 있고 현재 진행 중인 그것의 수정본과 확장본은 그 수치가 더 증가할 것이다. 현재 『메리엄-웹스터 사전』과 『옥스퍼드 영어사전』은 물론 법률, 기술, 과학 모든 분야의 전문사전 등 현존하는 모든 사전의 내용을 통합하고 온라인에서 검색 및 접근하는 것이 가능하도록 하는 슈퍼 사전을 제작하는 것이 전자 기술적으로 가능한 범위 내에 있다고 한다. 그 날이 오기를 기다려보자.

네이머들이 기댈 수 있는 언어적 도구는 단지 어휘 뿐 아니라 영어의 문법에 근거한 언어적 청사진으로도 이루어져 있다. 브랜드 네임들은 보통 짧은 경향이 있으므로 아마도 스크래블 게임을 해 보는 것이 도움이 될 것이다. 『체임버스』^{Chambers} 사전 편찬자가 발행한 공식적인 스크래블 단어 목록에는 두 개의 글자로 된 단어(AA에서 ZO

까지)가 106개 있고 Q를 포함하여 4개의 글자로 된 단어가 (AQUA
에서 SUQS까지) 총 18개 있다. 그러나 영어에서 가장 흔히 사용되는
단어들의 목록이 더 유용할 것이다. 순서대로 정리하면 그것들은 다
음과 같다.

문서	회화	문서	회화
the	the	on	is
of	and	at	yes
to	I	he	was
in	to	with	this
and	of	by	but
a	a	be	on
for	you	it	well
was	that	as	have
is	in	his	for
that	it		

위에서 나타난 바와 같이, 영어에서 가장 흔히 사용되는 것은 단
음절어이다. 발견자 지프[G. K. Zipf]의 이름을 따라 만든 지프의 법칙에
따르면 통계적으로 약 200개 이상의 단어로 이루어진 텍스트의 첫
15개의 단어들은 그 텍스트에 나오는 전체 단어의 25퍼센트를 차지
한다고 한다. 그 단어들은 짧은 단어일 가능성이 크다. 반대로, 영어
에서 가장 긴 단어는 500개의 아미노산을 포함하는 소의 NADP-
specific 글루탐산탈수소효소를 설명하는 3,600개의 글자로 이루어
진 화학명이라고 한다. 이는 오랫동안 사랑받아 온 "antidis-

establishmentarianism”(정치와 종교의 분리운동)과 메리 포핀스Mary Poppins의 “supercalifragilisticexpialidocious”(슈퍼칼리프래자일리스틱익스피알리도셔스)를 훨씬 앞지르는 것으로 간결함을 좋아하는 브랜드 네이머에게는 “뭔가를 가치 없다고 여기는 행동이나 태도”를 뜻하는 floccinaucinihilipilification에 해당될 것이다.

네미머들은 또한 어휘의 혁신가이자 달인으로서 소설가 찰스 디킨스, 루이스 캐럴, 제임스 조이스, 블라디미르 나보코프, 니콜슨 베이커, 또는 시인인 토머스 하디, 제라르 맨리 홉킨스, E. E. 커밍스, 딜런 토머스 등을 살펴볼 수도 있을 것이다. 그러나 아마도 가장 좋은 것은 어린아이가 쓰는 첫 50개의 어휘로 돌아가는 것이다. 아이들은 18개월이 되면 적어도 50개의 어휘를 말할 수 있게 된다. 1980년대에 영국에서 행해진 한 언어습득에 관한 연구에 따르면 “윌”Will은 50개 단어를 습득하는데 단지 6개월 반만 걸렸다고 한다. 인명(그 중 한 하나인 뮤리엘Muriel만이 이 50개의 어휘목록에서 마지막 순위를 차지했다)과 순전한 의성어(꽥꽥(quack-quack), 꿀꿀(oink-oink), 빵빵(beep beep), 야옹(meow), 음매(moo), 후후(hoo hoo)), 그리고 감탄사(uh-oh, grrr, heehaw)를 제외한 그것들을 사용빈도에 따라 정리하면 다음과 같다.

all done	up	bump
light	coat	out
down	keys	heehaw
shoes	circle	eat
baby	mama	sit
don't throw	daddy	bee

moo	more	tree
bite	off	yack-yack
three	tick tock	bye-bye
hi	ball	doll
cheese	go	kite

"윌"은 잘 한 것이다. 어린이의 순수함과 학습능력을 다시 불러낼 수 있다면 네이머들도 그럴 것이다.

알려진 바에 의하면 이미 서술된 곤충들이 수백만 종이고 앞으로 서술과 이름을 기다리는 곤충이 수백만 종 더 있다고 한다. 수백만 개의 브랜드 네임이 실제로 존재하고 있으므로 다음과 같은 최종 질문이 생긴다. "이름이 소진될 수도 있을까?" 8만 개의 단어를 가진 작은 사전을 생각해보자. 만약 각각의 단어를 자신과 나머지 79,999개의 단어와 조합하면, 총 640억 개의 조합이 가능하다는 결론이 나온다. 설사 우리가 AardwolfZit과 ZeoliteAargh과 같은 가망성 없는 브랜드 네임들을 지운다 하더라도, 여전히 사용하기에 충분한 숫자가 남을 것이다.

이름을 짓는 일은 분명히 계속될 것이다. 기업적 전략과 상식, 마케팅의 예술과 일상생활의 과학, 언어적 기술과 법적 자격을 조화시키는 일은 확장될 것이다. 그 전체적 과정에 대해 우리는 이름과 네이밍의 미래는 오직 인간 정신의 창조력에 의해서만 제한된다고 겸허하게 제언하고자 한다.

국제 상품 및 서비스업 상표 분류 목록

상 품

분류	내 용
제 01 류 (화학품)	공업용, 과학용, 사진용, 농업용, 원예용 및 임업용 화학품; 미가공 인조수지, 미가공 플라스틱; 비료; 소화제(消火劑); 조질제(調質劑) 및 용접용 조제; 식품보존제; 무두질제; 공업용 접착제
제 02 류 (페인트)	페인트, 니스, 래커; 방청제 및 목재보존재; 착색제; 매염제(媒染劑); 미가공 천연수지; 도장용, 장식용, 인쇄용 및 미술용 금속박(箔)과 금속분(粉)
제 03 류 (화장품 및 세척제)	표백제 및 기타 세탁제제; 청정제, 광택제, 연마제; 비누; 향료, 정유(精油), 화장품, 헤어로션; 치약
제 04 류 (윤활제 및 연료)	공업용유 및 그리스; 윤활유; 먼지흡수제, 먼지습윤제 및 먼지흡착제; 연료 (자동차 휘발유를 포함한다), 발광체; 조명용 양초 및 심지
제 05 류 (약제)	약제 및 수의료과용 약제; 의료용 위생제; 식이요법제, 유아용 식품; 깁스 및 연고류; 치과용 충전재료 및 치과용 왁스; 소독제; 유해동물 박멸제; 살균제, 제초제
제 06 류 (금속물)	일반금속 및 그 합금; 금속제 건축재료; 이동식 금속제 건축물; 철도노선용 금속재료; 일반금속제 케이블 및 와이어(전기용은 제외한다); 철제품, 소형금속제품; 금속관; 금고; 다른 유에 속하지 아니하는 일반금속제품; 광석
제 07 류	기계 및 공작기계; 모터 및 엔진(육상차량용은

(기계류)	제외한다); 기계연결기 및 전동장치의 구성부품(육상차량용은 제외한다); 농업용 기구(수동식은 제외한다); 부란기(孵卵器)
제 08 류 (수공구)	수공구 및 수동기구; 칼붙이류; 휴대용 무기; 면도칼
제 09 류 (전기 및 과학 장치)	과학, 항해, 측량, 사진, 영화, 광학, 계량, 측정, 신호, 검사(감시), 구명 및 교육용으로 전기의 전도, 전환, 변형, 축적, 조절 또는 통제를 위한 기기; 음향 또는 영상의 기록용, 송신용 또는 재생용 장치; 자기 정보기억 매체 및 녹음반; 자동판매기 및 동전 작동식 기계장치
제 10 류 (의료 장치)	외과용, 내과용, 치과용 및 수의과용 기계기구, 의지(義肢), 의안(義眼), 의치(義齒); 정형외과 용품; 봉합용 재료
제 11 류 (환경 조절 장치)	조명용, 가열용, 증기발생용, 조리용, 냉각용, 건조용, 환기용, 급수용 및 위생용 장치
제 12 류(운송류)	수송기계기구; 육상, 공중 또는 수상이동장치
제 13 류(화기)	화기(火器); 총포탄 및 발사체; 화약류; 불꽃
제 14 류 (귀금속)	귀금속 및 그 합금과 귀금속제품 또는 귀금속도금제품(다른 류에 속하는 것은 제외한다); 보석류, 귀석(貴石); 시계용구
제 15 류(악기)	악기
제 16 류 (종이 및 인쇄류)	종이, 판지 및 종이나 판지제품으로서 타류에 속하지 않는 것; 인쇄물; 제본용 재료; 사진; 문방구용품; 문방구 또는 가정용 접착제; 미술용 재료; 화필(畵筆) 및 도장용 붓; 타자기 및 사무용품(가구는 제외한다); 교육용 재료(기구는 제외한다); 포장용 플라스틱 재료(타류에 속하는 것은 제외한다); 인쇄용 활자; 프린팅블럭(스테레오타입, 연판)
제 17 류 (고무제품)	고무, 구타페르카, 고무액(Gum), 석면, 운모 및 이들의 제품(다른 류에 속하는 것은 제외한

다); 제조용 압출성형플라스틱; 충전용, 마개용
및 절연용 재료; 비금속제 신축관

제 18 류	피혁과 모조피혁 및 그 제품(다른 유에 속하는

제 18 류　　　　　피혁과 모조피혁 및 그 제품(다른 유에 속하는
(가죽제품)　　　　것은 제외한다); 수피(獸皮); 트렁크 및 여행용
　　　　　　　　가방; 우산, 양산 및 지팡이; 채찍, 마구(馬具)

제 19 류　　　　　비금속제 건축재료; 건축용 비금속제 경질관(硬
(비금속 건축재료)　質管); 아스팔트, 피치 및 역청; 비금속제 이동
　　　　　　　　식 건축물; 비금속제 기념물

제 20 류　　　　　가구, 거울, 액자; 목재, 코르크, 갈대, 등나무,
(가구 및 다른 유에　고리버들, 뿔, 상아, 고래수염, 패각, 뼈, 호박,
속하지 않은 관련 재료)　진주모(眞珠母), 해포석을 재료로 하는 제품과
　　　　　　　　이들 재료의 대용품 또는 플라스틱제품(다른 유
　　　　　　　　에 속하는 것은 제외한다)

제 21 류　　　　　가정용 또는 주방용 기구 및 용기(귀금속제와
(가정용품 및 유리제)　귀금속도금제품은 제외한다); 빗 및 스펀지; 솔
　　　　　　　　(화필용 및 도장용 브러시는 제외한다); 솔제조
　　　　　　　　용 재료; 청소용구; 강철울(Steel wool); 미가
　　　　　　　　공 또는 반가공 유리(건축용은 제외한다); 유리
　　　　　　　　제품, 도자기제품 및 토기제품(다른 유에 속하
　　　　　　　　는 것은 제외한다)

제 22 류　　　　　로프, 끈, 망, 텐트, 차양막, 타폴린, 돛, 포대(다
(밧줄 및 섬유)　　른 유에 속하는 것은 제외한다); 충전용 재료
　　　　　　　　(고무제 또는 플라스틱제는 제외한다); 직물용
　　　　　　　　미가공 섬유

제 23 류(직물용 사)　직물용 사(絲)

제 24 류　　　　　직물 및 직물제품(다른 유에 속하는 것은 제외
(직물)　　　　　한다); 침대커버 및 테이블커버

제 25 류(의류)　　의류, 신발, 모자

제 26 류　　　　　레이스 및 자수포, 리본 및 머리밴드; 단추, 혹
(장식용 잡화)　　및 아이(Hooks and eyes), 핀 및 바늘 ; 조화
　　　　　　　　(造花)

제 27 류　　　　　카펫, 융단, 매트, 리놀륨 및 기타 바닥깔개용

(바닥 장식재)	재료; 비직물제 벽걸이
제 28 류 (장난감 및 운동용품)	오락 및 유희용구; 체조용품 및 운동용품(다른 유에 속하는 것은 제외한다);크리스마스트리용 장식품
제 29 류 (육류 및 가공식품)	육류, 어류, 가금 및 수렵대상이 되는 조수(鳥獸); 육(肉)즙; 절임, 건조 및 가공한 과실과 야채; 젤리, 잼, 설탕에 절인 과일; 계란, 우유 및 기타유제품; 식용유지
제 30 류 (기본 식료품)	커피, 차, 코코아, 설탕, 쌀, 타피오카, 사고(Sago), 대용커피; 곡분(穀粉) 및 곡물조제품, 빵, 과자, 빙과; 꿀, 당밀(糖蜜); 효모, 베이킹파우더; 소금, 겨자; 식초, 소스; 향신료; 얼음
제 31 류 (자연 농산물)	농업, 원예 및 임업 생산물, 곡물(다른 유에 속하는 것은 제외한다); 살아 있는 동물; 신선한 과실 및 야채; 종자, 자연식물 및 꽃; 사료, 맥아
제 32 류 (가벼운 음료)	맥주; 광천수, 탄산수 및 기타 무주정(無酒精) 음료; 과실음료 및 과실주스; 시럽 및 기타 음료용 조제품(調製品)
제 33 류(주류)	알코올음료(맥주는 제외한다)
제 34 류(담배)	담배; 흡연용품; 성냥

서비스

분류	내 용
제 35 류 (광고 및 경영 서비스)	광고업; 기업관리업; 기업경영업; 사무처리업
제 36 류 (보험 및 금융 서비스)	보험업; 재무업; 금융업; 부동산업
제 37 류 (건축 및 수선 서비스)	건축물건설업; 수선업; 설치서비스업
제 38 류	통신업; 방송업

(통신 서비스)

제 39 류   운송업; 물품의 포장 및 보관업; 여행예약업
(운송 및 보관 서비스)

제 40 류   재료처리업
(재료처리업 서비스)

제 41 류   교육업; 훈련제공업; 연예업; 스포츠 및 문화활
(교육 및 연예 서비스)   동업

제 42 류   과학적, 기술적 서비스업 및 관련 연구 · 디자인
(과학 및 기술 서비스;   업 ; 산업분석 및 연구 서비스업 ; 컴퓨터 하드
법률 서비스)   웨어 및 소프트웨어의 디자인 및 개발업 ; 법률
                     서비스업

제 43 류   음 · 식료품을 제공하는 서비스업, 임시숙박업
(음식 및 숙박 서비스)

제 44 류   의료서비스업; 수의사업; 인간 또는 동물을 위
(의료, 위생 및 미용 서비스)   한 위생 및 미용업; 농업, 원예 및 임업 서비스

제 45 류   사적인 수요를 충족시키기 위해 타인에 의해 제
(사회적 서비스; 보안   공되는 개인적인 또는 사회적인 서비스; 재산
서비스)   및 개인을 보호하기 위한 보안 서비스

참고자료와 문헌

다음의 참고자료들은 우리가 이 책을 쓰기 위해 사용한 문헌의 출처를 보여줄 뿐 아니라, 브랜드 네임이나 네이밍, 네이머에 관심을 가진 사람들을 위한 자료들을 소개하고 있다.

네이밍을 다룬 저서

기업이나 제품 및 서비스의 네이밍을 특정하게 다룬 저서는 찾아보기가 매우 어렵다. 그래서 우리는 우리의 책이 시기적절하고 시사적이며 반드시 필요하다고 생각한다. 헨리 차머슨의 『The Name Is the Game』과 나심 자비드의 『Naming for Power』는 모두 네이밍 실무가가 집필한 책들로서 유용한 정보와 조언들을 담고 있기는 하지만, 전자는 너무 오래되었고 후자는 약간 자기 선전적이다. 에이드리언 룸의 『Trade Name Origin』은 약간의 오해를 불러일으킬 수 있는 제목을 지녔다. 실제로 그 책은 트레이드 네임(회사명)뿐 아니라 브랜드 네임도 다루고 있다. 기본적으로 알파벳 순서로 되어있는 그 책은 영국과 유럽의 브랜드들을 풍부한 배경지식과 함께 강조하고 있다. 그 책의 서문 뿐 아니라 문자와 접미사를 다룬 부록도 훌륭하다. 경영부 기자인 알렉스 프랭클의 『Wordcraft』는 네이밍 뿐 아니라 브랜딩 전반에 대해 강조한다.

Charmasson, Henri. *The Name Is the Game: How to Name a Company or*

Product. Homewood: Dow Jones-Irwin, 1988.

Frankel, Alex. *Wordcraft: The Art of Turning Little Words into Big Business*. New York: Random House, 2004.

Javed, Naseem. *Naming for Power: Creating Successful Names for the Business World*. Toronto and New York: Linkwood, 1993.

Room, Adrian. *Trade Name Origins*. Chicago: NTC, 1982.

참고 도서

톰 맥아더의 『Oxford Companion to the English Language』뿐 아니라 데이비드 크리스털의 『Cambridge Encyclopedia of Language』와 『Cambridge Encyclopedia of the English Language』는 훌륭한 사전들로서 우리는 다방면에 걸쳐 그들의 도움을 얻었다. 특히 『Encyclopedia of the English Language』는 학문적 출처에서 나온 도표 자료들을 풍부하게 다루고 있는데, 그 중 일부는 우리에게 큰 도움이 되었다. 모든 사전들은 강점과 약점을 가지고 있고, 사전들이 어떻게 브랜드 네임을 다루는지는 매우 흥미로운 문제이다. CD로 된 검색 버전을 가지고 있는 사전의 경우 "트레이드 네임"과 같은 키워드를 사용하면 순식간에 일련의 브랜드 네임 목록을 불러낼 수 있다. 우리는 또 좀 더 전문화된 사전도 사용하였다. 신조어의 경우 우리는 10년 단위로 정리되어 있는 존 아이토의 『Twentieth Century Words』에서 도움을 얻었다. 상징에 관해서는 『Brewer's Dictionary of Phrase and Fable』이 가장 큰 도움을 주었다. 로렌스 어댕과 세일라 데임 로빈스의 『Slogans』는 업데이트가 필요하긴 하지만, 훌륭한 브랜드 네임 모음집으로서 광고 슬로건과 태그라인까지 확장하여 다루고 있다. 20세기 전환기에 등장한 『ABC 만국상업전신부호』ABC Universal Commercial Electric Telegraphic Code 는 100퍼센트 합성어에 있어서는 가히 독보적이다. 자동차와 비행기,

맥주 등의 이름을 비롯하여 미국 역사에서 200년 이상 큰 위치를 차지하여 온 단어들에 관해서는 스튜어트 버그 플랙스너의 『I Hear America Talking』이 매우 생생하고 포괄적이다. 시소러스 사전들 중 우리가 가장 애호하는 것은 로버트 샵먼의 『Roget's International Thesaurus』 개정판이지만, 브랜드 네임을 창조하는 실제적인 업무에 있어서는 알파벳 순서대로 정리해놓은 로데일의 『The Synonym Finder』가 더 유용할 것이다. 많은 시사적인 목록을 담은 스티븐 글레지어의 『Random House Word Menu』도 훌륭한 네이밍 도구이다.

Algeo, John, with the assistance of Adele S. Algeo. *Fifty Years among the New Words: A Dictionary of Neologisms, 1941-1991.* New York: Cambridge, 1991.

American Heritage Dictionary of the English Language. 4th ed. Boston and New York: Houghton Mifflin, 2000.

AP Stylebook and Briefing on Media Law. New York: Associated Press, 2003.

Ayto, John. *Twentieth Century Words.* Oxford: Oxford University Press, 1999.

Barnhart, Robert K., and Sol Steinmetz, with Clarence L. Barnhart. *The Third Barnhart Dictionary of New English.* New York: H. W. Wilson, 1990.

Brewer's Dictionary of Phrase and Fable. 16th ed. Revised by Adrian Room. New York: HarperCollins, 1999.

Chambers Dictionary. 9th ed. Edinburgh: Chambers Harrap, 2003.

Chambers Official Scrabble Words Dictionary. Edinburgh: Chambers Harrap, 2002.

Chapman, Robert L. *Roget's International Thesaurus.* 5th ed. New York HarperCollins, 1992.

Chevalier, Jean, and Alain Gheerbrant. *A Dictionary of Symbols*. Trans. John Buchanan-Brown, Oxford: Blackwell, 1994.

Chicago Manual of Style. 15th ed. Chicago: University of Chicago Press, 2003.

Cirlot, J. E. *A Dictionary of Symbols*. Trans. Jack Sage. New York: Philosophical Library, 1962.

Clausen-Thue, W. *The ABC Universal Commercial Electric Telegraphic Code*. New York: American Code Company, 1901.

Collins English Dictionary. 6th ed. London: HarperCollins, 2003.

Concise Oxford English Dictionary. 10th ed. Oxford: Oxford, 2002.

CP Press Stylebook: A Guide for Writers and Editors. Ed. Peter Buckley. Toronto: Canadian Press, 1992.

Crystal, David. *Cambridge Encyclopedia of the English Language*. Cambridge: Cambridge University Press, 1995.

Crystal, David. *Cambridge Encyclopedia of Language*. Cambridge: Cambridge University Press, 1987.

Editing Canadian English, 2d ed. Toronto: Macfarlane Walter and Ross, 2000.

Encarta World English Dictionary. London: Bloomsbury, 1999, and New York: St. Martin's, 1999.

Encyclopedia Britannica Almanac 2004. Chicago: Encyclopedia Britannica, 2003.

Flexner, Stuart Berg. *I Hear America Talking: An Illustrated Treasury of American Words and Phrases*. New York: Van Nostrand Reinhold, 1976.

Glazier, Stephen. *Random House Word Menu*. New York: Random House, 1992.

Globe and Mail Style Book. Ed. J. A. (Sandy) McFarlane and Warren Clements. Toronto: Penguin, 1994.

McArthur, Tom, ed. *Oxford Companion to the English Language*. Oxford and New York: Oxford, 1992.

Merriam-Webster's Collegiate Dictionary. 11th ed. Springfield, Mass.:

Merriam-Webster, 2003.

Morris, William, and Mary Morris. *Dictionary of Word and Phrase Origins.* 2d ed. New York: Harper, 1988.

New Fowler's Modern English Usage. 3d ed. Ed. R. W. Burchfield. Oxford: Clarendon, 1996.

New Oxford Dictionary of English. Ed. Judy Pearsall. Oxford: Clarendon, 2003.

New York Times Manual of Style and Usage. New York: New York Times, 2002.

Oxford Dictionary of English. CD-ROM Searchable version. Oxford: Clarendon, 2002.

Oxford Dictionary of New Words. Comp. Sara Tulloch. Oxford and New York: Oxford, 1991.

Oxford Dictionary of Phrase and Fable. Ed. Elizabeth Knowles. Oxford: Oxford, 2000.

Oxford Guide to Canadian English Usage. Ed. Margery Fee and Janice McAlpine. Toronto: Oxford, 1997.

Quirk, Randolph, Sidney Greenbaum, Geoffrey Leech, and Jan Svartik. *A Grammar of Contemporary English.* London: Longman, 1972.

Random House Webster Compact Unabridged Dictionary. Special 2d ed. New York: Random House, 1996.

Room, Adrian. *Dictionary of Contrasting Pairs.* London and New York: Routledge, 1988.

21st Century Misspeller's Dictionary, comp. T. J. Demers. New York: Dell, 1993.

Urdang, Laurence, and Ceila Dame Robbins, eds. *Slogans.* Detroit: Gale, 1984.

Webster's Third New International Dictionary. Springfield, Mass: Merriam-Webster, 1961.

World Almanac and Book of Facts 2003. New York: World Almanac, 2003.

기타 도서

아래에서 우리는 케네스 그레이엄^{Kenneth Grahame}의 『버드나무의 바람』^{The Wind in the Willows}과 이와는 매우 다른 브렛 이스턴 엘리스^{Brett Easton Ellis}의 『아메리칸 사이코』^{American Psycho} 등과 같은 소설뿐 아니라 심리학, 언어학, 문화, 경영 등의 문헌을 잡동사니 식으로 모아놓았다.

Aaker, David. *Building Strong Brands*. New York: The Free Press, 1995.

Aaker, David. *Managing Brand Equity*. New York: The Free Press, 1991.

Adler, Alfred. *The Individual Psychology of Alfred Adler*. New York: Perennial, 1964.

Alsop, Ronald J. *The 18 Immutable Laws of Corporate Reputation: Creating, Protecting, and Repairing Your Most Valuable Asset*. New York: The Free Press, 2004.

Barry, John A. *Technobabble*. Cambridge: MIT, 1991.

Benbow, John. *Manuscript and Proof*. New York: Oxford, 1937.

Bono, Edward de. *New Think: The Use of Lateral Thinking in the Generation of New Ideas*. New York: Basic Books, 1967.

Bono, Edward de. *Six Thinking Hats*. New York: Back Bay, 1999.

Bryson, Bill. *The Mother Tongue: English and How It Got That Way*. New York: HarperCollins, 1990.

Bodmer, Frederick. *The Loom of Language: A Guide to Foreign Languages for the Home Student*. Ed. and arranged by Lancelot Hogben. London: George Allen & Unwin, 1994.

Burgess, Anthony. *A Mouthful of Air: Language and Languages, Especially English*. Toronto: Stoddart, 1993.

Campbell, Joseph. *The Hero with a Thousand Faces*. Princeton: Princeton, 1972.

Carter, Ronald. *Vocabulary: Applied Linguistic Perspectives*. London: Allyn & Unwin, 1987.

Casselman, Bill. *Casselmania: More Wacky Canadian Words & Sayings*. Toronto: Little, Brown, 1996.

Csikszentmihalyi, Mihaly, and Eugene Rochberg-Halton. *The Meaning of Things: Domestic Symbols and the Self*. New York: Cambridge, 1981.

Cochrane, Robertson. *The Way We Word: Musing on the Meaning of Everybody English*. Saskatoon: Fifth House, 1993.

Dalby, Andrew. *Language in Danger: The Loss of Linguistic Diversity and the Threat to Our Future*. New York: Columbia, 2003.

Eisiminger, Sterling. "Colorful Language." In *Verbatim: Volumes V & VI*. Detroit: Gale Research, 1981, pp. 795-802.

Ellis, Brett Easton. *American Psycho*. New York: Vintage, 1991.

Espy, Willard R. O *Thou Improper, Thou Uncommon Noun*. New York: Clarkson N. Potter, 1978.

Federal Reserve Bank of Dallas, 1998 Annual Report.

Fones, Robert. *Anthromorphiks*. Toronto: Coach House, 1971.

Galef, David. "Short Cuts." In *Verbatim: Volumes V & VI*, pp. 965-67.

A Guide to Proper Trademark Use. International Trademark Association, n. d.

Gibson, Claire. *Signs & Symbols*. New York: Barnes & Noble, 1996.

Grahame, Kenneth. *The Wind in the Willows*. New York: Scribners, 1954.

Hager, Philip E. "Diplophrasis." In *Verbatim: Volumes III & IV*, Detroit: Gale Research, 1981, pp. 475-79.

Hargraves, Orin. *Mighty Fine Words and Smashing Expressions: Making Sense of Transatlantic English*. New York: Oxford, 2003.

Heskett, John. *Toothpicks and Logos: Design in Everyday Life*. New York: Oxford, 2002.

Ingram, Jay. *Talk Talk Talk: An Investigation into the Mystery of Speech*. Toronto: Viking, 1992.

Hornos, Axel. " 'Ouch!' he said in Japanese." In *Verbatim: Volumes III & IV*, pp. 251-54.

Jung, C. G. *Man and His Symbols*. New York: Laureleaf, 1997.

Jung, C. G. *Memories, Dreams, and Reflections*. Ed. Aniela Jaffé. New

York: Vintage, 1989.

Jung, C. G. *Psychological Types. Collected Works of C, G. Jung.* Vol. 6. Princeton: Princeton University, 1979.

Karges, Joann. "Rhyme and Jingle." In *Verbatim: Volumes V & VI*, pp. 918-20.

Klein, Naomi. *No Logo: Taking Aim at the Brand Bullies.* Toronto: Vintage, 2000.

Landau, Sidney. *Dictionaries: The Art and Craft of Lexicography.* 2d ed. Cambridge: Cambridge, 2001.

Lloyd, Paul M. "Binomials and Trinomials." *Verbatim: Volumes I & II*, pp. 17-18.

Martineau, Pierre. *Motivation in Advertising: Motives That Make People Buy.* New York: McGraw-Hill, 1971.

Maslow, Abraham. *Motivation and Personality.* 3d ed. New York: Addison-Wesley, 1987.

McLuhan, Marshall, Quentin Fiore, and Jerome Angel. *The Medium Is the Message: An Inventory of Effects.* New York: Bantam, 1967.

Mencken, H. L. *The American Language: An Enquiry into the Development of English in the United States.* 4th ed. New York: Alfred A. Knopf, 1937.

Metcalf, Allan. *Predicting New Words: The Secrets of Their Success.* Boston: Houghton Mifflin, 2002.

Metcalf, Allan. *The World in So Many Words.* Boston and New York: Houghton Mifflin, 1999.

Moorhouse, Geoffrey. *To the Frontier.* New York: Holt, Rinehart & Winston, 1984.

Morton, Herbert C. *The Story of Webster's Third: Philip Gove's Controversial Dictionary and Its Critics.* New York: Cambridge,1994.

O'Grady, William and Michael Dobrovolsky. *Contemporary Linguistic Analysis.* Toronto: Copp Clark Pitman, 1987.

Pei, Mario. *The Story of Language.* Philadelphia: J. B. Lippincott, 1949.

Pinker, Steven. *The Language Instinct: How the Mind Creates Language.*

New York: HarperCollins, 1994.

Prince, Bruce D. "A Metalinguistic Inquiry into F." In *Verbatim: Volumes V & VI*, pp. 639-42.

Pulgram, Ernst. *Theory of Names. Berkeley: American Name Society.* University of California Press, 1954.

Ries, Al, and Jack Trout. *Positioning*, New York: McGraw-Hill, 1986.

Rivkin, Steve, and Fraser Seitel. *IdeaWise: How to Transform Your Ideas into Tomorrow's Innovations.* New York: John Wiley, 2002.

Robertson, Kim Reed. "Cognitive Processing of Brand Names." Ph. D. thesis, University of Oregon, December 1982.

Ross, A. S. C. "U and Non-U: An Essay in Sociological Linguistics." In *Nancy Mitford*, ed. Noblesse Oblige. London: Hamish Hamilton, 1956.

Safire, William. "Generic: What's in a Name?" In William Safire, *On Language*. New York: Times Books, 1980, pp. 106-08.

Safire, William. "No-Name Nomenclature?" In William Safire, *On Language*, New York: Times Books, 1980, pp. 177-79.

Sarenpa, Colleen M. *The Trademark Shuffle: Five Steps to Trademark Success*, Thomson & Thomson, 1994.

Schulz, Clair, "We Shall Know Them by Their Roots." In *Verbatim: Volumes III & IV.* Detroit: Gale Research, 1981, pp. 475-79.

Searle, John R. *Speech Acts: An Essay in the Philosophy of Language.* New York: Cambridge, 1969.

Sears, Donald A. "Ameritalian." In *Verbatim: Volumes I & II.* Detroit: Gale 1978.

Smitherman, Geneva. *Black Talk: Words and Phrases from the Hood to the Amen Corner.* New York: Houghton Mifflin, 2000.

Stern, Jane, and Michael Stern. *Jane & Michael Stern's Encyclopedia of Pop Culture.* New York: HarperCollins, 1992.

Stern, Jane, and Michael Stern. *Square Meals.* New York: Alfred A. Knopf, 1985.

Trout, Jack, with Steve Rivkin. *Differentiate or Die: Survival in the Era of Killer Competition.* New York: John Wiley, 2000.

Trout, Jack, with Steve Rivkin. *The New Positioning*. New York: McGraw-Hill, 1996.

Wescott, Roger W. "Word Chains in English." In *Verbatim: Volumes I & II*, pp. 6-7.

Woodbridge, Richard C., and Robert G. Shepherd. *Selecting and Protecting Your Trademark*. Booklet no. 2, 2d ed. Princeton: Matthews, Woodbridge & Collins, 1990.

Word Mysteries & Histories. Boston: Houghton Mifflin, 1974.

정기간행물

정기간행물들 중 우리는 특히 전 세계적인 시각을 담고 있는 〈English Today〉를 좋아한다. 또한 미국네임협회에서 발행하는 〈Names〉와, 캐나다네임학연구회에서 발행하는 〈The Name Gleaner/La Glanure des Noms〉, 그리고 북미사전협회에서 발행하는 〈Dictionaries〉도 주목할 만하다. 〈Verbatim: The Language Quarterly〉도 매우 훌륭하지만 〈The Vocabula Review〉도 자세히 살펴볼 만하다. 후자는 "사회는 일반적으로 그것의 언어만큼 관대하다"를 모토로 가지고 있다.

지면 관계상 우리가 사용한 뉴스 기사 중 특히 중요한 것을 제외하고는 많은 것들을 누락시켰다. 주요 일간지와 경영 관련 잡지에서 브랜드 네임을 다룬 기사들은 주로 마케팅 페이지에 등장하지만 이따금씩 전면 기사로 실릴 때로 있다. 혼잡함을 피하기 위해 지면에 인쇄된 기사들의 경우 그들의 URL은 수록하지 않았지만, 여기서 사용된 대부분의 인쇄매체들은 웹 페이지를 가지고 있으므로 www.google.com이나 다른 검색 엔진에서 저자나 기사 제목을 치면 원문을 불러올 수 있을 것이다.

Adrangi, Sahim. "B.C. firm in pricey bout of name-calling." *Globe and Mail*, Aug. 23, 2003.

Agrell, Siri. "Thirst for an 'ethical' cola?" *National Post*, Jan. 17, 2004.

Akin, David. "Zero-Knowledge Learns a Valuable Lesson." *Globe and Mail*, May 13, 2002.

Baron, Dennis. "McLanguage Meets the Dictionary." *The Chronicle of Higher Education*, Dec. 19, 2003.

Begley, Sharon. "StrawBerry Is No BlackBerry: Building Brands Using Sound." *Wall Street Journal*, Aug. 26, 2002.

Bianchi, Alejandro, and Gabriel Sama. "Brands Enter Lexicon in Latin America." *Wall Street Journal*, May 7, 2003.

Boyle, Matthew. "Brand Killers," *Fortune*, Aug. 11, 2003.

Bremer, Catherine. "Brand Names Create Global Language. Reuters, Sept. 5, 2003."

"Brewing a Worldly Brand." *Outlook*. Andersen Consulting, June 1999.

Brozan, Nadine. "The High-Stakes Game of the Name." *New York Times*, July 27, 2003.

Buchholz, Garth. "The Eternal Cycle of Cool." *Globe and Mail*, Nov. 29, 2001.

Butters, Ron, and Jennifer Westerhaus. "Trademark, Metaphor, and Synecdoche in Dictionary Labeling: A Band-Aid solution to the Genericness Question." Paper presented at the 14th Biennial Meeting, Dictionary Society of North America, Durham, N. C., May 29-31, 2003.

Caldwell, Rebecca. " 'You Smell Like a Crocodile.' " *Globe and Mail*, Aug. 2, 2003.

Callan, Sara. "U. K. Postal Service Restores Its Old Name, Records a Loss." *Wall Street Journal*, June 14, 2002.

Campbell, Calvin. "Convenience, Japanese-Style." *Globe and Mail*, Feb. 22, 2003.

Garrick, Rob. "A Bank by Any Other Name Is Confusing." *Globe and Mail*, Oct. 17, 2002.

"The Case for Better Measurement and Reporting of Marketing

Performance." *Business Horizons*, Sept. 19, 1995.

Chartrand, Sandra. "Before Shock and Awe Can Go from Battlefield to Lunch Box, There Is a Stop at the Trademark Office." *New York Times*, April 21, 2003.

Clankie, Shawn M. "Why Bud Wiser Can Sell Cars(but Not Beer)." *Verbatim* 26, no. 3(summer 2001): 3-4.

Considine, J. D. "Manga Mania Comes to the West." *Globe and Mail.* July 17, 2003, p. R3.

Dalby, David. "The Linguasphere: Kaleidoscope of the World's Languages." *English Today* 65(17, 1)(Jan. 2001): 22-26.

Daniel, Caroline. "Beyond Sugarcoating New Colors, Shapes and Names Are Cures for the Common Pill." *Washington Post*, Nov. 11, 1998.

Evans, Mark. "Don't Get Burnt Changing Net Brands." *Globe and Mail*, April 6, 2000.

Fisher, Jerry. "The Elements of a Great Name." *Entrepreneur*, Dec. 2001.

Flynn, Laurie J. "Spinoff Is Christened with Care by Hewlett." *New York Times*, Aug. 2, 1999.

Frankel, Alex. "On Language: Branded." *New York Times Magazine*, Sept. 2, 2001.

Friedrich, Patricia. "English in Advertising and Brand Naming: Socio-linguistic Considerations and the Case of Brazil." *English Today* 71 (18, 3)(July 2002): 21-28.

Geist, Michael. "Domain Name Policy Absurd When It Comes to Trade-marks." *Globe and Mail*, July 25, 2002.

Gill, Alexandra, "B.C. Natives Triumph in Battle of the 'Bucks.'" *Globe and Mail*, Aug. 29, 2003.

Girard, Kim. "Cozone in the Ozone." *Business 2.0*, June 2000.

Gleick, James. "Get Out of My Namespace." *New York Times Magazine*, March 21, 2004.

Gordon, Joanne. "Brushing Off Mom." *Forbes*, Feb. 3, 2003.

Griffin, Jeffrey L. "Global English Infiltrates Bulgaria." *English Today* 68 (17, 4)(Oct. 2001): 54-60.

Harari, Herbert, and John W. McDavid. " 'Name Stereotypes and Teachers' Expectations." *Journal of Educational Psychology* 65(1973): 222-225.

Heinrich, Susan. "Canadian Goods Evade U.S. Boycott Radar." *National Post*, April 19, 2003.

Heinzl, John. "Ads Rock the Baby Carriage." *Globe and Mail*, Aug. 28, 2002.

Heinzl, John. "The Attack of the Brand Flakes," *Globe and Mail*, Nov. 24, 2000.

Heinzl, John. "Brand Names That Can't Gross the Border." *Globe and Mail*, Dec. 21, 2000.

Heinzl, John. "Ford F-word Fetish Doesn't Fly with Some." *Globe and Mail*, Feb. 7, 2003.

Heinzl, John. "Four Renamed Dunlops Now Big Wheels." *Globe and Mail*, March 12, 2002.

Heinzl, John. "The Wizard of Ads Touts the Power of Words." *Globe and Mail*, Oct. 20, 2000.

"Hershey Home May Change Name." *Associated Press*, Oct. 15, 2002.

Horowitz, Adam, Mark Athitakis, Mark Lasswell, and Owen Thomas. "The 101 Dumbest Moments in Business." *Business 2.0*, Jan.-Feb. 2004.

"How McDonald's Tailors Its Brand Identity to Local Markets," *Campaign*, Aug. 1997.

Hulbert, Mark. "Want to Pump New Life into a Fund? Change Its Name." *New York Times*, Dec. 28, 2003.

Hutchinson, Brian. "Rouge Food Nation." *National Post*, June 21, 2003.

Kalman, Marira, and Rick Meyerowitz. "What's New in Pharmacology." *New Yorker*, Sept. 8, 2003.

Kapica, Jack. "High-tech Revival? It Depends on How You Say It." *Globe and Mail*, July 17, 2003.

Kapner, Suzanne. "Advertising" column. *New York Times*, April 11, 2002.

Keenan, Greg. "If Ford Calls It the Freestar, Will There Then Be a

Fustang?" *Globe and Mail*, Feb. 4, 2003.

Kelly, Michael H. "Naming on the Bright Side of Life." *Names* 48:1(March 2000): 3-26.

Kollias, Tania. "Greek Sign Law Forces English to Bite Tongue." *Globe and Mail*, Dec. 11, 2002.

Kumar, Nirmalya. "Kill a Brand, Keep a Customer." *Harvard Business Review*, Dec. 1, 2003.

Lang, Amanda. "Don't Dismiss Faithful Ask Jeeves." *Globe and Mail*, July 21, 2003.

Levitt, Theodore. "The Globalization of Markets." *Harvard Business Review*, May-June 1983.

Lewyckyj, Maryanna, "Slang Crosses Up GM." *Toronto Sun*, Oct. 16, 2003.

Locke, Nancy A. "Finding the Right Words." *Globe and Mail*, July 23, 2003.

MacGregor, Laura. "The Language of Shop Signs in Tokyo." *English Today*, Jan. 2003.

Marano, Hara Estroff. "The Opposite Sex." *Psychology Today*, July-Aug. 2003.

McArthur, Tom. "World English, Euro-English, Nordic English?" *English Today*, Jan. 2003.

McKenna, Barrie. "What Do You Call Yourself When Your Name Is Mud?" *Globe and Mail*, Feb. 23, 2002.

McKie, Robin. "Lost for Words? Teenagers Grunt and Adults Chat about Trivia, but Are Our Unique Verbal Skills Really in Danger of Disappearing? Robin McKie Thinks We Are Unlikely to Be Left Speechless." *The Observer*, Jan. 12, 2003.

McNeil, Donald G., Jr. "The Science of Naming Drugs(Sorry, 'Z' Is Already Taken)." *New York Times*, Dec. 28, 2003.

Meyerowitz, Steven A. "Surviving Assaults on Trademarks." *Marketing Management* 3, no. 1, pp. A8-A10.

Miller, George. "The Magical Number Seven, Plus or Minus Two: Some

Limits on Our Capacity to Process Information." *Psychological Review* 63(1956): 81-97.

Milstein, Sarah. "Taming the Task of Checking for Terrorists' Names." *New York Times*, Dec. 30, 2002.

Mistry, Bhavna. "On a Global Mission." *Marketing Event*, Oct. 9, 1997.

Mitchell, Alanna. "Fat: The Next Tobacco." *Globe and Mail*, July 5, 2003.

Morfitt, Ian. "The Gat Zamboni." *Globe and Mail*, June 23, 2003.

Motluk, Alison. "You Are What You Speak." *New Scientist*, Nov. 30, 2002.

Moyes, Jojo. "Big Mac Chews Out Little Mrs McMunchie." *The Independent*, Sept. 24, 1996.

Mullan, John. "John Mullan Deconstructs Ian Fleming's James Bond Series. Week Two: The Villain." *The Guardian*, Dec. 21, 2002.

Murray, Thomas E. "The Overlooked and Understudied Onomastic Hyphen." *Names* 50, no. 3(Sept. 2002): 173-190.

"Name Games." *Saturday Night*, Sept. 23, 2000.

Neufeldt, Victoria. "A Civil but Untrammeled Tongue: Spontaneous Creativity in Language." *Dictionaries* 16(1996): 19-31.

Nickell, Joe Ashbrook. "What's in a Name?" *Business 2.0*, May 2000.

Ono, Yumiko. "Marketers Seek the 'Naked' Truth in Consumer Psyches." *Wall Street Journal*, May 30, 1997.

Ortega, Paul. "Two Wal-Marts Fight for Right to Be Manitoba's One and Only." *Wall Street Journal*, March 23, 1994.

Patriquin, Martin. "The Running Shoe Fits for AdBusters." *Globe and Mail*, Aug. 20, 2003.

Petersen, Melody. "American Home Is Changing Name to Wyeth." *New York Times*, March 11, 2002.

Picard, André. "Companies Struggle to End Growing Threat of Trans Fats." *Globe and Mail*, Nov. 26, 2003.

Pitts, Gordon. "Every Old Name Is New Is New Again as Tech Firms Try to Forget Bust." *Globe and Mail*, Aug. 18, 2003.

Pitts, Gordon. "Ignore the Brand Flakes." *Globe and Mail*, Aug. 28, 2001.

Quesada, Begonia, and David Brough. "EU Claims Rights to 41 Food Names." *Globe and Mail*, Aug. 29, 2003.

Raento, Pauliina, and William A. Douglass. "The Naming of Gaming." *Names* 49, no. 1(March 2001): 1-35.

Renzetti, Elizabeth. "The Game of the Name." *R.O.B. Magazine*, Sept. 2001.

Robertson, Kim. "Strategically Desirable Brand Name Characteristics." *Journal of Marketing Research* 6, no. 4(fall 1989): 61-71.

Robertson, Kim. "Recall and Recognition Effects of Brand Name Imagery." *Psychology & Marketing* 4, no. 1(spring 1987): 3-15.

Ross, Cecily. "Doggone It, I'm Pretty." *Globe and Mail*, June 23, 2003.

Rozin, Randall S. "A Good Name Is Better than Riches: Tips to Consider When Selecting New Brand Names." *The Advertiser*, June 2003.

Rottenberg, Josh. "How to Invent a Brand Name." *New York Times Sunday Magazine*, April 8, 2001.

Rutkowski, Mariusz. "Two Types of Descriptiveness in Names." *Onomastica Canadiana* 83, no. 1(June 2001): 25-38.

Saunders, Doug. "English-language Boom Worldwide Draws Support and Condemnation." *Globe and Mail*, July 14, 2003.

Schlick, Maria. "The English of Shop Signs in Europe." *English Today*, Jan. 2003.

Smith, Elaine. "Hey, Baby-Let's Play the Name Game." *St. Catharines Standard*, Jan. 20, 2003.

Sternbergh, Adam. "Got Bub All up in the Huzzle, Yo!" *National Post*, March 15, 2003.

Syme, Fraser. "When Hot Sauce Gets Out of Control." *Globe and Mail*, June 30, 2003.

Tucker, D. K. "Distribution of Forenames, Surnames, and Forename-Surname Pairs in Canada." *Names* 50, no. 2(June 2002): 105-32.

Tucker, D. K. "Distribution of Forenames, Surnames, and Forename-Surname Pairs in the United States." *Names* 49, no. 2(June 2001): 69-96.

Van Alphen, Tony. "Ford Plays Name Game with Popular Windstar Minivan," *Toronto Star*, Feb. 8, 2003.

Vesterhus, V. A. "Anglicisms in German Car Documents." *Language International* 3(1991): 10-15.

Waldie, Paul. "Licensing Deals Revive Marvel." *Globe and Mail*, May 7, 2003.

Waldie, Paul. "When Is a Fruit Dot Not a Froot Loop? The Federal Court Rules." *Globe and Mail*, July 5, 2002.

Wintrob, Suzanne. "The Name Game." *National Post*, Jan. 18, 2003.

Woolley, Scott. "What' s in a Name." *Forbes*, Nov. 15, 1999.

Young, Amalie. "Welcome to half.com, Population 360," *Associated Press*, Jan. 20, 2000.

Young, Patricia and Anne McIlroy. "Why Aussies Root for Canada." *Globe and Mail*, Aug. 17, 2000.

네이밍 웹사이트

우리에게 가장 소중했던 온라인 참고 자료는 단연 리브킨 & 어소시에이츠의 www.namingnewsletter.com였다. 〈The Naming Newsletter〉는 네이밍과 관련된 생생한 이야기와 분석들로 가득 차 있다. 네이밍 회사들의 홈페이지들도 풍부한 정보를 가진 경우가 많다. 가령 www.namebase.com과 그 자매 사이트인 www.medibrand.com에서 우리는 리처드 해큰의 "언어학적 분석 샘플: 비아그라"(Sample Linguistic Analysis: VIAGRA)와 짐 싱어의 "Teensy and Humongus Inc."를, www.brandchannel.com에서는 줄리 코티노의 "가장 흔한 네이밍 실수 10가지"(Ten Most Common Naming Mistakes)를, www.thenamingcompany.com에서는 "트레이트마크 101"(Trademark 101)을 찾아냈다. www.ahundredmonkeys.com에서는 "브랜딩 전략"(Branding strategies

of the blue and famous)을, 그리고 www.metaphorname.com에서
는 "트레이드마크 입문"(Trademark Primer)을 발견할 수 있었다. 일
부 네이밍 회사들은 전문화의 길을 걷기도 하는데 가령 www.
medibrand.com은 의약품을, www.goodcharacters.com은 중국
어를 전문적으로 다루고 있다.

일반적으로 네이밍 회사들의 웹사이트는 의뢰인의 이름과 견본
포트폴리오를 비롯하여 몇몇 사례 연구와 주제별 기사들로 구성되
어 있다. 또한 사원들의 약력을 상세히 소개하기도 하고, 가끔 언론
기사 — 해당 회사에 대한 것 뿐 아니라 네이밍 전반에 대한 기사 —
들을 모아놓거나 FAQ(자주 묻는 질문과 대답) 섹션을 갖추고도 있으
며, 연락처 정보는 반드시 기재한다. 의뢰인이 손수 자신의 이름을
만들어내는 사이트로 스스로를 "세계적인 두뇌 집단"이라 부르는
www.wordlab.com이 있다.

아래의 목록은 대표적인 것들을 모아 놓았을 뿐 절대 전체를 수록
한 것이 아니다. 웹사이트의 경우 한 가지 주의할 점이 있다. 우리는
이 책의 인쇄시점까지 아래의 사이트들이 모두 활동 중이라는 것을
확인하였다. 그러나 웹사이트들은 항상 해체와 재구축, 혹은 개명의
과정을 거치므로 아래의 사이트들을 계속해서 접속할 수 있을지는
장담할 수 없다.

www.abcnamebank.com
www.ahundredmonkeys.com
www.ashtonbg.com
www.brandchannel.com
www.brandinstitute.com
www.catch-word.com

www.cintara.com

www.connotion.com

www.connotion.com

www.creatingnewnames.com

www.enterpriseig.com

www.Goodcharacters.com

www.haydengroup.com

www.igorinternational.com

www.interbrand.com

www.landor.com

www.lexicon-branding.com

www.medibrand.com

www.metaphorname.com

www.namebase.com

www.namedevelopment.com

www.nameit.com

www.namelab.com

www.namestormers.com

www.nametagintl.com

www.nametrade.com

www.naming.com

www.namingnewsletter.com

www.namix.com

www.nomen.com

www.remarkable.be

www.Rivkin.net

www.skriptor.com

www.thenamingcompany.com

www.wordforword.com

www.wordlab.com

상표 등록 및 검색 회사

이 회사들은 네임들의 판매자나 중개자로 기능하면서 상표 조사 및 모니터링, 혹은 법률적인 면에서 상표 출원 전의 사전 조사를 수행한다. American Trademark Co의 www.trademark.com에서는 상표출원을 담당한다. 이와 비슷하지만 혼동하지 말아야할 사이트로 광범위한 톱 레벨 도메인 검색과 국제 상표권을 조사하는 www.trademrk.com이 있다. 특히 주목해야 할 것으로 www.brandfidelity.com이 있는데 이 사이트는 온라인으로 직접 상표와 .com, .net, .org 등의 도메인 사용가능여부를 검색할 수 있도록 해 준다. 최초이자 최대의 도메인명 등록사인 Network Solutions 사에서 만든 WHOIS 웹 도메인명 데이터베이스는 www.networksolutions.com에서 찾아볼 수 있다.

www.afternic.com
www.brandfidelity.com
www.buydomains.com
www.greatdomains.com
www.networksolutions.com
NameProtect.com
www.register.com
www.riobrand.com
www.trademark.com
www.trademrk.com

네이밍 관련 웹사이트 특선

이 부분은 브랜드 네임과 회사명, 그리고 도메인명에 관련된 각종 사이트들로서 그 중 많은 사이트들이 유용한 링크들을 가지고 있다.

루시안 제임스의 www.agendainc.com에서는 "아메리칸 브랜드 차트"American Brandstand를 찾아볼 수 있는데 이는 빌보드 최신 가요 100곡 중 상위 20위에 오른 노래들의 가사에 등장하는 브랜드들을 대상으로 순위를 매긴 차트이다. 법률회사 브라운 & 마이클스의 www.bpmlegal.com에서는 "상표와 관련해서 해야 할 것과 하지 말아야할 것"을 제공한다. www.isoc.org는 인터넷협회와 인터넷 도메인네임 시스템의 활동을 다룬다. 예를 들어 컨텐츠와 사생활보호, 과세, 저작권, 기타 인터넷 상업 관련 이슈들이 바로 그것이다. www.icann.org는 국제인터넷주소관리기구의 웹사이트이다. www.internetmarken.de는 독일의 경우를 특히 집중적으로 다루고 있지만 세계적인 상표관련 기구들로 연결되는 유용한 링크들을 많이 제공하고 있다. 가령 미국변호사협회의 저작권법 섹션이나 유럽공동체 상표권협회, 혹은 국제상표권협회, 온라인 저작권 관련 저널 및 잡지, 변리사 회사들은 물론 저작권 관련 부처들에 이르기까지 다양한 링크들을 제공하고 있다. 인터넷 도메인명 등록에 관한 정보들은 www.internic.net에서 찾을 수 있다. 오프라인 브랜드 네임들의 경우에는 미국 특허청 사이트인 www.uspto.gov를 절대 빠뜨려서는 안 될 것이다. www. strategis.ic.gc.ca는 캐나다 특허청의 사이트로서 상표 데이터베이스를 관리해놓고 있다. 세계지적재산권기구의 사이트는 www. wipo.int이고 국제상표권협회의 사이는 www.inta.org이다. www.shinolas.com과 www.wordlab.com은 모두 경계해야 할 브랜드 사례들을 모아놓고 있고, www.borfl.org/chevrolet_mexico. html에서는 Chevy Nova 사건과 관련된 상세한 이야기를 접할 수 있다. The Design Conspiracy의 www.whatbrandareyou.com에서는 재미있는 유머를 제공한다.

www.agendainc.com
www.bpmlegal.com/tmdodont.html
www.borfl.org/chevrolet_mexico.html
www.isoc.org
www.icann.org
www.inta.org
www.internetmarken.de/links_e.htm
www.internic.net
www.shinolas.com
www.strategis.ic.gc.ca/sc_consu/trade-marks/engdoc/cover.html
www.uspto.gov
www.whatbrandareyou.com

온라인 언어자료 특선

월드와이드웹은 거대한 언어 자료들을 가지고 있다. 구글의 자매 사이트인 www.About.com에서 찾아볼 수 있는 Ask Jeeves는 키워드를 쳐 넣으면 놀라울 만한 범위의 단어 정의들을 불러낸다. www.acronymfinder.com은 자칭 가장 포괄적인 두문자어 및 준말, 이니셜리즘 관련 웹 사전이다. www.onelook.com는 964개의 색인 사전에서 거의 6백만 개의 단어들을 불러낼 수 있다고 주장한다. 전산언어학협회에 소속된 사전 특별 이익집단의 웹사이트 www.clres.com/dict.html에서는 전자사전과 연결된 링크를 달아놓고 있고, www.omnilex.com은 북미사전협회와 미국방언협회, 미국네임협회를 포함하여 사전편찬 자료에 관한 원-스톱 서비스를 제공하고 있다. 웹에서는 상상할 수 있는 모든 주제에 관한 어휘 목록들이 넘쳐난다. geography.about.com에서는 지명에 관한 수많은 정보를 얻을 수 있을 뿐 아니라 링크를 통해 미국의 지명 공식 데이터베이스인 지명정보시스템과 캐나다지명상임위원회(CPCGN)로 이동할 수도 있다.

www.cogsci.princeton.edu/~wn는 프린스턴 대학의 인지과학
연구소가 개발한 WordNet이라는 사이트인데, 이 온라인 어휘 분류
시스템에서는 명사와 동사, 형용사, 부사가 각각 하나의 개념을 바
탕으로 다양한 관계로 얽혀 있는 유사어 그룹으로 분류된다. 단어들
을 연결하는 또 다른 방법은 www.lexfn.com의 Lexical Free Net
을 통해 얻을 수 있다. 이 사이트는 단어의 운율과 철자 상의 연결고
리를 통해 단어들을 상위집합과 하위집합으로 나누고 있다.

외국어의 경우 주목할 만한 사이트로는 세계 각국의 다양한 언어
및 문화에 대한 자료와 60년이 넘는 연구기간에 걸쳐 1만2천 개 이
상의 인용문들을 제공하고 있는 SIL International(前 하계언어학연구
소)의 www.ethnologue.com와 "세계 각각의 언어 공동체의 교육
과 복지에 점점 더 역점을 두는" 다국적 연구기관인 www.
linguasphere.com이 있다. 번역가들의 네트워크로 www.
universaldialog.com이 있고, www.yourdictionary.com는 여러
언어들에서 단어를 찾아볼 수 있도록 해 놓았다.

제도적인 것과 반대되는 의미에서의 개인적인 웹사이트들 중 우
리가 특히 선호했던 것으로 아누와 스투티 가그의 "A Word a Day"
(그들의 저서도 같은 제목으로 되어있다) (www.wordsmith.org)와 마이
클 퀴논의 "World Wide Words" (www.quinion.com/words)가 있다.
흥미로운 몬더그린 현상을 다룬 웹페이지로 www.fun-with-
words.com이 있다. 특정하게 언어에만 집중하는 사이트는 아니지
만 www.snopes.com는 브랜드 네임에 관한 각종 풍문을 모아놓고
있다.

www.about.com

www.acronymfinder.com

www.clres.com/dict.html

www.cogsci.princeton.edu/~wn

www.ethnologue.com

www.fun-with-words.com

www.geography.about.com/cs/toponyms/

www.lexfn.com

www.linguasphere.com

www.onelook.com

www.quinion.com/words

www.snopes.com

wordlist.sourceforge.net

www.universaldialog.com

www.yourdictionary.com